Chefsache

Reihe herausgegeben von
P. Buchenau, Waldbrunn, Deutschland

EBOOK INSIDE

Die Zugangsinformationen zum eBook Inside finden Sie am Ende des Buchs.

Die Management-Reihe „Chefsache" beschäftigt sich mit Führungsthemen und Aufgabengebieten, die für die Führungskräfte von Morgen wichtig sind. Neben klassischen Themen wie Organisation, Führung, Human Ressource Management oder Vertrieb nehmen Gender-, Diversity- und Gesundheitsthemen oder Soft Skills eine besondere Stellung ein – laut dem Institut für Führungskultur im digitalen Zeitalter sind dies jene wichtige Faktoren für ein erfolgreiches Agieren am Markt. Das Führungsverhalten wird sich demnach in den nächsten Jahren massiv verändern. Künftige Chefs, die sich deren Relevanz bewusst sind, sie verstehen und berücksichtigen, werden zu den Gewinnern von Morgen gehören. Die Chefsache-Reihe besteht aus Autoren- und Herausgeberwerken. Erfolgreiche Manager bringen ihre Erfahrungen ein und bieten den Leserinnen und Lesern die Möglichkeit, sich Fachwissen anzueignen und im eigenen beruflichen Kontext umzusetzen. Peter Buchenau als Initiator der Chefsache-Serie lädt regelmäßig Führungskräfte aus unterschiedlichsten Institutionen ein, ihre Expertise in der Buchreihe auf verständliche und anschauliche Weise umsetzungsorientiert einzubringen. Die Fachbücher sind Werke von Profis für Profis, aus der Praxis für die Praxis. Zur Zielgruppe zählen Führungskräfte der zweiten und dritten Führungsebene in Konzernen, Unternehmer im klein- und mittelständischen Bereich sowie Selbstständige.

Weitere Bände in der Reihe http://www.springer.com/series/16162

Dunja Schenk
(Hrsg.)

Chefsache Assistenz

Effiziente Chefentlastung im Office 4.0

 Springer Gabler

Hrsg.
Dunja Schenk
Dunja Schenk Training & Coaching
Metzingen, Deutschland

Chefsache
ISBN 978-3-658-23489-8   ISBN 978-3-658-23490-4   (eBook)
https://doi.org/10.1007/978-3-658-23490-4

Die Deutsche Nationalbibliothek verzeichnet diese Publikation in der Deutschen Nationalbibliografie; detaillierte bibliografische Daten sind im Internet über http://dnb.d-nb.de abrufbar.

Springer Gabler
© Springer Fachmedien Wiesbaden GmbH, ein Teil von Springer Nature 2019

Einbandabbildung: fotolia.de

Springer Gabler ist ein Imprint der eingetragenen Gesellschaft Springer Fachmedien Wiesbaden GmbH und ist ein Teil von Springer Nature
Die Anschrift der Gesellschaft ist: Abraham-Lincoln-Str. 46, 65189 Wiesbaden, Germany

Geleitwort

Früher oft als stupide „Tippse" belächelt, haben SekretärInnen durch das erweiterte Berufsbild der „AssistentInnen" mittlerweile einen deutlichen beruflichen Sprung nach oben gemacht. Das Arbeitsumfeld einer Sekretärin/eines Sekretärs besteht überwiegend aus bereichsbezogenen kaufmännische Tätigkeiten wie Korrespondenz und Kommunikation. Eine Assistenz hingegen ist weit mehr als nur eine Sachbearbeiterin auf einem bestimmten kaufmännischen Gebiet wie zum Beispiel der Buchhaltung. Und sie können einem nicht nur den Kaffee, sondern auch im fachlichen Umfeld sprichwörtlich das Wasser reichen.

In meiner bisherigen Karriere als Geschäftsführer habe ich den Wert einer eigenen Assistentin sehr zu schätzen gelernt. War ich sonst noch für jede erdenkliche Verwaltungsaufgabe zuständig, übernahm das nun meine Assistentin. Auch meine Termin- und Reiseplanung wurde mir von ihr abgenommen. Zeitfresser, wie ich sie nenne, konnte ich dadurch für mein eigentliches Business nutzen. Ich hatte Zeit für Termine mit Kollegen aus der Chefetage, plante strategische Neuausrichtungen und fokussierte mich auf wichtige Projekte und Entscheidungen. Doch auch hier übernahm meine Assistentin einen wichtigen Part. Sie bereitete meine Meetings vor, stellte Unterlagen zusammen und hatte das Budget der Projekte stets im Blick. Auch Präsentationen und Statistiken bereitete sie auf, so dass ich mir nur noch vor dem anstehenden Meeting einen Überblick verschaffen musste und ich war bestens vorbereitet.

Auch in meiner Position als selbstständiger Unternehmer kann und will ich auf eine Assistenz nicht verzichten. Als Mentor, Autor, Herausgeber, Kabarettist und Dozent an Hochschulen könnte ich all' diesen Leidenschaften nicht nachgehen, wenn ich nicht eine großartige Unterstützung hätte. Genau wie als Geschäftsführer benötige ich Unterlagen, vorbereitete Pressetexte, eine Koordination meiner Termine und Hilfe bei der Kommunikation und Verhandlung mit Vertragspartnern. Ja, Verhandlungen führen kann ebenso ein Tätigkeitsfeld sein, welches man einer Assistentin übertragen kann.

Wie Sie schon anhand dieser Auflistung sehen können, ist das Tätigkeitsfeld einer Assistenz sehr umfangreich. Die Leistung der Assistenz hängt immer mit der Unternehmenskultur und den Erwartungen der entsprechenden Führungskraft zusammen. Wenn Sie Ihrer Assistenz nichts zutrauen und diese klein halten, wird sie Ihnen auch keine Informationen und keine Loyalität liefern.

Loyalität ist ein gutes Stichwort. Bitte verwechseln Sie Loyalität nicht mit Unterwerfung, denn Loyalität im Arbeitsleben bedeutet gemeinsam an den Zielen und Werten zu arbeiten und diese auch zu vertreten, selbst wenn man sie als Assistenz nicht teilt. Gegenüber Dritten sind Sie nach außen eine Einheit. Eine AssistentIn dieses Formats weiß das ganz genau. Meist ist es nämlich die Assistenz, die gefragter Ansprechpartner für Mitarbeiter des Unternehmens ist und als Vermittler gerade zum Beispiel in Personalfragen fungiert.

Eine Assistenz muss zu Ihnen passen und umgekehrt. Sie bilden zusammen ein Team! Auch wenn sie eigentlich Ihre MitarbeiterIn ist, so steht sie fachlich mit Ihnen auf einer Ebene. Denn ohne das Wissen über Ihre Projekte, Ihre Termine, Ihre Meetings und Ihr Verhältnis zu anderen Führungskräften, Mitarbeitern und Vertragspartnern wird sie auch Ihre Unterlagen nie zu Ihrer Zufriedenheit ausführen können. Versorgen Sie Ihre Assistenz daher mit so vielen Informationen wie möglich. Führen Sie generell eine gute Kommunikation miteinander und sprechen Sie untereinander auch negative Punkte an, um sich gemeinsam weiterzuentwickeln und den Anderen zu schützen.

Daher mein Rat an alle Führungskräfte: Behandeln Sie Ihre Assistenz ebenbürtig! Eine gute Assistenz weiß, was sie wert ist und wie man mit ihr umgeht. Sie müssen Ihr keine Blumen schenken, auch wenn Ihre Assistenz ohne Frage einige private Details von Ihnen kennen wird. Doch AssistentInnen brauchen eben ab und an genauso Honorierung für Ihre gute Arbeit (ist sie ja trotz allem Ihre MitarbeiterIn) und absolute Rückendeckung Ihrer Führungskraft. Denn Loyalität gilt immer für beide Seiten.

In diesem Sinne wünsche ich der Herausgeberin Dunja Schenk sowie den Mitautoren viel Erfolg mit diesem Buch. Die Assistenz als Erfolgsfaktor im Unternehmen. Die Assistenz ist Chefsache.

Ihr Peter Buchenau

Vorwort

Für die Assistenz ist der Chef alles,
aber ohne Assistenz ist der Chef nichts.

Dezember 2003, ich hatte kurz zuvor meine Ausbildung zur Bankkauffrau beendet und arbeitete mich gerade auf meiner neuen Stelle als Bankberaterin bei der Dresdner Bank ein. Eine Freundin rief mich an und berichtete mir, dass sie nun als Teamassistentin bei der Allianz arbeitete. Ihre Kollegin war zu diesem Zeitpunkt schwanger und sie fragte mich, ob ich mich nicht bewerben möchte. „Völlig ausgeschlossen" antwortete ich. Ich hatte schließlich Abitur und das letzte, was ich tun wollte, war, als „Tippse" zu enden. Doch meine Neugier war stärker, vielleicht auch die Tatsache, dass der Job eine Möglichkeit war, aus der Provinz in die Großstadt München zu ziehen. Ich schickte also meine Bewerbung nach Bayern und keine sechs Wochen später saß ich auf gepackten Kisten und verabschiedete mich aus dem Schwabenland. Nun war ich es also doch: Assistentin. Das, was ich nie sein wollte. Das, was ich eigentlich gar nicht gelernt hatte. Doch schon einige Wochen später wusste ich: Das war die beste Entscheidung meines Lebens!

In den folgenden sieben Jahren meiner Assistenzlaufbahn habe ich so ziemlich alles erlebt, was man in diesem Beruf erleben kann. Ich lernte Cheffinnen und Chefs kennen, die unterschiedlicher nicht sein konnten: vom Perfektionisten über den Choleriker bis hin zum Kumpeltyp. Meine Aufgaben reichten von Kopieren und Telefonieren über die Order eines Privatjets bis hin zur Inneneinrichtung eines neuen Büros mit der Auswahl des passenden Teppichbodens. Sogar die Nikolausparty des jüngsten Chef-Sprösslings durfte ich organisieren. Einen abwechslungsreicheren Job gibt es kaum.

Ich bin froh, dass ich größtenteils für Vorgesetzte tätig war, die mich für qualifizierte und herausfordernde Tätigkeiten eingesetzt haben. Sie wussten, dass ich mehr kann, als nur die nette „Vorzimmerdame" zu sein. Doch das Ansehen als Assistentin nach außen variierte extrem. Während der eine mich als Partnerin im Management verstand, stempelte mich der andere tatsächlich als kaffeekochendes Etwas ab. Ich hatte daher schon immer den Drang, jedem zu zeigen, was in einer Assistentin steckt oder stecken kann. Für mich ist die Assistenz ein entscheidender Erfolgsfaktor im Unternehmen. Denkt sie mit, kann sie ihren Chef noch besser entlasten. Wird der Chef entlastet, kann er sich mehr den Führungsaufgaben zuwenden. Und das wiederum kann zur Steigerung des Unternehmenserfolgs führen.

Falls Sie Chef sein sollten, lohnt es sich, dieses Buch zu lesen. Denn hier werden Sie einige Ideen finden, was Sie aus Ihrer Assistenz noch herausholen können. Und wenn Sie die- oder derjenige sind, die oder der als rechte Hand Ihres Vorgesetzten tätig sind: Stärken Sie Ihre Position, indem Sie Ihren Chef noch besser entlasten. Holen Sie sich in diesem Buch die Anregungen dazu.

Mit diesem Buchprojekt möchte ich zeigen, wie wertvoll eine Assistenz für das Unternehmen ist. Sie erhalten einen Einblick in die vielseitigen Aufgaben dieser Funktion und gleichzeitig viele Best-Practice-Beispiele, die Sie in Ihrem Unternehmen umsetzen können. 14 Expertinnen und Experten aus meinem Netzwerk, welches ich über die Jahre aufgebaut habe, unterstützen mich dabei.

Sie erhalten zum einen ganz praktische Tipps zum Thema Kalendermanagement, Priorisierung im Arbeitsalltag, Veranstaltungsmanagement, Ablage oder das Arbeiten mit OneNote. Zum anderen finden Sie Input zu den Themen Kommunikation, Motivation und Resilienz. Erfahren Sie, wie virtuelle Chefentlastung gelingen kann und warum Assistenznetzwerke und Selbstmarketing in der Arbeitswelt 4.0 so wichtig sind. Darüber hinaus finden Sie aber auch wertvolle Impulse zur Veränderung in der Arbeitswelt: Lesen Sie zum Beispiel, wie Sie mit dem Kulturwandel oder dem veränderten Berufsbild Assistenz als Folge der Digitalisierung umgehen können oder die Zusammenarbeit in Mehrgenerationenbüros optimieren können. Holen Sie sich praxisnahe Anregungen rund um das Thema Effizienz im Büro, die Sie direkt für Ihren Arbeitsalltag umsetzen können.

Wenn Sie Führungskraft sind, ...

... möchte ich Ihnen gerne noch eines ans Herz legen: Unterschätzen Sie Ihre Assistenz nicht! Im Laufe meiner beruflichen Karriere als Assistentin und auch jetzt als Trainer und Coach habe ich hunderte Assistentinnen und Assistenten kennengelernt. Alle hatten eines gemeinsam: Die Leidenschaft für diesen Beruf. Sie brennen für diesen Job und lieben ihn aus den gleichen Gründen wie ich: Es ist ein vielseitiger Job, aus dem man viel machen kann, wenn man die Möglichkeit bekommt. Geben Sie Ihrer Assistenz diese Möglichkeit! Setzen Sie sie ein für herausfordernde Aufgaben. Lassen Sie sie in spannenden Projekten mitarbeiten oder kleinere Projekte selbst leiten. Trauen Sie ihr etwas zu. Die Assistenz ist dazu da, Sie zu entlasten. Und zwar nicht nur mit administrativen Dingen, sondern auch mit anspruchsvollen Aufgaben. Eine gute Mischung von wiederkehrenden Routineaufgaben und herausfordernden Tätigkeiten wird dafür sorgen, dass Ihre rechte Hand auch weiterhin eine motivierte Partnerin ist, die hinter Ihnen steht.

Wenn Sie Assistentin oder Assistent sind, ...

... möchte ich Ihnen gerne noch eines ans Herz legen: Unterschätzen Sie sich nicht! Sie haben hervorragende Fähigkeiten. Setzen Sie sie ein und verstecken Sie sie nicht. Wenn Sie mehr tun möchten, als nur die täglich anfallenden Routineaufgaben abzuarbeiten, fragen Sie danach. Ihr Chef wird sich freuen, wenn er proaktiv entlastet wird und sich auf seine Führungsthemen konzentrieren kann. Bieten Sie an, im nächsten Projekt mitzuwirken. Schlagen Sie vor, dass Sie kleinere Projekte selbst leiten können. Trauen Sie sich auch kleinere Führungsaufgaben zu. Es gibt unzählige Aufgaben, die eine Assistentin ohne Weiteres übernehmen kann. Der Assistenzjob wird erst richtig interessant, je abwechslungsreicher er wird. Und karrieretechnisch kommt Ihnen das nur zu Gute!

Ich wünsche Ihnen, dass Sie viele Impulse mitnehmen können und diese auch direkt in Ihrem Arbeitsumfeld umsetzen können. Viel Spaß beim Lesen und viel Erfolg!

Ihre Dunja Schenk

Über die Herausgeberin Dunja Schenk

Dunja Schenk ist Expertin für die Themen Effizienz und Organisation. Seit 2011 unterstützt sie ihre Kunden bei der Optimierung von Arbeitsabläufen im Büro. Als IHK-zertifizierte Trainerin und systemischer Coach ist Dunja Schenk für Unternehmen wie Allianz, Bosch, Böhringer Ingelheim oder die Funke Mediengruppe tätig. Bei verschiedenen IHKs bildet sie Managementassistent/innen und Fachkräfte aus. Sie vermittelt stets praxisnahe und leicht umsetzbare Tipps. Ihre Seminarteilnehmer/innen schätzen vor allem ihre humorvolle und authentische Art.

Dunja Schenk war selbst viele Jahre als Assistentin auf unterschiedlichen Ebenen bei der Allianz Gruppe tätig – zuletzt arbeitete sie als persönliche Assistentin für den Global Head of Real Estate in Paris. Nach ihrem nebenberuflichen Studium der Wirtschaftswissenschaften wechselte sie 2008 in den Personalbereich, wo sie die obere Führungsebene in allen Personalangelegenheiten betreute. 2011 startete sie mit Ihrer Selbständigkeit als Trainer und Coach zunächst nebenberuflich, ein Jahr später hauptberuflich.

www.dunja-schenk.de

PS: In diesem Buch sprechen wir Assistentinnen und Assistenten, sowie Chefinnen und Chefs an. Aus Gründen der Lesbarkeit, haben wir uns entschieden über „die Assistentin" und „den Chef" zu schreiben. Das mag klischeehaft klingen, spiegelt aber einen Großteil der Zusammensetzungen zwischen Führungskraft und Assistenz wieder. Dass es auch anders geht, bezeugt unser männlicher Co-Autor und Assistent in diesem Buch.

Inhaltsverzeichnis

6   Arbeiten mit OneNote 119
Iris Hansen

7   Priorisierung: Geordnet Arbeiten. 145
Sabine Kaiser

8   Weniger Stress durch die richtige Organisation 165
Nathalie McKeever

9   Professionelle Veranstaltungsplanung 189
Isabell Müller

Kulturwandel 4.0

Die Folgen der Digitalisierung

Anke Ames

Zusammenfassung

Die Arbeitswelt hat sich grundlegend verändert. Alte Leistungssysteme brechen zusammen. Fachkräftemangel, Young Generation, Digitalisierung und IT-Sicherheit sind nur einige der Themen, die zunehmend Chaos produzieren. Das verursacht Unsicherheit und Ängste. Führung und Assistenz können dem nur mit Wertschätzung, einer gesunden Unternehmenskultur und Sozialkompetenz begegnen. Sie bereiten den Boden für Potenzialentfaltung und Innovationsfähigkeit.

1.1 Eine Vision

„Lachen ist bei uns verboten", so lautet die Aussage der Mitarbeiterin eines mittelständischen Unternehmens während einer Schulungsmaßnahme. Ihre Mimik lässt darauf schließen, dass ihre Aussage alles andere als scherzhaft gemeint ist. Auf genaueres Nachfragen bestätigt sie, dass das in diesem Unternehmen seit Jahren so praktiziert werde. Sie macht bereits in der Einstiegsphase klar, dass sie alles andere als einverstanden ist mit den angeordneten Schulungsmaßnahmen der Vorgesetzten. Ihre Körperhaltung spricht für „die Verweigerung in Person".

Das verbotene Lachen ist eine Dienstanweisung, die auf den ehemaligen Geschäftsführer zurückzuführen ist. Es handelt sich um ein mittelständisches Unternehmen, das größten Wert darauf legt, nach außen ein seriöses Image zu haben. Lachen vor dem Kunden ist dem Geschäftsführer ein Dorn im Auge gewesen. Offenbar hat er peinliche Szenen in Erinnerung, die das Image des Unternehmens in seinen Augen beeinträchtigt haben. Also hat er in den 80er-Jahren jenes Lachverbot ausgesprochen, das die Mitarbeiter so ernst nehmen, dass sie es auf alle Bereiche ihres Arbeitens übertragen haben.

© Springer Fachmedien Wiesbaden GmbH, ein Teil von Springer Nature 2019
D. Schenk, *Chefsache Assistenz*, Chefsache,
https://doi.org/10.1007/978-3-658-23490-4_1

Sämtliche nachfolgenden Kollegen werden von dieser Haltung infiziert. Keine Späße und Scherze am Arbeitsplatz, wenig Miteinander, jeder erfüllt maximal sein Tagessoll. Das funktioniert über Jahre hinweg, da die Firma vor allem diejenigen Mitarbeiter anzieht, die mit dieser sprichwörtlichen Ernsthaftigkeit klarkommen und Routinen lieben. Schwierig wird es ab dem Moment, als zwei neue Geschäftsführer das Zepter übernehmen.

Sie stehen vor gewaltigen Change-Prozessen. So ziemlich alles wird umstrukturiert. Das fängt beim Layout der Firma an, geht weiter bei der Korrespondenz – Schreiben sind zum Teil noch mit der Grußformel „mit ergebenem Gruße" versehen – und hört nicht zuletzt bei der kompletten Neustrukturierung ganzer Abteilungen auf. Für besagte Mitarbeiterin bedeutete das: Neun Büroumzüge innerhalb von drei Jahren, also nicht nur ein anderes Arbeitsumfeld, sondern ständig neue Kollegen und andere Arbeitsaufgaben. Vor dem Hintergrund ihrer veränderungsunwilligen Persönlichkeit eine unerträgliche Situation. Veränderungen jagen ihr Angst ein, sie sieht ihre ganze Routine und Kompetenz in Frage gestellt. Die Schulungsmaßnahme bringt das Fass zum Überlaufen.

Doch das ist nicht das Schlimmste. Viel gravierender ist der Machtkonflikt der beiden neuen Geschäftsführer.

Nach einem Gesellschafterbeschluss ist die Geschäftsführung auf zwei Posten aufgeteilt worden. Natürlich reicht da nicht mehr eine Assistenz aus. Die Stelle wird ebenfalls auf zwei aufgestockt, wobei die Arbeit für zwei Personen eigentlich nicht ausreicht. Die Folge ist, dass eine der beiden Assistentinnen ausreichend mit Arbeit versorgt ist. Die andere hingegen, die die Stelle bisher alleine ausgefüllt hat, weiß plötzlich nicht mehr, wie sie den Tag sinnvoll nutzen und ausfüllen soll. Eine hochgebildete, engagierte Frau mit jahrelanger Berufserfahrung auf Top-Managementebene ist auf einmal zur Kaffeeköchin degradiert, weil ihr neuer Chef die Arbeit nicht unbedingt sucht und Zusammenarbeit nicht gerade seine Kernkompetenz ist.

Wenn die Assistentin nach alternativen Tätigkeitsfeldern wie Projektleitung schaut, macht ihr Chef ihr sogleich einen Strich durch die Rechnung. Dem anderen Geschäftsführer zuarbeiten ist für ihn bei dem schwelenden Machtkonflikt undenkbar. Die beiden Chefs erzielen schon in kleinsten Entscheidungen keine Einigung. Wenn der eine die Farbe Rot für die Teppiche des neuen Bürogebäudes bestellt, fordert der andere grüne Teppiche. Kein Witz!

Nicht nur die Assistentinnen, auch die sonstigen Mitarbeiter bleiben in der Regel im Unklaren, welcher von beiden Geschäftsführern in den einzelnen Teilbereichen das endgültige Sagen hat und ziehen sich aufgrund dieser mangelnden Klarheit zurück. Leidenschaft und Freude bei der Arbeit? Fehlanzeige. Die Stimmung in den Teams? Unterirdisch.

Jeder macht Dienst nach Vorschrift, es grassieren die Montags- und die Freitagskrankheit, sprich Fehltage sind an der Tagesordnung. Die Mitarbeiter suchen nach Schlupflöchern, um dem Übel Arbeit zu entgehen. Was das mit der Produktivität macht und welch Kostenfresser das darstellt, kann man sich bildlich vorstellen.

Ein extremes Beispiel? Nein.

Genau das ist der ganz normale Wahnsinn in vielen deutschen Unternehmen.

Mit einer solch desaströsen Unternehmenskultur dem Wandel der heutigen Zeit zu begegnen – auf Neuerungen im Markt schnell reagieren und flexibel agieren zu können

– das ist schwieriger, als einem Elefant Spitzentanz beibringen zu wollen. Nahezu unmöglich und wenn, dann mit enormem Energie- und Zeitverlust und damit auch gewaltigen finanziellen Einbußen.

Stellen wir uns das genaue Gegenteil vor: Eine Belegschaft, die aus reflektierten, motivierten Mitarbeitern besteht, die stolz ist, für das eigene Unternehmen zu arbeiten, die Verbesserungspotenziale erkennt, anspricht und in die Tat umsetzt. Die keine eigenen Konflikte oder Neid auf das Umfeld überträgt oder Verantwortung zu Lasten anderer abschiebt. Wenn die Assistentin und ihr Chef perfekt zusammenarbeiten, gegenseitig vollstes Vertrauen genießen und sich so inspirieren, dass sie Energie aus ihrer Arbeit ziehen können anstatt auszubrennen. Wenn die Potenziale der Mitarbeiter florieren und diese sich so im Team einbringen können, dass sie sich nicht nur individuell abgeholt fühlten, sondern die Innovationen nur so sprudeln.

Klingt wie eine Utopie. Und doch wird dieser Traum richtungsweisend werden, wenn wir dem Wandel der Arbeitswelt 4.0 gerecht werden wollen. Voraussetzung sind Menschen, die Freude an permanenter Weiterentwicklung und persönlicher Reife haben.

1.2   Die Folgen der Digitalisierung

> *„Die größte Schwierigkeit der Welt besteht nicht darin, Leute zu bewegen, neue Ideen anzunehmen, sondern alte zu vergessen."*
> *(John Maynard Keynes, englischer Ökonom)*

Die Arbeitswelt hat sich extrem verändert. Nichts ist so zuverlässig wie der Wandel an sich. Fachkräftemangel, Logistikprobleme, Digitalisierung und IT-Sicherheit sind nur einige der Stichwörter, die zeigen, wie komplex und chaotisch unsere Welt geworden ist. Wissen verdoppelt sich alle zwei Jahre. Noch vor zehn Jahren hat es fünf bis sieben Jahre gedauert, heute reichen rund 700 Tage.

Hacker können inzwischen ganze Stromnetze lahmlegen. Die Gefahr von Cyberangriffen ist erheblich gestiegen. Kurz vor Weihnachten 2017 hatten 700.000 Haushalte in der Ukraine über mehrere Stunden keinen Strom mehr, weil Hacker mit einer Schadsoftware den Stromausfall vorsätzlich ausgelöst hatten.

Der Online-Handel verursacht riesige Logistikprobleme. Über drei Milliarden Pakete wurden im vergangenen Jahr zugestellt. Eine gesperrte Autobahn kann den Verkehr in einer Stadt über Stunden völlig lahmlegen. Deutschen Städten droht der Verkehrsinfarkt. Hinzu kommt ein eklatanter Mangel an Fachkräften: Allein im Transport- und Logistikgewerbe fehlen deutschlandweit über 13.000 Fahrer.

Digitale Schnittstellen zwischen Geschäftspartnern und Lieferanten, Reichweite durch Social-Media-Kanäle, modernste Technologien, die die Prozesse steuern und effizienter gestalten. Kaum eine Firma kommt um das Thema Digitalisierung herum. Wer sich dem Fortschritt verschließt, wer nicht dafür sorgt, ein Spitzenteam mit einer gesunden Teamkultur zusammenzubekommen, ist schnell vom Markt verdrängt.

Die Herausforderungen der Digitalisierung

Keiner weiß, was in naher Zukunft sein wird. Unternehmen stellen sich Fragen wie:

- Welches sind richtige Entscheidungen, um innovationsfähig zu sein, wenn Wissen gar nicht mehr beherrscht werden kann?
- Welche Weichen müssen in Sachen Digitalisierung und IT-Sicherheit gestellt werden?
- Wie viele Jobs sind bereits in zehn Jahren überflüssig, wenn ganze Produktionsfelder digitalisiert werden?
- Wohin mit den freiwerdenden Kapazitäten?
- Wie begegnen wir Fachkräftemangel und der Generation Y?

All das verursacht Orientierungslosigkeit und Ängste bei Mitarbeitern und Führungskräften. Wenn die Unternehmenskultur nicht stimmt, sind Konflikte, Fluktuation und ein hoher Krankenstand die Folge. Viele Manager haben zwar erkannt, dass die heutige Komplexität ein anderes Agieren als noch vor 20 Jahren erfordert, aber die Umsetzung hinkt.

Technischer Fortschritt zieht zwangsläufig einen Kulturwandel, wenn nicht gar eine gesellschaftliche Veränderung mit sich. Allerdings strebt der Mensch schon seit jeher danach, den Wandel nach Möglichkeit zu bremsen oder sogar zu verhindern, weil er ihn aus der Komfortzone reißt. Ein deutlich beschleunigter, erfolgreicher kultureller Wandel tritt dann ein, wenn die Einstellung eines Teams oder einer Gesellschaft dem Fortschritt und der Veränderung gegenüber überwiegend positiv gegenüber steht. Es geht also um die Haltung der Führungskräfte, der Assistentinnen und der Mitarbeiter zu notwendigen Veränderungen.

Die Arbeitswelt 4.0 hat enorme Auswirkungen auf Unternehmenskulturen. Ob der Wandel zwangsläufig geschieht oder bewusst gesteuert und gestaltet wird, das hängt von bestimmten Aspekten ab, wie die Abb. 1.1 vom „Haus des Kulturwandels" zeigt. Der Fokus liegt auf den menschlichen, sogenannten weichen Faktoren. Und dabei spielt die Assistenz, mehr denn je, eine zentrale Rolle.

1.3   Das Haus des Kulturwandels

Im „Haus des Kulturwandels" (Abb. 1.1) hat die Führung eines Unternehmens nicht mehr die „Allmacht". Um zukunftsfähig agieren zu können, braucht es Diversität – also gemischte Teams – und viel Raum für unterschiedlichste Potenziale und Kreativität als Grundlage für Innovationen, egal in welchem Bereich. Ob es um Marketing, Reichweiten auf Social-Media-Kanälen, um IT-Sicherheit, um Prozessoptimierungen in Produktion oder Logistik oder um die Verschlankung von Verwaltungsbereichen geht. Kein Unternehmen kann es sich mehr leisten, auf wertvolle Ideen zu verzichten. Um was geht es also im Haus des Kulturwandels?

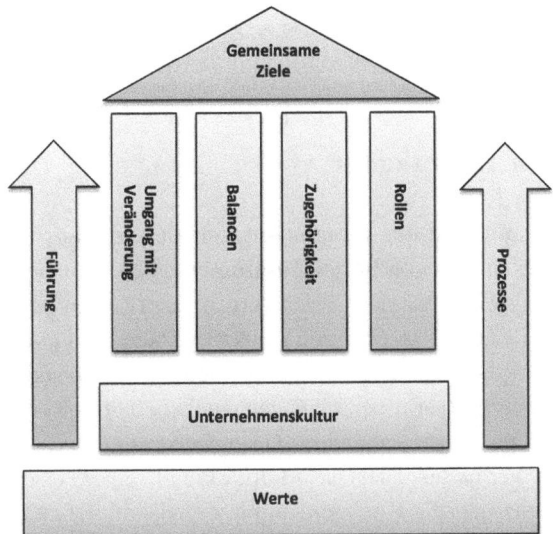

Abb. 1.1 Haus des Kulturwandels

Erfolgsentscheidend sind folgende neun Punkte:

1. Die Unternehmenskultur: Das Fundament, auf dessen Nährboden die gemeinsamen Werte im Sinne einer fruchtbaren Zusammenarbeit gedeihen.

2. Die Werte als Basis der gesamten Unternehmenskultur, die entscheidenden Einfluss auf die Haltung zu Neuerungen haben.

3. Die Zusammenarbeit mit der Führung: Die Führung gibt die Marschrichtung vor. Die Assistenz ist nicht weniger als der Manager des Chefs. Der Chef wiederum versteht sich Dienstleister für die Mitarbeiter – richtungsweisend und menschenorientiert.

4. Prozesse, Strukturen und Schnittstellen: Sie dienen der Klarheit und Orientierung und werden jederzeit transparent gemacht und gemeinsam den Veränderungen flexibel angepasst.

5. Das gemeinsame Ziel: Keine Ausbeutung von Mitarbeitern, um persönliche Ziele des Managements zu erfüllen. Jedes Glied in der Kette der Belegschaft ist wichtig.

6. Umgang mit Veränderung: Die Akzeptanz der emotionalen Auswirkungen von Veränderungsprozessen.

7. Balancen: Fernöstliche Philosophien als Grundlage für Gesundheit von Firmensystemen, für gesunde Beziehungen und gesundes Wachstum.

8. Zugehörigkeit: die Bindung der Mitarbeiter ans Unternehmen basierend auf den Themen Wertschätzung Akzeptanz und dem Gehörtwerden.

9. Rollen: Die eigenen Stärken und Potenziale erkennen und wertschöpfend ins Unternehmen einbringen.

Ein attraktiver Arbeitgeber befasst sich nicht nur mit Rahmenbedingungen wie flexible Arbeitszeitmodelle oder familienfreundliche Angebote. Für einen zufriedenen Mitarbeiter stehen Bindung und Arbeitsinhalte im Vordergrund.

1.3.1 Die Unternehmenskultur

Die Unternehmenskultur ist das Fundament, auf dessen Nährboden die gemeinsamen Werte im Sinne einer fruchtbaren Zusammenarbeit gedeihen.

Die Rolle der Assistentin hat sich in den vergangenen Jahren grundlegend verändert. Auch wenn in vielen Köpfen das Vorurteil der kaffeekochenden „Vorzimmerdame" vorherrscht – tatsächlich gibt es diese Bezeichnung nach wie vor in staatlichen Institutionen – so ist sie inzwischen Partnerin der Managementebene auf Augenhöhe. Sie ist Veranstaltungs- und Projektmanager, Sekretärin, Gastgeberin, Empfangskomitee, Geheimnisträgerin, Ratgeberin, Vertraute – quasi das Multitasking in einer Person. Sie kümmert sich um die Korrespondenz und die Kommunikation, organisiert Geschäftsreisen, Meetings, Kundenpräsentationen oder Incentives. Kurz: Sie ist die Managerin ihres Chefs.

In ihrer Weiblichkeit ergänzt sie die männerdominierte Managementebene. Geprägt durch ihre mütterlichen Urinstinkte als Frau hat sie eine andere Sicht auf die Dinge als ein Mann. Sie spürt Erschütterungen auf Beziehungsebene wie ein Seismograph bei Erdbeben, der bereits die geringsten Erschütterungen registriert. Während der (meist männliche) Chef damit beschäftigt ist, Strategien zu entwickeln und immer weitere und höhere Ziele festzulegen, liegt ihr Fokus auf dem Kümmern um organisatorische Belange und dem Beziehungsgeflecht im Unternehmen. Wer braucht was? Wem fehlt etwas? Wo herrschen Konflikte? Wer kann mit wem nicht? Wer tut sich schwer damit, Fehler zuzugeben und auf Lernfähigkeit und Weiterentwicklung zu setzen? All das kommt bei ihr an. Sie ist damit neben ihren sonstigen Aufgaben eine wertvolle Informationsquelle und Botschafterin für eine gesunde Unternehmenskultur.

Doch warum ist diese eigentlich so wichtig?

Das Fundament für einen erfolgreichen Kulturwandel 4.0 ist eine gesunde Unternehmenskultur. Wie wichtig sie für die Zukunftsfähigkeit einer Firma ist, das belegt eine weltweite Studie des Beratungs- und IT-Dienstleistungsunternehmens Capgemini aus dem Jahr 2017 (Schäfer et. al. 2017 [1]).

Im Durchschnitt erklären 62 Prozent der Teilnehmer, die Digitalisierung scheitere an „kulturellen Problemen", in Deutschland sind es sogar 72 Prozent. Damit ist dieses Thema entscheidender als veraltete IT-Systeme und das Fehlen digitaler Skills oder klarer Visionen durch die Firmenleitung.

Trotzdem stehen nach wie vor die operativen, zahlengetriebenen Leistungssysteme im Fokus. Ein Relikt der Industrialisierung. In der maschinellen Welt basierte Management auf Standardisierungen und Benchmarks, auf Zielvorgaben und Motivatoren, die entweder belohnten (Prämien) oder bestraften (Leistungskürzungen). Mitarbeiter waren ersetzbar und Mittel zum Zweck – nämlich um die Managementziele zu erfüllen.

Heute werden Unternehmensziele offenbar nur noch über Manipulationen und Betrug erreicht, wie der VW-Abgasskandal zeigt. Großprojekte wie der Flughafen Berlin Brandenburg verschlingen Millionen an unvorhergesehenen zusätzlichen Bau- und Ausfallkosten. Das Prestige-Objekt hat sich zum internationalen Spott-Objekt entwickelt. Fake News in den Social-Media-Kanälen entscheiden eine amerikanische Präsidentschaftswahl. In diesem Chaos bewegen wir uns, obwohl in jedem dieser Beispiele kluge Köpfe am Werk waren.

Wenn die Welt im Außen zu chaotisch wird, besinnt sich der Mensch wieder auf das Überschaubare. Sein ganz kleines Universum wie Familie, Freunde und soziales Umfeld. Die menschlichen Grundbedürfnisse gewinnen zunehmend an Bedeutung. Zugehörigkeit, sich Zusammenrotten, das sind Grundbedürfnisse, die schon unserem Ur-Vorfahren, dem Steinzeitmenschen, das Überleben sicherten.

Gesunde Führung, ein gutes Betriebsklima, eine adäquate Belastung und gerechte Entlohnung, Werte oder Gesundheit: Alle diese Faktoren sind Bestandteile einer gesunden Unternehmenskultur. Sie prägen das soziale Miteinander in einem Betrieb und haben einen wesentlichen Einfluss auf das persönliche Wohlbefinden, auf die Motivation und Gesundheit der Mitarbeiter.

Peter Stangel, der langjährige Dirigent und Leiter der Münchner Taschenphilharmonie sprach in einem Radiointerview des Bayerischen Rundfunks (Otto 2018 [2]) über die Führungskultur berühmter Kollegen. Im Interview berichtete Stangel, der seit Jahren Vorträge zum Thema Führung hält, dass er mit Sorge beobachte, wie viele dieser Dirigentenpersönlichkeiten die Mitglieder ihres Orchesters zugunsten ihres berühmten Status ausbeuteten. Im Gegensatz zu Unternehmen funktioniere das nur, weil in einem Spitzenorchester Spitzenmusiker mit hervorragenden Einzelleistungen und jeder Menge Leidenschaft für ihren Beruf sitzen.

Auf die Frage, wie er es selbst mit seinem Orchester halte, antwortete er, ihm sei am wichtigsten, dass man miteinander Spaß habe. Freude an dem, was man tut. Jeder Einzelne erfülle seine Rolle, er als Dirigent sehe sich als Teil des Ganzen und stelle sich nicht über seine Musiker.

Ein Dirigent ist ein gutes Beispiel dafür, wie Führung in Zukunft aussehen muss. Der Dirigent ist kein ausgezeichneter Instrumentalist. Er beherrscht viele der Instrumente im Orchester gar nicht. Seine Aufgabe ist es, die Instrumentalisten zusammenzuführen und ihnen zu vermitteln, dass jeder seine Daseinsberechtigung hat. Sitzen hier lauter Solisten zusammen, die nicht im Sinne der Musik, sondern aus der eigenen Profilierungssucht heraus agieren, wird das gemeinsame Musizieren misslingen. Jeder Musiker muss wissen, wann er mit seinem Solo in den Vordergrund tritt und wann er sich im Sinne der Musik zurückhält.

Auch die Balance ist interessant: Wenn das Orchester nur technisch solide spielt, frei von Emotionen, wird es nicht in der Lage sein, das Publikum zu berühren. Entscheidend ist die Interaktion zwischen allen Beteiligten. Die Freude am Miteinander-Agieren.

Das lässt sich auf Unternehmen übertragen. Wird die Unternehmenskultur von den Mitarbeitern als positiv wahrgenommen, liebt die Assistentin ihre Aufgaben und die Zusammenarbeit mit ihrem Chef. Dann entwickeln sich eine starke Bindung und Zugehörigkeit zum gesamten Unternehmen. Das stärkt den Zusammenhalt und die Einsatzbereitschaft der Belegschaft. Kollektive Herausforderungen können besser bewältigt und Stress sowie gesundheitliche Belastungsfaktoren reduziert werden. Will ein Unternehmen Spitzenkräfte ins Boot holen, muss es sich heute zunehmend ins Zeug legen. Talentierte, engagierte Fachkräfte können sich inzwischen ihre Stellen aussuchen.

Assistentinnen sollten ihren Wert kennen und Selbstbewusstsein entwickeln, keine muss an einer schlechten Position bleiben. Ein Unternehmen kann sich glücklich schätzen, eine fähige „Managerin" an Bord zu haben. Sie leitet das Unternehmen nicht weniger als ihr Chef und hat oft vielmehr gestalterische Möglichkeiten als sie denkt.

1.3.2   Die Werte

Werte bilden die Basis der gesamten Unternehmenskultur. Sie haben entscheidenden Einfluss auf die Haltung der Mitarbeiter zu Neuerungen.

Traditionelle Werte wie Freundlichkeit, Wertschätzung, Akzeptanz und Anerkennung gewinnen wieder zunehmend an Bedeutung. Wenn sich der Mensch glücklich fühlt, mit Kollegen und Arbeitsinhalten, wenn das Unternehmen gemeinsame Werte entwickelt hat, die es auch lebt, und wenn der Mitarbeiter das tut, was ihn erfüllt und was seinem Potenzial entspricht, ist das nicht nur ein Gewinn für ihn selbst. Dann wird er auch sein Potenzial wertschöpfend ins Unternehmen einbringen.

Trotz dieser Tatsache sind die guten alten Verhaltensformen in vielen Unternehmen auf ein Minimum beschränkt und bedeuten langfristig den Untergang. Ein Chef läutet beispielsweise eine Weiterentwicklungsmaßnahme für die Teilnehmer mit den Worten ein: „Viel Erfolg bei der Schulung. Ich bin heute nicht dabei, denn ich habe so etwas nicht nötig." Seine Mimik zeigt, dass das nicht scherzhaft gemeint ist. Fassungslosigkeit auf Seiten der Mitarbeiter. Seine Assistentin ist peinlich berührt. Schweigen. Es folgt ein Absturz der Stimmung ins Bodenlose – aufgrund einer deplazierten Begrüßung, die die fehlende Sensibilität des Chefs offenbart.

Beispiel

Eine derartige Frustration spürt auch die Geschäftsführungsassistentin eines großen deutschen Konzerns. Für ihren neuen Ehemann hat sie ihre Traumstelle in einem mittelständischen Unternehmen mit internationalen Kundenbeziehungen aufgegeben und ist zu ihm in eine andere Stadt gezogen. Drei Jahre ist sie mittlerweile dabei. Sie versucht sich zu arrangieren und spürt doch eine immer stärker werdende Unzufriedenheit. Die Arbeitsinhalte entsprechen im Konzern bei weitem nicht dem, was sie an verantwortungsvollen Aufgaben gewohnt ist. Zudem ist das Vertrauensverhältnis zu ihrem Vorgesetzten alles andere als gut. Zu ihrem vorherigen Chef hat sie eine fast freundschaftliche Beziehung gepflegt.

Als sie die neue Stelle angetreten hatte, wusste sie, dass sie ihre Erwartungen runterschrauben muss, aber die zwischenzeitliche Entwicklung übersteigt ihre schlimmsten Befürchtungen. Es findet kaum Kommunikation statt, die Aufgaben werden schriftlich mitgeteilt und auch nach drei Jahren hat sie noch kein privates Wort mit ihrem Chef gewechselt. Was ihr besonders fehlt ist Feedback. Sie weiß nicht, ob er mit ihrer Arbeit zufrieden ist, alles ist selbstverständlich und wird nicht besprochen. Wenn überhaupt etwas kommt, ist es Kritik. Für die Organisation von Geschäftsreisen, Meetings oder sonstigen Veranstaltung gibt es kein Wort des Dankes. Sie kommt sich austauschbar und wertlos vor. Kommunikationsversuche scheitern, ihr Chef blockt ab.

Ein Projekt ist dann der eine Tropfen zu viel. Sie hat einen dreitägigen Segeltörn als Incentive für die obere Führungseben organisiert. Alles verläuft reibungslos, die Teilnehmer sind offensichtlich zufrieden mit Programm, Essen und Übernachtung. Dennoch, die Leistung der Assistentin sehen sie nicht, sie scheint schlicht eine reine Selbstverständlichkeit zu sein. Jedenfalls hört sie auch in den Tagen danach kein einziges Wort des Dankes – weder von ihrem Chef noch von den sonstigen Führungskräften.

Inzwischen hat sie ihre Stelle auf drei Tage reduziert und sich als virtuelle Assistentin selbstständig gemacht. Ihre Stelle hat sie wegen des Sicherheits- und Rentenaspektes behalten. Man kann sich allerdings vorstellen, mit welchem Engagement und mit welcher Emotion sie diesen Job mittlerweile ausübt.

Eine Führungskraft ist nichts anderes als ein Dienstleister, der Kreativität, ein gutes Miteinander und Potenziale zusammenführt und in die richtige Richtung lenkt. Die Werte des Unternehmens beziehungsweise die der Mitarbeiter sind der Nährboden für Zukunftsfähigkeit und Erfolg. In vielen Firmen hängen zwar Werte und Leitlinien repräsentativ im Eingangsbereich, die Frage ist aber, ob diese auch bindend für die Mitarbeiter sind.

In der Regel funktioniert es nicht, wenn Werte hierarchisch verordnet werden. Damit können sich Mitarbeiter selten identifizieren, zumal, wenn sie gegenteilige Erfahrungen machen. Es kann also sein, dass ein menschlicher Umgang als Unternehmenswert genannt wird, Mitarbeiter aber von der Führungsebene nicht einmal gegrüßt werden. Geschweige denn, dass ein Interesse an ihrer Meinung, ihren Erfahrungen oder ihrer Person besteht.

Doch was sind eigentlich Werte? Werte sind das, was uns wichtig ist, was eine Gesellschaft zusammenhält und uns zum Handeln bewegt. Das kann zum Beispiel Freundlichkeit, Pünktlichkeit oder Schnelligkeit bzw. Effizienz sein, ebenso Entscheidungsfreiheit oder Anerkennung. Jeder Mensch hat ein bestimmtes Wertesystem. Das heißt, bei jedem Einzelnen haben unterschiedliche Werte Priorität.

Menschen mit unterschiedlichen Wertesystemen können große Schwierigkeiten miteinander haben. Pünktlichkeit kann zu einem Wertekonflikt führen. Zum Beispiel, wenn ein pünktlicher Mensch von einem Menschen, dem Pünktlichkeit nicht so wichtig ist, das genaue Einhalten von Terminen erwartet. Daran scheitern ganze Teams. In Meetings kann die Unpünktlichkeit eines Vorgesetzten dazu beitragen, die Arbeitsmoral zu senken. Andersherum kann sich der Vorgesetzte an mangelnder Leistungsbereitschaft eines Mitarbeiters stören. Hat ein Team keine gemeinsamen Werte, gefährden Konflikte und Demotivation die gesamte Unternehmenskultur. Das wiederum schränkt die Produktivität ein.

Wertesysteme können sich auch verändern. Ein insolvenzbedrohter Unternehmenskontext verstärkt wegen zunehmender Existenzängste das Sicherheitsbedürfnis der Mitarbeiter. Ist die Insolvenz abgewendet, tritt das Bedürfnis wieder in den Hintergrund. Nicht so bei an sich sicherheitsbedürftigen Menschen. Gerade für diese Charaktere ist die digitale Arbeitswelt eine große Herausforderung. Sie ist alles andere als sicher. Um dem Wandel und der damit verbundenen Unsicherheit zu begegnen, ist die Akzeptanz der unterschiedlichen Wertesysteme und ein Verständigen auf gemeinsame Werte notwendig. Nur ein starkes Team mit gemeinsamen Werten ist für das Chaos der heutigen Zeit gerüstet.

1.3.3   Die Zusammenarbeit mit der Führung

Die Führung gibt die Marschrichtung vor. Die Assistenz ist nicht weniger als die Managerin des Chefs. Der Chef wiederum versteht sich als Dienstleister für die Mitarbeiter – richtungsweisend und menschenorientiert.

Führungskräfte und Manager sind heutzutage im Dilemma. Waren noch vor Jahren vor allem fachliches Know-how, Strategien und Entscheidungsfreude gefragt, so sind es heute ganz andere Eigenschaften. Wissen lässt sich nicht mehr beherrschen, es geht also vielmehr darum, die Potenziale vieler verschiedener Köpfe zu nutzen. Diversität ist das Stichwort: Gemischte Teams. Potenziale zu erkennen, sie zu fördern und in einem sinnvollen Rahmen zusammenzubringen, dazu gehören vor allem Sozialkompetenz und Selbstführung auf der Grundlage einer guten Reflektionsfähigkeit.

Vielen erfolgsverwöhnten Machtmenschen geht die Reflektionsfähigkeit ab, weil sie sich nur mit kritiklosen Mitarbeitern (Jasagern) umgeben. Das schmeichelt natürlich mehr der Persönlichkeit, ist aber wenig zielführend.

Beispiel

Azubis eines mittelständischen Unternehmens haben im Rahmen eines IHK-Projektes Einsparpotenziale aufgespürt und mit hohem Enthusiasmus bereits erste konkrete Angebote für die Umsetzung eingeholt. Als dem Geschäftsführer das Projekt mit samt den Angeboten vorgelegt wird, winkt dieser ab, ohne die Unterlagen auch nur eines Blickes zu würdigen. Auch das Veto der Assistentin verpufft, ohne gehört zu werden. Die Azubis sind innerhalb kürzester Zeit auf dem harten Boden der Realität aufgeprallt. Sie haben gelernt, dass sich Engagement für die Firma nicht auszahlt. Eine schmerzhafte Erkenntnis.

Teams leiten, Menschen so führen, dass sie nicht ausbrennen, sondern sich wohlfühlen, dass ihr Engagement gewürdigt wird, sie Spaß am Arbeitsinhalt und am kollegialen Umfeld haben, heißt, sich als Führungskraft zurücknehmen zu können und anderen (der Assistentin) zu vertrauen. Das steht dem individuellen Erfolg zugunsten von Teamerfolgen vermeintlich im Weg. Da entsteht bei manch einer Führungskraft ein Identitätskonflikt. Der Chef steht nicht mehr demonstrativ über allem. Welche Daseinsberechtigung hat er dann noch und mit welchen Lorbeeren kann er sich künftig schmücken?

Nach wie vor herrscht auf Management-Ebene vorwiegend zahlenorientiertes und strategisches Denken. Warum ist das so? Das liegt unter anderem in der Persönlichkeitsstruktur. Manager sind in der Regel Macher. Motivation generieren sie aus Herausforderungen, sie messen sich gerne, sie lieben Konkurrenzkampf und Wettstreit. Zahlen ermöglichen ihnen dieses Messen mit anderen. So finden wir häufig Manager vor, die alles tun, um ihre Ziele zu erreichen, danach kassieren sie eine Abfindung und wechseln zum nächsten Unternehmen. Es wird nicht langfristig gedacht. Es geht vielmehr um das kurzfristige Erreichen von Resultaten und Ergebnissen. Das Beziehungsmanagement haben sie aufgrund ihrer Persönlichkeitsstruktur weniger auf dem Schirm.

Im Rahmen einer Leadership-Konferenz hat sich die Universität Witten/Herdecke (Möltner et. al. 2016 [3]) dem Thema gesunde Führung gewidmet. Das Ergebnis besagt, dass Achtsamkeit im Unternehmenskontext immer wichtiger wird. Gesunde Führung ist für die Mitarbeitenden mit positiven Effekten verbunden und wirkt sich somit auf das Klima des gesamten Unternehmens aus. 44 Prozent der Befragten verbinden vor allem das Thema Wertschätzung mit gesunder Führung.

Beispiel

In einem regionalen Medienunternehmen ist Wertschätzung so etwas wie ein Fremdwort. Der Vorgesetzte handelt nach dem Zuckerbrot-und-Peitsche-Prinzip. Seine Vertriebsmitarbeiter lässt er immer montags zum Rapport antreten, um sie jeweils im zweiwöchigen Abstand für ihr Versagen anzuprangern. Ihm reichen die Umsätze nicht. Dabei sind die Mitarbeiter zum größten Teil seit Jahren dabei und kennen sowohl den Markt als auch ihre Kunden. Der Geschäftsführer ist davon überzeugt, sie mit seinen Angriffen herauszufordern und zu mehr Leistung zu bewegen. Das Gegenteil ist der Fall.

Die Vertriebler sind demotiviert. Die geringschätzende Haltung ihres Vorgesetzten drückt sich auf ganzheitlicher Ebene im mangelnden Qualitätsbewusstsein aus. Das Equipment des Fernsehsenders ist veraltet, die Technik überholt. Der Zuschauer nimmt unprofessionelle Moderatoren, schlechte Berichterstattung und ein mangelhaftes Bild wahr. Natürlich vergleicht er mit anderen großen Sendeanstalten und hat andere Ansprüche.

Auch die Assistentin bleibt von den cholerischen Anfällen des Geschäftsführers nicht verschont. Bei schlechter Tagesform sucht er förmlich nach Fehlern und findet sie in aller Regel auch. Mal sind es die Geschäftsbriefe, die seiner Meinung nach schlecht formuliert sind, mal will er eine Anweisung gegeben haben, die sie angeblich vergessen hat und immer wieder schmeißt er Entscheidungen, die gestern noch gültig waren, am Folgetag um. Die junge Assistentin verliert jegliche Orientierung und entwickelt eine panische Angst vor Fehlern. Das wiederum produziert neue Fehler, weil sie es perfekt machen will und sich selbst stark unter Druck setzt.

Die Belegschaft besteht, außer im Vertrieb, vorwiegend aus jungen Leuten: Azubis und Praktikanten. Damit spart der Sender Personalkosten, im Gegenzug gibt es allerdings niemanden, der diese Inkompetenz ausgleichen und vernünftig ausbilden kann. Die jungen Leute werden sich selbst überlassen und mit Arbeit und Überstunden überschüttet. 80 Stunden Wochenarbeitszeit sind keine Seltenheit, die Mitarbeiter werden aufgrund ihrer Unerfahrenheit ausgenutzt. Widerspruch wird nicht geduldet. Jeder fürchtet die cholerischen Ausbrüche des Geschäftsführers. Es gibt niemanden, der sich zur Wehr setzt. Das funktioniert über Jahre hinweg, insbesondere, weil die Arbeit in der Medienlandschaft aufgrund ihrer Faszination so viele Idealisten anzieht.

Dennoch: die Stimmung kippt immer mehr.

Hinzu kommt eine Verschlechterung des Marktes. Die Medienlandschaft verändert sich rigoros. Die jüngere Zielgruppe ist an klassischen Medien wie Fernsehen oder Tageszeitung immer weniger interessiert. Sie nutzt Kanäle wie YouTube, Amazon Prime oder Maxdome und schaut nicht mehr das, was das Programm gerade vorsieht, sondern das, was sie interessiert.

Infolge all dieser Faktoren brechen die Umsätze dramatisch ein. Der Sender ist als Teil einer Mediengruppe dem Gesamtergebnis verpflichtet. Insofern muss sich der Geschäftsführer für die ausbleibenden Umsätze verantworten und gerät zunehmend unter Druck. Den Druck gibt er an seine Mitarbeiter weiter. Diese quittieren ihm den permanent steigenden Druck und die Geringschätzung mit sinkender Bereitschaft sich zu engagieren. Der Druck steigt erneut. Ein Teufelskreis.

Der Geschäftsführer beginnt die Zahlen zu beschönigen. In den Bilanzen tauchen auf einmal Umsätze auf, die noch gar nicht getätigt sind. Das geht über zwei Jahre gut, irgendwann endlich fliegt er auf. Er muss von heute auf morgen seinen Hut nehmen – nach 20 Jahren Führung im Unternehmen. Es wird noch lange dauern, bis sich die Misstrauenskultur und die Resignation im Unternehmen positiv verändert.

Dieses Beispiel zeigt, wie wichtig das Thema Wertschätzung ist.

Natürlich gibt es auch weniger extreme Beispiele und nicht alle Chefs sind schlecht. Keiner macht etwas aus böser Ansicht. Nicht einmal der gestürzte Geschäftsführer aus obigem Beispiel. Er ist ebenso „Opfer" seiner kindlichen Prägungen wie viele andere und hat die Geringschätzung mit Sicherheit am eigenen Leib erfahren und dieses Muster wiederholt. Jahrelang hat er mit diesem Muster Erfolg, insofern sieht er über Jahre hinweg keinen Anlass zur Änderung.

Genau das macht den Wandel bei vielen Führungskräften und Unternehmern schwierig. Immer höhere, immer weitere Ziele, Druck und Kontrolle sind lange Jahre Erfolgsgaranten, warum sollten sie von diesem Muster abweichen? Das Problem ist, dass sie die Auswirkungen des Wandels auf die zwischenmenschlichen Beziehungen in den Firmensystemen unterschätzen. Vor lauter Leistungsdruck haben sie keinen Zugang mehr zu ihren Emotionen. Sie spüren nichts – nicht die eigene permanente Überlastung und ständige Erreichbarkeit und damit auch nicht die ihrer Belegschaft oder ihrer Assistentin.

Der Genickbruch in dieser Situation sind die gegenseitigen Erwartungen. Erwartungen sind pure Beziehungskiller.

Wenn sich die Assistentin mehr Wertschätzung und Feedback von ihrem Chef wünscht, dieser aber ein zielorientierter erfolgshungriger Macher ist, braucht er für sich kein Feedback. Er weiß für sich allein, was er will und was nicht. Demnach bleibt das Feedback aus, die Assistentin ist enttäuscht. Sie hat so sehnsüchtig auf eine klitzekleine Anerkennung ihrer Dienste gewartet und stellt fest, dass ihre Erwartung nicht erfüllt wird. Ihm ist das nicht bewusst, denn sie hat sich noch nie derart geäußert. Er stellt nur fest, dass irgendetwas nicht stimmt und erwartet, dass sie kommt, wenn ihr irgendetwas nicht passt.

Der Fokus liegt auf dem jeweils anderen, wie in einer schlecht funktionierenden Partnerschaft. Der andere ist schuld – der andere muss sich ändern. Eine Teufelsspirale, der man nur entkommt, wenn man die Verantwortung wieder in die eigenen Hände nimmt und beginnt, die Verurteilung des anderen herauszunehmen und den eigenen Anteil an der Situation zu betrachten. Den Chef kann sie nicht ändern. Aber die Assistentin kann ihre Haltung dazu verändern, indem sie beginnt sich zu fragen, warum ihr die Anerkennung fehlt. Ist der Chef nicht vielmehr Stellvertreter für eine Person, die ebenfalls keine Anerkennung gespendet hat? Und ist es nicht viel wertvoller, die eigenen Werte anzuerkennen, statt sich abhängig von jemand anderem zu machen?

Wenn dieser Schritt gelingt, stärkt das nicht nur den Selbstwert der Assistentin, meist führt das Loslassen der Erwartung auch dazu, dass auf einmal und völlig unerwartet die gewünschte Wertschätzung des Chefs kommt. Die Assistentin muss sich nur klar machen, dass die Beziehungs- und Kommunikationskompetenz in der Regel bei ihr liegt.

1.3.4 Prozesse und Strukturen

Prozesse und Strukturen dienen der Klarheit und Orientierung und werden jederzeit transparent gemacht und flexibel den Veränderungen angepasst.

Prozesse und Strukturen sind wie die Führung richtungsweisend. Sie sorgen für reibungslose Abläufe, Klarheit und Orientierung. Ein expandierendes Unternehmen braucht klare Strukturen, um auf Dauer erfolgreich zu sein. Wenn bei einem Start-up-Unternehmen die Aufgabenverteilung zu Beginn auf Zuruf funktioniert, ist das bei steigender Mitarbeiterzahl nicht mehr zu leisten. Werden keine Strukturen geschaffen, werden Themen doppelt und dreifach behandelt, weil immer wieder von vorn begonnen wird und die eine Hand nicht weiß, was die andere tut. Andere Dinge wiederum fallen vom Tisch, weil sich keiner dazu berufen fühlt, die Aufgabe zu erledigen.

In größeren Unternehmen dagegen kann zu viel Struktur und Bürokratie den Fortschritt verhindern. Entscheidungen, die erst einmal von drei Stellen abgesegnet werden müssen, können unter Umständen zu spät erfolgen.

Prozesse und Strukturen werden in Zukunft immer flexibler und achtsam gestaltet werden müssen, um der Schnelllebigkeit gerecht zu werden. Ob hierarchisch oder informell, ob nach geografischen Gesichtspunkten organisiert oder nach Kunden, es gibt nicht mehr die einzig wahre Struktur. Sie hängt jeweils von zahlreichen Faktoren ab wie Größe, Branche und nicht zuletzt davon, wie lange das Unternehmen bereits am Markt ist. Wichtig ist es, strukturellen Änderungsbedarf transparent zu gestalten und die Beteiligten mit einzubinden. Ein sogenanntes Strukturteam kann sich zum Beispiel aus Vorgesetztem, Assistentin, Teamleiter und Prozessbeteiligten aus dem Team zusammensetzen.

Mit der Beteiligung an strukturellen Änderungen steigt die Akzeptanz. Mitarbeiter fühlen sich nicht hilflos ausgeliefert, sondern gestalten mit. Das führt zu mehr Eigenverantwortung und Engagement.

Was heißt Achtsamkeit in diesem Kontext? Schauen wir uns das anhand eines Beispiels an:

Beispiel

Bei einer Weiterentwicklungsmaßnahme stellt sich im Team eines Unternehmens heraus, dass die eigentlichen Defizite nicht im mangelnden Wissen, sondern in der schlechten Teamkultur liegen. Das Team ist nicht bereit, das Angebot der Führung als unterstützende Maßnahme anzunehmen und mauert. Die Mitarbeiter haben Angst vor Kompetenzverlust, es herrschen Demotivation und Angst vor Fehlern. Dagegen ist das eigentliche Ziel der Schulung, die Mitarbeiter zu unterstützen und sie in ihrer Kommunikation zu stärken. Doch warum kommt die positive Absicht hinter der Maßnahme nicht an?

Wie sich zeigt, erhalten die Mitarbeiter im Vorfeld lediglich eine E-Mail mit der Einladung zur Schulung. Kein Einbinden der Mitarbeiter zum Thema Inhalte, ein schlechter Zeitpunkt, mangelnde Transparenz über den Sinn der Maßnahme – all das führt zur Blockadehaltung. Es entsteht große Enttäuschung auf beiden Seiten, der Auftrag hat nicht den gewünschten Erfolg, das Vertrauen zwischen Führung und Team ist gestört, die Assistentin sitzt zwischen den Stühlen.

Die Mitarbeiter beklagen ein unverhältnismäßig hohes Arbeitspensum durch eine ständig neue Auftragslage und mangelnde Struktur. Die Führung wiederum bemängelt die Unterstützung der Teamleiter, diese erfüllen aufgrund schlechter Erfahrungen nur noch ihr Tagespensum. Die Assistentin tauscht aus mangelnder Zeit nur noch organisatorische Dinge mit ihrem Chef aus. Hintergrund sind eine massive Überlastung des Abteilungsleiters und seine Fokussierung auf Vertriebstätigkeiten zu Lasten der Führung. Er ist schlicht zu wenig präsent und hat aus Zeitgründen kein Ohr – weder für die Teamleiter noch für die Mitarbeiter oder seine Assistentin.

Die Konsequenz ist: Teamleiter und Assistentin kümmern sich nur noch um das Tagesgeschäft und nicht mehr um die Beziehungen und das Miteinander im Team. Das Verhalten färbt aufs gesamte Team ab. Akquiriert die Führungskraft neue Aufträge, stößt sie auf wenig Begeisterung. Neue Aufträge bedeuten Umstrukturierungen und Mehraufwand.

Engagement, Ideen und Inspirationen sind auf ein Minimum eingeschränkt. Das Team ist in dieser Verfassung nicht in der Lage, mit dem Wandel der heutigen Zeit zu gehen. Jede Neuerung bedarf eines immensen Energieaufwandes. Doch es ist nicht zu spät.

Mit Achtsamkeit, der Reflexion dieser hinderlichen Entwicklung und der notwendigen Präsenz für Teamleiter, Assistenz und Mitarbeiter gelingt es auch hier, die Teamkultur wieder ins Positive zu drehen und das Fundament für gemeinsame Ziele zu bilden.

1.3.5   Das gemeinsame Ziel

Es werden keine Mitarbeiter ausgebeutet, um persönliche Ziele des Managements zu erfüllen, sondern gemeinsam vorwärts zu kommen. Jedes Glied in der Kette der Belegschaft ist wichtig.
Das Dach des Hauses vom erfolgreichen Kulturwandel bilden die gemeinsamen Ziele. Betonung auf „gemeinsam".
Warum funktioniert das Führen mit Zielvereinbarungen nur noch bedingt?

Beispiel

Die Außendienstmitarbeiterin eines großen Unternehmens mit amerikanischem Mutterkonzern hat nach 15 Jahren die Nase voll. Alle zwei Jahre ein Managementwechsel, immer mehr bürokratische Auflagen und immer unrealistischere Zielvorgaben haben sie an den Punkt gebracht, dass sie sich nicht nur zu wenig um ihre Kunden kümmern kann, sondern ihre Motivation am Nullpunkt angelangt ist. Die Zielvorgaben empfindet sie als verkappte Gehaltskürzung, sie fühlt sich nicht wertgeschätzt und empfindet Auflagen, die von oben kommen, als vollkommen sinnlos.

Trotz großem Sicherheitsbedürfnis ergreift sie die erstbeste Gelegenheit und kündigt. Im Rahmen einer „sozialverträglichen" Umstrukturierung kassiert sie eine große Abfindung und sucht sich in Ruhe eine neue Stelle. Für ihr zahlenorientiertes Ex-Unternehmen ist sie schlicht ein Kostenverursacher weniger. Dabei nimmt sie nicht nur wertvolle Kundenkontakte mit, sondern extrem viel Know-how, Netzwerke und Erfahrung.

Das Problem mit Zielen ist: Aufgrund der unterschiedlichen Motivationen der Menschen sind nur bestimmte Charaktere zahlenmotiviert. Andere wiederum ziehen sich ihre Motivation vielmehr aus persönlichem Wachstum und Weiterentwicklung oder aus harmonischen Beziehungen. In Kundenservices haben Mitarbeiter oft Schwierigkeiten im Umgang mit sogenannten Display Boards. Sie zeigen an, wie es um die Erreichbarkeitsquote steht, welcher Mitarbeiter gerade im Gespräch ist oder wie lange die Gesprächsdauer beträgt.

Was der Orientierung der Geschäftsführung bzw. der Auftraggeber dient, erzeugt im Mitarbeiter je nach Unternehmenskultur etwas völlig anderes: Misstrauen, Kontrolldruck oder Angst vor Fehlern. Das wirkt sich natürlich kontraproduktiv auf die Arbeit des Mitarbeiters aus. Die Sichtweise hängt nicht nur vom einzelnen Mitarbeiter ab, sondern vielmehr von der Teamkultur und der Zusammenarbeit mit der Führung.

Wer Unternehmensziele in die Umsetzung bringen möchte, muss das Gesetz der Kohärenz – sprich der Stimmigkeit – berücksichtigen. Ziele müssen sinnvoll, machbar und verstehbar für den Mitarbeiter sein. Sonst können sie nicht umgesetzt werden.

Nehmen wir zum Beispiel das Thema Einsparpotenzial Papierverschwendung: Menschliche Komfortzonen können die Umsetzung von Einsparmaßnahmen immer wieder einschränken. Sinnvoll wird das Ziel für den Mitarbeiter, wenn im Vorfeld transparent wird, inwiefern es wichtig ist einzusparen, zum Beispiel indem man die immensen Kosten für Druckerpapier aufzeigt oder ein Teil des Geldes stattdessen in ein nachhaltiges Umweltprojekt investiert wird.

Verstehbar ist ein Ziel, wenn der Mitarbeiter weiß, wie er es umsetzen soll und er alle erforderlichen Mittel für die Umsetzung an die Hand bekommt. In einem regionalen Fernsehsender wurde einmal die Technik von analog auf digital umgestellt. In einer Wochenendschicht wurden die Geräte in der Regie ausgetauscht. Das funktionierte noch. Allerdings saßen die Mitarbeiter aus der Technik anschließend völlig ratlos über Bedienungsanleitungen, weil sie nicht wussten, wie sie die Geräte bedienen sollen. Im Vorfeld hat es keinerlei Schulungen gegeben.

Ist das Ziel machbar? Für die Umstellung auf papierloses Büro braucht es Struktur und Orientierung. Vielleicht ist dieser Schritt nur in Teilbereichen möglich, da ältere Kunden nach wie vor postalisch arbeiten. Oder es braucht eine realistische Zeitplanung mit diversen Etappenzielen, so dass Akten neben dem Tagesgeschäft gescannt werden können. Mit Hilfe von Workshops wird den Mitarbeitern ermöglicht, während des Projektes Fragen zu sammeln, die sich in der Umsetzung ergeben haben. Das steigert die Akzeptanz und Machbarkeit des Projektes.

Ist die Zielvorgabe wie im Fall der Außendienstmitarbeiterin unrealistisch hoch ist, wird sich der Mitarbeiter an dieser Stelle ausklinken. Er wird mit fehlendem Engagement, Krankmeldungen oder Fluktuation reagieren.

1.3.6 Umgang mit Veränderung

Emotionale Auswirkungen in Veränderungsprozessen werden bewusst wahrgenommen und akzeptiert.

Nicht jeder mag Veränderungen. Es gibt Menschen, bei denen Neuerungen sogar große Ängste auslösen. Wenn im Unternehmen beispielsweise das Betriebssystem geändert wird, fühlt sich mancher Mitarbeiter in seiner Kompetenz bedroht. Er weiß, er fällt zurück auf eine untere Lernstufe, muss raus aus seiner Komfortzone. Sich Neues aneignen ist anstrengend und mühsam. Der Mitarbeiter weiß, dass er auf dem Weg zum selbstverständlichen Umgang mit dem neuen System so manche Talsohle durchschreiten muss.

Jeder Veränderung löst verschiedene emotionale Phasen bei allen Beteiligten aus. Der gefühlte Absturz, die Talsohle kommt auf jeden Fall. Unabhängig davon, ob die Veränderung freiwillig gewählt oder vorgegeben ist. Der Vorsatz mehr Sport zu machen startet in Woche eins in der Regel mit Euphorie und löst schon in Woche zwei große Ermüdungserscheinungen aus, um nicht selten schon kurz darauf wieder über Bord geworfen zu werden.

Schon bei der Ankündigung von Neuerungen herrscht im Unternehmen im besten Fall Neugierde. In den meisten anderen eine große Anti-Haltung. Veränderungen sind von außen aufoktroyiert. Sie sind nicht selbst gewählt.

Akzeptanz ist hier das Zauberwort. Der Mitarbeiter kommt um die Neuerung nicht herum, fühlt sich aber besser aufgehoben, wenn seine anfängliche oder auch länger andauernde Skepsis nicht „schöngeredet" wird. Das ist als wolle man einen Pessimisten dazu nötigen, alles positiv zu betrachten. Die Haltung des Mitarbeiters anzunehmen, heißt den Mitarbeiter wertschätzen. Damit er nicht das ganze Team infiziert, ist es notwendig herauszufinden, was er genau ablehnt und inwiefern er blockiert. Meist steckt schlicht Angst dahinter.

Noch interessanter wird der Blick auf den eigenen Umgang mit Veränderung. Selbst ein Mensch ohne Scheu vor Veränderung tut sich mit manchen Entwicklungen der heutigen Zeit schwer. Das fängt schon bei der Nutzung von Social-Media-Kanälen an. Die junge Generation hat einen selbstverständlichen Umgang damit, der Generation ab 40 oder 50 Jahren fehlt dieses Selbstverständnis. Sie ist nicht damit aufgewachsen. Viele verschließen sich den neuen Medien daher komplett und verweigern den Umgang mit Facebook, Instagram und Co.

Achtsamkeit ist das nächste Zauberwort. Es lohnt sich, bei einer eigenen Abwehrhaltung gegenüber Neuem mal den Blick nach innen zu wagen und achtsam festzustellen, was da emotional los ist – ohne sich selbst zu verurteilen. Es geht vielmehr um das Beobachten der eigenen Gedanken und Gefühle.

Jede Veränderung hat emotionale Phasen. Nach der Neugier oder Begeisterung folgt sehr schnell die Ernüchterung oder Verzweiflung, weil es nicht so funktioniert, wie vorgestellt. Daraus resultiert Ablehnung. Es kann auch Trauer mit einhergehen. Sich auf Neues einzulassen, heißt im Gegenzug sich von Altem zu verabschieden. „Wie schön waren doch die alten Zeiten!" – dieser Satz fällt zwangsläufig bei jedem irgendwann zumindest in Gedanken. Für den einen ist das die Zeit in der Sachbearbeitung, als es noch kein lästiges Telefonklingeln gab und für den anderen, als Akquise noch über Mundpropaganda oder Telefon und nicht über digitale Reichweite ging.

Achtsamkeit bedeutet, in sich selbst hinein zu spüren, welche Art der Emotion gerade mit der Veränderung einhergeht. Ein Verurteilen oder Verdrängen negativer Gefühle würde innerlich für noch mehr Unruhe, Unzufriedenheit und Ablehnung sorgen. Mit Achtsamkeit und Akzeptanz des eigenen Gefühls haben Sie die besten Chancen, der Veränderung gegenüber offen zu bleiben und diese schneller und leichter umzusetzen.

1.3.7   Balancen

Fernöstliche Philosophien bilden die Grundlage für Gesundheit der Firmensysteme, gesunde Beziehungen und gesundes Wachstum.

Fernöstliche Philosophien sind für einen erfolgreichen Kulturwandel sehr interessant. Wenn Wissen glückliche, erfüllte Menschen produzieren würde, wären wir die glücklichsten Menschen überhaupt. Noch nie hat eine Gesellschaft über so viel Wissen verfügt. Und dennoch sind wir weit weg von Fülle und generell eher mit dem Mangeldenken beschäftigt.

Die fernöstliche Philosophie befasst sich mit dem Yin- und Yang-Prinzip. Das sind die komplementären Gegensätze der Welt, die Existenz und Wandel steuern. Ziel ist die gelebte Balance von Yin und Yang, von weiblicher und männlicher Energie, die in ihren Gegensätzen eine harmonische Ganzheit bilden, ein ordnendes Prinzip. Der Ausgleich sorgt für inneren Halt, Gesundheit, Entspannung und Einsicht sowohl im System des Einzelnen als auch in einem Firmensystem.

Als Ausgleich für das Chaos, das Digitalisierung und die ständige Erreichbarkeit der heutigen Zeit produzieren, brauchen wir Ruhe und innere Stabilität. Wer ständig erreichbar und „unter Strom" ist, weil er mit Smartphone, Laptop und Co. unter permanentem Medienkonsum leidet, dessen System gerät außer Balance und in Unruhe. Als Gegenpol brauchen wir mehr denn je Muße. Völliges Nichtstun und wenn es nur ein paar Minuten pro Tag sind, in denen unser Gehirn nichts leisten muss. Das bringt uns wieder in Balance.

Doch das ist nur eine Facette.

Nehmen wir das System des Einzelnen: Zu viel Kopf zu Lasten von Emotion bedeutet, dass wichtige Schlüsselfaktoren wie Empathie, Intuition und Kreativität verloren gehen. Das eigene System ist damit beschäftigt, Gefühle zu verdrängen und wird auf Dauer krank. Zu viel Emotion bedeutet, übersensibel zu reagieren, Dinge zu persönlich zu nehmen und sich selbst zu behindern, weil der notwendige Pragmatismus oder strategisches Denken fehlen.

Ratio und Emotion im Einklang ergeben das Ganze. Weibliche und männliche Energie, Sozialkompetenz und strategisches Denken, Spannung und Entspannung, Aufmerksamkeit und Abschalten – all das sind gegensätzliche Pole, die in Balance sein müssen, wenn unsere Systeme nicht kippen sollen.

Das Thema Balance spielt für die Führungskraft von morgen eine große Rolle. Sie wird zwischen Entscheiden und Loslassen, zwischen Machen und Delegieren, zwischen strategisch und intuitiv immer wieder hin- und herswitchen müssen, wenn sie dem Wandel gerecht werden will. Für die Assistenz bedeutet das, die Verantwortung für die eigene Gesundheit nicht dem Chef zu überlassen. Ein Workaholic wird schlecht den eigenen Stressabbau im Visier haben, geschweige denn den seiner Assistentin. Er nutzt seine Arbeitssucht dafür, vor sich selbst und seinen Gefühlen davon zu laufen.

Die Balance betrifft auch das gesunde Wachstum in einem Unternehmen. Zu viel Tagesgeschäft und Routinearbeiten gehen zu Lasten von Innovation und Erneuerungen. Bei zu viel Fokus auf Innovationen und Ideen geht schnell das Geld aus oder es fehlt die Machbarkeit. Viele junge Start-up-Unternehmen haben tolle Ideen, die leider am Markt bzw. am Bedarf vorbei gedacht sind.

1.3.8 Zugehörigkeit

Die Bindung ans Unternehmen basiert auf den Themen Wertschätzung und dem Gehörtwerden.

Im Musikbereich gilt der Grundsatz „ein Orchester ist immer so gut wie sein schlechtester Musiker". Im Sport dasselbe – eine Mannschaft ist so gut wie ihr schlechtestes Mitglied. Ein noch so guter Sturm bringt im Fußball nichts, wenn die Defensive nicht funktioniert.

Innovationsfähig zu sein, heißt also, gute Mitarbeiter ans Unternehmen zu binden. Das ist angesichts des Fachkräftemangels gar nicht so einfach. Rahmenbedingungen wie flexible Arbeitszeiten, Heimarbeitsplätze, Kinderbetreuungsmöglichkeiten oder Auszeiten wie ein Sabbatical sind das eine – die Identifikation mit dem Unternehmen durch menschliche Werte wie ein Zugehörigkeitsgefühl ist etwas ganz anderes. Mitarbeiter wollen sich gerne dem Unternehmen verbunden fühlen.

Laut Gallup-Studie (vgl. Nink 2014 [4]) sind jedoch Mitarbeiter, die sich ihrem Arbeitgeber verbunden fühlen, erstaunlich selten: 70 von 100 Mitarbeiter geben an, sich nur wenig mit ihrem Arbeitgeber zu identifizieren, weitere 15 Prozent fühlen sich ihrem Unternehmen gar nicht verbunden und haben sogar schon innerlich gekündigt.

Beispiel

In der Vorstandsetage eines deutschen Konzerns herrscht Krieg. Die beiden Vorstände sind sich uneinig in welchem Tempo und in welchem Ausmaß die Veränderungen in Sachen IT-Sicherheit, Digitalisierung und Logistikthemen vorangebracht werden sollen. Sie trauen sich gegenseitig nicht über den Weg. Ihre vermeintlich sachlichen Diskussionen sind verkappte Machtkonflikte. Die Meinungsverschiedenheiten spitzen sich derart zu, dass für beide klar wird – es gibt keine friedliche Lösung.

Darüber hinaus verfolgen beide ganz unterschiedliche Ziele. Es geht nur vordergründig um die Veränderungen. Die individuellen Ziele gehen stark auseinander. Während der eine (der ältere und routinierte) daran interessiert ist, das Unternehmen auch in stürmischen Zeiten stabil zu machen, geht es dem anderen (der jüngere, extrem ehrgeizige) vor allem darum, seine eigene Karriere voran zu treiben. Die Assistentin des älteren betrachtet den übertriebenen Ehrgeiz und das Machtgerangel des jüngeren mit zunehmenden Bauchschmerzen. Sie erkennt seine eigentlichen Ziele und hat Sorge, dass diese dem Unternehmen langfristig schaden. Sie vertraut ihre Befürchtungen ihrem Chef an. Der winkt ab und will von Machtkonflikten und Misstrauen nichts wissen.

Der jüngere hat schon bald ein Netzwerk gesponnen und sucht sich Koalitionspartner, um den älteren loszuwerden. Der Machtkonflikt tritt nie offen zutage, sondern schwelt im Verborgenen. Nach ein paar Jahren spitzt er sich so zu, dass einer von beiden den Hut nehmen muss. Es ist in diesem Fall der jüngere von beiden. Die Erfahrungen und stabilen Verbindungen des älteren retten ihm den Kopf.

Die Assistentin ist erleichtert. Sie hat den jüngeren immer mit großer Skepsis betrachtet und war innerlich zerrissen, weil sie ihrem eigenen Menschengefühl nicht genügend vertraut und der Chef sie immer abgeblockt hat, wenn sie das Problem mit ihm diskutieren wollte. Endlich kann der Fokus wieder auf das eigentliche Tagesgeschäft gerichtet werden. Die offizielle Verabschiedung des jüngeren ist ein Schlag ins Gesicht des älteren. Mitarbeiter des jüngeren sitzen vor geladener Presse in Fan T-Shirts da und applaudieren dem jüngeren demonstrativ. Es fallen einige Köpfe in der obersten Führungsriege, bis wieder Ruhe ins Unternehmen einkehrt.

Ein weiteres Problem: die mangelnde Fehlerkultur im Unternehmen. In einem Bereich hat die Führungskraft durch Fehlentscheidungen der Vergangenheit ein riesiges Defizit zu erwarten. Besagter Chef ist über einen langen Zeitraum hinweg der Ansicht, er könne das Problem alleine in den Griff bekommen. Statt sich frühzeitig zu melden, zu einem Zeitpunkt, an dem es noch möglich ist den Schaden abzuwehren, vertuscht er die Fehlentscheidungen. Er schaufelt sich sein eigenes Grab. Als der Fehler auffliegt, ist der Schaden so groß, dass das Gesamtergebnis in Gefahr ist. Der Chef muss den Hut nehmen, der Vorstandsvorsitzende kommt gewaltig in Erklärungsnot gegenüber seinen Gesellschaftern. Fast wird auch er zur Verantwortung gezogen, denn im Unternehmen haben sämtliche Kontrollinstanzen versagt.

Ein Zustand, den Unternehmensberatungen nicht auf dem Schirm haben. Hier wird ausschließlich auf die Zahlen geschaut. Nicht auf die Beziehungsebenen. Die sind in diesem Fall Verursacher des Desasters. Der Verantwortliche hat seine eigenen Fähigkeiten überschätzt und versucht, den Schaden zu vertuschen statt Hilfe zu suchen. Auf psychologischer Ebene ist Existenzangst der Grund für das kopflose Agieren. Die Führungskraft hatte schlicht Angst um den Verlust seiner Position. Sämtliche Stellen, die das hätten aufdecken können, hatten ebenfalls Angst, dem Kollegen zu nahe zu treten, verantwortlich für seine Entlassung zu sein oder es existiert die Haltung „Wenn ich ihn in Ruhe lassen, lässt er auch mich in Ruhe." Diese Verhaltensweisen laufen in der Regel nicht bewusst ab. Ein bisschen mehr psychologisches Fingerspitzengefühl auf den hohen Hierarchieebenen kann so manchen gravierenden Schaden verhindern.

Dieses psychologische Fingerspitzengefühl hat die Assistentin meist mehr als ihr Chef – schon allein aus der Tatsache heraus, dass sie eine Frau ist. Der eigenen Intuition vertrauen und Themen ansprechen – die Assistentin darf ruhig mehr diesen „weiblichen Instinkten" vertrauen und dem „männlichen" Chef den Weg weisen. Das würde ihm und dem Unternehmen in so manchen Situationen den Kopf retten.

Beispiel

20 Mitglieder der Führungsebene eines Konzerns haben die Aufgabe, Einsparpotenziale im Unternehmen zu identifizieren, Prozesse zu verschlanken und die richtigen Weichen in Sachen IT-Sicherheit und Digitalisierung zu stellen. Darüber hinaus will man das Ziel „attraktivster Arbeitgeber der Branche" erreichen.

Allerdings herrschen auf Führungsebene nach schlechten Erfahrungen der Vergangenheit gegenseitiges Misstrauen und Machtkonflikte. Auch hier ist man sich nicht einig über Tempo und Details der notwendigen Umstrukturierungen. Wenn man sich den gruppendynamischen Prozess anschaut, ist das Team dieser Führungsebene in einer Konfliktphase. Das Miteinander-Performen ist nicht möglich, man scheitert jeweils an endlosen Diskussionen. Keiner ist bereit, von seinem Standpunkt abzuweichen oder die Meinung des anderen zu akzeptieren. Von einem Wir-Gefühl sind die Mitglieder der Führungsebene weit entfernt.

Nach der intensiven Teamentwicklungs-Arbeit am Konfliktverhalten der Gruppe und dem Identifizieren einer gemeinsamen Teamkultur ist das Miteinander in diesem Führungskreis ein Jahr später deutlich verändert. Die Mitglieder wundern sich über die neue positive Arbeitsmoral. Auf einmal erreichen sie mit dem Wir-Gefühl eine Disziplin und Effizienz, die sie selbst erstaunt. Sie sind in der Lage gemeinsame Entscheidungen zu treffen, die von jedem getragen werden. Das war bisher nicht der Fall. Sie entwickeln Ideen und Maßnahmen und bringen sie in einem nicht gekannten Tempo und Ausmaß in die Umsetzung. Aussage eines Beteiligten: „Ich hätte nicht gedacht, dass dieses Ringelpietz mit Anfassen so hilfreich ist."

Zugehörigkeit ist ein Grundbedürfnis des Menschen. Die Zugehörigkeit bewirkt ein Wir-Gefühl beim Mitarbeiter. Er empfindet sich als Teil des Ganzen und wird die Unternehmensziele zu seinen eigenen machen und zum Erfolg beitragen. Doch wie lässt sich die Identifikation des Mitarbeiters erreichen?

Sie lässt sich nicht mit Geld, Komfort oder Status erkaufen. Das Unternehmen muss dem Mitarbeiter das Gefühl geben, ein wichtiger Teil des Ganzen zu sein. Wichtige Mitarbeiter werden in das Unternehmen eingebunden: Sie werden informiert und angehört, in ihrer Persönlichkeit gefördert und am Erfolg des Unternehmens beteiligt. Sie erhalten kleine Geschenke und stärken das Wir-Gefühl mit gemeinsamen Veranstaltungen. Unabhängig vom Rang.

Ein Logistik-Mitarbeiter möchte sich ebenso wichtig und als Teil des Ganzen fühlen, wie ein Ingenieur. Eine Putzfrau ebenso wie die Assistentin oder der Vertriebsleiter. Da sich alle Mitarbeiter mit dem Unternehmen identifizieren sollen, sind alle Mitarbeiter wichtig. Es geht also vielmehr um Respekt als um Leitsätze, die im Eingangsbereich hängen und nicht gelebt werden. Dafür braucht es heute so etwas wie einen Unternehmensgeist, dem sich die Mitarbeiter zugehörig und verbunden fühlen, und der nur durch eine gelungene interne Kommunikation erreichbar ist.

1.3.9   Rollen und Potenziale

Die eigenen Stärken und Potenziale werden erkannt und wertschöpfend ins Unternehmen eingebracht.

Jeder Mensch ist mit einem einzigartigen unvergleichlichen Potenzial zur Welt gekommen. Ob er Zugang zu seinem Potenzial hat, hängt davon ab, in welchem „Geist" er groß geworden ist. Unsere Gesellschaft ist nach wie vor im Mangeldenken. Das schulische System ist stark damit beschäftigt, Fehler aufzuzeigen, statt sich mit dem Talent des Kindes zu beschäftigen. „Du bist zu faul.", „Du bist eine Niete in Mathe.", „Du kannst nicht singen.", „Du kannst nicht malen.", „Du bist zu dumm.", „Du bist ein Versager." Das sind Glaubenssätze, die den Mangel verstärken und das Selbstwertgefühl in den Keller treiben. Manchen Menschen gelingt es ein Leben lang nicht, sich von diesen negativen Glaubensmustern zu befreien.

Kehren wir die limitierenden Botschaften um und geben jedem Talent eine Bedeutung, dann entsteht ein gigantisch großes Potenzial. Beschäftigen wir uns damit, was unsrer Begabung entspricht, setzt das jede Menge Motivation frei. Ein musisches Kind, dem der Zugang zu Mathe fehlt, sich aber permanent damit auseinandersetzen muss, wird sich zunehmend als Versager fühlen. Im Gegensatz dazu wird es niemals müde zu singen, ein Instrument zu spielen oder zu zeichnen. Sich mit dem zu beschäftigen, was dem eigenen Potenzial entspricht, heißt mit Freude dabei zu sein und Energie aufzutanken statt sie zu verlieren. Eine wunderbare Burn-out-Prophylaxe.

Für ein Unternehmen heißt das: Jedes Talent hat im großen Ganzen seine Daseinsberechtigung. Es braucht sowohl den effizienten Macher, der das Team mit seinen Visionen und seinem schnellen Umsetzungsbedürfnis vorantreibt, als auch die Assistenz, die im Hintergrund die Strippen zieht und dafür sorgt, dass jeder mit ausreichend Informationen versorgt ist und keine organisatorische Notwendigkeit vergessen wird. Es braucht die Beteiligten, die moderativ eingreifen, wenn im Meeting die Stimmung kippt und der Meinungsaustausch in einer Endlos-Schleife der Diskussionen mündet. Sie sorgen für gegenseitige Akzeptanz und geben den Introvertierten eine Stimme, die ihre wertvollen Impulse sonst gerne vor den Alphatieren zurückhalten, weil sie Auseinandersetzungen scheuen oder zu wenig Zutrauen in die eigenen Ideen haben.

Mitarbeiter an der Basis, zum Beispiel in der Logistik oder in der Produktion, haben einen sehr guten Blick dafür, wie interne Prozesse optimiert werden können. Eine weibliche Geschäftsführungsassistenz hat schon aufgrund ihres Geschlechts eine andere Sicht auf ein Unternehmen als ein männlicher Geschäftsführer. Mit ihrem natürlichen Mutterinstinkt hat sie ein Gespür für die Bedürfnisse der Mitarbeiter und die Wechselwirkungen der Beziehungen. Weil sie in so vielen Bereichen tätig ist, laufen die Fäden bei ihr zusammen. All diese Potenziale sind von unschätzbarem Wert fürs Unternehmen, wenn sie gesehen und gefördert werden.

Beispiel

Ein junges Start-up-Unternehmen möchte Content Marketing über die Social-Media-Kanäle betreiben. In einem vierköpfigen Team gibt es zwei Mitglieder, die sich sehr gut mit den modernen Medien und Content Marketing auskennen. Sie haben ausgiebig getestet, welche Faktoren dazu führen, die Reichweite zu steigern. Der eine mit seinem Marketing-Know-how, der andere mit den technischen Kenntnissen. Allerdings sind sie darauf angewiesen, sinnvollen Inhalt zu liefern, der für die User Mehrwerte bietet.

Und da kommen die anderen beiden Teammitglieder ins Spiel. Aufgrund ihrer beruflichen Vorerfahrung bringen sie genau das mit. Im Meeting akzeptiert sich jeder in seinen unterschiedlichen Rollen. Die Erfahrungen und Ideen befruchten sich gegenseitig, es herrscht eine Teamdynamik, aus der heraus großartige Impulse entstehen, jeder inspiriert jeden. Das setzt Energie und Kreativität frei.

Von Rollen, über Unternehmenskultur, Führung, Balancen, gemeinsamen Zielen oder Wir-Gefühlen: Wenn wir die neun Grundregeln für einen erfolgreichen Kulturwandel beherzigen, wird der Weg frei für ungeahnte Potenziale. Es gibt noch viel Luft nach oben.

1.4   Über die Autorin

Anke Ames arbeitet seit über 12 Jahren als Businesstrainerin und systemischer Coach für Unternehmen wie Würth, Webasto oder die ZG Raiffeisen. Die ehemalige TV-Moderatorin und Diplommusikerin kommt inzwischen auf mehr als 1.200 erfolgreiche Trainingsmaßnahmen, u.a. bildet sie Managementassistenten/-innen, Teamleiter und Führungskräfte für die IHK Würzburg aus.

Mit ihrem eigenen Persönlichkeitszentrum setzt sie sich vor allem für gesunde Führung und Persönlichkeitsentwicklung in Beziehung und Beruf ein. Potenziale entfalten und damit Werte steigern, das ist ihr Credo.

https://www.persoenlichkeitszentrum.de

Literaturverzeichnis

[1] Dominique Schaefer, Dr. Ursula Bohn, Claudia Crummenerl (2017) www.capgemini.com/consulting-de/resources/change-management-studie-2017/

[2] Thorsten Otto (2018) www.br.de/mediathek/podcast/mensch-otto-mensch-theile/peter-stangel-dirigent-und-komponist/

[3] Dr. Hannah Möltner, Dipl.-oec. Sebastian Benkhofer, Prof. Dr. Marcel Hülsbeck (2016) http://mindful-leadership-konferenz.de/studie-der-uni-witten-herdecke-im-rahme-der-mindful-leadership-konferenz/

[4] Marco Nink (2014) Engagement Index. Die neuesten Daten und Erkenntnisse aus 13 Jahren Gallup-Studie; Münchner Verlagsgruppe GmbH; ISBN: 978-3-86881-528-3

Mehrgenerationen-Management

Eine neue Herausforderung und gleichzeitig eine große Chance für den Assistenzbereich

2

Katharina Appelhans

Zusammenfassung

Die steigende Vielfältigkeit der Generationen und der beginnende demographische Wandel stellen Unternehmen vor neue Herausforderungen. Die Beschaffenheit des Personals wird immer heterogener. Auch der Assistenzbereich ist davon betroffen. Anhand eines Praxisbeispiels, welches in Form eines Dialogs zwischen Geschäftsführung und Assistenzteam geführt wird, werden die Herausforderungen und gleichzeitig die Chancen des Mehrgenerationen-Managements beleuchtet. Wie können die verschiedenen Generationen voneinander profitieren? Welche verborgenen Ressourcen schlummern hier? Wie und wo können Synergien gebildet werden? Warum sind „jung" und „alt" gemeinsam ein entscheidender Erfolgsfaktor im Assistenzbereich? Wie kann die Assistenz auch in Bezug auf Mehrgenerationen-Management als rechte Hand fungieren? Wie können neue und alternative Arbeitszeitmodelle aktiv zum Mehrgenerationen-Management beitragen?

2.1 Einleitung

Der demografische Wandel hat begonnen und die zunehmende Vielfalt der Generationen stellt Unternehmen vor eine neue Herausforderung. Die Personalstruktur wird immer heterogener. Selbstverständlich ist davon auch der Assistenzbereich betroffen. Unterschiedliche Wünsche und Bedürfnisse der Assistenz stoßen aufeinander, ein gewisses Konfliktpotenzial scheint programmiert zu sein.

Ich selbst durfte in den vergangenen Jahren bereits einige Erfahrungen in Mehrgenerationen-Unternehmen sammeln und auch in meiner jetzigen Position als Teamassistenz arbeite ich mit den unterschiedlichsten Altersgruppen zusammen.

© Springer Fachmedien Wiesbaden GmbH, ein Teil von Springer Nature 2019
D. Schenk, *Chefsache Assistenz*, Chefsache,
https://doi.org/10.1007/978-3-658-23490-4_2

Bei meinen Überlegungen und Recherchen für dieses Buchkapitel habe ich schnell bemerkt, wie es für mich immer vollkommen normal war, dass mehrere Generationen zusammenleben und auch zusammenarbeiten.

Ich denke, es lag daran:

Das Licht der Welt habe ich im Jahr 1980 erblickt. Ich bin in einem Ortsteil von Winterberg im Hochsauerland (Nordrhein-Westfalen) aufgewachsen. Im Haus meiner Eltern lebten meine Großeltern mütterlicherseits, meine Eltern, mein Bruder und ich. Mit Stolz und Dankbarkeit darf ich heute sagen, dass ich noch in einem Dreigenerationenhaus, wie es sich heute vielleicht viele Menschen wünschen, groß geworden bin. Im Alltag begegnet uns immer wieder der Begriff „Mehrgenerationenhaus".

Mein Opa wurde 101 und meine Oma 93 Jahre alt und so durfte ich sogar erleben, wie die vierte Generation noch hinzukam, denn meine Großeltern hatten das Glück auch ihre Urenkel noch kennenlernen zu dürfen.

2.2 Einführung Praxisbeispiel

Ich werde in diesem Kapitel anhand eines Praxisbeispiels im Assistenzbereich verdeutlichen, wie Mehrgenerationen-Management aktiv betrieben werden kann und welche Herausforderungen und Chancen es zu meistern gilt. Die eine oder andere Situation wird Ihnen sicherlich bekannt vorkommen und vielleicht das eine oder andere Schmunzeln in Ihr Gesicht zaubern, wenn beispielsweise die Einführung eines neuen Programms das Assistenzteam vor Herausforderungen stellt, durch mangelnde Kommunikation eine schlechte Atmosphäre im Sekretariat entsteht oder ein Arbeitgeber auf dem Arbeitsmarkt attraktiver werden möchte.

2.2.1 Vorstellung Unternehmen

Ab jetzt bekommen Sie Einblick in die Obstwald Frisch und Lecker GmbH, die ihren Firmensitz in der Nähe von Freiburg hat. An dieser Stelle weise ich darauf hin, dass die Handlung und in ihr vorkommenden Personen frei erfunden sind. Jegliche Ähnlichkeit mit lebenden oder realen Personen ist rein zufällig.

Die Obstwald Frisch und Lecker GmbH ist seit über 50 Jahren führender Hersteller im Obstkonservenmarkt in Deutschland. Kreative Ideen im Obstsegment und einzigartige Produktqualität zeichnen das Unternehmen aus. Neben den Klassikern drängen immer stärker die Bio-Produkte auf den Markt und innovative Produktideen für Kinder folgen.

2.2.2 Vorstellung Geschäftsleitung und Assistenzteam

Teil meines Beispiels sind die Geschäftsleitung der Obstwald Frisch und Lecker GmbH sowie drei Mitarbeiterinnen, die als Assistentinnen der Geschäftsleitung fungieren.

Details können Sie dem Organigramm entnehmen (Abb. 2.1).

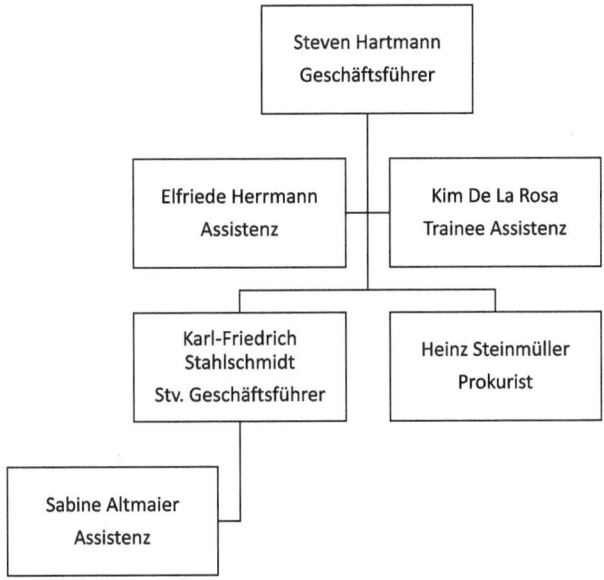

Abb. 2.1 Organigramm

2.2.2.1 Vorstellung der Mitarbeiterinnen im Assistenzteam
- **Name:** Elfriede Herrmann
- **Alter:** 63 Jahre
- **Geburtsjahr:** 1956
- **Betriebszugehörigkeit:** seit 45 Jahren im Unternehmen

Elfriede Herrmann gehört noch zu den Menschen, die „ihrem" Unternehmen die Treue gehalten haben. Nach Abschluss der höheren Handelsschule hat sie hier ihre Ausbildung zur Industriekauffrau absolviert und erste Berufserfahrung in der Auftragsbearbeitung sammeln können. Danach folgte eine lange Tätigkeit im Vertriebsinnendienst. Seit 12 Jahren ist Elfriede Herrmann als Assistentin der Geschäftsleitung tätig. Sie ist die gute Seele im Unternehmen.

- **Name:** Sabine Altmaier
- **Alter:** 41 Jahre
- **Geburtsjahr:** 1978
- **Betriebszugehörigkeit:** seit 5 Jahren im Unternehmen

Sabine Altmaier wurde nach ihrer Ausbildung zur Kauffrau für Bürokommunikation für zwei Jahre in ihren Ausbildungsbetrieb übernommen. Danach folgte ein längerer Einsatz für ein Unternehmen im Büroartikelsegment im Vertriebsinnendienst. Während dieser Zeit studierte Sabine Altmaier nebenberuflich Betriebswirtschaftslehre. Sie entwickelte sich in einem Start-up-Unternehmen im Bereich erneuerbarer Energien weiter und bekam dort die Chance, sich auch örtlich zu verändern.

Vor wenigen Wochen hat sie ihre Ausbildung zur Yogalehrerin abgeschlossen und unterrichtet mittlerweile ihren ersten Anfängerkurs.

- **Name:** Kim De La Rosa
- **Alter:** 23 Jahre
- **Geburtsjahr:** 1996
- **Betriebszugehörigkeit:** seit 7 Monaten im Unternehmen

Kim De La Rosa hat ihr Abitur gemacht und anschließend einen Bachelor-Studiengang „Betriebswirtschaft mit Schwerpunkt Internationales Marketing" in der Landesniederlassung eines bekannten niederländischen Lebensmittelherstellers absolviert. Sie hat ihren Abschluss mit Auszeichnung gemacht. Aktuell ist Kim De La Rosa als Trainee im Assistenzbereich eingesetzt. Der Ruf, eine „High Potential"-Mitarbeiterin zu sein, eilt ihr voraus und es ist geplant, dass sie die Stelle von Elfriede Herrmann als Assistentin der Geschäftsleitung übernehmen wird.

2.2.2.2 Vorstellung der Geschäftsleitung
- **Name:** Steven Hartmann
- **Alter:** 42 Jahre
- **Geburtsjahr:** 1977
- **Betriebszugehörigkeit:** seit 4 Jahren im Unternehmen

Steven Hartmann ist der Geschäftsführer und verantwortet die Bereiche Vertrieb und Marketing. Herr Hartmann hat Betriebswirtschaft studiert und ist Diplom-Kaufmann. Er hat einige Jahre in den USA gelebt und gearbeitet. Aus familiären Gründen ist er jedoch nach Deutschland zurückgekehrt.

- **Name:** Karl-Friedrich Stahlschmidt
- **Alter:** 59 Jahre
- **Geburtsjahr:** 1960
- **Betriebszugehörigkeit:** seit 30 Jahren im Unternehmen

Karl-Friedrich Stahlschmidt ist seit 14 Jahren der stellvertretende Geschäftsführer und verantwortet die Bereiche Einkauf und Produktion. Nach seiner Ausbildung zum Bürokaufmann hat Herr Stahlschmidt sich stetig weitergebildet. Zu Beginn seiner Tätigkeit für die Obstwald Frisch und Lecker GmbH war er als Produktmanager engagiert, später als Leiter der Marketing-Abteilung.

- **Name:** Heinz Steinmüller
- **Alter:** 49 Jahre
- **Geburtsjahr:** 1970
- **Betriebszugehörigkeit:** seit 13 Jahren im Unternehmen

Heinz Steinmüller ist seit 13 Jahren als Prokurist im Unternehmen beschäftigt. Er ist verantwortlich für die Bereiche Finanzen, Controlling und IT. Herr Steinmüller hat Informatik studiert. In den Semesterferien hat er für einen großen internationalen Konzern an einem Sonderprojekt in der Buchhaltung mitgearbeitet und dabei seine Liebe zu Zahlen entdeckt. Es folgte ein Studium der Wirtschaftswissenschaften mit Schwerpunkt Finanzen und Controlling.

2.2.3 Ausgangssituation: Sitzung der Führungsebene

Bei der heutigen Sitzung der Führungsebene sind neben der Geschäftsleitung in Person von Steven Hartmann und Karl-Friedrich Stahlschmidt auch Heinz Steinmüller in seiner Funktion als Prokurist, die Personalleitung sowie die Vertriebs- und Marketingleitung anwesend. Wieder einmal berichtet die Personalabteilung, dass es immer schwieriger wird, Nachwuchs und qualifiziertes Personal zu akquirieren und die Herausforderung immer größer, vakante Positionen zu besetzen.

Die Herren der Geschäftsleitung stimmt dies zum wiederholten Male nachdenklich und Herr Stahlschmidt denkt laut nach: „Auch im Assistenzbereich, bei uns im Speziellen auf der Ebene der Geschäftsführung, denke ich öfter über Elfriede Herrmann nach. Frau Herrmann ist nun auch schon 63 Jahre alt und ihr Renteneintritt rückt langsam aber sicher immer näher. Sie ist ein ‚alter Hase‘ im Geschäft und so leicht macht ihr niemand etwas vor. Ich habe den Eindruck, dass die Zusammenarbeit mit Frau De La Rosa noch einige Herausforderungen mit sich bringen wird, wenn ich es einmal vorsichtig formulieren darf. Ich bekomme es nur am Rande mit, denn meine Assistentin ist ja Frau Altmaier. Frau Herrmann verfügt über ein immensens Unternehmenswissen, ein weitreichendes EDV-Know-how, gerade was unsere Warenwirtschaft betrifft. Sie kennt viele Interna in- und auswendig und vieles mehr. Wir sollten dringend schauen, dass mit dem Weggang von Frau Herrmann nicht ein übermäßig großes Loch in die Struktur gerissen wird. Frau De La Rosa ist jung und dynamisch und – um es in Ihren Worten, Herr Hartmann, auszudrücken – sicherlich eine Mitarbeiterin, die wir unter „High Potential" kategorisieren sollten. Die neuen Medien beherrscht sie aus dem Effeff, jedoch fehlt es ihr noch an viel Lebens- und Berufserfahrung. Aktuell ist Frau De La Rosa als Trainee im Assistenzbereich eingestellt. Aber wie Sie alle wissen, ist geplant, dass Frau De La Rosa den Arbeitsbereich von Frau Herrmann übernehmen soll, wenn diese in den Ruhestand wechselt.

In letzter Zeit hatte ich manches Mal beim Durchqueren des Büros das Gefühl, dass die Stimmung aktuell etwas unterkühlt ist. Ich sehe hier ein gewisses Konfliktpotential auf uns zukommen. Über Frau Altmaier mag ich an dieser Stelle noch gar nicht sprechen, denn seit ihrer Ausbildung zur Yogalehrerin scheint sie sich etwas von der Firma zu entfernen.

Sie ist mittleren Alters und ich habe das Gefühl, dass Work-Life-Balance und flexiblere Arbeitszeiten oder an manchen Tagen gar ein Heimarbeitsplatz für sie immer wichtiger zu werden scheinen."

Herr Stahlschmidt schaut in nachdenkliche Gesichter.

Herr Hartmann wartet einen Moment ab und sagt: „Auch ich habe bemerkt, dass in den letzten Wochen die Stimmung im Assistenzbüro ein wenig konfliktgeladen zu sein scheint. Ich konnte es mir jedoch bisher überhaupt nicht erklären. Frau Altmaier hat sich sehr auf Frau De La Rosa gefreut. Klar, meine Assistentin, Frau Herrmann, hat sich anfangs eher reserviert gezeigt. Ich habe den Eindruck, dass Frau Herrmann Angst hat, dass jemand ihr „ihr Reich" streitig machen könnte. Dann dachte ich, dass es nun ganz gut harmoniert, aber wie gesagt, seit einigen Wochen hat sich das Blatt wohl wieder gewendet. Frau Herrmann identifiziert sich sehr über ihren Tätigkeitsbereich und das Unternehmen und wenn irgendwo Not am Mann ist, springt sie ohne Wenn und Aber ein. Ich bin sehr froh, dass ich sie als Assistentin habe. Als ich vor gut vier Jahren neu in das Unternehmen gekommen bin, hat sie mir mit ihrem Wissen den Einstieg sehr erleichtert."

Herr Steinmeier ergänzt: „Vor einigen Tagen bin ich kurz vor Feierabend in das Büro der drei Damen gekommen. Ich habe einen Zahlenabgleich benötigt und wollte die Aufgabe an Frau De La Rosa übergeben. Sie schien mir sehr aufgekratzt zu sein und hat nur kurz von ihrem Bildschirm aufgeblickt und mir entgegengerufen, dass sie eine interessante „News" entdeckt habe. Sie können mir glauben, über meinem Kopf haben einige Fragezeichen geleuchtet. Ich habe daraufhin Frau Altmaier gebeten, den Abgleich vorzunehmen. Sie hat mir allerdings mitgeteilt, dass es ihr Leid tue, ihr Laptop schon ausgeschaltet sei und sie jetzt gehen müsse. Frau Herrmann hat sich freiwillig für die Aufgabe gemeldet, aber das habe ich dankend abgelehnt und schnell das Büro verlassen. Ich war über das Verhalten schon sehr erstaunt. Den Zahlenabgleich habe ich dann letztendlich selbst erledigt."

Herr Stahlschmidt ergreift erneut das Wort: „Meine Damen und Herren, ich sehe im Assistenzbereich ein Generationenproblem und ich denke, auch in anderen Abteilungen werden wir diesem auf kurz oder lang begegnen. Spontan fällt mir das Key Account Management ein. Wenn ich richtig informiert bin, werden in den nächsten fünf bis acht Jahren zwei Herren in das Rentenalter eintreten." Lachend fügt er hinzu: „Von meiner Person mal ganz zu schweigen. Wie sie wissen, feiere ich im nächsten Jahr meinen 60. Geburtstag."

Herr Hartmann nickt zustimmend und sagt: „Wir sollten uns die Frage stellen, wie wir diese neue Herausforderung meistern können und inwiefern es für uns vielleicht auch gleichzeitig eine große Chance sein könnte. Im Assistenzteam ist das Generationenproblem offensichtlich bereits zu Tage getreten. Ich denke, wir sollten eine Strategie ausarbeiten, wie wir hier besser agieren können, und ich kann mir gut vorstellen, dass wir durch ein aktives Mehrgenerationen-Management auch als Arbeitgeber einiges an Attraktivität dazu gewinnen könnten. Dann werden wir sicherlich im „War for Talents" ganz vorne mitspielen können. Denn Sie haben Recht, Herr Stahlschmidt, auch im Key Account Management werden wir in naher Zukunft vermutlich vor ähnliche Herausforderungen gestellt werden. Mein Vorschlag ist, dass wir – sprich, Sie, Herr Stahlschmidt, und Sie, Herr Steinmüller, und meine Wenigkeit uns mit den Damen im Assistenzbereich zusammensetzen, um die

Situation anzusprechen und unsere Assistentinnen aktiv in die Problemlösung mit einbinden. Ich bin sicher, dass es hier Möglichkeiten gibt, wie die Damen uns in Bezug auf das Thema Mehrgenerationen-Management unterstützen und entlasten können. Außerdem interessiert mich die Sichtweise der Damen sehr."

2.3   Die Generationen im Profil

Die geschilderte Beispielsituation wird es in der nahen Zukunft sicherlich häufiger in Unternehmen geben. Denn wie bereits zu Beginn erwähnt, hat der demografische Wandel begonnen. Mit der zunehmenden Alterung und gleichzeitig auch Schrumpfung der Bevölkerung, wird sich auch die Struktur der Erwerbstätigen verändern. Aktuell arbeiten drei bis vier Generationen zusammen. Aber wie genau lässt sich Generation definieren? An dieser Stelle ließen sich sicherlich einige Definitionen aufführen. Entschieden habe ich mich für diese:

▶ Generation: „Begriff der Bevölkerungswissenschaft für Personen, die im gleichen Kalenderjahr geboren sind." [5]

Selbstverständlich ist dies eine sehr allgemeine Definition. Jeder von Ihnen hat sicherlich schon die Erfahrung gemacht, dass alle Menschen Individuen sind. Des Weiteren sind die Entwicklung sowie die eigenen Werte und Ziele sehr differenziert ausgebildet. Eine Einteilung der Generationen versucht, nur die wichtigsten Kriterien zusammenzufassen und zu benennen. Es ist nicht möglich, Generationen immer strikt nach Geburtenjahrgängen zu klassifizieren. Innerhalb einer Generation gibt es immer noch beachtliche Unterschiede genauso wie die zugehörigen Jahrgänge nicht immer eindeutig definiert wurden. Dennoch lassen sich klare Unterschiede zwischen den „Mittelwerten" der verschiedenen Generationen feststellen. [6]

In der heutigen Arbeitswelt arbeiten bis zu vier Generationen miteinander. In diesem Kapitel beschränke ich mich auf die folgenden drei Generationen:
- Babyboomer
- Generation X
- Generation Y

2.3.1   Generation Babyboomer

Ein herausragendes Merkmal der Generation Babyboomer (siehe Abb. 2.2) ist, dass die Arbeit einen sehr hohen Stellenwert hat und die Personen sich stark mit dem jeweiligen Unternehmen identifizieren. Ein hohes Engagement ist eine weitere Besonderheit. Elfriede Herrmann verkörpert in meinem Praxisbeispiel die Generation der Babyboomer.

Die geburtenstarken Jahrgänge der Babyboomer, die gegenwärtig einen Großteil der Erwerbspersonen stellen, werden bis zum Jahr 2030 aus dem Arbeitsmarkt ausscheiden.

Aktuell profitiert Deutschland von den stark besetzten Jahrgängen der Babyboomer-Generation. [7]

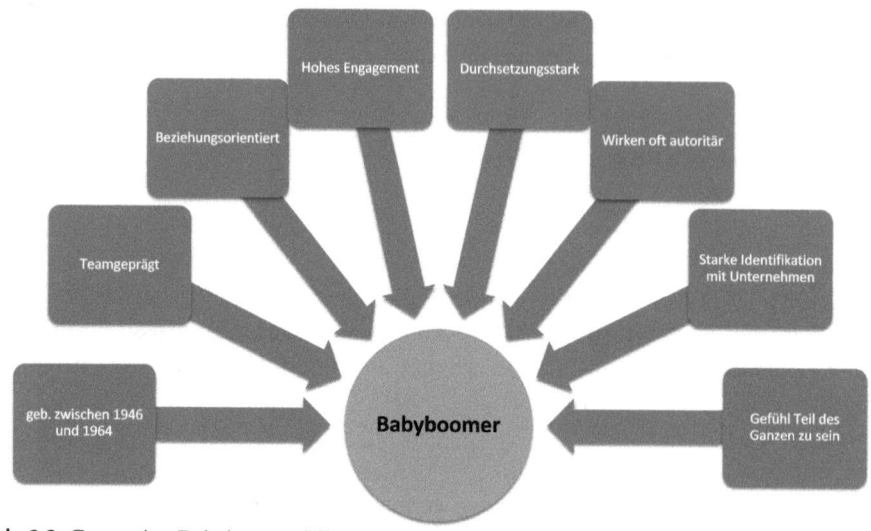

Abb. 2.2 Generation Babyboomer [6]

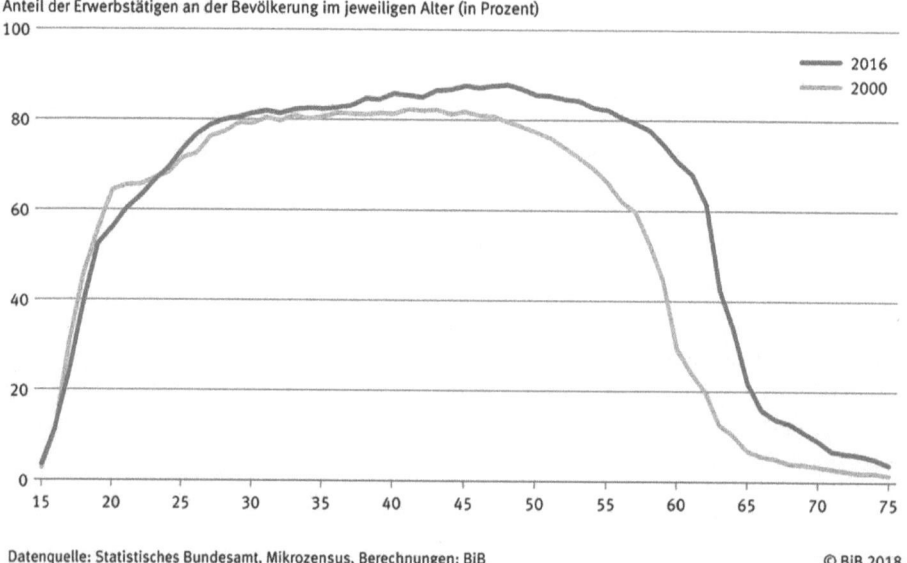

Abb. 2.3 Anteil der Erwerbstätigen an der Bevölkerung im jeweiligen Alter (in Prozent)

Die Abb. 2.3 zeigt, dass im Jahr 2000 noch 80 bis 65 Prozent der Babyboomer (36 bzw. 54-jährige) unter den Erwerbstätigen gemessen an der Bevölkerung waren. 2016 sind es 85 bis 8 Prozent (52 bzw. 70-jährige). In den nächsten 14 Jahren werden die Babyboomer aus dem Berufsleben ausscheiden und es ist davon auszugehen, dass sie sowohl quantitativ als auch qualitativ eine große Lücke hinterlassen werden.

2.3.2 Generation X

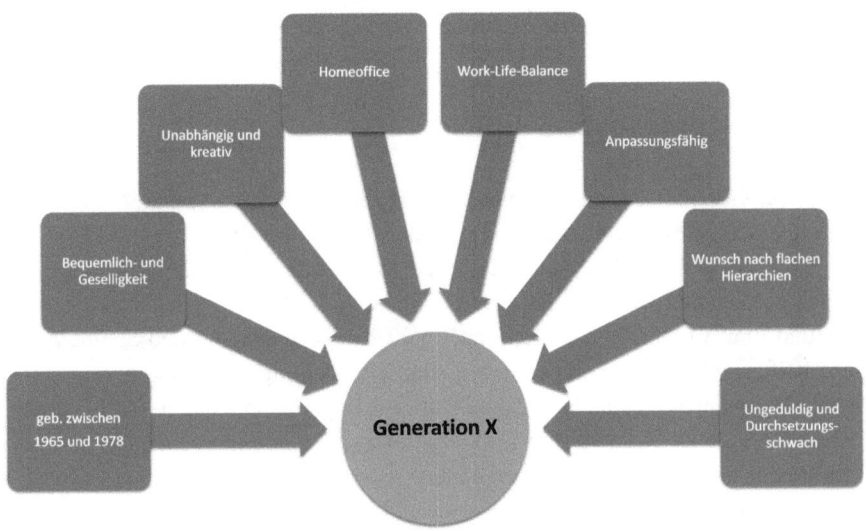

Abb. 2.4 Generation X [6]

Das Streben nach Work-Life-Balance, aber auch der Wunsch kreativ und unabhängig sein zu dürfen, zeichnet die Generation X (Abb. 2.4) aus. Die Unabhängigkeit wird durch die Sehnsucht nach einem Homeoffice-Arbeitsplatz unterstrichen. Sabine Altmaier wird die Generation X im gewählten Fallbeispiel vertreten.

2.3.3 Generation Y

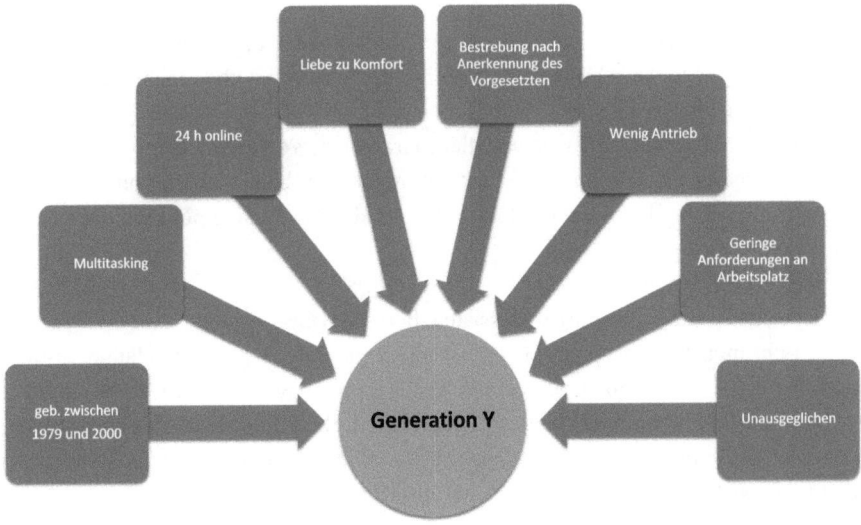

Abb. 2.5 Generation Y [6]

Mit der Generation Y (Abb. 2.5) verbindet man die Attribute 24h-online und Multitasking. Gleichzeitig lieben sie Komfort und die Anerkennung des Vorgesetzten ist ihnen überaus wichtig. Kim De La Rosa, Trainee im Praxisbeispiel, steht für die Generation Y.

2.4 Fortsetzung Praxisbeispiel

Während die Geschäftsleitung in ihrer Sitzung ist und erstmals über Mehrgenerationen-Management spricht, ereignet sich folgendes im Assistenzbüro:

Vor zwei Wochen wurde Google Drive bei der Firma Obstwald Frisch und Lecker GmbH eingeführt und geschult. Kim De La Rosa ist die Key-Userin für den Assistenzbereich und ihre Aufgabe ist es unter anderem, Elfriede Herrmann und Sabine Altmaier weiterzuhelfen, sollten diese Fragen haben oder Hilfestellungen benötigen.

Steven Hartmann selbst hat Frau De La Rosa zur Key-Userin ernannt. Für ihn ein klarer Fall, denn Kim De La Rosa ist sehr EDV-affin und kennt sich mit neuen Medien bestens aus. Ihr Potenzial hat er sehr schnell erkannt.

Elfriede Herrmann tut sich mit dem neuen Programm schwer und stellt Frau De La Rosa sehr viele Fragen. Sie benötigt täglich mehrfach Hilfe. Frau De La Rosa ist von der vielen Fragerei genervt und lässt sich das auch anmerken. Sie versteht nicht, wieso es ihrer Kollegin so schwerfällt Tabellen zu „sharen" und Zugriffsberechtigungen zu vergeben, denn für sie ist es die einfachste Sache der Welt. Frau De La Rosa shared sogar ihr Auto und während sie die Dateien auf Google Drive einstellt, twittert sie noch über ihr Smartphone und pflegt gleichzeitig ihr XING-Profil. Sie ist ein Multi-Tasking-Talent. Elfriede Herrmann ist mittlerweile den Tränen nahe. Sie fühlt sich nicht mehr wohl in „ihrem Unternehmen" und auch nicht ernst genommen. Da möchte dieser kleine junge Hüpfer doch ihr, dem alten Hasen, permanent sagen, wie es zu funktionieren hat. Sie beschließt für sich zukünftig nur noch die nötigsten Informationen an Kim De La Rosa weiterzugeben.

Sabine Altmaier hat die Szene nun schon eine ganze Weile schweigend beobachtet. Sie versteht die ganze Aufregung nicht. Weniger ist manchmal eben mehr und sie ist froh, wenn sie gleich um 16 Uhr pünktlich gehen kann. Work-Life-Balance steht für sie an oberster Stelle und gerade an Tagen wie diesen träumt sie von einem Heimarbeitsplatz und davon, ihre Arbeitszeit zu reduzieren, um sich mehr dem Unterrichten von Yoga widmen zu können. Jobsharing könnte ihr gefallen. Sie verabschiedet sich pünktlich in den Feierabend.

… Einige Tage später …

Mittlerweile ist die Stimmung im Assistenzbüro dem Gefrierpunkt nahe. Wie in der Sitzung der Führungsebene besprochen, hat Herr Hartmann für heute einen längeren Besprechungstermin mit den Damen aus dem Assistenzbereich sowie Herrn Stahlschmidt und Herrn Steinmüller einberufen. Der Betreff lautete lediglich „Zusammenarbeit". Das Assistenzteam hat sich untereinander nicht näher besprochen, denn mit der wolkenverhangenen Stimmung ist auch die Kommunikation auf ein Minimum gesunken.

Herr Hartmann ergreift zuerst das Wort und berichtet von der letzten Sitzung der Führungskräfte. Er erwähnt auch, dass der Geschäftsleitung die miserable Stimmung im Assistenzbüro aufgefallen wäre, sich das Unternehmen näher mit dem Thema „Mehrgenerationen-Management" beschäftigen möchte und die Besprechung auch dazu gedacht sei, einmal offen und ehrlich über die Zusammenarbeit im Team zu sprechen. Er ermutigt die Damen, diese Chance auch zu nutzen.

Elfriede Herrmann traut sich als erste und schildert ihre Sichtweise: „Bitte entschuldigen Sie, wenn ich gleich etwas aushole, aber ich denke, dass Sie alle mich dann vielleicht etwas besser verstehen werden. Ich bin seit 45 Jahren bei Obstwald Frisch und Lecker beschäftigt. Für mich war es immer wichtig, „meinem" Unternehmen die Treue zu halten, und ich habe mein ganzes Berufsleben in diesem Unternehmen verbracht. Nach Abschluss der Höheren Handelsschule habe ich hier meine Ausbildung zur Industriekauffrau absolviert und meine erste Berufserfahrung in der Auftragsbearbeitung sammeln dürfen. Zur damaligen Zeit bestand das Arbeitsmaterial noch aus Kanzleipapier, Karteikarten, Bleistift und Radiergummi. Computer gab es noch nicht, lediglich eine mechanische Schreibmaschine. Regelmäßig mussten wir das Schönschreiben üben. Es gab dafür gewisse Regeln. So mussten beispielsweise die Bäuche der „8" gleich groß sein und war dem nicht so, musste die Karteikarte neu ausgefüllt werden, bis alles der Firmennorm entsprach. Danach folgte eine lange Tätigkeit im Vertriebsinnendienst und aus der mechanischen wurde eine elektrische Schreibmaschine. Im Jahr 1995 folgte der erste Computer. Ich erinnere mich noch gut daran und dass ich diese neue Technik beängstigend und bedrohlich fand. So manche schlaflose Nacht hat mir das bereitet. Zu Beginn habe ich mir mit meinem Vorgesetzten sogar einen Computer geteilt. Schnell waren dann aber mein Kampfgeist und das Interesse an der neuen Technik geweckt. Ich war begeistert und mein Vorgesetzter musste manches Mal auf den Computer verzichten, denn ich hatte für mich den Ansporn, die neue Technik bis ins Detail zu erlernen. So habe ich mir oft die Frage gestellt, wo und wie ich mir mit dem Computer das Arbeitsleben erleichtern könnte. Während meiner Tätigkeit im Vertriebsinnendienst habe ich zwei Warenwirtschaften aktiv mit eingeführt. Seit 12 Jahren bin ich nun als Assistentin der Geschäftsleitung tätig und wir, Sie, Herr Hartmann und ich, arbeiten nun vier Jahre zusammen. Ich bin der Meinung, dass ich auch Ihnen den Einstieg sehr erleichtert habe, da ich das Unternehmen wie meine eigene Westentasche kenne.

Nun wurde vor wenigen Woche Google Drive eingeführt. Ja, ich tue mich mit dem Programm, mit dieser Cloud-Lösung recht schwer und aktuell ist dies für mich ein großer zusätzlicher Stressfaktor. Ich investiere viel Zeit, um das Tool zu verstehen, und die Zeit fehlt mir dann wieder für andere Aufgaben. Aber trotzdem bin ich weiterhin sehr zuversichtlich, dass ich auch diese Herausforderung meistern werde. Allerdings ist mir aufgefallen – und auch bitter aufgestoßen –, dass meine Fragen Frau De La Rosa scheinbar lästig sind und ich nun schon einige etwas patzige Antworten bekommen habe, um es einmal vorsichtig auszudrücken. Das Verdrehen der Augen habe ich ebenfalls bemerkt. Ich wünsche mir mehr Verständnis von Frau De La Rosa. Für mich ist dies ein komplett neuer IT-Bereich, diese Cloud-Lösungen. Ich bin nicht mit Smartphone, Tablet und Co. aufgewachsen!"

Nach einem kurzen Moment des Schweigens übergibt Herr Hartmann das Wort an Frau De La Rosa, die offenbar gern auf das Gesagte reagieren möchte.

„Ich bin nun seit sieben Monaten im Unternehmen. Es stimmt, ich bin mit einem Computer groß geworden, Smartphone und Tablet sind für mich quasi alltägliche Geräte. Networking ist meine große Leidenschaft und ich bin förmlich in EDV-Programme vernarrt, die Cloud-Lösungen anbieten. Das ist die Zukunft! Ich share selbst mein Auto und neuerdings sogar meine Bohrmaschine. Bereits im Studium habe ich Google Drive genutzt und das Arbeiten damit geht mir sehr leicht von der Hand. Es mag sein, dass ich manchmal etwas ungehalten auf die Fragen von Ihnen, Frau Herrmann, reagiert habe. Wie gesagt, für mich ist der Umgang mit neuen Medien vollkommen normal. Ich kann mir gar nicht vorstellen, wie es gewesen sein muss ohne einen Computer. Eine Karteikarte kann ich mir noch vorstellen, aber von Kanzleipapier habe ich bisher noch nie gehört. Schönschreiben üben? Für mich unvorstellbar. Wofür soll das gut sein? Vielen Dank, Frau Herrmann, dass Sie diese Eindrücke mit uns geteilt haben. Ich für meinen Teil entschuldige mich hiermit bei Ihnen für mein unbedachtes Verhalten und meine patzigen Antworten."

Elfriede Herrmann nimmt die Entschuldigung an.

▶ Für die ältere Generation sind Veränderungen häufig eine Herausforderung und werden als Stressfaktor empfunden. Die jüngere Generation ist in der Regel sehr EDV-affin und beispielsweise die Einarbeitung in neue IT-Programme fällt oft leichter.

▶ Wichtig ist es, Verständnis füreinander zu zeigen.

Frau De La Rosa brennt aber nun auch noch ein Anliegen auf der Seele: „Mich hat allerdings auch etwas an Ihrem Verhalten geärgert, Frau Herrmann. Ich habe das Gefühl, dass Sie mir Informationen vorenthalten bzw. mich nur noch mit dem Allernötigsten versorgen oder mich sogar teilweise bewusst auflaufen lassen. Ich finde das schade. Ich möchte Ihnen ganz bestimmt nicht Ihren Arbeitsbereich streitig machen."

Elfriede Herrmann fühlt sich an dieser Stelle ertappt und gibt direkt zu, dass sie dies in der Tat einige Male getan habe. Sie weiß selbstverständlich, dass ein solches Verhalten inakzeptabel ist, und entschuldigt sich bei Frau De La Rosa.

Sabine Altmaier hat bisher geschwiegen, möchte jedoch nun auch einige Worte sagen: „Es stimmt, dass die Atmosphäre in unserem Büro in den letzten Tagen wirklich nicht so gut war und ich habe mir diesbezüglich wirklich viele Gedanken gemacht. Ich finde man kann unser Assistenzbüro mit einer Familie vergleichen. Stellen Sie sich folgende Situation vor: Großeltern, Eltern, Kinder und vielleicht sogar die Urenkel kommen zusammen. In dem Moment sind auch mehrere Generationen zusammen. Ich kenne das selbst aus meiner eigenen Familie und habe diese Treffen immer sehr gemocht. Meine Großeltern erzählten oft von „früher" und teilten ihre Erfahrungen und ihre Weisheit mit ihren Kindern, uns Enkeln und später auch den Urenkeln. Ich konnte nie genug von diesen Geschichten bekommen. Oft wünsche ich mir, meine Großeltern hätten alle ihre Erfahrungen und Lebensweisheiten schriftlich festgehalten. Übertragen wir das Ganze jetzt einmal auf unser Assistenzbüro: In absehbarer Zeit werden Sie, Frau Herrmann, das Rentenalter erreichen. Sie haben ein immenses Firmenwissen und ich habe mich schon oft gefragt, wie es demnächst werden soll, wenn Sie nicht mehr im Unternehmen sind. Unzählige Male haben Sie mir mit Ihrem Wissens- und Erfahrungsschatz weitergeholfen. Ich denke, wenn wir über Generationen-Management sprechen, sollte ein ganz großer Punkt „Wissenstransfer" sein. Was meinen Sie?"

Frau Altmaier blickt in die Runde. Ihr Blick gilt auch den Herren der Geschäftsleitung.

Herr Stahlschmidt nickt zustimmend und Herr Hartmann sagt: „Da haben Sie recht. Auch ich durfte schon unzählige Male vom Wissen und von den Erfahrungen von Ihnen, Frau Herrmann, profitieren. Natürlich auch von Ihnen, Herr Stahlschmidt. Ich weiß auch, dass die Damen und Herren aus dem Vertrieb unsere Frau Herrmann noch heute häufig um Rat fragen, in welcher Vereinbarung welcher Paragraph zu finden ist usw. Der Aspekt „Wissenstransfer" sollte in der Tat ganz oben auf der Agenda stehen. Frau Herrmann, haben Sie sich dies bezüglich vielleicht sogar schon selbst Gedanken gemacht? So, wie ich Sie einschätze, haben Sie bestimmt schon einen Lösungsansatz parat."

Frau Herrmann erklärt: „In der Tat habe ich mir da schon etwas überlegt. Viele Vorgänge habe ich für den Vertretungsfall immer wieder dokumentiert. Teilweise formlos per handschriftlicher Notiz, per Aktennotiz oder ich habe einige Dinge in Word dokumentiert. Selbstverständlich ist dies bisher nicht die optimale Lösung. Aber was halten Sie davon?"

Die Damen und Herren schauen Elfriede Herrmann erwartungsvoll an und sie schildert ihre Idee: „Wie wäre es, wenn wir drei Assistentinnen gemeinsam eine Lösung erarbeiten. Ich verfüge über das nötige Firmenwissen. Auch Frau Altmaier hat sich zwischenzeitlich einiges an Kenntnissen und Know-how aneignen können und wir beide haben uns immer sehr rege ausgetauscht. Frau De La Rosa verfügt über eine hohe IT-Affinität und hat sicherlich einige Ideen, wie wir das Ganze EDV-seitig bewerkstelligen können. Aktuell sind es noch gut zwei Jahre, die ich im Unternehmen sein werde und in der Zeit werden wir sicherlich eine gute Lösung auf die Beine stellen. Das könnte eine Art Pilotprojekt werden, auf dem die anderen Abteilungen aufbauen könnten. Was meinen Sie, meine Herren?" Elfriede Herrmann schaut in Richtung der Führungsebene.

Die drei Herren nicken zustimmend und freuen sich schon jetzt, dass ihre Strategie aufzugehen scheint und ihre Assistentinnen wirklich gute Lösungsansätze parat haben.

Herr Hartmann sagt anerkennend: „Ich für meinen Teil finde den Ansatz sehr gut. Das ganze Wissen sollten wir in der Tat gebündelt festhalten. Mein Vorschlag wäre, dass Sie drei jede Woche konsequent einen Nachmittag an dem Thema arbeiten. Es sollte möglich sein, dass dafür die nötigen Ressourcen freigeschaufelt werden. Frau De La Rosa, haben Sie evtl. eine Idee, wie dies IT-seitig umgesetzt werden könnte?"

Frau De La Rosa freut sich und antwortet: „Ich könnte mir OneNote als eine erste große EDV-Unterstützung vorstellen. Wir könnten ein Notizbuch mit unterschiedlichen Reitern erstellen und unsere Ideen sammeln. Ich werde mir hierzu gerne noch näher Gedanken machen."

▶   Die ältere Generation verfügt sehr häufig über ein sehr großes Firmen- und Fachwissen. Im Assistenzteam wird in naher Zukunft Frau Herrmann in den Ruhestand gehen und auch im Key Account Management werden Stelleninhaber das Rentenalter erreichen. Bei näherer Betrachtung der Unternehmensstruktur ist davon auszugehen, dass ähnliche Fälle auch in anderen Fachbereichen vorzufinden sind. Es ist daher wichtig, den Wissenstransfer sicherzustellen.

Frau Altmaier ergreift erneut das Wort: „Ich habe noch eine weitere Idee, die ich Ihnen gerne vorstellen möchte. Wie Sie eventuell wissen, war ich für einige Jahre in einem Start-up-Unternehmen tätig. Das Unternehmen gab es bei meinem Eintritt erst zwei Jahre. Alles war hochmodern eingerichtet und es wurde viel Wert auf Hightech und die neuste IT-Infrastruktur gelegt. Ich war damals 22 Jahre jung und die Kolleginnen und Kollegen waren entweder in meinem Alter oder etwas älter. Ein Kollege mit 40 Jahren war der älteste. Können Sie sich das vorstellen? Mir persönlich hat immer etwas gefehlt und zwar die ältere Generation. Mir fehlte beispielsweise die Gelassenheit des Alters, die Lebenserfahrung, der Schatz an Wissen, die Fähigkeit, alle wieder zu besänftigen, wenn die Wellen doch einmal zu hochgeschlagen waren. Für mich war es eigentlich immer völlig normal, mit verschiedenen Generationen zusammen zu arbeiten. Vielleicht lag dies auch daran, dass ich in einem Mehrgenerationenhaus groß geworden bin. In der Familie sind es die Großeltern, die über eine Menge Lebenserfahrung verfügen und dies an die eigenen Kinder und an die Enkel weitergeben. Ja, sie waren auch eine Art Ratgeber. Ich denke, Wissen sollte natürlich verschriftlicht werden, aber manche Themen sind eventuell gar nicht so einfach zu Papier bzw. in die „Cloud" zu bringen. Ich kann mir gut vorstellen, dass es manchmal sinnvoll sein könnte, Themen in einer Art Storytelling, also in Erzählform weiterzugeben. Wie sehen Sie das? Frau Herrmann? Ich schaue Sie an, denn ich denke, Sie wissen, was ich meine. Wir beiden haben schon häufig diesen Weg miteinander gewählt."

Frau Herrmann nickt lächelnd und ergänzt: „Ja, es stimmt. Wir beiden haben schon häufig auf diese Art zusammengearbeitet. Oft ist es wesentlich einfacher, wenn ich mein Wissen gepaart mit einem Praxisbeispiel teile oder sollte ich besser sagen, ‚sharen' kann?" Frau Herrmann zwinkert Frau De La Rosa mit einem Lächeln im Gesicht zu und führt weiter aus: „Die neue Technik und die erste Digitalisierung war zum Beispiel in einigen Bereichen auch mit Kündigungen und somit selbstverständlich dann mit vielen Tränen und viel Ärger verbunden. Aus meinem Freundeskreis kenne ich so manche Geschichte. Von einer Erleichterung der Arbeit konnte zu Beginn noch nicht die Rede sein, eher galt es, gemeinsam manche Barriere zu überwinden. Als nach einiger Zeit dann aber alles lief, wurde jedem schnell klar, wie groß die Erleichterung durch einen Computer ist. Musste man früher zur Karteikarte laufen, um etwas nachzulesen, konnten nun die ersten Daten am Bildschirm abgerufen werden. Ich finde, das sind sehr wichtige Erfahrungen, die weitergegeben werden sollten. Allerdings ist dies in einer lockeren Erzählweise oft viel einfacher."

Kim De La Rosa ist sehr erstaunt und sagt: „Ich kann mir tatsächlich überhaupt nicht vorstellen, wie das gewesen sein muss. Ich bin nun einmal mit der neuen Technik aufgewachsen und finde es gerade deshalb sehr spannend, dass Sie beide diese Erfahrung mit uns teilen. Ich freue mich, wenn Sie solche oder ähnliche Erlebnisse auch zukünftig auf diese Art und Weise teilen könnten, denn so werde ich in gewisser Hinsicht viel besser für dieses Thema sensibilisiert. Und ich denke vielen Kolleginnen und Kollegen in meinem Alter wird es ähnlich gehen."

Elfriede Herrmann bringt es auf den Punkt: „Wir, die Älteren, sollten Brücken bauen und die Verbindung zwischen Erfahrung und Wissen herstellen."

▶ Die ältere Generation verfügt über einen großen Schatz an Berufs- und Lebenserfahrung. Gleichzeitig haben sie ein enormes Fachwissen. Neben dem Transfer von Wissen sollten auch die weiteren Erfahrungen an die jüngere Generation weitergegeben werden.

Sabine Altmaier ergänzt: „Auch ich finde diese ganzen Ansätze sehr bereichernd und überaus vielversprechend. Ich denke, in unserem Unternehmen sollte es regelmäßig eine Art „Generationen-Workshop" geben. Zum Beispiel mit dem Titel „Generationen im Dialog". Ich denke, an realen Beispielen können wir das Verständnis der Generationen füreinander stärken und gleichzeitig den sogenannten Kontakt auf Augenhöhe fördern. Wir sollten uns aber auch mit den Merkmalen der unterschiedlichen Generationen näher auseinandersetzen. Selbst im Assistenzbereich haben wir drei Generationen, die miteinander arbeiten, und wie wir bereits selbst gesehen haben, kann die Einführung eines neuen Programms auch untereinander zu einer schwierig zu bewältigenden Aufgabe werden. In unserem Gespräch haben Frau Herrmann und Frau De La Rosa sehr schnell bemerkt, wie wichtig das Verständnis füreinander ist. Natürlich stellt sich die Frage, ob dies in jedem Arbeitsbereich genauso ist. Ich denke, es kann hier viel schief gehen und auch die kleinsten Lappalien können schon das Arbeitsklima vergiften."

Herr Hartmann nickt auch hier zustimmend und bemerkt: „Ergänzend fällt mir das Thema „Respekt" ein. Zum Beispiel Respekt vor dem Alter, aber auch Respekt vor der jüngeren Generation. Ich glaube, dass die jüngere Generation fast etwas wie Angst vor der älteren Generation hat. Ich denke, dies muss ein Thema für unsere Personalabteilung werden. Sicherlich gibt es Trainer, die sich auf diesen Bereich spezialisiert haben, und ich erachte es als sinnvoll, dass wir erst einmal im Assistenzbereich beginnen und gegebenenfalls einen professionellen Workshop durchführen, um uns ein Bild zu machen. Danach könnte ich mir sehr gut vorstellen, dass wir die darin eventuell erarbeiteten Strategien auch auf die einzelnen Bereiche im Unternehmen ausweiten."

Frau Altmaier meldet sich noch einmal zu Wort: „Um Ihre Ausführungen an dieser Stelle vielleicht direkt zu ergänzen: Ich kenne eine überaus gute und kompetente Trainerin, die sich auf das Thema „Mehrgenerationen-Management" spezialisiert hat, und wenn Sie mögen, kann ich gerne einen Kontakt zu Ihnen oder der Personalabteilung herstellen."

Steven Hartmann ist begeistert und denkt im Stillen: „Über welch Kreativität und Ideenreichtum doch die Assistentinnen verfügen. Netzwerke sind ebenfalls vorhanden."

▶ Es ist wichtig, dass das Verständnis der Generationen für einander gestärkt wird. Man muss sich mit den unterschiedlichen Merkmalen der Generationen auseinandersetzen. Des Weiteren sollten die Mitarbeiterinnen und Mitarbeiter in Bezug auf Mehrgenerationen-Management sensibilisiert werden. Barrieren wie Angst vor der älteren

Generation sollten abgebaut werden. Diese Aufzählungen sind nur beispielhaft. Eine weitere Ergänzung stellt ein Generationen-Workshop dar. Ein Titel könnte beispielsweise „Generationen im Dialog" sein.

▶ Es ist wichtig, neugierigen, respektvollen und wertschätzenden Umgang zu etablieren.

Der Prokurist Herr Steinmüller meldet sich nun zu Wort: „Was halten Sie von einer Art Mentorenprogramm? Das Prinzip ist sehr einfach: Eine erfahrene und kompetente Person begleitet eine meist jüngere Person und gibt ihr Unterstützung bei beruflichen Fragestellungen. Sie ist behilflich, berufliche Kompetenzen zu stärken und zu erweitern. Gleichzeitig stellt der Mentor sein Wissen und seine Erfahrungen zur Verfügung. Meine Tochter hat damit sehr gute Erfahrungen während ihrer Studienzeit gemacht. Ich könnte mir gut vorstellen, dass sich so zum Beispiel auch Probleme am Arbeitsplatz besser lösen lassen, wenn man ein anderes Gefühl für schwierige Kolleginnen und Kollegen entwickeln kann und zeitgleich bestehende Netzwerke besser genutzt werden, um nur einige Beispiele zu nennen."

Herr Stahlschmidt ergänzt: „Ich bin überzeugt, dass die jüngere Generation genauso Themen an die ältere Generation transportieren könnte, beispielsweise IT-Wissen oder Erfahrungen mit neuen Medien. Ein Mentorenprogramm ist ja keine einseitige Sache, sondern immer auch ein Dialog."

Elfriede Herrmann fügt hinzu: „Die Idee mit dem Mentorenprogramm finde ich sehr gut. Oft wird doch unbewusst bereits so gehandelt. Es gibt Situationen, wo die jüngere Generation ab und an einmal zum sogenannten „Höhenflug" ansetzt. Ich habe meine Aufgabe auch immer darin gesehen, die jungen Damen und Herren wieder auf den Boden der Tatsachen zu holen, wenn sie kurz vorm „Abheben" waren." Alle lachen und nicken zustimmend.

▶ Über ein Mentorenprogramm können die ältere und die jüngere Generation voneinander profitieren. Grundsätzlich steht im Vordergrund, dass eine erfahrene und kompetente Person der Mentor ist und den Mentee in beruflichen Fragestellungen unterstützt. Durch den entstandenen Dialog kann aber auch der Mentee Wissen an den Mentor transportieren.

Auch Herr Hartmann möchte noch eine Erinnerung mit den Kollegen teilen: „Ich kann mich ebenfalls noch gut an meine Zeit als Werkstudent erinnern. Ich war damals im Bereich Finanzen und Controlling eingesetzt. Rückblickend, das muss ich heute sagen, waren sie dort sehr fortschrittlich, denn im Büro saßen zwei Buchhalter der älteren Generation und eine junge Kollegin, die gerade neu hinzugekommen war. Der damalige Chef hatte schnell erkannt, dass solch ein „kritisches" Team eventuell Hilfe beim Eingewöhnen und „Zusammenraufen" benötigt, und hat dem Team eine Mediatorin zur Seite gestellt. Ich war jede Woche nur ca. acht Stunden im Büro, aber selbst ich hatte das Gefühl, dass die Mediatorin sehr unterstützend eingewirkt und sich ein großartiges Team entwickelt hat. In einer der Fachzeitschriften habe ich vor zwei Wochen gelesen, dass es spezielle Ausbildungen für Mediatoren gibt. Ich denke, auch dies sollten wir in Erwägung ziehen. Zwei oder drei Mitarbeiterinnen und Mitarbeiter fallen mir sofort ein, bei denen ich mir solch eine Zusatzausbildung sehr gut vorstellen könnte, und ich denke, auch dafür sollte ein gewisses Budget vorhanden sein.

▶   Altersgemischte Teams könnten Unterstützung beim Eingewöhnen und „Zusammen-
     raufen" benötigen.

▶   Mediatoren können bei dieser Entwicklung zur Seite stehen.

Sabine Altmaier hat eine weitere Idee, wie aktives Mehrgenerationen-Management betrieben werden könnte und schlägt vor: „Eine weitere Möglichkeit könnte sein, die Aufgaben nach Stärken zu verteilen. Nehmen wir folgendes Beispiel: Frau Herrmann ist eine sehr geübte Protokollschreiberin und kann sogar noch in Steno schreiben. Klar, Steno ist sicherlich nicht mehr ganz zeitgemäß, aber sie kann eine gesamte Vertriebstagung fast 1 zu 1 mitdokumentieren. Ich hingegen mag es überhaupt nicht, Protokolle schreiben zu müssen. Dafür arbeite ich sehr gerne mit Excel und eine Kostenkalkulation geht mir sehr leicht von der Hand. Wie wäre es, wenn wir klar und strukturiert überlegen, wer welche Stärken hat, und wie wir alle davon profitieren können?"

Frau De La Rosa stimmt sofort begeistert zu: „Die Idee finde ich wirklich gut. Ich bin jemand, der sich gerne mit den neuen Medien beschäftigt, und ich könnte mir sehr gut vorstellen, die Pflege unseres Internetauftritts in den sozialen Medien, also Facebook und Instagram, zu übernehmen."

▶   Manchen Aufgaben erledigt man lieber, manche Aufgaben eher ungern. Dies ist teils
     auch von den jeweiligen Stärken abhängig. Die Aufgabenteilung sollte – wo möglich
     – nach den jeweiligen Stärken erfolgen.

Sabine Altmaier: „Ich denke, wir sollten auch in eine ganz andere Richtung denken. Ich bin im Jahr 1978 geboren und das Regeleintrittsdatum für meinen Ruhestand wird voraussichtlich der 01.02.2045 sein. Einige Berufsjahre liegen noch mir. Wer weiß, vielleicht kann ich gar erst im Alter von 70 Jahren in Rente gehen. Wir sprechen von Digitalisierung 4.0, Industrie 4.0 und Assistenz 4.0. Dies sind nur einige Beispiele. Unser Berufs- und Privatleben verschmilzt immer mehr miteinander und zwischen beiden Bereichen eine ausgewogene Balance zu halten, wird so immer schwieriger. Meiner Meinung nach sollte auch ein Fokus auf Work-Life-Balance und Gesundheitsmanagement gelegt werden. Es gibt die Rückenschule am Dienstag und jedes zweite Jahr einen Gesundheitstag. Das finde ich gut, aber ich bin der Meinung auch hier sollte aktives Mehrgenerationen-Management greifen und weiter gehen. Spontan fällt mir dazu folgendes ein: Die jüngere Generation benötigt eventuell einen größeren Schwerpunkt in Richtung Stressprävention. In der letzten Zeit ist mir oft der Begriff der „Resilienz" begegnet. Ich glaube, einige Bildungsanbieter bieten dazu auch bereits Seminare an. Für die Generation von Frau Herrmann sind vielleicht regelmäßige Gesundheitschecks von Interesse. Denn wie heißt es so schön „Gute Mitarbeiter – gesundes Unternehmen." Wie der eine oder andere von Ihnen vielleicht weiß, habe ich vor wenigen Wochen meine Ausbildung zur Yogalehrerin abgeschlossen. Ich könnte mir gut vorstellen mich im Bereich Gesundheitsmanagement weiterzubilden. Manchen Kolleginnen und Kollegen passt die Rückenschule am Dienstag terminlich nicht. Falls es von Interesse ist, könnte ich einen Yoga-Kurs nach Feierabend im Unternehmen anbieten."

Herr Stahlschmidt: „Vielen Dank für Ihre Ausführung und Ihr Angebot uns in Sachen Gesundheitsmanagement zu unterstützen. Ich denke, Herr Hartmann, ich darf an dieser Stelle auch für Sie sprechen: Ihr Angebot nehmen wir sehr gerne an. Wir kommen bezüglich eines detaillierteren Austausches auf Sie zu."

Mit einem Lächeln fügt er hinzu: „Sollte ich es vergessen, bitte erinnern Sie mich."

▶   Die heutige Arbeitswelt wird immer schnelllebiger und das Renteneintrittsalter rückt immer weiter nach hinten. Umso mehr wird es für Unternehmen wichtiger werden, die Gesundheit ihrer Belegschaft zu erhalten. Die unterschiedlichen Bedürfnisse nach Generationen sollten berücksichtigt werden.

Exkurs: Zahlen, Daten, Fakten

In der zweiten Hälfte des Berufslebens steigen die Fehlzeiten deutlich. Dies zeigt Abb. 2.6 aus dem Gesundheitsreport 2017 der Techniker Krankenkasse. Beispielsweise liegt in der Altersgruppe von 30 bis 34 Jahren der Krankenstand im Jahr 2016 bei 10 Fehltagen je Berufstätigen. Am Rande sei die Auffälligkeit erwähnt, dass der Krankenstand der Auszubildenden mit 11,8 Tagen mehr Fehltage aufweist, als alle anderen Altersgruppen bis zum Alter von 39 Jahren. Jährlich 13,7 Tage weist der Krankenstand bei den 40 bis 44-jährigen auf. Bei den 50 bis 54-jährigen liegt er bereits bei 18,1 Tage und erreicht bei den 60 bis 64-jährigen den Höchststand von 27 Tagen. Dies zeigt, dass in Unternehmen über ein generationsgerechtes Gesundheitsmanagement nachgedacht werden sollte.

Sabine Altmaier: „Ich denke zum Mehrgenerationen-Management gehören auch neue und gegebenenfalls flexiblere Arbeitszeitmodelle. In unserem Unternehmen ist das, meiner persönlichen Meinung nach, ein Aspekt, der ausbaufähig ist. Meine Lebensumstände haben sich geändert. Ich bin nun ausgebildete Yogalehrerin und ich möchte mein Wissen und meine Begeisterung für Yoga gerne an andere Menschen weitergeben. Für mich wäre es zum Beispiel von Vorteil, wenn ich einen Tag pro Woche von zu Hause arbeiten könnte, um dann abends pünktlich zu meiner Yogaklasse zu kommen. Und noch ein anderes Beispiel: Aktuell suchen wir doch eine Assistenz in Vollzeit für unseren Vertriebsleiter, richtig? Eine Freundin von mir ist zurzeit auf der Suche nach einer neuen Stelle als Vertriebsassistentin. Sie hat eine kleine Tochter und kann lediglich 20 Stunden die Woche arbeiten. Und wie der Zufall es so möchte, sucht meine Nachbarin ebenfalls eine Teilzeitstelle als Vertriebsassistentin. Sie ist um die 55, hat drei Jahre ihre kranke Mutter gepflegt und möchte nun mit einer Teilzeitstelle zurück in den Beruf. Jobsharing wäre hier ideal. Ich habe jetzt nun schon so manches Mal in Stellenanzeigen gelesen, dass Tandem-Bewerbungen erwünscht sind bzw. das Unternehmen dafür offen sind. Mein Beispiel zeigt direkt, wie Jobsharing auch Teil des Mehrgenerationen-Management sein kann. Meine

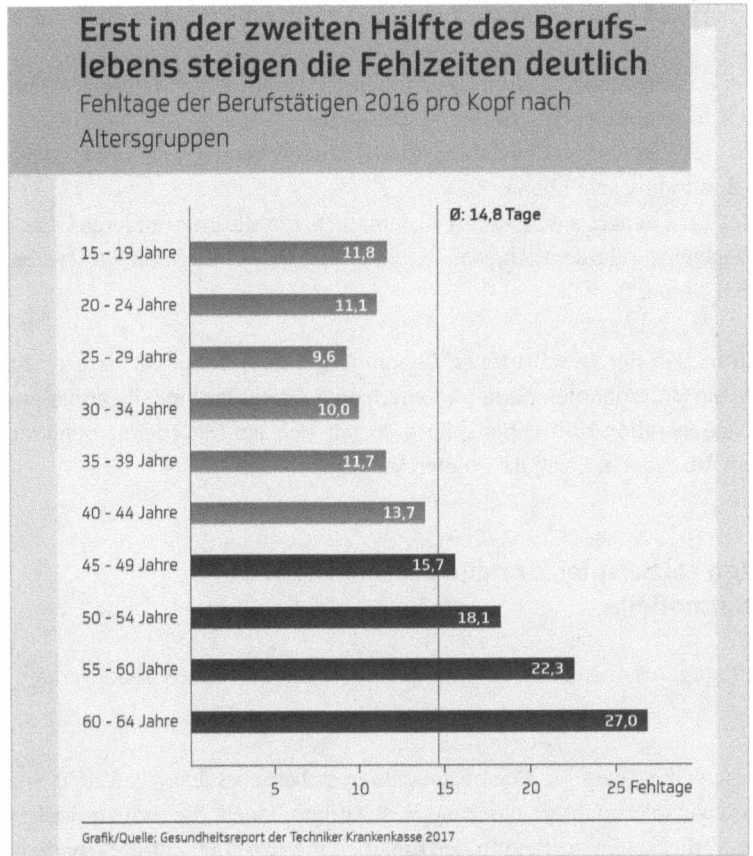

Abb. 2.6 Fehlzeiten nach Alter (Techniker Krankenkasse 2017)

Freundin gehört wie ich der Generation X an und befindet sich jetzt in einer Phase, bedingt durch ihr Kind, in der sie nicht in Vollzeit arbeiten kann. Meine Nachbarin gehört der gleichen Generation an, wie Sie, Frau Herrmann, und befindet sich in einer komplett anderen Lebensphase. Sie möchte in Teilzeit wieder durchstarten. Ich bin der Meinung, dass sich unser Unternehmen mehr für neue Arbeitszeitmodelle öffnen sollte."

Herr Hartmann nickt nachdenklich: „Ich gebe Ihnen recht. Erst in der letzten Sitzung hat die Personalleitung geklagt, wie schwierig es ist, neues Personal zu akquirieren. Neue und alternative Arbeitszeitmodelle könnten in der Tat eine Möglichkeit sein, aktives Mehrgenerationen-Management zu betreiben. Gleichzeitig könnten sie uns zu mehr Attraktivität als Arbeitgeber verhelfen. Ich werde gleich morgen mit der Personalabteilung sprechen und mich bei Ihnen melden, Frau Altmaier. Ich weiß ja nicht, ob die beiden Damen sich persönlich kennen und sich vorstellen könnten, sich als Tandem bei uns zu bewerben?"

Sabine Altmaier: „Die beiden kennen sich durch Zusammentreffen bei mir. Ich warte nun erst einmal Ihre Rückinformation ab, Herr Hartmann, und dann spreche ich mit beiden. Ich kann mir jedoch gut vorstellen, dass sie für eine Tandem-Bewerbung offen sind."

Herr Hartmann nickt und sagt: „So machen wir es. Hat jemand von Ihnen noch einen Vorschlag?"

Elfriede Herrmann: „Altersteilzeit könnte für meine Generation von Interesse sein. Wobei ich persönlich Jobsharing auch sehr interessant finde."

Kim De La Rosa: „Ich kann mir gut vorstellen, dass für meine Generation die Möglichkeit eines Sabbaticals attraktiv sein könnte."

Herr Stahlschmidt: „Ich denke, unsere drei Assistentinnen, die alle einer anderen Generation angehören, zeigen uns sehr deutlich, was für ein großer Bedarf hier besteht. Packen wir es an. Es gibt viel zu tun."

▶ Um den Bedürfnissen der verschiedenen Generationen als Arbeitgeber gerecht zu werden, sollte ein Unternehmen neue und alternative Arbeitszeitmodelle anbieten. Abhängig von Generation und Lebensphase, in der sich ein Mitarbeiter befindet kann, sollte ein Arbeitgeber flexibel reagieren können.

2.4.1 Jobsharing als Beispiel für neue und alternative Arbeitszeitmodelle

▶ **Definition** Jobsharing: Arbeitsplatzteilung, besondere Form des Teilzeitarbeitsverhältnisses. [8]

An dieser Stelle sei erwähnt, dass die Personalabteilung sicherlich stärker gefordert ist. Statt einen muss sie zwei oder mehrere passende Beschäftigte finden, die sich zusätzlich noch gut verstehen. Verlustzeiten zu Beginn der Einarbeitung bzw. der Zusammenarbeit durch zusätzliche Übergabezeiten werden in der Regel in kurzer Zeit ausgeglichen. Letztendlich sollte zählen, dass die Mitarbeiter oft motivierter und produktiver sind. [9]

Tab. 2.1 Chancen/Nutzen und Grenzen/Kosten von Jobsharing [10]

Chancen/Nutzen	Grenzen/Kosten
ermöglicht verantwortungsvolle Tätigkeit mit Teilzeitwunsch (auch für Führungskräfte)	die „Arbeitsplatzteilenden" müssen entweder ähnliche oder ergänzende Qualifikationen besitzen
Bindung von Mitarbeiterinnen und Mitarbeitern durch enge Zusammenarbeit im Team	Koordinations- und Kommunikationsfähigkeit, Teamfähigkeit, Fairness und Verantwortungsbewusstsein zwischen den „Teilenden"
erhöhte Flexibilität durch geteilte Verantwortung	Mehraufwand an Koordination, damit sich die Kolleginnen und Kollegen gegenseitig bei Abwesenheit vertreten können
Kompetenzerweiterung der teilnehmenden Personen	ein Teil der Arbeitszeit muss für Absprachen und Übergaben reserviert werden

Im Praxisbeispiel liegt der Idealfall vor, dass sich beide möglichen Kandidatinnen kennen und eine Tandem-Bewerbung möglich sein könnte. Sollten beide gut miteinander harmonieren, ist dies sicherlich der Optimalfall. Wie bereits erwähnt, ist Jobsharing besonders geeignet, wenn sich potentielle Kandidaten in Lebensphasen befinden, in denen eine Vollzeitarbeit schwierig ist. Jedoch ist Jobsharing auch geeignet, wenn sich Lebensphasen der langjährigen Mitarbeiter verändern. Beispielsweise zwei Vollzeitkräfte teilen sich nach der Elternzeit einen Arbeitsplatz.

Dies könnte auch eine Option für die Babyboomer-Generation sein. Zwei Babyboomer teilen sich künftig einen Arbeitsplatz. Gleichzeitig könnte Jobsharing aber auch gut für einen Wiedereinstieg geeignet sein. Ein Tandempartner könnte ein Babyboomer sein, der bald in den Ruhestand geht und der andere Tandempartner, beispielsweise nach der Familienphase, gehört der Generation X an. Nach Renteneintritt des Babyboomers könnte die Stelle für den Wiedereinsteiger in eine Vollzeitstelle umgewandelt werden, da sich die Lebensphase eventuell nun verändert hat.

Aber auch für die Generation Y könnte es ein Modell sein. Beispielsweise, wenn Bestrebungen nach intensiven Weiterbildungen vorhanden sind. Diese könnte ein Teilzeitstudium oder Ähnliches sein. Viele verschiedene Möglichkeiten sind denkbar.

2.4.2 Sabbatical als Beispiel für neue und alternative Arbeitszeitmodelle

▶ **Definition** Sabbatical: „Arbeitszeitmodell, eine zeitlich zusammenhängende Phase (un-)bezahlten Urlaubes, auch als Sabbatjahr, Langzeiturlaub, Sonderurlaub bezeichnet, nicht selten bis zu einem Jahr, der teilweise oder ganz u.a. durch Ansparen von Urlaubsansprüchen möglich wird. Nutzung durch den Arbeitnehmer in der Regel zu außerberuflichen Zwecken, zur Persönlichkeitsentwicklung und auch zur Fort- und Weiterbildung. Zur Realisierung kann entweder Zeit oder Geld angespart werden. […]" [11]

Tab. 2.2 Chancen/Nutzen und Grenzen/Kosten eines Sabbaticals [9]

Chancen/Nutzen	Grenzen/Kosten
Erfahrungswissen bleibt im Unternehmen	Schwer realisierbar für kleinere bis mittlere Unternehmen
Stärkung der Mitarbeiterbindung	Vertretungsregelung evtl. schwierig regelbar
Erhöhung der Arbeitszufriedenheit und Motivation nach Auszeit	Vorbereitungszeit ist notwendig
Attraktivität als Arbeitgeber steigt	Überforderung der Vertretung vermeiden

Jeder kennt sicherlich den Wunsch für eine gewisse Zeit „aussteigen zu wollen". Die Gründe dafür können sehr vielfältig sein. Bis auf wenige Ausnahmen ist das Sabbatical rechtlich nicht geregelt. [9] Es gibt viele Möglichkeiten, wie solche eine Auszeit in die

Wege geleitet werden könnte. Denkbare Optionen sind unbezahlter Urlaub oder reduzierte Gehaltsmodelle, die vor und während des Sabbaticals greifen.

Im Praxisbeispiel erwähnt Kim De La Rosa, dass ein Sabbatical für sie interessant sein könnte. Für die Generation Y, die sich gerne selbst verwirklichen möchte, könnte ein Sabbatical eine gute Gelegenheit sein. [6]

Aber auch für Sabine Altmaier, Generation X, die eine Yogalehrerausbildung absolviert hat und wo sich andeutet, dass sie bereit ist, sich im Bereich Gesundheitsmanagement zu engagieren, könnte ein Sabbatical eine Option sein.

Wie bereits in Tab. 2.2 erwähnt, sollte jedoch immer im Auge behalten werden, dass eine Vorbereitungszeit für das Unternehmen und den Angestellten notwendig ist und die Vertretungsregelung sehr detailliert durchdacht werden sollte. Tunlichst sollte die Überforderung der Vertretung vermieden werden.

Momentan sind Sabbaticals noch wenig verbreitet. Im Praxisbeispiel klagt die Personalabteilung über die Schwierigkeit neue Mitarbeiter zu gewinnen. Wieso nicht Vorreiter sein und sich auf die Weise von anderen Arbeitgebern abheben und die Attraktivität steigern? Um den Ansprüchen und Wünschen der verschiedenen Generationen gerechter zu werden, sicherlich eine denkbare Option.

2.5 Fortsetzung Praxisbeispiel

Herr Hartmann blickt erschrocken auf die Uhr: „Oh, wo ist die Zeit nur geblieben? Wir haben bereits 16:00 Uhr. Um 16:30 Uhr beginnt meine Telefonkonferenz mit den Führungskräften. Unser Ministerpräsident ist in vier Wochen in Freiburg und besucht drei ausgewählte Unternehmen. Auch wir werden dabei sein! Das ist eine sehr große Ehre und ich bin stolz, ja, und auch glücklich, ihn hier begrüßen zu dürfen. Bisher ist dies aber noch top-secret. Er wird ca. zwei Stunden bei uns verweilen. Spontan kommt mir gerade die Idee, da wir uns natürlich auch als innovatives Unternehmen, immer am Puls der Zeit, präsentieren möchten, dass wir doch kurz das Thema „Mehrgenerationen-Management" vorstellen könnten. Was halten Sie davon, wenn unsere drei Assistentinnen dazu eine fünf- bis sechsseitige Präsentation erstellen und diese dann auch gemeinsam präsentieren?"

Herr Stahlschmidt bekräftigt: „Die Idee finde ich ausgezeichnet! Meine Damen, wie sieht es aus? Trauen Sie sich das zu?"

Alle drei nicken eifrig und sind sofort begeistert und sie freuen sich schon heute auf das Treffen mit dem Ministerpräsidenten.

Herr Hartmann: „Wir sollten langsam zum Ende kommen. Hat noch jemand von Ihnen Schlagwörter, die wir aufnehmen sollten." Er schaut in die Runde

Elfriede Herrmann: „Aufgaben sollten nach Möglichkeit generationengerecht verteilt werden."

Herr Stahlschmidt: „Moment. Ich werde die Ideen als offene „To-dos" kurz am Flipchart notieren. Diese sollten wir in naher Zukunft weiter erörtern."

Kim De La Rosa: „Generationengerechte Weiterbildungen. Auch im Hinblick auf lebenslanges Lernen."

Sabine Altmaier: „Durch verschiedene Altersgruppen im Unternehmen auch verschiedene Kundengruppen gewinnen. Das fällt mir jetzt sehr spontan ein. Inwieweit dies für unser Unternehmen relevant sein könnte, kann ich momentan nicht sagen. Aber aufnehmen können wir es ja mal."

Frau Herrmann: „Netzwerke der ‚Alten' und der ‚Jungen' stärker nutzen bzw. kombinieren."

Steven Hartmann: „Wunderbar! Ich bedanke mich bei Ihnen allen für Ihre aktive Mitarbeit und ihre konstruktiven Ideen. Das Meeting hat mir sehr viel Freude bereitet. Machen Sie alle weiter so. Ich freue mich bereits heute auf ein aktives Mehrgenerationen-Management. Frau Hartmann, bitte stellen Sie für nächste Woche einen Besprechungstermin ein. Bitte der gleiche Kreis plus die Personalleitung.

Herr Stahlschmidt und Herr Steinmüller schließen sich den Worten von Herrn Hartmann an und die Herren verlassen den Besprechungsraum.

Die drei Assistentinnen, die Vertreterinnen der drei Generationen, Babyboomer, Generation X und Generation Y, verweilen noch im Raum. Sie freuen sich, dass alle Differenzen ausgeräumt werden konnten, ein erster Schritt in Richtung Mehrgenerationen-Management bewerkstelligt wurde und sie als Assistentinnen aktiv eingebunden werden. Aber am meisten freuen sie sich, dass sie das Thema beim Besuch des Ministerpräsidenten vorstellen dürfen. Denn: Egal ob jung oder alt oder junggeblieben: Gemeinsam sind sie ein unschlagbares Team!

2.6 Schlussbetrachtung

Wie die verschiedenen Generationen in den kommenden Jahren zusammenarbeiten betrifft uns alle.

Folgende Fragen habe ich mir bei der Auswahl des Themas vorab gestellt:
- Wie können die verschiedenen Generationen voneinander profitieren?
- Welche verborgenen Ressourcen schlummern hier?
- Wie und wo können Synergien gebildet werden?
- Warum sind „jung" und „alt" gemeinsam ein entscheidender Erfolgsfaktor im Assistenzbereich?
- Wie kann Ihre Assistenz auch in Bezug auf Mehrgenerationen-Management als Ihre rechte Hand fungieren?

Nach meinem Beitrag bin ich zu folgenden Ergebnissen gekommen:

Das Wissen steckt häufig in den Köpfen der Mitarbeiterinnen und Mitarbeiter bzw. in unserem Beispiel im Kopf der Assistentin, Elfriede Herrmann, die in absehbarer Zeit das Rentenalter erreichen wird. Es ist davon auszugehen, dass die Generation der Babyboomer mit ihrem Ausscheiden aus dem Arbeitsleben qualitativ eine große Lücke hinterlassen wird, siehe auch Abschn. 2.3.1. Desto wichtiger ist es, den Wissenstransfer zwischen den Generationen mit genügend Vorlauf sicherzustellen. Die Weitergabe von Wissen und Erfahrung sollte so etwas wie Schlüsselressourcen sein. Ja, die Älteren sollten Brücken

bauen zwischen Erfahrung und Wissen. Zum einen in Hinsicht auf die nächste Generation, aber auch im Hinblick auf das Unternehmen als Ganzes. Das Beispiel gibt Anregungen, wie die Wissens- und Erfahrungsweitergabe an die nächsten Generationen von
statten gehen könnte. Gleichzeitig können auf diesem Wege aber auch Synergien gebildet
werden. Das vorhandene Fachwissen kombiniert mit dem Stand der aktuellen Technik und
der EDV-Affinität der Generation Y ist ein sehr wertvolles Gut im Assistenzbereich. Dies
kann sicherlich auf viele Bereiche im Unternehmen übertragen werden.

Des Weiteren sollte rechtzeitig so etwas wie eine „Personalvorplanung" stattfinden.
Dabei sollte in regelmäßigen Abständen geprüft werden, wer wird wann in den Ruhestand
gehen wird und wie wann die Position nachbesetzt werden sollte. Gerade in Zeiten, in
denen sehr häufig von Fachkräftemangel die Rede ist, sollte dies beachtet werden. Alternativ könnte geschaut werden, dass rechtzeitig Mitarbeiterinnen und Mitarbeiter aus den
eigenen Reihen für gewisse Positionen „herangezogen" werden. Im vorhandenen Beispiel
ist dies bereits – vermutlich eher unbewusst – getan worden, denn Kim De La Rosa ist
Trainee und es ist geplant, dass sie die Position von Elfriede Herrmann übernehmen wird.

Wir alle wissen, wie viel angenehmer es ist in einer Atmosphäre, die geprägt ist von
Verständnis, von Respekt, von Kommunikation, Austausch und Kontakt auf Augenhöhe
zu arbeiten. Fördern Sie dies beispielsweise in Form von „Generationen Workshops" oder
in Form von „Mentorenprogrammen". Ich bin sicher, es wird auch die ein oder andere
Freundschaft zwischen den Generationen entstehen. Ich selbst habe zwei wunderbare mir
nahestehende Personen der Babyboomer-Generation in meiner Nähe und bin für diese
Freundschaften sehr dankbar, denn es ist ein „Geben und Nehmen" und dies ist unendlich
wertvoll.

Eine weitere Ressource sind in meinen Augen die vorhandenen Netzwerke der Babyboomer. Diese Netzwerke im Unternehmen, aber auch mit Kunden, externen Assistenz-
kolleginnen und Assistenzkollegen und weiteren Geschäftspartnern sind sehr wertvoll.
Werden diese Netzwerke mit den heutigen „Networking"-Plattformen genutzt, ist dies
eine unbezahlbare Ressource im Assistenzbereich.

Die Assistenz von heute ist oft Ansprechpartnerin für viele kleine Anfragen und sensible Angelegenheiten, die sie vertrauensvoll mitsteuert und koordiniert. In Bezug auf
Mehrgenerationen-Management kann Ihre Assistenz ebenfalls wunderbar als Ihre rechte
Hand fungieren. Mit sehr großer Wahrscheinlichkeit arbeitet sie bereits erfolgreich mit
den verschiedenen Generationen zusammen. Denn gerade für die Assistenz von morgen
ist Empathie, Denken in Zusammenhängen und in Ganzheit, Problemlösungskompetenz,
Kommunikationsstärke und das Pflegen von Netzwerken unerlässlich. Ihre Assistenz kann
Sie beispielsweise als Mediatorin unterstützen, denn so manches Mal wird sie schon die
Wogen und Konflikte geglättet haben. Durch vorhandene Netzwerke bekommt Ihre Assistenz sehr häufig viel mehr mit als Sie glauben. Wenn die Zusammenarbeit mit Ihrer Assistenz von Vertrauen und einem engen Austausch geprägt ist, wird Sie Ihnen bestimmt den
ein oder anderen Wink geben, an welchen Ecken es zwischen den Generationen haken
könnte. Vielleicht hat Ihre Assistenz sogar das Potenzial im kleinen Rahmen „Generationen Workshops" durchzuführen.

Des Weiteren zeigt das Praxisbeispiel, wie viel Ideenreichtum im Assistenzbereich vorhanden ist. Nutzen Sie diesen Schatz! Ich denke, Sie können versichert sein, dass manche effektive und kreative Lösung im Assistenzbereich geboren wurde.

Sollten Sie bisher nicht auf diese Art und Weise mit Ihre Assistenz zusammenarbeiten oder vielleicht manchmal nicht wissen, wieso Sie überhaupt eine haben, nutzen Sie das Potenzial Ihrer Assistenz. Sie wird es Ihnen danken, wenn Sie auch in neue und aktuelle Themen wie „Mehrgenerationen-Management" eingebunden wird und sich aktiv einbringen kann. Für manche Menschen ist dies auch eine Art von Wertschätzung und auch eine Möglichkeit der Weiterentwicklung.

An dieser Stelle abschließend noch ein Rat, in Anlehnung an meinen Opa, der 101 Jahre alt wurde. Sein Geheimnis für ein langes Leben: „Immer neugierig bleiben und alles mit sehr viel Humor aufnehmen." Egal, welcher Generation Sie oder Ihre Mitarbeiterinnen und Mitarbeiter angehören, halten Sie es doch ähnlich, wenn es in Bezug auf Mehrgenerationen-Management manche Herausforderung zu meistern gilt, sich aber auch viele neue Chancen eröffnen.

Denn gemeinsam, egal ob „jung" oder „alt", Sie werden ein unschlagbares Team sein!

2.7 Über die Autorin

Katharina Appelhans verfügt über fast 20 Jahre Know-how und Kompetenz im Office Management. Ihre langjährige Tätigkeit im Vertrieb Innendienst als Assistenz für Key Account Manager und Vertriebsleiter haben sie wachsen lassen. Ein 1 ½ jähriger „Exkurs" im Vertriebscontrolling rundet ihr Profil ab.

Zahlreiche neue und sehr vielfältige Herausforderungen hat sie in dieser Zeit gemeistert. Gleichzeitig konnte Katharina Appelhans stetig ihr Wissensspektrum und ihre Kompetenz im Office Management erweitern und optimieren. All diese Erfahrungen durfte sie in zwei Start-up-Unternehmen (u. a. im Bereich erneuerbarer Energien) und während ihrer Tätigkeit für einen namenhaften französischen Lebensmittelhersteller sammeln.

Eine Art Wendepunkt in ihrem Leben – ein sehr einschneidendes Ereignis im Jahr 2015 – hat Katharina Appelhans zum Yoga geführt. Seitdem ist Yoga fest in ihren Alltag integriert und heute ist sie selbst Yogalehrerin. Neben ihrer jetzigen Tätigkeit im Dekanatssekretariat einer Hochschule unterrichtet sie mit großer Freude und Begeisterung Yoga in der Umgebung von Stuttgart und Reutlingen.

Literaturverzeichnis

[5] Springer Gabler Verlag (Hrsg.), Gabler Wirtschaftslexikon, Stichwort: Generation, https:// wirtschaftslexikon.gabler.de/definition/generation-33618/version-257139, Zugegriffen am 13.04.2018

[6] Absolventa, https://www.absolventa.de/karriereguide/berufseinsteiger-wissen/xyz-generationen-arbeitsmarkt-ueberblick, Zugegriffen am 29.03.2018

[7] Bundesinstitut für Bevölkerungsforschung, https://www.bib.bund.de/Publikation/2016/pdf/ Bevoelkerungsentwicklung-2016-Daten-Fakten-Trends-zum-demografischen-Wandel.pdf?__ blob=publicationFile&v=3, Zugegriffen 15.04.2018, Seite 20

[8] Springer Gabler Verlag (Hrsg.), Gabler Wirtschaftslexikon, Stichwort: Jobsharing https://wirtschaftslexikon.gabler.de/definition/jobsharing-38902, Zugegriffen am 18.04.2018

[9] Bundesanstalt für Arbeitsschutz und Arbeitsmedizin (BAuA) (Hrsg.), (2017), doi: 10.21934/ baua:praxis20170719 (online), https://www.baua.de/DE/Angebote/Publikationen/Praxis/A49. pdf?__blob=publicationFile&v=9, Zugegriffen am 10.04.2018

[10] Institut der deutschen Wirtschaft Köln e. V. (Hrsg.), (2015) https://www.kofa.de/fileadmin/ Dateiliste/Publikationen/Handlungsempfehlungen/Handlungsempfehlung_Flexible_Arbeitszeitmodelle.pdf, Zugegriffen am 10.04.2018

[11] Springer Gabler Verlag (Hrsg.), Gabler Wirtschaftslexikon, Stichwort: Sabbatical https://wirtschaftslexikon.gabler.de/definition/sabbatical-42466, Zugegriffen am 18.04.2018

Personal Branding für die Assistenz

Kennen Sie Ihre Marke Ich?

3

Diana Brandl

Zusammenfassung

Alle sprechen heute von der Bedeutung der Digitalisierung. Welche Apps und Tools muss man beherrschen, um erfolgreich zu sein? Welche Trends und Technologien gibt es, die auch jede Assistenz kennen muss? Natürlich eine ganze Menge und es ist tatsächlich richtig, dass wir im Wandel der digitalen Transformation fit werden und bleiben müssen. Dazu bedarf es aber noch einer ganzen Menge mehr: Der eigenen Marke und dem damit verbundenen Stärkenprofil, zum Beispiel. In diesem Kapitel beleuchten wir unter anderem das Thema Personal Branding für die Assistenz, strategisches Networking und die Rolle der sozialen Medien. Denn dies sind allesamt wichtige Komponenten im Office 4.0 und werden Ihnen das nötige Rüstzeug geben, um Ihre „Marke Ich" erfolgreich zu gestalten.

Kennen Sie das? Seit eh und je tun sich insbesondere Frauen schwer damit, ein bisschen selbstbewusster im Job aufzutreten. Gerade in der Assistenzlandschaft, wo man leider immer wieder an seine Grenzen geführt wird, wenn es um das Thema Rollenverständnis und Positionierung geht, scheint dies ein besonders heikles Thema zu sein. Denn gefühlt agieren Assistenzen stets aus Reihe zwei und sehen sich noch immer als klassischen Dienstleister.

Weit gefehlt! Denn die Hüter der Macht und die Manager hinter den Managern können eine ganze Menge mehr, sie müssen es lediglich lernen, offen zu kommunizieren und darzustellen. Zeit also, damit frech und frei zu kokettieren und es einmal heraus zu posaunen, was alles in uns Office Ninjas steckt.

Aber wie stellt man es am besten an, ohne sich dabei selbst zu schaden oder gar an der ein oder anderen Stelle als Rampensau tituliert zu werden? Mit der richtigen Mischung werden Sie erfolgreich sein auf dem Parkett der Selbst-PR und dies kann ganz einfach sein. Lassen Sie es uns gemeinsam in diesem Kapitel angehen.

© Springer Fachmedien Wiesbaden GmbH, ein Teil von Springer Nature 2019
D. Schenk, *Chefsache Assistenz*, Chefsache,
https://doi.org/10.1007/978-3-658-23490-4_3

51

3.1   Was ist eine Marke?

Keine Sorge, ich werde Sie nicht mit langen Marketing-Texten zum Thema Marke und Branding langweilen, dennoch bedarf es einer kurzen Erklärung, was eine Marke von einem Produkt unterscheidet.

Wann unterscheiden wir eigentlich zwischen einem Unternehmen und einer Marke? Gibt es sowas? Was macht erfolgreiche Unternehmen zu Marken? Und welche Rolle spielen dabei Produkte? Das Produkt ist das, was ein Unternehmen herstellt. Produkte versprechen einen bestimmten funktionalen Nutzen, eine Leistung. Die Marke ist jedoch das, was der Kunde kauft. Marken versprechen eine bestimmte emotionale Bedeutung, einen Wert. Erst Marken geben Identität, Bedeutung, Haltung und Emotion.

> Steve Jobs sagte einmal:
> *"To me, marketing is about values. This is a very complicated world, it's a very noisy world. And we're not going to get the chance to get people to remember much about us. No company is. So we have to be really clear on what we want them to know about us." (vgl. Jobs 1997 [12])*

Warum steht Schweizer Schokolade für guten Geschmack und warum stehen deutsche Autos für Innovation? Wofür aber steht wohl die Assistenzrolle? Wofür stehen Sie selbst? Haben Sie sich darüber einmal Gedanken gemacht?

Wie wollen Sie ab morgen wahrgenommen werden? Sind Sie die gute Seele des Hauses, der gefürchtete Vorzimmerdrachen oder doch lieber der versierte strategische Business Partner Ihres Vorgesetzten? Jetzt ist die Zeit, dass Sie konkret an sich und Ihrer Wirkung arbeiten und ich freue mich, Sie ein bisschen mit auf diese Reise zu nehmen.

3.2   Der Elevator Pitch

Kennen Sie diesen Begriff? Was verbirgt sich wohl dahinter? Eine ganze Menge, denn solch ein Elevator Pitch kann Ihnen tatsächlich jederzeit helfen, daher sollten auch Assistenzen ihn beherrschen.

Stellen Sie sich vor, Sie steigen morgen im Büro in den Aufzug und auf einmal steigt der Personalchef oder der Vorstandsvorsitzende zu Ihnen ein. Gefühlt wird Ihnen jetzt schon bei dem Gedanken heiß und kalt zusammen. Und so ist es in der Praxis – für viele von Ihnen sogar noch eine Spur unangenehmer.

Was erzähle ich bloß? Welcher Small Talk kommt wohl gut an? Soll ich überhaupt sprechen oder nur nett lächeln? Und ob Sie das sollen. Je aktiver, desto besser. Denn das ist Ihr Moment. Ihre „60 seconds of fame". Verkaufen Sie sich von Ihrer besten Seite und nutzen Sie dazu die Methode des sogenannten Elevator Pitch.

„Was machen Sie beruflich?", „Was ist Ihre Idee?" oder „Warum sollten wir Sie einstellen?" – Fragen, die einem immer wieder begegnen in Vorstellungsgesprächen, auf Messen oder Events oder bei Kundengesprächen. Viele Menschen holen weit aus, erzählen und erzählen. Es folgt eine wirre, schwer nachvollziehbare und willkürliche Aneinanderreihung von Sätzen. Bereits nach wenigen Minuten haben Sie die Aufmerksamkeit Ihres Zuhörers verloren. Doch was noch viel schlimmer ist, Sie haben eine wertvolle Chance vergeben. Denn mit Sicherheit wird sich Ihr Gegenüber in wenigen Stunden nicht mehr an Sie und Ihre Geschichte erinnern können. Doch wie bleiben Sie Ihrem Gesprächspartner im Gedächtnis?

Der Elevator Pitch war ursprünglich eine Idee amerikanischer Vertriebler mit dem Ziel, Kunden und Chefs während der Dauer einer Aufzugfahrt von ihrer Idee zu überzeugen. Weil diese selten länger als 60 Sekunden dauerte, mussten alle relevanten Informationen in dieses Zeitfenster passen: Kurzvorstellung, Begeisterung für das Projekt wecken und den vielbeschäftigten Chef überzeugen. Die Idee war allerdings nach kurzer Zeit schon so erfolgreich, dass der Elevator Pitch zu einem Schlagwort wurde und noch heute genutzt wird.

Allerdings wird die Kurzpräsentation nur noch selten im Aufzug vorgetragen, sondern dafür genutzt, den Gesprächspartner von der eigenen Person oder Idee zu überzeugen und Lust auf mehr zu machen.

Für einen gelungenen Elevator Pitch gibt es wichtige Spielregeln. Beschränken Sie sich also auf die Highlights. Und gehen Sie dabei nach diesem Schema vor:

Angebot
Was bieten Sie Ihrem Gegenüber? Was können Sie für ihn tun und auf welchen Erfahrungsschatz können Sie dabei zurückgreifen?

Bereits der erste Satz muss sitzen. Er dient dazu, die Neugier Ihres Gesprächspartners zu wecken. Das kann eine Frage, eine These oder ein interessanter Fakt sein. Achten Sie auch unbedingt darauf, Blickkontakt zu halten, um Selbstbewusstsein auszustrahlen.

Sie haben nur wenige Sekunden Zeit. Das zwingt Sie dazu, sauber Ihre Inhalte auszuwählen. Sie können nicht jedes Detail schildern. Das ist auch gar nicht notwendig. Holen Sie nicht zu weit aus, sondern kommen Sie direkt auf den Punkt. Bereiten Sie ein bis zwei Sätze vor, die Ihren Werdegang zusammenfassen.

Interesse
Womit gelingt Ihnen, Ihr Gespräch bzw. Ihr Angebot für Ihr Gegenüber interessant zu machen? Dafür müssen Sie die entsprechenden Bedürfnisse kennen.

Bereits im Voraus sollten Sie sich damit beschäftigten, für wen Sie die Kurzpräsentation halten. Wer ist Ihre Zielgruppe? Was interessiert diese und welchen Wissenshintergrund bringt sie mit? Es ist fatal, wenn Sie mit Ihrem Vortrag an Ihrem Zuhörer vorbei sprechen und Ihr Thema für diesen keine Relevanz hat. Deswegen sollten Sie sich darauf konzentrieren, den Nutzen für Ihr Gegenüber herauszustellen.

Nutzen
Welche Vorteile bieten Sie? Was ist so besonders an Ihrem Angebot? Was gewinnt Ihr Gegenüber, wenn er Ihr Angebot annimmt und nicht das eines Mitbewerbers? Welche Vorteile bieten Sie? Was ist speziell an Ihrem Angebot? Stellen Sie in nur wenigen Stichpunkten dar, was Sie von der Masse abhebt.

Motivation und Begeisterung

Worte zählen mehr als Fakten. Das wissen wir bereits. Daher kommt es nicht nur darauf an, was Sie sagen, sondern wie Sie es sagen. Sehen Sie diesen Moment als eine große Chance an, Ihr Gegenüber von Ihrer Person oder Idee zu überzeugen. Begeisterung ist ansteckend. Sind Sie begeistert und können glaubwürdig zeigen, dass Sie für das, was Sie tun, in aller Form brennen, übertragen sich diese positiven Gefühle auf Ihren Gesprächspartner.

Sie müssen sich zudem wohlfühlen bei der Präsentation, denn sind Sie verunsichert und tragen Sie einen auswendig gelernten Text vor, merkt man das sofort. Legen Sie stattdessen Ihre ganze Persönlichkeit hinein. Und verstellen Sie sich nicht. Liegt Ihnen Humor, seien Sie lustig. Ist Ihre Vortragsweise eher sachlich, vertrauen Sie darauf.

Appell

Schließen Sie Ihre Kurzpräsentation mit einer Aufforderung ab. Was wäre der nächste Schritt für Ihr Gegenüber? Wie kann er Sie oder Ihre Idee unterstützen? Ihr Schlusssatz sollte dazu animieren, sich Ihnen anzuschließen und mitzumachen. Öffnen Sie zudem die Möglichkeit für weiteren Austausch. Wie kann Ihr Gesprächspartner Sie bei Interesse kontaktieren? Geben Sie ihm Ihre Visitenkarte oder verabreden Sie sich zu einem ausführlicheren Gespräch, damit ebnen Sie den Weg für die nächsten Schritte.

60 Sekunden sind im Nu vergangen und diese optimal zu nutzen ist eine echte Kunst. Deswegen erfordert ein guter Elevator Pitch, dass Sie sich vorab Gedanken machen und vorbereiten. Und ganz wichtig – immer wieder üben, üben, üben!

Das ist im Übrigen mein aktueller Elevator Pitch:
Ich heiße Diana Brandl und bin eine Socialista, denn ich baue Brücken zwischen diversen Stakeholdern im Office untereinander. Ich agiere als Office-Management-Expertin, Coach und Trainer. In meinen Seminaren helfe ich Assistenzen und Office Managern zu echten Business Partnern zu werden und mit ihren Chefs auf Augenhöhe zu agieren. Ich arbeite zudem als freiberufliche Interims-Assistenz und Autorin.

3.3   (Er)Kennen Sie Ihre Stärken?

Versuchen wir doch mal eine kleine Übung. So ganz locker und spontan. Sind Sie dabei? Keine Angst, es tut auch nicht weh, es soll lediglich reflektieren.

Nehmen Sie sich bitte ein leeres Blatt Papier und schreiben einmal Ihre Top 10 Stärken und Skills auf. Los geht's!

Ring, ring. Die Zeit ist abgelaufen und ich bin sehr gespannt, wie es Ihnen ergangen ist. Schwer gefallen? Haben Sie 10 Stärken zusammen bekommen oder sogar mehr?

Die Eigenanalyse ist ein wichtiger erster Schritt. Für den optimalen Elevator Pitch müssen Sie unbedingt Ihre Stärken griffbereit haben. Haben Sie das? Seien Sie ehrlich zu sich selbst bitte. Und der Test hat es Ihnen direkt vor Augen geführt. Die meisten von Ihnen antworten nämlich mit einem Nein und das ist auch die häufigste Antwort, die ich immer wieder höre, wenn ich mit Assistenzen in Trainings und Coachings spreche.

Wann war das letzte Mal, dass Sie Ihre Stärken abrufen mussten? Sicherlich viel zu lange her. Kein Wunder also, dass Sie diese nicht präsent hatten. Aber auch hier gibt es Abhilfe, die ich Ihnen gerne mit auf den Weg geben möchte.

Ich möchte Sie als erstes ermutigen, eine sogenannte Skill-Liste zu führen. Bei dieser Aufgabe tun sich erfahrungsgemäß einige schon schwer, denn einmal mehr stehen sich Assistenzen hier oftmals selbst im Weg. Wir klopfen uns einfach selbst zu wenig auf die Schulter, sind selten stolz auf unsere Fähigkeiten und Leistungen. Schreiben Sie daher bitte einmal all Ihre derzeitigen Aufgaben auf und vermerken dahinter, welche Kompetenz und Stärke Sie für jede einzelne Aufgabe mitbringen.

Beispiel

Zwei Beispiele zur Veranschaulichung
Aufgabe: Kalendermanagement
Stärke: Ich bin proaktiv in der Terminführung meines Vorgesetzten, indem ich mit dem bewährten Farbsystem Strukturen schaffe.
Schlagwort: proaktiv

Aufgabe: E-Mail-Korrespondenz
Stärke: Ich arbeite meine E-Mails gewissenhaft ab und antworte stets innerhalb von 2 Stunden.
Schlagwort: gewissenhaft

Dies können Sie beliebig weiterspielen und ich bin mir sicher, dass Sie am Ende selbst begeistert sein werden von all Ihren Stärken und Schlagwörtern, die zusammengekommen sind.

Skill-Liste
Um ein volles Bild zu erhalten sollten Sie sich diese Punkte generell zu Ihrer Skill-Liste notieren:
- Wer bin ich? Welche Rolle übe ich aus? Welchen Titel führe ich?
- Ausbildung, Background, Zusatzqualifikationen
- Lückenlose Auflistung Ihrer aktuellen und vergangenen Tätigkeiten inklusive Projektarbeit
- Erfolge und besondere Auszeichnungen
- Ehrenämter und nennenswerte Fähigkeiten

Packen Sie alles an relevanten Informationen in diese Skill-Liste und halten Sie diese stets aktuell. Jedes noch so banale Skill sollte enthalten sein, denn nur so wird Ihr Profil vervollständigt. Denken Sie dabei auch an besondere Erfolge. Was lief in dem ein oder anderen Projekt außerordentlich gut, wofür wurden Sie gelobt? All das hilft, um diese Liste zu erstellen.

Denjenigen unter Ihnen, denen es äußerst schwerfällt, Stärken und Skills abzurufen, können sich folgenden Hilfestellungen bedienen:

Fragen Sie in Ihrem privaten Umfeld nach den Eigenschaften, die man besonders an Ihnen schätzt. Freunde sind ehrlich, daher beziehen Sie diese ein. Befragen Sie auch Ihre Kollegen und ja nach Vertrauensverhältnis natürlich auch Ihren Chefs oder ehemalige Vorgesetzte. Lesen Sie zudem Ihre alten Zeugnisse einmal durch und heben Sie die Punkte hervor, für die sie dort gelobt wurden.

Eine Skill-Liste können Sie ganz einfach in einem Word-Dokument führen. Sollten Sie gerne visuell arbeiten, dann kann ich Ihnen die Mind-Map-Methode ans Herz legen. Sollten Sie besonders kreativ sein, ist dies sicherlich eine schöne Art, seine Stärken aufzuzeigen und darzustellen. Zumal eine Mind-Map auch sehr gut anderen präsentiert werden kann. Versuchen Sie es doch einmal und lesen Sie sich etwas zu dieser Methode ein. Im Internet gibt es zahlreiche Informationsseiten sowie Tutorials wie man gutes Mind-Mapping betreibt.

Wer seine Besonderheiten, seine Stärken und Schwächen und seine Eigenheiten kennt, hat den ersten Schritt zur „Marke Ich" getan. Das Ziel ist nicht, zum Sprücheklopfer zu werden, sondern den individuellen Wert und die typische Besonderheit der eigenen Persönlichkeit vorteilhaft zeigen und einsetzen zu können.

Es ist für viele verpönt, sich zu vermarkten oder Werbung für sich zu betreiben. Die Mechanismen des Marketings und Brandings sind jedoch sehr wirksam – gerade für uns Assistenzen. Und es ist eine Frage des Stils, der Authentizität und der Ehrlichkeit wie man dies angeht.

Es ist letztendlich wie bei der Werbung. Es gibt marktschreierische, niveaulose und Werbung mit Superlativen, die sich mit Lautstärke und nicht mit Argumenten Gehör verschaffen will. Es gibt aber auch jene Art von Werbung, die mit Stil, guten Argumenten, Sympathie oder mit Humor und Originalität vorgeht. Von dieser Art soll auch die Bildung Ihrer Ich-Marke sein und sie soll vor allem auch auf Ihre Persönlichkeit zugeschnitten sein. Damit Personal Branding im Berufsalltag wirkt, setzt es ein starkes Interesse voraus, sich mit der eigenen Person auseinanderzusetzen. Und dies tun Sie, indem Sie Ihre Stärken von nun an bestens kennen und leben.

3.4   Wie überzeugen Sie richtig?

Überzeugung ist der Kern aller wirtschaftlicher Tätigkeit. Kunden müssen davon überzeugt werden, bestimmte Produkte zu kaufen, Mitarbeiter müssen überzeugt werden, einer Unternehmensstrategie zu folgen. Obwohl es so wichtig ist, überzeugen zu können, haben die meisten Assistenzen Schwierigkeiten damit, dies zu artikulieren und zu präsentieren.

Nutzen Sie das richtige Storytelling als Erfolgsfaktor. Um Ihren Chef und Ihre Kollegen für Sie zu begeistern, brauchen Sie eines: Geschichten. Achten Sie dabei darauf, dass Sie in Ihren Geschichten die Werte vermitteln, an die Sie glauben und von denen Sie andere überzeugen wollen. Und denken Sie dabei vor allem an Ihre Schlagwörter. Verbindlichkeit ist zum Beispiel ein sehr schönes Wort, das äußerst passend für den Beruf der Assistenz steht. Durch verbindliches Handeln zeigen Sie Ihre Kompetenz und vermitteln Ihrem Gegenüber Zuverlässigkeit und Professionalität.

Ausgestattet mit Ihrem zugeschnittenen Storytelling-Set laufen Sie nun motiviert los und erwähnen immer wieder bewusst Ihre Stärken an den richtigen Stellen bei den strategisch wichtigen Personen. Geht es also einmal darum, Teil des Organisations-Teams eines internationalen Meetings zu sein, schreien Sie künftig ganz laut: „Ich bin gerne dabei, denn ich bin bereits gut vernetzt mit den internationalen Kollegen und ich spreche sehr gutes Englisch." Haben Sie die zwei wichtigen Schlagwörter erkannt? „Vernetzt" und „Englisch". Und schon haben Sie wieder zwei Stärken erfolgreich positionieren können.

Frech kommt weiter, denn zu einer guten Überzeugungsstrategie gehört es ab und an auch einmal, dass man Grenzen austestet. Dies kann eine sehr direkte Art des Feedback-Gebens sein oder das Einfordern von mehr Gehalt. Haben Sie es schon einmal ausprobiert? Wenn nicht, dann helfen Ihnen diese sprachlichen Vorgaben sicherlich dabei:

Feedback an den Vorgesetzten geben:
„Ich hätte mich gefreut, wenn ich es von Ihnen persönlich erfahren hätte, dass Herr Müller uns nächsten Monat verlassen wird. Sie wissen, wie sehr ich ihn als Kollegen und Menschen geschätzt habe. Dies hat mich sehr enttäuscht."

Fordern einer Gehaltserhöhung beim Vorgesetzten:
„Ich wünsche mir, dass Sie mich in meiner Entwicklung kontinuierlich unterstützen und meine Arbeit honorieren. Ich möchte auch weiterhin motiviert für Sie arbeiten und bin dafür bereit, die Extrameile zu gehen. Unterstützen Sie mich dabei, eine Gehaltserhöhung von 10 % zu erreichen."

Sie begeben sich mit dieser direkten Art der Kommunikation automatisch auf eine neue Flughöhe und dies verschafft Ihnen nicht nur den Respekt, sondern auch die Akzeptanz Ihres Gegenüber.

Es versteht sich von selbst, dass man gerade bei dieser Herangehensweise sehr stark auf seine Wortwahl achten sollte. Forsch aufzutreten ist eine Sache, die richtige Tonalität zu treffen eine andere. Oftmals ist dies nur ein schmaler Grat zwischen dem Artikulieren eines ausgeprägten Wunsches und einer Forderung oder gar einem Befehl. Bleiben Sie hierbei immer in der Ich-Botschaft. Dies verdeutlicht einmal mehr, welche Relevanz das Thema für Sie hat und dass Sie klare Ziele verfolgen. Das imponiert und man wird Ihnen Gehör schenken.

Nach den Erkenntnissen des Soziologen Ervin Goffman spielen wir alle Theater und versuchen ständig, andere durch seriöse Kleidung, freundliche Mimik, feste Stimme und bestimmtes Verhalten zu beeinflussen. Keine Frage, wir alle wollen authentisch wirken. Beispiele dafür sind das volksnahe Auftreten von Politikern im Wahlkampf. Bleiben Sie also bei sich selbst und bei Ihren Werten und versuchen Sie nicht, das selbstbewusste Auftreten anderer zu kopieren. Man wird es ihnen nicht abnehmen. Vorsicht also vor zu viel Selbstinszenierung.

Rückschläge wird es immer geben, denn Angst und Ablehnung sind die größten Hürden, die es zu meistern gilt. Denn natürlich wird es Momente geben, die Sie gefühlt an den Anfang zurück katapultieren werden. Vergessen Sie an dieser Stelle jedoch nie, dass Sie wichtige Meilensteine bereits gemeistert haben. Mut ist einer davon. Sie sind mit diesem Mut vielen voraus, die sich vor ihrer eigenen Courage einschüchtern lassen, sich nie offen äußern werden, Dinge einfordern und somit weiterhin in der zweiten Reihe agieren werden.

Bleiben Sie also gelassen, wenn einer dieser Rückschläge bei Ihnen anklopft. Suchen Sie Ihren „Inner Circle" auf, ein Kreis von Vertrauten, die sie fachlich und thematisch auffangen können und sprechen Sie mit einem Mentor. Mentoring kann ein wichtiger Bestandteil in der Erlernung des Selbst-Marketings sein. Vertrauen Sie daher von Anfang an auf bewährte Wegbegleiter, die ihnen immer mal zum Tun oder Nicht-Tun raten und Sie in Ihren Stärken ermutigen.

3.5   Ein Ausflug in die Digitalisierung

Die Digitalisierung und die damit verbundene Transformation bringt an einigen Stellen noch immer mehr Schrecken als Potentiale. Glauben Sie das auch?

Weit gefehlt, liebe Leserinnen und Leser, denn ich sage ganz klar: Es gab keine bessere Zeit als die jetzige, um als Assistenz zu arbeiten. Endlich ist Raum da, dass wir uns inhaltlich und strategisch entfalten können und aus unserer Generalistenrolle in eine Expertenrolle wachsen können. Und dabei hilft uns tatsächlich die Digitalisierung.

Sie alle kennen die Schauermärchen, dass virtuelle Assistenten, Sprachassistenten und ja, gerne nenne ich das Schreckenswort unter ihnen – Roboter – auch uns Assistenzen erst die Aufgaben und dann die gesamten Jobs wegnehmen. Sicherlich trifft dies an der ein oder anderen Stelle in der Zukunft zu. Und ich sage – gut so!

Denn hier steckt ein großes Stück an Opportunität für uns Office Experten dahinter. Denn die großen Internetkonzerne züchten eine Spezies heran, die uns im Office lästige Aufgaben abnehmen und steuern kann.

Mehrere Dutzend Millionen Menschen in Deutschland haben schon Erfahrungen mit Sprachassistenten wie Alexa und Cortana gesammelt. In den USA sind es weitaus mehr. Die Mehrheit ist mit ihnen auch recht zufrieden. Man kann also sagen, dass digitale Sprachassistenten längst im Mainstream angekommen sind. Musik abspielen, ein Kochrezept raussuchen und vorlesen und noch schnell nach dem Weg fragen. Grundsätzlich sehr nützliche Dinge, die man im Alltag auch sicherlich gut nutzen kann. Aber wie verhält es sich in unserem Spielfeld? Sprich im Office? Ist die Zeit der digitalen Helfer dort auch schon gekommen? Was können diese digitalen Assistenten eigentlich? Welches Skillset besitzen sie?

Amazons Alexa besitzt mittlerweile schon über 15.000 Skills. Unglaublich, aber wahr. Kommen Sie auf so viele Skills, die die Assistenz und ihre Rolle beschreibt? Ich denke nein.

Digitale Sprachassistenten suchen Aktienkurse raus und geben Info zum Wetter. Das Diktieren von E-Mails, die Kalenderführung und kollaboratives Arbeiten sind bereits ebenfalls möglich und auch die Taxibestellung oder die ein oder andere Reiseplanung lassen sich per Sprachbefehl schon wunderbar erledigen.

Alexa und Co. geben uns somit in unseren Funktionen endlich den gewünschten Freiraum und die Flexibilität, die wir uns seit Jahren wünschen und für die wir immer wieder kämpfen. Inhaltliches Arbeiten heißt das Zauberwort. Endlich nicht mehr nur wahrgenommen werden als das Mädchen für alles, welches Flüge bucht, Spesen abrechnet, den Boardingpass druckt und das Catering organisiert. Es lebe die Unabhängigkeit! Endlich ist er da, der Freiraum für mehr Projekte. Nutzen Sie diese Chance und schärfen Sie Ihr Profil. Sie wollten immer schon einmal die nächste Roadshow oder Messe in Ihrem Unternehmen organisieren? Sie möchten das Thema Feel Good Management in Ihre Organisation tragen und einen Kulturwandel anstoßen? Jetzt ist die Zeit dafür. Spezialisieren Sie sich. Denn die digitalen Assistenten erledigen die Standardaufgaben. Welch ein Luxus, den wir uns zu Nutze machen müssen und nicht ängstlich davor zurückschrecken.

Aber vollumfassend sind diese Services natürlich nicht – noch nicht. Sie werden uns daher nicht ersetzen, denn digitale Assistenten erledigen Routinearbeiten – mehr nicht. Noch sind wir nicht ersetzbar, denn die menschliche emotionale Intelligenz ist immer einen Schritt weiter als die künstliche Intelligenz. Und das ist ein unglaubliches Alleinstellungsmerkmal für unsere Berufsgruppe.

Wir sind authentisch und real und nicht zum Programmieren gedacht. Denn wir sind es, die an der Nase des Chefs morgens erkennen, ob es ein guter oder schlechter Tag wird. Kann das ein digitaler Assistent? Nein. Solch ein Gerät wird nie die tiefe emotionale Vernetzung einer Assistenz zu Ihrem Vorgesetzten ersetzen können. Blickkontakt in den Meetings, in denen Sie genau wissen, was Ihr Chef braucht. Das aufmunternde Wort zwischendurch nach einem langen Meeting. Schnell noch die Lieblingskekse aus der Schublade ziehen, wenn der Chef es mal wieder nicht in die Mittagpause geschafft hat. Das sind kleine, aber äußerst feine Antennen, die in unserer Assistenz-DNA verankert sind. Und die werden niemals ersetzt werden können. Davon bin ich überzeugt.

Daher lassen Sie uns also wieder auf unsere Stärken fokussieren und damit frech kokettieren. Wir sind neben den Unternehmenslenkern nämlich immens wichtige Schlüsselfunktionen in den Organisationen. Wir haben Einfluss auf die Vorstandsetagen, die kein anderer besitzt. Wir kennen jedes kleinste Detail, mit denen sich unsere Chefs beschäftigen und ja – wir führen mit. Denn auch aus der zweiten Reihe geben wir wichtige Impulse und Lösungsvorschläge vor. Wir sind die Strategie-Berater unserer Chefs.

3.6 Was ist Personal Branding?

Was haben Barack Obama und Richard Branson gemeinsam? Sie alle setzen erfolgreich auf Personal Branding. Doch was steckt hinter dem Begriff?

Das Thema Selbstvermarktung ist heute so aktuell wie nie zuvor. Nur Persönlichkeiten, die sich selbst als Marke definieren, werden künftig die erforderliche Aufmerksamkeit generieren können. Personal Branding ist ein Muss und vor allem nicht nur für Führungskräfte und Freiberufler, sondern auch für Mitarbeiter in Unternehmen und somit auch für Assistenzen.

Ich habe eine der besten Recruiterinnen für gehobene Assistenzstellen in Deutschland einmal befragt, auf was sie achtet, wenn sie eine Vakanz für einen Top-Manager besetzen soll.

„Personal Branding bei der State-of-the-Art-Assistenz basiert auf Haltung und dem Anspruch, wirklich zu assistieren. Einfach? Simpel? Nein.

Ich erlebe Kandidatinnen und Kandidaten, die sich das Projekt „Executive Assistant to" als ach ja, vielleicht auch manchmal etwas turbulentes Koordinieren von Terminen und Reisen und irgendwie den Arbeitsalltag der Führungskraft begleiten vorstellen. Das ist es auch und die Koordination eines Termins mag zuweilen Tage dauern, weil so viele verschiedene Faktoren daran hängen. Es ist aber viel mehr, es ist der Anspruch, optimal zu unterstützen und nicht nur die Fäden entwirrt zu halten, sondern lose Enden zusammen zu bringen und zu halten, vollwertiger Teil eines Führungsteams zu werden. Und das geht nur, wenn die innere und äußere Haltung gemeinsam eine Persönlichkeit zeigen, die tatsächlich auf Augenhöhe agiert, reagiert, kommuniziert.

Was suche ich? Ich suche diese Persönlichkeiten, die „hungrig" sind nach Wissen und persönlicher Weiterentwicklung und nicht die, die „satt" sind. Wie kann ich sinnvoll assistieren, im Wortsinn bei jemandem stehen, wenn ich mich nicht tiefer in die Themen einarbeiten möchte? Wie kann ich der Führungskraft Support und Sicherheit geben, wenn ich mir vorher keinen Respekt erarbeitet habe, fachlich wie persönlich? Ich kann es nicht, simpel. Personal Branding heißt also für die Executive Assistant, mutig ihre Aufgabe wahrzunehmen als Managementfunktion, Controller, Sicherheitszentrum für die Führungskraft. Für die Assistenz selbst heißt das, eine „Brand" zu sein, die eigene Persönlichkeit zu schleifen, mutig zu sein, sich von anderen durch Kompetenz abzuheben und sich selbstbewusst zu fragen „Was kann ich besser?" und „Wo habe ich Potenzial, auch zur Verbesserung?"

Als spezialisierte Recruiterin suche ich Persönlichkeiten mit Haltung und Anspruch an sich als Mensch und Assistenz, also der Rolle, die ich einnehme."

(Barbara Sellke, Gründerin und Inhaberin, Sellke. Personalized Executive Assistant Search Barbara Sellke M.A.)

Personal Branding hilft dabei, die eigenen Botschaften, Ideen, Gedanken und Visionen zu teilen. Jeder hat damit die Chance, sich selbst zu verwirklichen und in seinem Bereich eine Bekanntheit zu erlangen. Die Marke trägt zugleich zu einer höheren Wertschätzung des persönlichen Umfeldes bei. So profitiert ein Unternehmen zum Beispiel davon, wenn die Mitarbeiter als starke Persönlichkeiten (Corporate Influencer) wahrgenommen werden. Vor allem für Führungskräfte gewinnt das Thema an Bedeutung.

Durch den digitalen Wandel und die sozialen Netzwerke entwickelt sich Personal Branding äußerst intensiv. Nie war es einfacher, seine eigene Persönlichkeit mitzuteilen. Jeder hat die Möglichkeit, sich als Experte zu positionieren. „Ich poste, also bin ich". Diese Mentalität leben tatsächlich viele und oftmals frage ich mich, ob sich das Leben online oder offline abspielt. Fakt ist, man kann sich der Online-Welt nicht mehr verschließen und ich gebe offen zu, dass ich mich schwer tue mit dem Digital Detoxing. Mein Handy läuft permanent und ich bin 24/7 erreichbar. Fluch oder Segen der Digitalisierung und des Personal Branding?

Viele Menschen präsentieren sich heute auf Social-Media-Kanälen. Sie suchen und erreichen mit ihren Inhalten eine breite Öffentlichkeit. Einige davon möchten nicht nur ein großes Netzwerk zur Kommunikation und Verbreitung bestimmter Themen und Inhalte nutzen, sondern erkennen die digitalen Medien auch als Chance, sich selbst durch die richtigen Strategien als Marke etablieren zu können. Sie nutzen die Strategien rund um das Personal Branding, um ihren Bekanntheitsgrad auszubauen, eine klare Positionierung zu erreichen und ihren Expertenstatus zu festigen.

Genauso hat meine eigene Reise begonnen, die ich Ende 2016 gestartet habe. Meine große Leidenschaft war schon immer das Schreiben und so startete ich meinen eigenen Blog auf Facebook. Mir war es wichtig, eine internationale Plattform für Office Professionals zu gründen. Dort interviewe ich regelmäßig Assistenzen aus der ganzen Welt, teile wertvolle Artikel und gebe viele Impulse. Der Blog fand schnell Interesse und so wurde aus dem „ich schreibe mal ein bisschen nebenbei" eine Passion, mehr zu erreichen. Zugleich habe ich das erste Mal auf einer renommierten internationalen Assistenz-Konferenz in Berlin gesprochen. Ohne eigentlich zu wissen, was ich da gerade tue, habe ich zugesagt und diese Plattform genutzt – natürlich auch, um meine Sichtbarkeit zu erhöhen.

Und so begann alles, der Weg meiner eigenen Entwicklung, der Weg in die Selbständigkeit und in eine kleine eigene Marke. Ich bin sehr stolz auf den Blog und all die Möglichkeiten, die sich rechts und links davon ergeben haben. Es kostet viel Zeit und Kraft, kontinuierlich am Personal Branding zu arbeiten und ich bin noch lange nicht da angekommen, wohin ich gehen möchte.

Fakt ist, dass mir die sozialen Medien unglaubliche Möglichkeiten der Selbst-PR und des Selbstmarketings ermöglicht haben. XING, Twitter und vor allem Facebook und LinkedIn haben die Bühne für mich und meine Initiativen geschaffen. So war es keine große Kunst, mein Publikum zu finden, denn es gibt auf diesen Plattformen genügend Foren und Gruppen, die sich mit dem Thema Office Management und Assistenz beschäftigen. Auch konnte ich über diese Kanäle meine Personal Branding-Initiativen wie das Empowerment Movement #WeAreInThisTogether spielen sowie meine eigene Community über den Blog generieren.

Durch die Nutzung moderner Medien überwinden wir Grenzen, schaffen Freiheiten und kreieren Möglichkeiten einer unbegrenzten Reichweite. Alles fällt so unglaublich leicht. Oder?

Gleichzeitig lassen wir uns durch das Online-Leben dazu verleiten, dass Kommunikation ein Stück weit verkommt. Wir posten, bloggen, simsen, twittern und das alles kurz und in die Masse hinein.

Das Individuum droht dann, nur noch ein Profil unter tausenden zu sein. Durch die vielen Gesichter, Informationen und Nachrichten werden Personen anonymisiert, ihre Botschaften austauschbar. Freunde, Bekannte, Kontakte. Wir erkennen keine Unterschiede, keine Besonderheiten, keine Tiefen. Und wir haben erst recht keine Zeit, auf die Suche zu gehen.

Personal Branding kann auch wunderbar offline stattfinden – das muss es sogar. Wir menscheln doch so gerne. Heute mehr denn je. Und menschlich ist nicht der anonyme Auftritt im Netz, die perfekte Inszenierung, die Außendarstellung, sondern ein Präsentieren auf persönlicher Ebene, das den offenen Austausch erlaubt, die Stärken sowie Schwächen zum Vorschein bringt. Die Eigenvermarktung zeigt die Menschen individuell und nahbar. Bleiben Sie daher nur ganz fest bei sich und Ihnen selbst. Kopieren Sie keine anderen Personen. Authentizität ist der Schlüssel zum erfolgreichen Personal Branding.

Gerade weil ich authentisch bin und es auch bleiben möchte, war es am Anfang schwer für mich, zu lernen, mich immer wieder zu „präsentieren" und zu „vermarkten". Dies entspricht weniger meinem Naturell, aber es gehört eben dazu, um Sichtbarkeit zu schaffen und kontinuierlich in seine Marke zu investieren. Denn Eigenvermarktung hat nichts mit einer erhöhten Selbstverliebtheit oder einem gewachsenen narzisstischen Selbstbild zu tun.

> **So gehen Sie Ihr Personal Branding erfolgreich an**
> Sie wollen Ihre Marke aufbauen? Dann achten Sie auf diese Punkte:
> – Finden Sie Ihr Thema
> – Kommunizieren Sie es kontinuierlich und authentisch
> – Knüpfen Sie Beziehungen und bauen Sie Ihr Netzwerk aus
> – Bauen Sie eine geeignete technische Infrastruktur (zum Beispiel Blog)

Führen Sie diese Schritte immer und immer wieder durch, werden Sichtbarkeit und Reputation im Lauf der Zeit wachsen. Seien Sie mutig, gehen Sie mit Ihrem Thema raus und schauen Sie, was passiert. Genauso begann meine Reise und ich gehe jeden Tage neue Schritte und lerne dazu.

Nicht jeder, der Personal Branding hört, fühlt sich sofort positiv angesprochen. Personal Branding klingt für viele Menschen nach einem neumodischen Phänomen, über digitale Kanäle Aufmerksamkeit erregen zu wollen. Doch das Konzept der Markenbildung mithilfe von Social-Media-Kanälen ist vielschichtig und hat eine weitaus größere berufliche Bedeutung, als man Kommunikationsplattformen auf den ersten Blick zutrauen würde.

3.7 Networking – online, offline oder beides?

Nur wer sein Wissen und seine Werte mit anderen teilt, wird da draußen im Dschungel wahrgenommen, erhält gesellschaftliche Anerkennung und generiert so neue Kontakte und einen Nutzen für sich selbst.

In meinen Seminaren, Vorträgen und Workshops werde ich immer wieder angesprochen und gefragt, wie denn richtiges Netzwerken geht. Welches Schema gibt es? Wie netzwerkt man strategisch klug?

Ich habe einmal Daniela Leutwyler befragt, was Networking für sie konkret heißt. Sie arbeitet erfolgreich als virtuelle Assistenz in der Schweiz:

> „Netzwerken ist mit das Wichtigste im Alltag einer Assistentin, davon bin ich überzeugt. Nicht nur hilft es, sich regelmäßig mit Gleichgesinnten auszutauschen – nichts ist so hilfreich wie die Erkenntnis, dass man mit dieser oder jener Herausforderung nicht alleine ist – nein, man lernt durch den regelmäßigen Austausch auch immer wieder neue Tricks und Kniffs und Tools für den Berufsalltag kennen. Und, nicht zuletzt ist manchmal das Unmögliche eben doch möglich, wenn der Chef in letzter Minute noch einen Call mit diesem oder jenem CEO möchte und man eben dadurch, dass man die Assistentin dort kennt, das tatsächlich innerhalb kürzester Zeit bewerkstelligen kann.
>
> Man sollte aber sein Networking nicht „nur" auf die eigenen Peers beschränken, sondern auch immer wieder versuchen, sich mit Menschen in anderen beruflichen Positionen zu verknüpfen. Das hilft einem bei der persönlichen Entwicklung ebenso wie wenn man sich eines Tages einmal neu ausrichten möchte."
>
> (Daniela Leutwyler, Virtual Executive Assistant und Inhaberin der Daniela Leutwyler Assistance GmbH)

Gibt es ein Geheimrezept? Natürlich nicht, denn jeder von uns netzwerkt auf eine andere Art und Weise und das ist auch völlig in Ordnung so. Lassen Sie uns aber einmal auf die Unterschiede blicken. Und zwar auf das Online- und Offline-Networking. Beides ist immens wichtig für das richtige Personal Branding und die Marke Ich.

Starten wir mit dem Offline-Networking. Hier möchte ich insbesondere auf die Berufsverbände und Netzwerke eingehen, denn es ist eine wunderbare Möglichkeit, sich über diverse Netzwerkgruppen auszutauschen, Impulse zu bekommen und diese erfolgreich in sein Personal Branding aufzunehmen.

Die zwei größten Berufsverbände für Assistenzen stelle ich Ihnen im Nachfolgenden einmal in aller Gänze vor.

3.8 Der bSb

Der Bundesverband Sekretariat und Büromanagement e. V. (bSb) ist einer der größten europäischen Berufsverbände für Office Professionals. Seit 1956 bietet er die ideale Plattform, sich fachlich weiterzubilden und beruflich auszutauschen. Mittlerweile sind rund 1.000 Mitglieder in 16 Regionalgruppen bundesweit miteinander vernetzt, die Zahl der engagierten Mitglieder steigt kontinuierlich.

Das Ziel des bSb ist ein modernes und zukunftsorientiertes Office Management. Für die Mitglieder ist der bSb ein fachlich kompetenter Partner in den wichtigen Bereichen Büromanagement, Sprachen und Bildung.

Professionelles Büromanagement bedeutet heute und noch mehr in der Zukunft lebenslanges Lernen und Weiterbildung am Puls der Zeit. Die Optimierung der individuellen fachlichen und kommunikativen Kompetenzen und interkulturellen Kenntnisse sind wesentlicher Bestandteil des beruflichen Erfolges.

Profitieren Sie von qualitätsgesicherten Aus- und Weiterbildungen mit bSb-Zertifikat, geförderten Seminaren des bSb Campus, bSb Office-Foren, den vielfältigen Fachveranstaltungen, den bSb-Netzwerkplattformen und der Mitgliederzeitschrift tempra365.

Die Mitglieder des bSb sind Angestellte und Selbstständige und prägen das vielfältige Berufsbild der Office Professionals:

Office-Manager/innen

Internationale Management-Assistent/innen

Sekretär/innen und Assistent/innen

Travel- und Eventmanager/innen

Berater und Coachs

Trainer/innen und Referent/innen sowie

Unternehmen und Kooperationspartner

Sitz der Bundesgeschäftsstelle ist Bremen. Der Verband ist in Vorstand, Ausschüssen und Mitgliederversammlung organisiert.

Der bSb macht sich in Gremien stark für hohe Office-Standards und gestaltet Trends aktiv mit. Engagieren Sie sich mit Ihren Fachkompetenzen in verschiedenen Projekten. Seien Sie Vorbild und Wegweiserin bzw. Wegweiser für Ihre Kolleginnen und Kollegen und gestalten Sie damit Ihre berufliche Zukunft aktiv mit.

Die Vorstandsmitglieder des bSb vertreten Ihre Interessen auch in anderen Verbänden, Gremien und Arbeitsgruppen.

Ob technischer Fortschritt oder neue Arbeitszeitmodelle: Sie profitieren von den vielfältigen Weiterbildungsangeboten – für ein lebendiges und zukunftsweisendes Berufsbild.

Auf der bSb Website finden Sie aktuelle Informationen, Termine, Tipps und Trends.

Über unsere Social-Media-Angebote wie zum Beispiel Facebook können Mitglieder unsere Leistungen auch unterwegs nutzen und mit uns in den Austausch treten.

An rund 30 Bildungseinrichtungen erzielen Sie anerkannte bSb Abschlüsse für Ihren beruflichen Erfolg. Die Bildungsangebote sind als Präsenzlehrgänge oder als Fernstudium buchbar. Die Prüfungsanforderungen basieren auf bundesweit einheitlichen Lehrplänen und Prüfungsordnungen für alle bSb Bildungspartner. [13]

Ich habe die Vorstandsvorsitzende des bSb gebeten, für dieses Kapitel ein kurzes Statement abzugeben und habe mich sehr gefreut, dass sie zugesagt hat:

„Als Diana Brandl mich fragte, ob sie in ihrem Buchbeitrag den bSb erwähnen dürfe und ich ein paar Zeilen zusätzlich schreibe, war ich hellauf begeistert. Das ist Netzwerken pur! Die beiden in Deutschland bekanntesten Netzwerke für Office Professionals nähern sich nicht nur an, sondern vernetzen sich. Im August wird es zum Beispiel eine gemeinsame Veranstaltung in Stralsund geben oder hat es schon gegeben, je nachdem, wann Sie diese Zeilen lesen. Ohne Netzwerk geht heute kaum noch etwas und wird in Zukunft gar nichts mehr gehen.

Und was liegt da näher als sich in einem Berufsverband zu vernetzen, in dem ich wichtige Impulse, spezielle Weiterbildung und interessante Veranstaltungen geboten bekomme und nützliche Kontakte knüpfen kann.

Was unter Führungskräften bewährte Praxis ist – sich mit seinesgleichen auf Fachveranstaltungen auszutauschen – macht endlich auch auf Assistenzebene Schule! Besuchen Sie einmal eine Veranstaltung bei einer unserer Regionalgruppen oder einer unserer überregionalen Office-Foren, die Programme finden Sie unter www. bsboffice.de. Ihre Führungskraft wird Sie hier sicher unterstützen, denn auch sie profitiert davon, wenn die Assistenz immer up-to-date ist. Wir freuen uns auf Sie!"

(Rosemarie Rehbein, Vorstandsvorsitzende bSb e. V.)

3.9   IMA (International Management Assistants)

Nun möchte ich Ihnen IMA vorstellen. Diesem Verband gehöre ich selbst seit 2006 an und freue mich daher insbesondere, in diesem Buch das Netzwerk vorstellen zu dürfen.

IMA ist ein internationales Netzwerk von Management Support Professionals, die in kleinen, mittelständischen und großen Unternehmen, Organisationen oder Institutionen mit internationalem Umfeld tätig sind.

1974 wurde IMA in Paris (als EAPS) gegründet und ist heute mit rund 1.600 Mitgliedern mit Landesgruppen vertreten in 19 Ländern: Belgien, Dänemark, Deutschland (mit Österreich), Finnland, Frankreich, Griechenland, Island, Italien, Luxemburg, Niederlande, Norwegen, Russland, Schweden, Schweiz, Spanien, Türkei, Vereinigtes Königreich und Zypern.

Darüber hinaus sind Management Support Professionals aus Bosnien-Herzegowina, Kroatien, Portugal, den USA, Polen, Slowenien, den Vereinigten Arabischen Emiraten,

Tunesien, Nigeria, Serbien und Südafrika jeweils ohne Ländergruppe Mitglied im Verband.

Die Verbandssprache ist Englisch; regionale und nationale Veranstaltungen werden teilweise in der jeweiligen Landessprache durchgeführt.

IMA – International Management Assistants Deutschland wurde 1986 gegründet und hat derzeit rund 200 Mitglieder. Oberste Priorität bei IMA ist die persönliche und fachliche Entwicklung des einzelnen Mitglieds auf qualitativ hohem Niveau.

Ziele und Schwerpunkte des Verbandes setzen sich aus verschiedenen Komponenten zusammen:

Networking
Kontakte auf nationaler und internationaler Ebene knüpfen und pflegen, Austausch beruflich engagierter Management Support Professionals untereinander sowie mit Arbeitgebern und Kooperationspartnern fördern und das gegenseitige Verständnis sowie die Zusammenarbeit weltweit stärken.

Weiterbildung
Persönliche und fachliche Weiterentwicklung durch nationale und internationale Trainings und Konferenzen zu berufs- und fachbezogenen Themen.

Imagebildung
Den Kompetenzfaktor des Berufsbilds erhöhen und den Status der Management Support Professionals als wichtiges Mitglied im Management-Team zu stärken.

Mentoring
IMA Germany bietet zusätzlich seinen Mitgliedern ein kostenfreies Mentoring-Programm. Mentees erhalten von erfahrenen Kolleginnen in vertraulichen Gesprächen Hilfestellung und Unterstützung.

Zusammenfassend ist IMA – International Management Assistants der Ansprechpartner für alle Management Support Professionals, die an einem internationalen Austausch interessiert sind und daneben ihre fachliche Qualifikation und persönliche Weiterentwicklung vorantreiben wollen.

Jedes Jahr steht unter einem Spezialthema, zeitgerecht passend zum gesellschaftlichen und vor allem beruflichen Umfeld. In wechselnden Mitgliedsländern findet jeweils im März/April ein internationaler Trainingstag und im September/Oktober die Jahreskonferenz inkl. Mitgliederversammlung (AGM) statt.

Darüber hinaus halten die einzelnen Ländergruppen regelmäßig Seminare und Konferenzen zu beruflich relevanten Themen sowie eine jährliche Mitglieder-versammlung ab.

IMA Germany veranstaltet im Mai/Juni ein Frühjahrstraining mit nachfolgender Mitgliederversammlung und im Oktober/November ein Herbsttraining. Die Seminare finden jeweils in wechselnden deutschen Städten statt.

Die Regionalgruppen in Berlin, Frankfurt, Hamburg, Köln/Düsseldorf, München, Salzburg und Stuttgart treffen sich regelmäßig zu Fachvorträgen und Netzwerk-Veranstaltungen. Sie finden alle nationalen Veranstaltungen auf der IMA Webseite www.de.ima-network.org .

Über Verbandsaktivitäten werden die Mitglieder durch die viermal jährlich erscheinende europäische Zeitschrift „proActive" sowie nationale und internationale Newsletter und die internationale Webseite www.ima-network.org informiert.

Das Mentoring-Programm, welches 2017 implementiert wurde, erfährt vor allem großer Beliebtheit unter den Mitgliedern. Das Mentoring ist absolut vertraulich und für Mitglieder kostenfrei. [14]

Es ist keineswegs übertrieben, wenn ich sage, dass ich mit IMA bereits viel von der Welt gesehen habe, tolle Trainings erlebt habe und in erster Linie Freunde gefunden habe. Man glaubt gar nicht wie unglaublich bereichernd es ist, sich mit Assistenzen aus Holland, England oder den USA fachlich auszutauschen und Inspiration aufzunehmen. Und das gibt es bei IMA auf allen Ebenen. Der Verband ist online auf Facebook, XING, LinkedIn und Twitter zu finden. So einfach war Netzwerken noch nie!

Auch hier war es mir ein großes Bedürfnis, den Executive Chairman von IMA Global, die aus Schweden stammt, einmal zu Wort kommen zu lassen, warum IMA so besonders ist.

„IMA – International Management Assistants (IMA) beschert mir ein großartiges Netzwerk, national wie international. Der Vorteil, Wissen und Erfahrungen auszutauschen sowie Aufgaben zu übernehmen, lässt mich mit den schnellen Veränderungen in unserem Berufsfeld Schritt halten, denn alleine ist man nicht in der Lage, mit allen Trends und neuen Technologien selbst mitzuhalten.

Die internationalen Veranstaltungen sind immer wieder besonders für unseren Verband, denn IMA versammelt pro Event ca. 200 Teilnehmer aus rund 20 verschiedenen Ländern und Sie können sich sicherlich vorstellen, welch einzigartige Atmosphäre dabei entsteht.

IMA hat mir zu Kontakten außerhalb von Schweden verholfen, die zu einem wichtigen „sounding board" sowie Freunden geworden sind.

IMA bietet zudem in diversen Ländern eigene Mentoring-Programme an, bei denen ich selbst als Mentor und Mentee innerhalb von IMA Schweden eingebunden war. Es hat mir sehr viel bedeutet, mich in meinem Beruf sowohl als Mentor als auch als Mentee weiterzuentwickeln."

(Else-Britt Lundgren, Executive Chairman, IMA Global)

3.10   Networking im New-Work-Zeitalter

New Work ist ein englischer Begriff, den der austro-amerikanische Sozialphilosophen Frithjof Bergmann entwickelte und in der deutschen Übersetzung „Neue Arbeit" bedeutet. Die Bezeichnung Neue Arbeit ergibt sich aus der heutigen Konsequenz der Globalisierung und Digitalisierung und welche Auswirkungen diese Konsequenzen auf die Arbeitswelt haben.

Die Arbeitswelt erfährt seit einigen Jahren einen grundlegenden und strukturellen Wandel. New Work ist der Inbegriff dieser Transformation. Die Auslöser für diese Entwicklung sind aber vielfältig. Digitalisierung, Konnektivität, Globalisierung und demographischer Wandel sind unter anderem die Ursache für den Wandel der Arbeitswelt. Wie gehen wir aber mit dem Trend New Work um und lässt sich denn überhaupt richtiges Networking betreiben, wenn alle im an unterschiedlichen Orten oder im Homeoffice arbeiten?

Geht nicht? Aber klar. Microsoft ist ein schönes Beispiel dafür und dafür habe ich Claudia Meyer einmal direkt befragt. Ihr liegt das Thema Digitalisierung und vernetztes Arbeiten genauso sehr am Herzen wie mir und ihr Arbeitgeber Microsoft Deutschland GmbH ist ein schönes Beispiel dafür, wie man es sehr gut umsetzen kann:

„Microsoft Deutschland ermöglicht mir bereits heute einen digitalisierten Arbeitsplatz, dies bedeutet für mich flexibles Arbeiten. Dazu gehört die freie Wahl der Arbeitszeit und des Arbeitsplatzes. Meine Vorgesetzte arbeitet primär aus München, während ich meinen Arbeits- und Wohnsitz in Berlin habe. Mittels modernster Technologien können wir Terminabsprachen und Besprechungen so gestalten, als würden wir im selben Büro sitzen.

Für mich beschränkt sich die Digitalisierung nicht nur auf neue Technologien, sondern ist auch ein kulturelles Thema. Vorgesetzte und Mitarbeiter müssen die neue Welt des Arbeitens selbstbewusst leben. Microsoft hat eine entsprechende Unternehmenskultur und bietet mit dem ‚New Way of Work' das Umfeld, in dem Digitalisierung erfolgreich sein kann.

Gleiches gilt auch für den Austausch mit meinen Kollegen und Kolleginnen, die weltweit tätig sind. So findet einmal im Quartal via Skype ein Meeting statt, indem wir uns Assistenzen gegenseitig austauschen, netzwerken und verschiedene Themen vorgestellt werden."

(Claudia Meyer, Executive Assistant der Vorsitzenden der Geschäftsführung, Microsoft Deutschland GmbH)

3.11   Events, Meetups, Konferenzen und Co.

Um sichtbarer zu werden und kontinuierlich an sich zu arbeiten, gehört es dazu, rauszuge-hen und sich ins Getümmel zu stürzen. Mit Getümmel meine ich die Vielzahl von Events, Konferenzen etc., die unserem Berufsbild immer wieder per Newsletter, Flyer und Co. schmackhaft gemacht werden. Aber hier gilt Vorsicht. Denn es gibt unzählige Veranstal-tungen auf dem Markt und es ist manchmal sehr schwer, abzuwägen, welche tatsächlich inhaltlich wertvoll sind.

Meine Empfehlung: Beginnen Sie lokal und schauen Sie sich nach spannenden Events in Ihrer Stadt bzw. Region um. So fängt man klein an und ein lokales Netzwerk ist tatsäch-lich Gold wert.

XING Events ist eine tolle Plattform, um sich einen Überblick zu verschaffen. Aber auch Meetup.com ist eine wunderbare Seite, um zu schauen, was sich an spannenden Events tut.

Die Assistenz-Netzwerke, die ich Ihnen zuvor vorgestellt habe, bieten diverse Regio-nalveranstaltungen an. Da ist mit Sicherheit auch etwas in Ihrer Region dabei. Also unbe-dingt einmal die Nase dort reinstecken und erste wichtige Kontakte machen.

Denken Sie bitte auch immer daran, dass Sie gut vorbereitet auf diese Veranstaltungen gehen sollten. Eine Visitenkarte in der Tasche zu haben ist dabei eine feste Regel. Sollten Sie keine Visitenkarten von Ihrem Unternehmen gestellt bekommen, möchte ich Ihnen nahelegen, sich eigene zu drucken. Über diverse Anbieter im Netz kann man dies schon sehr kostengünstig umsetzen. Investieren Sie in sich und Ihre Marke.

3.12   Soziale Netzwerke – ein Wirrwarr voller Potentiale

Bei den sogenannten Millennials und Digital Natives liegt es quasi im Blut, aber nicht jeder unter Ihnen kennt sich gut im Spielfeld Web 2.0 aus. Soziale Netzwerke beherrschen das Internetzeitalter nicht erst seit gestern, gefühlt kommen aber immer mehr Möglich-keiten und Kanäle dazu.

Ich liste Ihnen einige nennenswerte Plattformen einmal auf, damit ein erster grober Überblick möglich ist. Bekannt werden sie den meisten natürlich bereits sein.

Facebook
Mit Abstand das größte Netzwerk weltweit und auch in Deutschland und inzwischen Syn-onym für die Vermischung von privat und beruflich. Auch für Unternehmen ist das Netz-werk inzwischen unumgänglich. Doch Vorsicht: Unternehmen sollten sich fragen, wer wirklich Fan werden soll und will. Denn die Nähe zum Konsumenten hat nicht nur posi-tive Folgen. Der Ärger eines einzelnen kann sich hier schnell potenzieren. Ein aufkom-mender „Shitstorm" kann aber mit dem richtigen Know-how verhindert oder zumindest einigermaßen sicher umschifft werden.

Überlegen Sie immer sehr genau, mit wem Sie sich aus Ihrem beruflichen Umfeld auf Facebook vernetzen wollen. Der Kollege, der Dienstleister oder gar der Chef? Vorsicht ist geboten, denn nicht jedem sollte man Zugriff auf die Urlaubsfotos gewähren.

Twitter

Die Neuigkeit twittern (=zwitschern), also in SMS-langen Texten (Achtung: Es sind nur 140 Zeichen erlaubt) über den Dienst verbreiten, ist ein besonders schnelllebiges Konzept, das sich gerade in der Kommunikationsbranche und für Echtzeit-Marketing erfolgreich nutzen lässt. Politiker wie Kanzlerin Angela Merkel, aber auch Promis und Popstars nutzen Twitter gern. Personen, die Twitter nutzen wollen, sollten bedenken, dass sie ihre Follower (so heißen die Leser des Twitter-Kanals) regelmäßig bedienen müssen. Wenn Sie Lust auf Zwitschern haben, schauen Sie unter Twitter einmal vorbei.

Instagram

Kein anderes Netzwerk hat eine so hohe Interaktionsrate, denn auf Instagram wird wie wild gelikt und kommentiert. Der Fokus des Bildernetzwerks Instagram liegt aber auch eher auf Lifestyle-Inhalten und die Bilder sind besonders schön inszeniert. Reinschauen lohnt sich dennoch allemal.

XING

Das führende soziale Netzwerk für berufliche Kontakte im deutschsprachigen Raum begleitet seine Mitglieder durch die Umwälzungsprozesse der Arbeitswelt. In einem Umfeld von Fachkräftemangel, Digitalisierung und Wertewandel unterstützt XING seine 14 Millionen Mitglieder dabei, Arbeiten und Leben möglichst harmonisch miteinander zu vereinen. So können die Mitglieder auf dem XING Stellenmarkt den Job suchen, der ihren individuellen Bedürfnissen entspricht, mit den News-Angeboten von XING auf dem Laufenden bleiben und mitdiskutieren oder sich auf dem Themenportal XING Spielraum über die Veränderungen und Trends der neuen Arbeitswelt informieren. Anfang 2013 stärkte XING mit dem Kauf von kununu, der marktführenden Plattform für Arbeitgeberbewertungen im deutschsprachigen Raum, seine Position als Marktführer im Bereich Social Recruiting. 2003 gegründet, ist XING seit 2006 börsennotiert und seit September 2011 im TecDAX gelistet. Die Mitglieder tauschen sich auf XING in rund 80.000 Gruppen aus oder vernetzen sich persönlich auf einem der mehr als 150.000 beruflich relevanten Events pro Jahr. XING ist an den Standorten Hamburg, München, Barcelona, Wien, Porto und Zürich vertreten. [15]

XING versteht sich somit als Karrierenetzwerk und das hauptsächlich für den deutschsprachigen Raum. Es geht dabei weniger um Privates als vielmehr um berufliche Interessen, Networking und Austausch. Event-Hinweise und Networking im Sinne von Konferenzen und Diskussionen lassen sich hier gut betreiben. Vor allem Freiberufler und Gründer haben hier eine professionelle und gute Basis für ihre Netzwerkarbeit, für Projektaufträge und mehr. Allerdings sind nicht alle Funktionen kostenfrei, es gibt eine Premiummitgliedschaft, die auf jeden Fall in Anspruch genommen werden sollte.

Ich habe meine IMA-Verbandskollegin und aktive XING-Nutzerin, Angela Parker, gebeten, einmal aus ihrer Sicht der Dinge zu beschreiben, warum XING ein wichtiges Tool für uns Assistenzen ist.

Lesen Sie einmal selbst:

„Ich bin seit knapp 10 Jahren als Premium-Mitglied bei XING und moderiere seit einigen Jahren die Gruppe „IMA International Management Assistants" mit mehr als 1.100 Mitgliedern. Meine Rolle als Moderatorin gibt mir eine zusätzliche Sichtbarkeit, was für die persönliche und berufliche Weiterentwicklung hilfreich ist. Mir ist es wichtig, auf XING aktiv zu sein, weil ich so neue Kontakte knüpfen und mein Netzwerk erweitern kann und mit Menschen, die ich auf Veranstaltungen getroffen habe, problemlos in Kontakt bleiben kann. Es gibt diverse Gruppen für Assistenzen, in denen immer wieder interessante Stellen ausgeschrieben werden und in denen sich Kolleginnen und Kollegen austauschen und ihr Wissen teilen. Es gibt regionale Gruppen mit spannenden Veranstaltungen und wichtigen Informationen. Ich lese auch gerne die speziell für mich zusammengestellten Nachrichten zu Beruf, Karriere und Wirtschaft. XING hilft mir, als Assistenz immer up-to-date zu sein."

(Angela Parker, Assistentin der Geschäftsführung, PFAFF Industriesysteme und Maschinen GmbH)

LinkedIn
LinkedIn vernetzt weltweit Fach- und Führungskräfte und hilft ihnen dabei, produktiver und erfolgreicher zu sein. Zudem verbessert das Karrierenetzwerk nachhaltig die Rahmenbedingungen für Personalsuche, Marketing und Vertrieb. LinkedIns Vision ist der Economic Graph, ein globales Netzwerk von qualifizierten Fachkräften, das jedem Mitglied neue Karrierechancen eröffnen kann. LinkedIn hat insgesamt mehr als 562 Millionen Mitglieder. In der Region Deutschland, Österreich und Schweiz erreichte LinkedIn im Dezember 2017 elf Millionen Mitglieder. 29 der 30 deutschen DAX-Unternehmen setzen auf LinkedIn-Produkte. [16]

LinkedIn ist somit ein Netzwerk für berufliche Kontakte und das vor allem für den internationalen Raum. Auf der Plattform werden neue Kontakte geknüpft und bestehende, hauptsächlich internationale Geschäftskontakte, gepflegt. Mittlerweile spielt LinkedIn auch hier in Deutschland eine immer größere Rolle. LinkedIn hat die gleichen Grundfunktionen wie andere soziale Netzwerker. Es ist möglich, Kontakte anzulegen und zu verwalten, Nachrichten zu verschicken, Profile und Gruppen anzulegen und letzteren beizutreten. Profile lassen sich mit Lebensläufen in mehreren Sprachen versehen, der Job ist prominent im Profil platziert und auch Referenzen können untergebracht werden.

Auch andere Profile im Web lassen sich zum Teil direkt in das LinkedIn-Profil integrieren. Unternehmensprofile können ebenfalls bei LinkedIn eingerichtet werden. Außerdem lässt sich LinkedIn recht präzise durchsuchen. Personaler können so zum Beispiel direkt Kontakte finden, die die gefragten Fähigkeiten in ihrem Profil angegeben haben. Eine besondere Funktion stellt auch die Empfehlung von Kontakten dar. So lässt sich das Netzwerk der Business-Kontakte über Dritte erweitern. Natürlich stellt LinkedIn eine eigene App für die mobile Nutzung des Netzwerkes auf den gängigen mobilen Betriebssystemen zur Verfügung. Anders als Facebook, ähnlich wie bei XING, gibt es bei LinkedIn die Möglichkeit, einen kostenpflichtigen Account einzurichten, mit dem sich die Grundfunktionen erweitern lassen. Wer bezahlt, kann gezielter nach neuen Kontakten suchen, Kontakte besser verwalten und organisieren und detailliertere Statistiken abrufen.

Und was gibt es Schöneres als einen der Unternehmensbotschafter von LinkedIn DACH einmal selbst zu Wort kommen zu lassen, um über ihren Arbeitgeber zu sprechen. Danke an Jane Bitzer, dass sie sich dafür die Zeit genommen hat:

„Schon bevor ich meine erste Auslandstelle angetreten habe, war LinkedIn eine wichtige Ressource für mich, um mich mit Kolleginnen und anderen Mitgliedern weltweit zu vernetzen. In meinem beruflichen Alltag als Vorstandsassistentin profitiere ich von den Informationen aus den Gruppen, in denen ich Mitglied bin und den persönlichen Kontakten, die ich über die Jahre aufgebaut habe.

Neben dem täglichen Nachrichtenüberblick finde ich vor allem die sogenannten Influencer spannend, die regelmäßig auf LinkedIn Beiträge veröffentlichen. Dazu gehören zum Beispiel Miriam Meckel (WirtschaftsWoche) oder Dr. Dieter Zetsche (Daimler AG) im deutschsprachigen Raum, oder Arianna Huffington (Huffington Post) und Richard Branson (Virgin) auf internationaler Ebene. Die Themen reichen von Work-Life-Balance bis hin zu Karrieretipps und nicht zuletzt hat sich Richard Branson in einem emotionalen Post bei all seinen Assistentinnen, die ihn über die Jahre auf dem Weg nach oben begleitet haben, bedankt. Dies schon am Morgen auf dem Weg zur Arbeit zu lesen, spornt noch mehr an das Beste zu geben, finde ich.

Mehr als 10 Millionen Mitglieder nutzen die Funktion „Open Candidates", mit der man Personalern Interesse an neuen beruflichen Möglichkeiten signalisieren kann – und auch ich habe nicht nur meine aktuelle Position bei LinkedIn über unsere Plattform gefunden. Diese Einstellungen können im Übrigen nicht von der eigenen Firma gesehen werden. Bei mehr als 18 Millionen Unternehmen, die auf LinkedIn vertreten sind und mehr als 11 Millionen offenen Jobs ist ein akkurates und vollständig ausgefülltes Profil am wichtigsten. Dies ist dein Aushängeschild und sollte immer gut gepflegt sein.

Für mich ist LinkedIn die Nummer Eins Plattform in den sozialen Medien, um rund um meinen Job informiert zu bleiben, Kontakte aufzubauen und zu pflegen, aber auch um selber Themen zu teilen, die mir wichtig sind.

(Jane Bitzer, Vorstandsassistentin der DACH Geschäftsführung im Münchener LinkedIn-Büro)

Mit diesen Infos zu den wichtigsten Netzwerken in der Social Media-Landschaft sind Sie nun hoffentlich gut gewappnet für die Wahl Ihrer Kanäle. Wählen Sie sorgfältig aus und konzentrieren Sie sich dabei auf einige wenige Netzwerke, die für Sie am besten funktionieren.

Die Stimme der Personal-Expertin
Das Recruiting hat sich mit der Verbreitung der sozialen Medien massiv gewandelt und dies nutzen sowohl die Unternehmen als auch die Bewerber gewinnbringend. Daher ist

es heute wichtig und zugleich unerlässlich, ein aussagekräftiges Online-Profil zu besitzen und zugleich zu pflegen.

Das bestätigt auch Vice President Human Resources des Online-Optikers Mister Spex, Eva Nöll:

> „Offene Positionen werden zunehmend über Active Search besetzt. Dabei suchen Unternehmen und Headhunter gezielt über Social-Media-Angebote und persönliche Karriere-Netzwerke wie zum Beispiel XING nach passenden zukünftigen Mitarbeiterinnen und Mitarbeitern. Wer ein aussagekräftiges, gepflegtes und vollständiges Profil auf entsprechenden Seiten aufzuweisen hat, erhöht seine Chancen vom nächsten Traumjob gefunden zu werden statt diesen selbst aktiv zu suchen.
>
> Auch klassische Social-Media-Kanäle wie Facebook sind weiterhin relevant als Plattform für Bewerber zur Information über das Unternehmen einerseits und andererseits, um über gezielte Ads auf offene Stellen hinzuweisen und potentielle Kandidaten mit gezieltem Targeting zu erreichen."

(Eva Nöll, Vice President Human Resources)

Die Rolle des Vorgesetzten

Zum Schluss sprechen wir also doch nochmal über ihn: den Vorgesetzten. Vorbei kommt man in unserer Rolle natürlich nicht an ihm und das ist auch gut so, denn Ihr Chef hat einen sehr großen Anteil an Ihrer Sichtbarkeit. Dies ist keinesfalls zu unterschätzen und daher bekommt es in diesem Kapitel besonderes Augenmerk und wird bewusst mit ans Ende platziert. Ihr Chef spielt nämlich eine große Rolle, wenn es um Ihre Funktion, Ihre Positionierung und ja, Ihre Marke geht.

Haben Sie einen Chef, der Sie „nur" als sein Sekretariat betrachtet, sich patriarchisch den Kaffee servieren lässt und Sie als reines Statussymbol ansieht? Schade, dieser Vorgesetzte hat es noch nicht verstanden, welch wichtiges Gut er jeden Tag neben sich hat.

Wie gut nur, dass Sie mit all den Dingen, die Sie in diesem Kapitel gelesen haben, nun Abhilfe haben, dieses Bild zu korrigieren. Wappnen Sie sich mit Ihrer Skill-Liste, Mind-Map und liefern Sie den besten Elevator Pitch, den es nur gibt. Gerade, wenn Sie schon länger mit einem Vorgesetzten arbeiten, ist es unglaublich wichtig, immer mal wieder einen Wow-Moment zu kreieren. Erfinden Sie sich hin und wieder neu, überraschen Sie Ihren Vorgesetzen und proben Sie so gut als wenn Sie ein zweites Mal Ihr Einstellungs-Interview führen müssten. Sicherlich würden Sie sich jetzt anders positionieren und vermarkten, richtig?

Ich hatte das Glück, dass ich in meinen vergangenen 17 Jahren Berufserfahrung viele tolle Chefs an meiner Seite hatte, die in mich und meine Marke investiert haben. Jeder einzelne von ihnen wusste, welchen ROI (Return on Invest) er am Ende zurückbekommt, indem er mich mit auf das Spielfeld nahm und nicht nur am Rande zusehen ließ. Dafür bin ich unendlich dankbar und weiß, dass dies keine Selbstverständlichkeit ist. Daher ist es mir ein persönliches Anliegen, meine beiden ehemaligen Chefs von Mister Spex, Dirk und Mirko, zu erwähnen. Sie haben schon im Interviewprozess verstanden, wie wichtig Networking für mich ist und unterstützten mich zeitlich als auch finanziell bei meinen Aktivitäten für IMA sowie diversen Teilnahmen an Konferenzen, bei denen ich als Referentin tätig war. In solchen Momenten war ich zwar auf der Bühne die Office-Expertin Diana Brandl, ich war aber auch ein Teil von Mister Spex und somit ein Botschafter des Unternehmens. Wie oft sind im Nachgang kleine „Fachgespräche" zu den neusten Sonnenbrillen-Kollektionen geführt worden und ich war stolz, dieses dynamische und innovative Unternehmen repräsentieren zu dürfen.

Aber auch meine beiden Vorstands-Chefs zuvor, Sven und Thomas, für die ich bei der Francotyp-Postalia AG arbeiten durfte, haben mir ihr ein großes Vertrauen geschenkt, indem sie mich immer wieder in ihre Mitte genommen haben. So durfte ich wahnsinnig tolle Projekte begleiten, die interne Kommunikation des Konzerns neu aufsetzen und selbst ein Praktikum in der amerikanischen Niederlassung in Chicago absolvieren. Mit all diesen Dingen haben sie mich und meine Marke immens aufgewertet innerhalb der Konzerngruppe.

Thomas Grethe möchte ich an dieser Stelle gerne nochmal selbst zu Wort kommen lassen:

„Es kann so wunderbar einfach sein, als Vorgesetzter an der Außen-/Innenwirkung seiner Assistenz positiv mitzuwirken. Für mich ist es selbstverständlich gewesen, dass Diana ebenso wie meine aktuelle Assistentin Nina ein Teil des Management-Teams sind. Meine Assistenz begleitet nicht nur Meetings, Besprechungen und Events, ich habe sie immer in relevante Themen eingebunden und dabei zugleich mit neuen Aufgaben und Projekten herausgefordert. Ich fordere und fördere zugleich und in solchen Momenten liegt es an einem selbst, was er oder sie daraus macht. Diana hat auf wunderbare Weise bewiesen, welch wichtiger strategischer Sparringspartner sie für mich war. Sie hat Aufgaben autark durchgesteuert, die im ersten Moment keine klassischen Assistenzthemen waren. Sie hat unter anderem viele neue Formate für die interne Kommunikation geschaffen, einen Song für unsere Telefon-Warteschleife produziert, sowie nebenbei auch noch das eine oder andere Video für die Firmengruppe geschnitten. Ich habe ihr bewusst diese kreativen Freiheiten gegeben, um sich zu entwickeln und sich entsprechend zu positionieren, was ihr mehr als gut gelungen ist."

(Thomas Grethe, Vorstand, Francotyp-Postalia AG)

3.13   Fazit

Erfolgreiches Personal Branding ist harte Arbeit. Am Anfang kostet es an der ein oder anderen Stelle Überwindung, aber auf lange Sicht lohnt es sich, an der eigenen positiven Reputation zu arbeiten, um sich bemerkbar zu machen und wichtig Ziele einfacher und schneller zu erreichen.

Zu einer Marke wird man jedoch nicht von heute auf morgen. Manch einer möchte dies auch gar nicht, sondern lediglich hier und da an seiner Sichtbarkeit und Wahrnehmung arbeiten. Und das ist ein großartiger erster Schritt.

Berge lassen sich bekanntlich nicht so leicht versetzen. Aber man kann sie dezent anschubsen, immer ein bisschen mehr. Ein Anfang ist schnell gemacht, aber den können nur Sie alleine machen. Kommen Sie also raus dem Schneckenhaus und setzen Sie sich hier und da in Szene und arbeiten an Ihrer Selbst-PR. Investieren Sie in sich selbst. Denn gerade im Zeitalter der Digitalisierung und der Vernetzung, wo es uns die sozialen Medien scheinbar kinderleicht machen, sich und sein Portfolio zu präsentieren, ist nun auch Ihre Zeit gekommen. Werden Sie zum Marketing-Profi Ihrer eigenen Marke: Der Marke Ich.

3.14   Über die Autorin

Diana Brandl blickt auf eine über 15 Jahre erfolgreiche Karriere als Senior Executive Assistant auf Topmanagement-Ebene in Unternehmen wie ratiopharm, Sony und Mister Spex zurück. Sie engagiert sich intensiv für das Berufsbild der Office Professionals und leitet die Regionalgruppe in Berlin bei IMA (International Management Assistants).

Frau Brandl ist zudem freiberufliche Fachautorin für diverse Verlage, betreibt ihren eigenen Blog The Socialista Projects, gibt Trainings und Workshops und spricht auf nationalen wie internationalen Konferenzen. Dabei setzt sie sich maßgeblich für die Themen Social Media, strategisches Networking, Selbstmarketing, Personal Branding und Digitale Transformation ein.

Diana Brandl wurde als Delegierte auserwählt und nahm im Oktober 2018 am internationalen World Administrator Summit in Frankfurt teil. Dort vertrat sie mit zwei weiteren Repräsentantinnen Deutschland und setzte sich in diversen Arbeitsmeetings intensiv mit dem Berufsbild der Assistenz auseinander.

Frau Brandl ist vielgefragte Expertin, Gesprächs- und Interviewpartnerin im In- und Ausland und hat zuletzt die internationale Office-Industrie mit der Empowerment-Initiative #WeAreInThisTogether inspiriert.

Literaturverzeichnis

[12] Steve Jobs 1997, http://www.presentationzen.com/presentationzen/2011/10/steve-jobs-on-values-and-identifying-your-core.html

[13] bSb Bundesverband Sekretariat und Büromanagement e.V. 2018 (zur Verfügung gestellt von bSb)

[14] Auszug aus der IMA Webseite 2018 (Quelle: www.de.ima-network.org)

[15] XING Deutschland 2018 (zur Verfügung gestellt von XING)

[16] LinkedIn Deutschland 2018 (zur Verfügung gestellt von LinkedIn)

Effizientes Kalendermanagement und nachhaltige Meetingkultur

4

Tipps und Tricks für eine sinnvolle und Terminplanung und -organisation

Anna Endres

Zusammenfassung

Dieses Kapitel widmet sich den Themen Kalendermanagement, Meetingorganisation und -kultur. Es soll mittels einfachen Tipps und übersichtlichen Checklisten leicht umsetzbare Hilfestellungen für Assistentinnen im beruflichen Alltag bieten.

4.1 Einleitung

Assistentinnen verbringen einen Großteil ihres Arbeitsalltages mit dem Organisieren, Planen und auch Verschieben von Meetings. Das Zeitmanagement ihres Vorgesetzten zählt oft zu den komplexesten und zeitintensivsten Herausforderungen in ihrem beruflichen Alltag.

Das Internet bietet bereits unendlich viele Beiträge zum Thema Termin- bzw. Kalendermanagement. Unzählige Fachartikel und Bücher wurden schon darüber geschrieben. Ich werde mit diesem kurzen Beitrag kein „Patentrezept" anbieten können, welches für jede Kollegin bzw. jeden Kollegen im Assistenzbereich umsetzbar und auf alle individuellen Gegebenheiten der unternehmerischen Rahmenbedingungen anwendbar ist. Mein Ziel ist es, einige möglichst simple, leicht umzusetzende und somit in den ohnehin oft stressigen beruflichen Alltag integrierbare Anhalts- bzw. Orientierungspunkte (auch in Form von Checklisten) zur Verfügung zu stellen, die auch auf andere Rahmenbedingungen adaptierbar sind. Sie sollen eine Basis bieten, auf welcher sich eventuell der ein oder andere Prozess im Zusammenhang mit dem Termin- und Kalendermanagement und auch die Meetingorganisation bzw. -kultur optimieren lässt.

Ich selbst bin seit über 15 Jahren im, wie ich es nenne, „gehobenen" Assistenzbereich" (Geschäftsführung, Top-Management, Vorstand) in unterschiedlichsten Branchen (Beratung, Werbung, Versicherungswesen, …) tätig. Natürlich beinhaltet jede Position unterschiedliche Rahmenbedingungen und Herausforderungen, die beim Thema „Zeitmanagement" entsprechend zu berücksichtigen sind. Jedes Unternehmen funktioniert anders und jeder Manager hat seine individuellen Vorlieben und Bedürfnisse, welche berücksichtigt werden müssen.

4.2 Effizientes und ressourcenoptimierendes Kalendermanagement

4.2.1 Die Basis

Für mich persönlich gibt es – basierend auf meiner jahrelangen Erfahrung im Assistenzbereich – zwei grundsätzliche absolute Notwendigkeiten, um meine Führungskraft so zeitoptimiert und inhaltlich effizient wie möglich organisieren zu können:

4.2.1.1 Kalenderzugriff

Assistentinnen sollten die gesamte Agenda ihrer Führungskraft verwalten. Daher ist ein vollumfänglicher Zugriff auf den Kalender unerlässlich. Sollten Sie Assistentin für eine einen Manager tätig sein, dem ein Führungsteam unterstellt ist, sollten Ihnen auch die Kalender der Führungsebene voll zugänglich sein, sodass sich bereits im Vorfeld freie Zeitfenster – speziell bei (kurzfristigen) Meetings mit mehreren Teilnehmerinnen/Teilnehmern aus dem Top-Management – möglichst rasch und effizient ausfindig machen lassen. Damit kann von langwierigen Abstimmungsrunden per E-Mail Abstand genommen werden.

4.2.1.2 Kalenderverwaltung

Darüber hinaus sollte die Assistentin (und natürlich deren Vertretung, so fern sie auf Urlaub, im Krankenstand etc. sind) die einzige Person sein, die Termine im Kalender ihrer Führungskraft planen sowie ändern kann.

Oft ist man in der Realität natürlich damit konfrontiert, dass der Vorgesetzte gerne auch selbst Termine ansetzt bzw. verschickt. Darin sehe ich allerdings zwei ganz klare Probleme:

1. Terminabstimmung im Vorfeld:

Termine, die vom Manager direkt verschickt werden, sind klarerweise meist nicht mit den Kalendern der anderen eingeladenen Personen abgestimmt. Letztendlich müssen gerade Termine mit mehreren Teilnehmern, speziell wenn es die Führungsebene betrifft, aufgrund anderer beruflicher Verpflichtungen der anderen Teilnehmer dann in weiterer Folge erst recht neu abgestimmt oder verschoben werden.

Auf Basis dieser Argumentation konnte ich noch jede meiner Führungskräfte charmant und nachvollziehbar davon überzeugen, keine Termine mehr eigenständig zu vereinbaren und mir die „Hoheitsgewalt" über ihren Kalender zu übertragen.

2. Terminüberschneidungen:

Oft ist es technisch nicht möglich, dass sich neu eingetragene Termine sofort synchronisieren, falls Chef und Assistenz den Kalender gleichzeitig geöffnet haben. Im ungünstigsten Fall führt das zu Terminüberschneidungen, da für den jeweils anderen nicht sichtbar ist, dass das eigentlich noch als frei erscheinende Zeitfenster im Kalender bereits vergeben ist.

Darüber hinaus empfiehlt es sich, dass die Assistentin auch über die entsprechenden Inhalte der Meetings – zumindest grob – Bescheid weiß, um überhaupt alle organisatorischen Aspekte entsprechend berücksichtigen zu können.

4.2.2   Der „rote Faden"

Natürlich müssen die individuellen Vorlieben und Bedürfnisse des Vorgesetzten im Vordergrund stehen und bei der Kalenderführung berücksichtig werden.

Sind Sie Assistentin, besprechen Sie diese jedenfalls zu Beginn der Zusammenarbeit mit Ihrem Chef und einigen sie sich gemeinsam auf einen „roten Faden". Das ermöglicht klare Voraussetzungen und in weiterer Folge eine unabhängige und selbstständige Arbeitsweise, sodass nicht jedes kleinste Detail im Vorfeld erst abgestimmt werden muss.

Tipps zum Kalendermanagement

Die folgenden Fragestellungen können durchaus hilfreich bei der Erarbeitung einer gemeinsamen, klaren Linie im Kalendermanagement und somit einer möglichst optimalen Ressourcen- und Zeiteinteilung Ihres Vorgesetzten sein:

- Wie organisieren Sie am liebsten Ihren Tag? Wann sind Sie am produktivsten? (Dementsprechend sollten die leistungsmäßigen Hoch- und Tiefphasen bei der Meetingorganisation nach Möglichkeit mitberücksichtigt werden.)
- Haben Sie Vorlieben bei der Terminabsprache? Wenn ja, welche?
- Bevorzugen Sie eher kürzere Termine, dafür mit kleinen Pausen dazwischen oder längere Termine?
- Benötigen Sie bei (bestimmten) Terminen auch eine Vor- und Nachbereitungszeit, welche ebenfalls berücksichtigt werden soll? Wenn ja, wie viel?
- Gibt es Zeitfenster, die in Ihrem Kalender „tabu" sind? Wenn ja, welche (zum Beispiel Lunchpausen oder regelmäßige andere Verpflichtungen)?
- Wie soll in weiterer Folge damit umgegangen werden, sollte es doch einmal notwendig sein, einen Termin während eines dieser Zeitfenster abzuhalten? Soll diesbezüglich vorher Rücksprache gehalten werden oder reicht eine entsprechende Information?
- Soll täglich Zeit für „Privates" bzw. „Unvorhergesehenes" eingeplant werden?
- Wie viel Zeit soll für die Abarbeitung des „Daily Business" (Beantwortung von E-Mails, Telefonaten etc.) mit eingeplant werden?

– Sollen auch inhaltliche Deadlines bzw. zu erledigende Aufgaben als Erinnerungen im Kalender vermerkt sein? Wenn ja, in welcher Form und in welchen Abständen (zum Beispiel Vermerk eines „Friendly Reminder" als Kalendererinnerung eine Woche vor der Deadline zur Erledigung, dann zwei Tage vor der Deadline ein erneuter „URGENT Reminder" und finaler Vermerk des Erledigungstermins am jeweiligen Tag „DEADLINE"…)?

4.2.3 Meetingorganisation – Der effiziente und praktikable Meetingguide

Nachstehend finden sich praktische Tipps, die Assistentinnen den Arbeitsalltag hinsichtlich der Termin- und Meetingkoordination erleichtern und eine optimale Zeit- und Ressourcenplanung für ihren Chef ermöglichen soll:

4.2.3.1 Konstante Meetingformate
Jeder Meetingeintrag im Kalender sollte grundsätzlich folgende Informationen beinhalten:
– Datum, Uhrzeit, Ort
– Teilnehmer
– Zielsetzung des Termins
– benötigte Dokumente
– Anweisung, welcher Vorbereitungen es seitens der Teilnehmerinnen für den Termin bedarf
– Art des Termins (Face-to-Face, Skype, Video-Conference, Call, …)

Wiederkehrende Meetings sollten immer in derselben Form eingetragen werden, sodass für alle Teilnehmerinnen und Teilnehmer ersichtlich ist, dass es sich um einen wiederkehrenden Termin aus einer Terminreihe handelt.

4.2.3.2 Kalenderübersichtlichkeit durch Visualisierung
Unterschiedliche Terminkategorien
– JourFix-Termine
– 1:1 (Face-to-Face),
– Externe Termine,
– Lunch-Termine,
– ganztägige Seminare,
– Flugzeiten,
etc…) werden von mir in unterschiedlichen Farben im Kalender meines Chefs festgehalten.

So kann man sich auf einen Blick eine gute Übersicht über den Tag verschaffen und muss sich nicht erst in einem „Einheitsbrei" von Terminen orientieren.

4.2.3.3 Unterstützung mittels Erinnerungen, Jahrestagen, ganztätigen Veranstaltungen etc.

Jedes E-Mail-Programm verfügt über unterschiedlichste **Terminkategorien**. Ich trage in den Kalender meines Chefs zum Beispiel alle Geburtstage und Dienstjubiläen der ihm unmittelbar zuarbeitenden Mitarbeiter als „Jahrestage" ein, sodass er automatisch jedes Jahr an diese Termine erinnert wird.

Darüber hinaus vermerke ich zum Beispiel auch jene Zeiträume, in denen ich aufgrund von Meetings, Veranstaltungen etc. nicht im Büro bin als **Erinnerungen**. Ich halte genau fest, von wann bis wann ich nicht anwesend bin, bei welcher Veranstaltung ich mich befinde und wo diese abgehalten wird. Aufgrund dieser Informationen weiß mein Vorgesetzter immer genau wo ich bin und ob er mich notfalls mobil erreichen kann oder nicht.

4.2.3.4 Wiederkehrende, regelmäßige Termine sinnvoll nutzen

Ich selbst verfüge zum Beispiel über eine Excel-Sheet, in welchem alle wiederkehrenden Termine meines Vorgesetzten verzeichnet sind.

Besonders wichtig ist allerdings, so eine Liste stets aktuell zu halten, vor allem, was den Teilnehmerkreis der einzelnen Meetings angeht, da sich dieser aufgrund von Neueintritten oder Austritten doch meist stetig verändert.

Auf Basis dieser Übersicht kann ich zum einen frühzeitig für das darauffolgende Jahr jene Termine fixieren, von denen ich weiß, dass sie auch im kommenden Jahr wieder untergebracht werden müssen und zum anderen habe ich Folgendes immer auf einen Blick:

– den korrekten Meetingtitel,
– das zeitliche Intervall (wöchentlich, monatlich, quartalsweise, immer zwischen dem xx. und yy. eines jeden Monats etc.),
– die E-Mail-Adressen der Teilnehmer,
– die einzelnen Meetingtermine (für das ganze Jahr),
– die Örtlichkeit (welchen Meetingraum habe ich für diese Meetings gebucht),
– den „Status" (zum Beispiel alle Termine für das Jahr xy bereits organisiert)

Sollte es sich um ein Meeting handeln, welches nicht von mir organisiert wird, bei dem die Anwesenheit meines Managers aber ebenfalls erforderlich ist, notiere ich mir hier auch, wer die Organisation dieses Meetings übernimmt.

So kann ich nachfassen, wenn ich weiß, dass ich sich grundsätzlich um ein aufwendig zu organisierendes Meetings handelt und sich der Kalender meines Chefs für die betroffene Zeit bereits beängstigend füllt. In Abb. 4.1 finden Sie ein ganz einfaches Beispiel für eine solche Übersichtsliste.

Firmenlogo

Übersichtsliste Wiederkehrende Termine 2018

Meetingtitel	Intervall	zeitliche Rahmenbedingungen	TeilnehmerInnen	Termin	Ort	Status
z. B. Aufsichtsratssitzung	quartalsweise	immer zw. dem 15. und 20. des letzten Monats im jeweiligen Quartal	Hr. Mustermann (E-Mail-Adresse) Fr. Musterfrau (E-Mail-Adresse) ….	15.03.2018 17.06.2018 20.09.2018 16.12.2018	Raum 711 Raum 360 Meeting Raum Hotel XY Raum 211	Termine vereinbart

Abb. 4.1 Beispiel für eine Übersichtsliste

Der Übersichtlichkeit und Einfachheit halber sortiere ich diese Liste auch nach
- Priorisierung – also Wichtigkeit des Meetings (Prio 1 haben zum Beispiel Aufsichts-
  ratssitzungen, Gremiumssitzungen etc.),
- den zeitlichen Intervallen (wöchentlich, monatlich, etc.),
- Terminen mit internen und/oder externen Teilnehmern.

4.2.3.5 Einplanen von Pufferzeiten

Ein frommer Vorsatz, der in der Realität natürlich nicht immer leicht umsetzbar ist, gerade wenn kurzfristige Termine eingeschoben werden müssen… So möglich empfiehlt es sich aber jedenfalls, zwischen den Terminen „Pufferzeiten" mit einzuplanen.

Meine Erfahrung hat mich gelehrt, dass es – wenn Termine unmittelbar aneinander grenzen – so gut wie immer zu Verzögerungen kommt, da es meinem Vorgesetzten dann einfach aufgrund von Notwendigkeit wie zum Beispiel Raumwechseln zwischen den ein-zelnen Meetings oder anderen „menschlichen Bedürfnissen" nicht möglich ist, pünktlich zum unmittelbar angrenzenden Termin zu erscheinen.

Dies kann im schlechtesten Fall gleich zu Beginn des Meetings zu schlechter Stimmung führen, weil andere Teilnehmer das eventuell als geringe Wertschätzung ihrer Person auf-fassen und zum anderen ist es meinem Vorgesetzten nicht möglich, sich einmal kurz ein paar Minuten auf den nächsten Termin einzustellen oder eben den Raum zu wechseln.

Dieser Aspekt hat daher auch in weiterer Folge eine nicht unbeträchtliche Auswirkung auf die Qualität des Meetings.

4.2.3.6 Deadlines und To-dos

Ein elektronischer Kalender bietet so viele Möglichkeiten, die im Optimalfall in vollem Umfang genutzt werden sollten.
Nicht nur
- Meetings,
- Flugzeiten,
- Transferzeiten,
- Agendaübersichten bei ganztätigen Veranstaltungen (wie zum Beispiel Workshops, Tagungen etc.)
- Geburtstage und
- Dienstjubiläen
  sondern auch
- Deadlines und To-dos
sollten in einem übersichtlich geführten Kalender verzeichnet sein.

Je nachdem, wie die Zusammenarbeit mit der jeweiligen Führungskraft organisiert ist, kann man Deadlines und andere Aufgaben selbstständig im Kalender vermerken, so man zum Beispiel auch Zugriff auf die E-Mails der Vorgesetzten/des Vorgesetzten hat.

Wenn dies nicht der Fall ist, sind die Möglichkeiten zur Erfassung von Deadlines und To-dos auf jenen Bereich beschränkt, der Aufgaben in Zusammenhang mit den im Kalen-der vermerkten Meetings betrifft.

Darüber hinaus gehende Erledigungen, die im Kalender festzuhalten sind, müssen dann von der Führungskraft proaktiv an die Assistenz gemeldet oder eigenständig im Kalender vermerkt werden.

Nähere Ausführungen, was die Modalität der entsprechenden Erinnerungssetzung betrifft, habe ich schon zu Beginn des Abschn. 4.2.2 unter dem letzten Aufzählungspunkt anhand eines Beispiels angeführt (in welchem Abstand und in welcher Form zum Beispiel entsprechende Erinnerungen gesetzt werden können…).

4.2.3.7 Der perfekte Überblick

Wenn Sie als Assistentin die Möglichkeit haben, arbeiten Sie mit zwei Bildschirmen. So können Sie den Kalender Ihres Chefs stets geöffnet und im Blick haben.

Wenn doch einmal mehrere Termine unmittelbar an einander grenzen, halte ich es so, dass ich fünf Minuten vor dem Ende des einen bzw. vor Beginn des nächsten Termins kurz an die Türe meines Chefs klopfe, so weiß er, dass er noch fünf Minuten Zeit hat, um das gerade statt findende Meeting einem Ende zuzuführen.

4.2.3.8 Regelmäßige Kalenderpflege

Es ist eine absolute Notwendigkeit, den Kalender stets aktuell zu halten. Allfällige Terminüberschneidungen können vorausschauend vermieden werden, wenn die Assistenz den Kalender des Vorgesetzten immer am Beginn des Monates für den ganzen Monat auf allfällige Überschneidungen oder notwendige Terminverschiebungen „screent".

Sind Sie Assistentin, vereinbaren Sie zu Wochen- oder wenn möglich auch Tagesbeginn einen kurzen Termin mit Ihrem Vorgesetzten (15 Minuten sollten ausreichend sein) zu einer festen Uhrzeit, sodass Sie die Agenda für die Woche/den Tag kurz mit ihm gemeinsam durchsprechen können. So ist es Ihnen auch möglich, jederzeit flexibel auf eventuell notwendige Verschiebungen oder kurzfristig notwendige Termineinschiebungen zu reagieren.

4.3   Die Meetingkultur als nachhaltiger Erfolgsfaktor

„Ein Drittel ihrer Arbeitszeit verbringen Führungskräfte im Durchschnitt in Besprechungen. Oft schaffen diese Besprechungen jedoch wenig Mehrwert und verlaufen im Sande. Fehlende Vorbereitung, mangelnde Einhaltung von Meetingregeln und zu viele Teilnehmer verhindern sinnvolle Ergebnisse und haben so einen negativen Einfluss auf die gesamte Performance des Unternehmens. Dies zeigt eine Befragung „Unternehmenssteuerung 2016" der Unternehmensberatung Kampmann, Berg & Partner unter 250 Führungskräften bis hin zur CEO-Ebene vom September 2016.

Angesichts des hohen Zeitanteils von Führungskräften, der in Besprechungen eingesetzt wird, ist die Unzufriedenheit mit der Meetingkultur und -effizienz erstaunlich hoch. In jedem zweiten Unternehmen werden Besprechungen oft als ergebnislos vertagt. Am häufigsten, in 47 Prozent der Fälle gilt schlechte Vorbereitung als Grund für das Scheitern. In 42 Prozent ist es die zu große Teilnehmeranzahl. 40 Prozent der Befragten klagen darüber, dass die falschen Teilnehmer am Tisch waren" … (Berg Lund & Company 2016 [17])

Als ich diesen Onlineartikel gelesen habe (übrigens nur einer von vielen, der diese leider sehr unerfreuliche Entwicklung belegt) war ich, offen gesprochen, wenig überrascht. Auch in dem ein oder anderen Unternehmen, welches ich während meiner Assistenztätigkeit kennen lernen durfte, waren Führungskräfte mit diesem Problem konfrontiert.

Die unzähligen, täglichen Meetings und Besprechungen gepaart mit den oft trotz der stetig ansteigenden „Meetingflut" am Ende des Tages nicht zufriedenstellenden Ergebnissen führt bei vielen Führungskräften zu Frustration und Demotivation. Unzählige Stunden des Arbeitstages werden in als nicht produktiv empfundenen Meetings verbracht und die Arbeit bleibt darüber hinaus noch liegen.

Nachstehend ein paar Fakten aus einem Onlineartikel (der sich auf eine international Umfrage unter 2.250 Führungskräften aus DE, GB, FR, USA und Vereinigte Arabische Emirate zur Ineffizienz von Meetings und deren Folgen für die Produktivität bezieht), die mich zum einen erschüttert, zum anderen auch wirklich zum Schmunzeln gebracht hat:

- 3 von 10 Führungskräften denken, dass die meisten ihrer Besprechungen sinnlos sind.
- 59 % der Befragten denken, dass die tägliche Anzahl der Meetings ihr Engagement beeinflusst.
- 20 % der deutschen Führungskräfte sind während eines Meetings schon einmal eingenickt.
- Weltweit gaben 30 % der Teilnehmer zu, soziale Medien während Besprechungen zu nutzen.
- Die Mehrheit der Befragten hat schon einmal wegen des kostenlosen Essens an Meetings teilgenommen. [18]

Die Meetingkultur eines Unternehmens ist natürlich nichts, was man in seiner Funktion als Assistentin von Grund auf ohne die Unterstützung vieler anderer, handelnder Personen so einfach von einem Tag auf den anderen „reformieren" kann.

Dennoch kann die Assistenz allein in ihrer Funktion als rechte Hand des Vorgesetzten zumindest versuchen, eine Vereinbarung zu treffen, wie Meetings nachhaltig und effizient organisiert werden können.

Nachstehend finden sich dazu einige leicht umzusetzende Anregungen bzw. Beispiele, durch welche Meetings ansprechend und nachhaltig gestaltet werden können. Für Sie als Assistentin, so Sie auch direkt mit der organisatorischen Betreuung gewisser Meetings betraut sind oder als hilfreiche Checkliste für Sie als Führungskraft:

4.3.1 Meeting-Rahmenbedingungen

Handyverbot
Für Meetings sollte ein Handyverbot ausgesprochen werden, sodass in weiterer Folge auch keine E-Mails während den Besprechungen via Smartphone beantwortet werden können oder dergleichen. Wenn Termine länger als 60 bis 90 Minuten dauern, kann zum Beispiel alternativ eine Pause von 10 Minuten zur Beantwortung dringender E-Mails oder für die Erledigung dringender Telefonate mit eingeplant werden.

Pünktlicher Beginn und pünktliches Ende
Nicht auf „Trödler" warten, auch nicht auf Führungskräfte. Ein sorgfältig geplanter Ablauf mit Pausen und Zeitpuffern für Diskussionen, Fragen etc. ist für eine realistische Planung der Meetingdauer unerlässlich.

Funktionierende Technik
Nichts ist ärgerlicher, als wenn sich der Beginn eines Meetings verzögert, weil der Beamer nicht funktioniert, sich die Präsentation am dafür vorgesehenen Notebook nicht öffnen lässt etc. Es sollte immer vor Beginn des Meetings geprüft werden, ob die vorgesehen Technik auch wie geplant eingesetzt werden kann und funktioniert.

Räumliche Bedingungen
Zu hell, zu dunkel, zu heiß, zu kalt… all dies sind räumliche Faktoren, die ein Meeting (negativ) beeinflussen können. Sorgen Sie dafür, dass der Meetingraum stets gut temperiert, vorab gelüftet und vom Set-up her auf die Bedürfnisse des Meetings abgestimmt ist.

Manchmal empfiehlt es sich auch, den Meetingort an einen Platz außerhalb des Büros zu verlegen. Gerade bei Brainstormings und kreativen Prozessen können Notebooks und Tablets einfach mal im Büro gelassen und das Meeting zum Beispiel bei Schönwetter in den Park verlegt werden. Auch ein Meeting in Form eines gemeinsamen Spaziergangs hat seine Qualitäten.

Es gibt mannigfaltige Möglichkeiten, Meetings abwechslungsreich zu gestalten. Hier sind der Kreativität eigentlich kaum Grenzen gesetzt, so die entsprechende Zielsetzung des Meetings vom Meetingumfeld positiv beeinflusst und unterstützt wird.

Stehtische und Zeitlimits
Bei Meetings mit überschaubaren Themenstellungen und einer kleinen Teilnehmerinnen- bzw. Teilnehmeranzahl haben sich aus meiner Erfahrung heraus Stehtische und ein knapper Zeitrahmen (zum Beispiel 15 Minuten) bewährt. So kommunizieren alle Teilnehmerinnen und Teilnehmer während des Meetings auf Augenhöhe miteinander (es gibt nicht nur eine Person, die steht und zum Beispiel präsentiert) und bleiben auf das Thema/die Zielsetzung fokussiert.

4.3.2   Meeting-Inhalte

Zielsetzung/Meetingagenda

Das Thema/die Zielsetzung des Meetings muss vorab klar definiert sein gehalten werden. Das primäre Ziel des Meetings sollte stets im Fokus stehen.

Um den Teilnehmern eine optimale Vorbereitung auf das Meeting zu ermöglichen, sollte vorab mit etwas Vorlaufzeit (im Optimalfall ca. eine Woche vor dem Meeting) eine Agenda mit dem entsprechenden zeitlichen Ablauf und den Inhalten des Meetings an alle versandt werden. In Abb. 4.2 sehen Sie, wie eine entsprechende Agenda aussehen kann.

Firmenlogo

Meetingtitel

AGENDA

GastgeberIn:
TeilnehmerInnen:
Entschuldigt:

Datum:
Beginn:
Ende:
Ort:
ModeratorIn:
ProtokollführerIn:

Zeit	Thema	Referent
09:00 – 09:15	• ... • ...	Max Mustermann

Abb. 4.2 Beispiel für eine Meetingagenda

Klare Rollenverteilung

Für jeden Teilnehmer sollte vorweg klar sein, welche Rolle er in dem Meeting einnimmt:

- Meetingleiter/Moderator: Ist (oft) jene Person, die das Meeting einberufen hat und welche dafür zuständig ist, vorab eine klare Zielsetzung vorzugeben. Die Aufgabe des Leiters ist es auch, die Teilnehmerinnen und Teilnehmer im Optimalfall vorab darüber zu informieren, welche Inputs von ihnen zur Lösung der Aufgabenstellung im Rahmen des Meetings erwartet werden, so dies von den betroffenen Personen zum Beispiel nicht ohnehin aus dem Meetingtitel, der Meetingagenda oder dergleichen abgeleitet werden kann.
- Teilnehmer: Erarbeiten mit dem Meetingleiter Lösungsansätze zur vorab definierten Zielsetzung und liefern im Rahmen des Meetings Inputs zu gewissen Themen/Aufgabenstellungen in ihrer Expertenrolle auf dem jeweiligen Gebiet.
- Vermittler: Haben die Aufgabe, die Diskussion voran zu treiben und sicher zu stellen, dass beispielsweise jeder zu Wort kommt und seinen Input im Rahmen des Meetings liefern kann. In speziellen Fällen können dies auch Fachexpertinnen und -experten sein, die zwar nicht unmittelbar zur inhaltlichen Lösung der Aufgabenstellung/Erreichung der Zielsetzung beitragen, aber zum Beispiel fachfremden Teilnehmern fachspezifische Begriffe zu einem bestimmten Thema im Rahmen des Meetings erläutern können, was wiederum zum besseren Verständnis aller Beteiligten beiträgt.

Diskussionen/Inputs

Angeregte, sinnstiftende Diskussionen und der Austausch zum Thema des Meetings sollten wertgeschätzt werden. Die Teilnehmer des Meetings werden aus einem bestimmten Grund zum Meeting eingeladen und so sollte ihre Meinung und ihr Input auch im Rahmen des Meetings Gehör finden und Raum bekommen.

Meetingprotokoll

In fast allen Meetings empfiehlt es sich, einen Protokollführer zu benennen bzw. in einem Face-to-Face-Meeting mit nur zwei Teilnehmern sollte ebenfalls eine der handelnden Personen die Inhalte des Meetings in schriftlicher Form (unmittelbar nach dem Meeting) festhalten. Ein Beispiel für ein übersichtliches Protokoll finden Sie in Abb. 4.3.

Entscheidungen/To-dos

Wenn im Rahmen des Meetings Aufgaben an die Teilnehmer verteilt werden, sollten diese ebenfalls ganz klar im Rahmen des Meetings definiert und mit den entsprechenden Personen, die für die Erledigung zuständig sind, im Protokoll vermerkt werden. Sollte es Deadlines geben, bis zu welchen die Aufgaben zu erledigen sind, werden diese ebenfalls im Protokoll festgehalten. Das Protokoll wird nach dem Meeting allen Teilnehmern zur Verfügung gestellt, sodass alle über den gleichen Informationsstand verfügen.

Längerfristig gesehen sollten sich diese Anregungen im Idealfall als Grundregeln für die Meetingkultur in einem Unternehmen etablieren. Jeder Kollege im Unternehmen wird nachhaltig von festen Regeln und einer einheitlichen Meetingkultur profitieren.

Firmenlogo

Meetingtitel

PROTOKOLL

TeilnehmerInnen:
Entschuldigt:

Datum:
Beginn:
Ende:
Ort:
ModeratorIn:
ProtokollführerIn:

Thema
<...>

THEMA	TO-DOs	VERANT-WORTLICH	TERMIN / DEADLINE	ERLEDIGT
	• ... • ...			☒

Abb. 4.3 Beispiel für ein Protokoll

4.3.3   Kurzfristig einberufene Meetings

In einer perfekten Welt hätten Assistentinnen immer genügend Zeit, um alles rechtzeitig mit ausreichender Vorlaufzeit zu organisieren. In der Realität ist es jedoch an der Tages-ordnung, dass Dinge kurzfristig auftauchen, die in einem ohnehin bei Führungskräften immer mehr als dichtem Kalender untergebracht werden müssen.

Tipps zur Terminkoordination

Bitten Sie Ihre Führungskraft, im Vorfeld der Terminkoordination eine Art kleine Checkliste zu beachten:

- Klare Zielsetzung – **WAS**?
  Welche Fragestellung soll im Rahmen des Meetings beantwortet werden? Nur wenn im Vorfeld klar ist, welches Ziel verfolgt werden soll, kann eine effiziente Erarbeitung der entsprechenden Inhalte gewährleistet werden. Das Team sollte im Optimalfall vorab über die Zielsetzung informiert werden, sodass die Teilnehmer sich inhaltlich entsprechend vorbereiten können.

- Kleine Teilnehmeranzahl – **WER**?
  Wer bringt im Meeting wirklich einen Mehrwert bzw. kann zur Lösung der entsprechenden Frage- bzw. Aufgabestellung, die in dem Meeting besprochen werden soll, tatsächlich inhaltlich etwas beitragen? Je kleiner ein Team ist, desto höher ist der Einsatz der einzelnen Beteiligten.

- „Konstruktive" Umgebung – **WO**?
  Nahezu jedes Unternehmen verfügt natürlich über Meeting- bzw. Konferenzräume im eigenen Haus. Allerdings ist die „gewohnte" Umgebung nicht immer ideal, wenn es darum geht, zum Beispiel Brainstormings abzuhalten, die auf das Generieren neuer Ideen oder einen kreativen Output abzielen. Zum einen, weil die „gewohnte" Umgebung die handelnden Personen nicht gerade inspiriert und zum anderen, weil sie oft auch vom Tagesgeschäft abgelenkt sind. Eine Umgebung, welche die Zielsetzung des Meetings nach Möglichkeit noch zusätzlich unterstützt, bietet jedenfalls einen zusätzlichen Mehrwert. An dieser Stelle zeigt sich auch wiederum, wie wichtig es ist, sich im Vorfeld Gedanken über eine klare Zielsetzung zu machen. Bei „kreativen" Prozessen sollte zum Beispiel in Betracht gezogen werden, das Meeting eventuell an einem anderen Ort als in den eigenen Büroräumlichkeiten abzuhalten. Über unzählige Onlineplattformen ist es heutzutage auch problemlos möglich, kurzfristig Meeting-/Konferenzräumlichkeiten zu buchen oder auf sogenannte Co-Working-Spaces auszuweichen. Diese bieten meist unterschiedliche Arten der Mitgliedschaft an. Für Unternehmen, die des Öfteren bzw. regelmäßig mit Kreativprozessen zu tun haben, kann eine solche Mitgliedschaft durchaus einen Mehrwert haben.

- „Provokante" Fragestellungen – **WARUM**?
  Vorab gut überlegte, teil herausfordernde Fragestellungen an die Teilnehmerinnen und Teilnehmer zur im Vorfeld definierten Zielsetzung halten den Spannungsbogen aufrecht und die handelnden Personen am Ball.

Firmenlogo

Meetingtitel

4W-Checkliste

Datum:
Beginn:
Ende:
Ort:

WAS?	WER?	WO?	WARUM?
(Zielsetzung des Meetings)	(TeilnehmerInnenkreis)	(inhouse oder extern)	(Fragestellungen während des Termins)
Die Zielsetzung sollte den TeilnehmerInnen des Meetings im Vorfeld mittels Vermerk direkt in der Termineinladung mitgeteilt werden.	Eventuell lässt sich auch in der elektronischen Einladung selbst schon kurz skizzieren, von wem Beiträge/Inputs zu welchen der vorab definierten Inhalte erwartet werden.	Es bietet es sich an, wenn Ihr Manager Ihnen hier schon die Rahmen-bedingungen skizziert, so eine externe Meeting-örtlichkeit genutzt werden soll.	Fragestellungen, die den TeilnehmerInnenkreis herausfordern und die dazu beitragen, dass die Zielsetzung stets im Auge behalten wird.

Abb. 4.4 W-Checkliste

Da ich in meinem beruflichen Alltag sehr häufig vor kurzfristigen „Terminherausforderungen" stehe, habe ich beschlossen, auch auf dieses Thema kurz einzugehen:

In jedem (dynamischen) Unternehmen gibt es kurzfristig einberufene Meetings, die organisiert werden müssen. Oft mit einer großen Anzahl an Teilnehmern und speziell im Fall von Führungskräftemeetings steht man aufgrund der prall gefüllten Terminkalender oft vor einer scheinbar unlösbaren Aufgabe.

In Ihrer Position als Assistentin können Sie Ihren Vorgesetzten nicht nur mit einer raschen und effizienten Terminkoordination unterstützen, sondern auch, indem Sie gewisse Rahmenbedingungen berücksichtigen, sodass kurzfristige Meetings auch einen tatsächlichen Mehrwert bieten und der durch das Meeting gewünschte Output gemeinsam erarbeitet werden kann.

Unter Berücksichtigung der vier „Ws" können auch kurzfristige Meetings zielgerichtet und effizient abgehalten und so unnötige Folgetermine vermieden werden.

Sind Sie Assistentin, stellen Sie Ihrer Führungskraft diese kleine, überschaubare Checkliste – speziell im Vorfeld kurzfristiger Termine – zur Verfügung. Sind Sie Chef, besprechen Sie diese Liste mit Ihrer Assistenz. Die Beantwortung der Fragestellungen nimmt nur einige Minuten in Anspruch, der Mehrwert ist allerdings beträchtlich.

In Abb. 4.4 findet sich noch eine Art Vorlage, wie man sie ganz einfach im Excel oder im Word (in Tabellenform) für den individuellen Gebrauch erstellen kann.

Ein Excel File als „Gesamtübersicht" bietet sich allerdings an, hier kann man die unterschiedlichen Meetings zum Beispiel als eigene Reiter abspeichern, was auch einen Vorteil bei wiederkehrenden Terminen bietet. Sie können Ihrem Manager dann zur Orientierung die Checkliste vom letzten Termin als Orientierungshilfe vorlegen.

Natürlich lässt sich diese Checkliste auch zur Optimierung für jede Art von Terminen als wertvolle Unterstützung und zur Effizienzsteigerung nutzen.

4.4   Über die Autorin

Anna Endres ist seit fast 20 Jahren im Assistenzbereich tätig. Seit mehr als 10 Jahren betreut sie die oberste Führungsebene (Geschäftsführung, Vorstand) in allen administrativen und auch vielen strategischen Belangen.

Sie durfte durch ihre Tätigkeit in unterschiedlichsten Branchen (Beratung, Werbung, Versicherungswesen) viele wertvolle Erfahrungen sammeln und hatte das große Glück, immer mit Vorgesetzten zu arbeiten, die ihr Potential rasch erkannt, in allen Belangen gefördert, und so ihre berufliche Weiterentwicklung tatkräftig unterstützt und darüber hinaus auch in ihrer Persönlichkeit stark geprägt haben. Ein besonderer Dank geht dabei an Dr. Hellmut Santer, Dr. Reinhart Nagel (†) und Margit Oswald (osb-i Consulting GmbH), Florian Aichinger (seso media group gmbh) und Mag. Silvia Emrich (Zurich Versicherungs-AG).

Mit diesem Buchbeitrag möchte Anna Endres Kolleginnen und Kollegen eine „branchenunspezifische", praxisnahe und vor allem effiziente Hilfestellung bieten, um diesen den beruflichen Alltag mit den damit verbundenen Herausforderungen – die gerade das Kalender- bzw. Terminmanagement mit sich bringen – etwas zu erleichtern.

Literaturverzeichnis

[17] Berg & Lund Company 2016, Studie: Meetingkultur als Erfolgsfaktor, https://www.presseportal.de/pm/114404/3510739

[18] Manage it 2018, Ineffiziente Meetingkultur führt zu Einbußen der Produktivität, http://ap-verlag.de/ineffiziente-meeting-kultur-fuehrt-zu-einbussen-der-produktivitaet/40102/

Der digitale Wandel und Know-how-Anforderungen für die Assistenz in der Welt 4.0

Bereit für den digitalen Change?

Kerstin Fischer

Zusammenfassung

Digitalität – Augmented Reality – Internet der Dinge – Wandel – Ängste – Freude. Alles gehört zusammen, alles ist in Bewegung. Sind Sie bereit den digitalen Weg zu gehen oder halten Sie inne, bleiben stehen und beobachten Ihre Umwelt, warten ab was passiert? Digitalität fordert uns dazu heraus, uns mit den Themen im beruflichen wie privaten Bereich zu beschäftigen, denn sie halten Einzug in unser Leben. Unaufhörlich. Ich lade Sie herzlich ein, sich mit dem Thema „digitales Arbeiten" zu befassen und auch damit, was es mit uns allen macht.

5.1 Einführung

Bevor wir tiefer in die Materie meines Themas des digitalen Change und Know-how-Anforderungen an die Assistenz einsteigen, möchte ich gern die Gelegenheit nutzen und allen Assistentinnen/Assistenten ein dickes Lob für ihre tägliche, herausfordernde Arbeit aussprechen. Ich bin der Meinung, das kommt viel zu kurz! Nach meiner beruflichen Aus-/Weiterbildung habe ich selbst viel Erfahrung in diesem Bereich gesammelt und erlebt. Heute vermittle ich mein umfangreiches Wissen erfolgreich als Entrepreneurin in Unternehmen, Fachhochschulen, in der Industrie-/Handelskammer und an Führungskräfte, Mitarbeiter, Auszubildende. Meine Schwerpunkte sind die Themen „Digitalisierung", „Frauen in Führung" und „Entrepreneurship im digitalen Change".

In diesem Kapitel liegt unser Fokus auf dem Berufsbild der Assistenz, wie Digitalisierung und der Change das Berufsbild verändern, welche Anforderungen an sie gestellt werden und welches Handwerkszeug dafür benötigt wird. Ein sehr dynamisches Thema, denn es verändert sich in unserer gemeinsamen Welt gerade sehr viel, vor allem im Zuge der Digitalisierung. Nicht nur auf dem Gebiet der Assistenz, sondern in allen Berufen, in allen Schichten, in allen Organisationen. Doch was hat das für Auswirkungen auf unsere Arbeitswelt, das Miteinander, die Abläufe und auch auf unsere Gesellschaft? Was macht es mit uns? Was kann man selbst aktiv für sich tun? Das sind die Fragen, die einen bewegen. Vorneweg: Assistenz ist und bleibt ein Beruf, der sehr spannend ist, fordert und jeden von Ihnen auf Ihre eigene Art und Weise auch fördert.

5.2   Der Wandel des Berufsbildes der Assistenz

Assistenz. Haben Sie bei diesem Wort auch gleich das Bild von Miss Moneypenny und James Bond im Kopf? Oder die Szenen aus dem Film „Der Teufel trägt Prada?" Oder die digitale Assistenz aus dem virtuellen Office? Vielleicht sogar ein Avatar oder „Pepper", den humanoiden Roboter? Was macht den Beruf „Assistenz" im digitalen Wandel immer noch so lebendig und interessant? Hier gibt es so viele individuelle Antworten wie es Assistentinnen und Assistenten gibt. Doch es tut sich hier etwas. Der digitale Wandel spielt eine große Rolle und wirkt deutlich spürbar in den Arbeitsbereich der Assistenz hinein.

Das Berufsbild befindet sich massiv im Umbruch, wie viele andere Berufsbilder. Man kann sich den Veränderungen durch die Digitalisierung nur schwer entziehen und es ist an der Zeit sich damit aktiv zu beschäftigen. Mittlerweile gibt es virtuelle Assistentinnen/Assistenten (Tendenz steigend) verteilt auf der ganzen Welt. Sie bieten ihre Dienste genauso an wie virtuelle Büros, die Organisationen in ihren Aufgaben entlasten. Für viele Menschen eine tolle Chance von zuhause zu arbeiten und mit vielen Menschen im virtuellen Netz zu wirken. Parallel dazu gibt es viele unter Ihnen, die täglich ins Büro gehen und auch zum Teil die Möglichkeit haben im Homeoffice zu arbeiten, je nach Unternehmen und Akzeptanz. Allerdings, wie wir Menschen so sind, wir neigen dazu gewohnte Pfade, Gewohnheiten, ungern zu verlassen, denn sie vermitteln Sicherheit. Doch die Digitalisierung fordert Sie jetzt auf agil zu werden und nachzudenken. „Sind Sie bereit für den digitalen Change?" „Was sind Ihre Stärken?" „Wie rüsten Sie sich für die Zukunft?" „Wie ist Ihr Plan B, falls Plan A nicht umgesetzt wird?" „Wie verändert sich Ihr Berufsbild im Unternehmen, im Markt?". Wichtige Fragen an Sie selbst und Ihre berufliche Entwicklung.

Der Assistenz-Beruf ist generell sehr spannend, weil man als Schatten des Chefs sehr viel lernen kann und, sind wir ganz offen, Sie sich manchmal auch über den Status quo der Führungskraft profilieren und positionieren können. Je weiter oben die Führungskraft im Management ist, desto mehr nimmt die Bedeutung, die Rolle einer Assistenz zu. Arbeitet die Assistenz mit einer sehr gut qualifizierten Führungskraft zusammen, die auch den nötigen Raum hat eigenständig zu handeln, ihr Wissen einzusetzen, dann bietet das Weiterentwicklung auf hohem Niveau.

„Je besser die Führungskraft, desto besser für die Assistenz und die eigene Entwicklung."
Was heißt das genau? Durch die sehr enge und intensive Zusammenarbeit zwischen Assistenz und Führungskraft erhält die Assistenz tiefe Einblicke in das Leben bzw. „Universum

des Managements", ohne direkt in der Schusslinie zu sein, was sich manchmal als sehr positiv herausstellen kann. Je nachdem, wie eng der Chef mit ihr/ihm arbeitet, einbindet, als ein Teil des Ganzen sieht, als Mensch und Persönlichkeit wahrnimmt, durch seine Haltung damit im Unternehmen positioniert, desto besser für die Assistenz! Dann steht die Tür für persönliches Wachstum offen. Man lernt Dinge zu hören, die nie ausgesprochen werden und dennoch deutlich sind. Ein offener Blick für die Zusammenhänge im Unternehmen, eine gute Wahrnehmung helfen die dünnen Spinnfäden des Managements, strategische Allianzen zu erkennen und für sich zu nutzen.

Das Leben im Management ist eine ganz eigene Welt, die es zu entdecken gilt, die eine endlose Weite verspricht, doch auch ihre Grenzen hat. Die Möglichkeiten sind hier sehr breit angelegt. Was Assistentinnen und Führungskräfte hierbei immer verbindet ist der Hang zur Perfektion, die Zielerreichung, die Positionierung innerhalb des Unternehmens und Umsetzung eigener Strategien. Dazu gehört auch der gezielte Blick auf die „internen Gegner", die es in Schach zu halten gilt, mit Taktik auf falsche Fährten zu lotsen oder gar auszuschalten, bevor sie einem gefährlich werden. (Dies wird natürlich ungern an- und auch ausgesprochen.) Das bedeutet allerdings auch, je nach Managementlevel, 365 Tage im Jahr per Handy und E-Mail erreichbar zu sein. Das erfordert eine gute Zusammenarbeit, gerade im digitalen Business. Dazu Vertrauen und Einhalten der Spielregeln.

5.3   Kommunikation im digitalen Zeitalter

Beispiel

Stellen Sie sich folgende Situation vor: 5.45 Uhr am Morgen, der Wecker schrillt und Mrs. Digital (so nenne ich hier unsere Assistentin) schwingt sich aus den Federn, um sich im Bad frisch zu machen, schnell etwas zu essen und beim Frühstück, natürlich mit Power- und Superfood, mit dem Smartphone die eingegangenen E-Mails zu checken. Ein kurzes Update für die Vorbereitung des Tages ist schließlich dringend nötig. Noch ein Schluck Kaffee und dann geht es los, mit dem Auto Richtung Arbeit. Als sie im Stau steht, kommt der erste Anruf herein, dass der Morgentermin um 8.30 Uhr platzt, weil der Kollege zum Status-Update aufgrund Krankheit nicht kommen kann. Sofort koordinieren, den Ersatzkollegen informieren, der wiederum seinen Termin verschiebt, um alles in trockene Tücher zu bekommen. Puh, Glück gehabt, der Termin und die nötigen Unterlagen sind „save". Superpünktlich ist Mrs. Digital, wie eine Schweizer Uhr, um 7.30 Uhr am Arbeitsplatz. Hauptsache, sie ist vor dem Chef da. Denn er hat eine klare Haltung, er möchte gebrieft sein, wenn er für sich in den Tag startet. Kaum am Arbeitsplatz angekommen, geht es darum die E-Mails zu checken. Sie öffnet seinen Posteingang und schon rauschen zig E-Mails herein, die alle gelesen und bearbeitet sein wollen, bezogen auf Dringlichkeit, neuen Themen, To-dos, Arbeitsanweisungen, Follow-ups und Terminabsprachen. In 30 Minuten hat sich Mrs. Digital den Überblick verschafft, um 8.00 Uhr geht die Tür auf, ihr Chef kommt rein, sie begrüßen sich kurz und genau in dem Moment, wo sie ansetzen möchte, um das Briefing durchzuführen, klingelt sein Handy. Er schaut sie an, mit klarem Blick, und gibt ihr zu verstehen, dass

er ungestört sprechen möchte. Mrs. Digital verlässt sein Büro. Sie blickt kritisch auf
die Uhr, denn der nächste Termin beginnt für ihn um 8.30 Uhr und den Rest des Tages
ist er durchgetaktet. Sie seufzt. Mrs. Digital hört ihn durch die Glastür herzhaft lachen
und sie schmunzelt, denn es klingt sehr ansteckend und sie schüttelt ein wenig unmerklich den Kopf mit dem Untertitel „typisch für ihn". Beim Blick auf die Uhr wandert der
Zeiger immer weiter, so nutzt sie die Chance und steckt den Kopf durch die Tür in sein
Büro. Er gibt ihr immer noch nonverbal zu verstehen, er kann nicht mit ihr reden. Sie
nickt, deutet auf ihre Uhr, was so viel heißt wie „es bleibt keine Zeit mehr zum Telefonieren, der nächste Termin wartet" und legt ihm die Unterlagen für das nächste Meeting
auf den Schreibtisch, um lautlos aus dem Büro zu entschwinden. (Natürlich gibt es je
nach Chef-Typ auch andere Möglichkeiten, zum Beispiel ihn über den Communicator
anzuschreiben, indem das Fenster an seinem PC aufpoppt oder ihm einen Zettel mit
Stichworten auf seinen Schreibtisch zu legen. Doch bei all dem digitalen Arbeitsleben
ist die persönliche Kommunikation immer noch notwendig, denn kaum eine stark ein-
gebundene Führungskraft schaut ständig auf das Smartphone oder in den E-Mail-Eingang. Wer lange in der Position als Assistenz arbeitet, kennt diese Situationen sehr gut.)
Er überzieht das Telefonat um wenige Minuten, um dann, mit einem kurzen „Danke,
ich bin jetzt im Meeting" an Mrs. Digital vorbei zum Tagungsraum zu hasten. Was
zurückbleibt ist ein sich türmender Berg Arbeit, fehlende Antworten und ein sich selbst
zu definierender Handlungsspielraum.

Kommt Ihnen das in ähnlicher Art und Weise bekannt vor? So geht es unzähligen Kollegen
in den Büros. Die Kalender der Chefs sind durchgetaktet, ein Meeting jagt das nächste,
wichtige Entscheidungen sind zu fällen. Dazwischen kommen all die Anfragen von Kunden, Besuchern, Bewerbern, Lieferanten und natürlich der internen Kollegen. Oder, falls
man mehr das Fachgebiet eines reinen Assistenten hat und für die PowerPoint-Folien und
strategischen Themen zuständig ist, lechzt man danach, ein paar kleine Andeutungen zu
bekommen, um den „Zielkorridor für das entsprechende Meeting" mit perfekt vorbereite-
ten Unterlagen, Informationen zu erreichen. Da wünscht man sich doch eine klare, offene
Kommunikation mit definierten Absprachen, Statements, Zielvorgaben.
     Manchmal liegt es in der Natur der Sache, dass Führungskräfte durch den Druck von
„oben" manchmal gar nicht anders können als Themen hintenan zu stellen bzw. auszu-
sitzen, weil es auch gefährlich für sie und ihre Position sein kann. Das wirkt sich auf die
Kommunikation aus. Kommen Aufgabenpakete von „oben", wirbelt es häufig die eigenen Themen für die gesetzten Ziele durcheinander. Was von „oben" kommt, hat somit
höchste Priorität. Das ist für die Mitarbeiter nicht immer offensichtlich und löst manchmal
Unverständnis aus, da auf dem strategischen „Management-Schachbrett" andere Gesetze
gelten. Deshalb können Führungskräfte, gerade im mittleren Management, nicht immer
offen kommunizieren und müssen Themen für sich selbst priorisieren. Ich nenne diese
Rolle immer gern „Sandwich-Funktion", Druck von „oben" und von „unten", aus den
eigenen Teams heraus. Das ist eine große Herausforderung und hängt auch von der Art der
Führung ab, wie diese im Unternehmen gelebt wird. Neben sehr guten, starken Führungskräften gibt es auch die, die einfach keine Entscheidung treffen oder sich festlegen wollen.

Sie sind entscheidungsschwach, scheuen die Konfrontation, nehmen keine sicht-/spürbare Haltung ein. Oder diejenigen, die sehr wankelmütig sind, sich durchlavieren nach dem Motto „Heute so – Morgen so". Das ist für die Mitarbeiter, die damit konfrontiert sind, eine große Herausforderung. Die vielen Mr. und Mrs. Digitals dieser Bürowelt sind oft auf sich allein gestellt und müssen häufig selbst Entscheidungen fällen, aufgrund fehlender Information, fehlender Zielsetzung, immer auf die Gefahr hin, dass dies nicht im Sinne der Führungskraft ist. So manche(r) unter Ihnen wird beim Lesen zustimmend nicken und sofort gedanklich in manche Situation zurückgeführt, die Sie durchlebt haben.

Doch worüber manche Mitarbeiter sich nicht im Klaren sind ist, dass so ein Verhalten einer Führungskraft einen „gewissen" Vorteil hat, der manchmal – nicht immer – sehr gern bewusst eingesetzt wird. Werden Themen durch den angewiesenen Mitarbeiter nicht richtig bearbeitet, erledigt, sind die Führungskräfte zunächst aus der Schusslinie und der Fokus wird auf den Mitarbeiter gelenkt. Im Notfall gibt es immer einen „Schuldigen", den man notfalls opfern kann, ohne selbst betroffen zu sein. Das ist praktisch und gefährdet nicht die eigene Position.

Doch es gibt auch Führungskräfte, die sehr viel zu tun haben und auf ihre Mannschaft zählen nach dem Motto „Die kriegen das schon hin, hat immer funktioniert". In solchen Situationen des Informationsdefizits wird dann viel telefoniert, geskypt, geschrieben, gesimst oder per WhatsApp kommuniziert, um in den Themen, Projekten voran zu kommen. Stunden um Stunden können vergehen, manchmal Tage. Doch die Führungskraft und das Team wissen um ihr Miteinander und tun alle ihr Bestes für den Erfolg, der im Anschluss auch gemeinsam wahrgenommen und geteilt wird. Für so eine Führungskraft arbeitet man gern.

Und dann kommt es im Arbeitsalltag wie es kommen muss. Eine wichtige Präsentation für das obere Management „darf" vorbereitet werden. Da können Führungskraft und Abteilung, wieder einmal zeigen, was sie können, wie wichtig sie sind. Da geht es um Status und perfekte Vorbereitung. Der rote Knopf wird gedrückt und das gesamte Team sofort in den „Hochleistungsmodus" befördert. Die Assistenz unterstützt mit Blick auf Timeline, Lieferstatus der Folien und gibt relevanten Input, damit alle das Ziel erreichen. Dies liest sich hier gerade sehr einfach, doch wer diese Rolle ausfüllt weiß wieviel Zeit, Kommunikation, Mehrarbeit das im Alltag kostet.

Bei mittelständischen Unternehmen bricht die Panik meist quartalsmäßig aus, wenn die Geschäftsleitung zum Beispiel mit dem Beirat tagt und wichtige Themen besprochen werden. Oder wenn sich die Konzernspitze trifft und strategische Meetings haben. Alle laufen im Karree und sind unter Druck. Die Tage vor dem Termin werden Überstunden geschoben, Folien getunt, geändert, redigiert, rausgeworfen, eingefügt. Mehrere Versionen werden angelegt und die Nerven liegen bei den Beteiligten meist blank. Man stellt dann vielleicht auch noch zufällig und nebenbei fest, dass unterschiedliche PPT-Master-Vorlagen existieren, Seitenzahlen und Grafiken passen nicht mehr und so verbät man jede Menge Zeit, um alles in kürzester Zeit professionell hinzubekommen, dem Ganzen einen schönen Anstrich zu geben. Während man im Backoffice vor sich hinarbeitet, alles in Form bringt, schreiben Führungskräfte parallel munter ihre E-Mails zu Änderungen oder anderen Tasks aus dem Meetingraum, gern auch vor dem Abflug in der Wartehalle oder aus dem Auto. Das erhöht die Transpiration bei den Assistentinnen/Assistenten und verantwortlichen Kollegen. Der Druck steigt neben den alltäglichen Aufgaben, die auch erledigt sein wollen, weiter. Fragen wie "schaffen wir alles, haben wir alles richtig gemacht, Korrektur gelesen? Stimmen Corporate Design, Zahlen, Daten, Fakten? Sind die Änderungen aller Beteiligten eingearbeitet?" All das liegt auf den Schultern der Mitwirkenden und die Atmung wird unbemerkt flach. Gerade an solchen Tagen, ich weiß nicht wie es Ihnen geht oder ging, kann ich nur sagen, kommen meist noch andere Themen auf den Schreibtisch, die es einem kaum erlauben sich auf das Wesentliche zu konzentrieren.

Diese Themen sind für andere vielleicht gefühlte Banalitäten, haben jedoch massiven Einfluss auf den Arbeitsablauf. Zum Beispiel die Kollegen des Managements im Besprechungsraum haben plötzlich Hunger und sich entschieden, doch etwas zu sich nehmen zu wollen. In diesen Momenten denkt man manchmal „Warum gerade jetzt? Wussten sie das nicht schon vorher? Wie soll ich das jetzt so schnell organisieren?". Der Klassiker hierbei ist, dass man die Führungskraft meist vorher schon fragt, ob Essen benötigt wird. Dies wird dann meist lapidar abgelehnt mit den Worten „es sei doch nicht nötig". Und ich wette, Sie kennen alle dieses Gefühl, wenn nun doch die Bestellung angefordert wird... Jede(r) von uns hat dann nonverbal seine eigenen Möglichkeiten dies auszudrücken, sei es ein tiefer Seufzer, ein Augenverdrehen oder Zusammenkneifen der Lippen. Irgendwo muss ja die freigesetzte Energie hin. Doch all das nützt nichts, es darf eine Lösung her. Denn es geht nicht um das „wie wir das erledigen", sondern „bis wann wir das erledigen". Der Auftrag lautet „Hunger" und muss sofort gestillt werden. Der Haken bei diesen kleinen und oftmals unbedachten Anliegen: Der interne, digitalisierte Konferenzservice möchte die Bestellungen gern online über das Intranet und bitte 24 Std. vorher. Da ist nichts zu machen, es sei denn, man hat einen wirklich guten Draht und übertreibt es nicht mit Spontaneitäten. Denn wenn beim Konferenzservice auch viel zu tun ist, werden auch sie dann nicht ad hoc liefern. Der oft eingesetzte „AAT = Anschmeichel-Ansaug-Ton", den Assistenten perfekt beherrschen, rauscht in solchen Ausnahmesituationen ins Leere. Dann ist Selbsthilfe gefragt. So kommt es vor, dass man beherzt zum nächsten Bäcker läuft oder im besten Fall jemanden hat, der einen hier unterstützt und das für einen übernimmt, um die Führungskraft vor dem vermeintlichen Hungertod zu retten. Zeit geht flöten, die man an dem Tag einfach nicht hat und es muss doch gemacht werden. Und so summieren sich viele Minuten, manchmal bis zu einer Stunde oder länger. Je nach Situation.

Beispiel

Oder ein anderer Fall in Bezug auf Management und digitalisierter Workflow: Die Klimaanlage mag an dem Tag einfach nicht mehr. Dann versucht man einen Techniker zu organisieren, der gerade in brenzligen Meeting-Situationen nicht erreichbar ist. Das Management „gart im eigenen Saft", die Luft ist schlecht, die Stimmung auch. Die Anfrage zur Beseitigung der Störung geht online raus, man erhält eine Ticketnummer und nichts passiert. Da kommt sofort Freude auf in unserer digitalen Welt. So telefoniert man rege, um Abhilfe zu schaffen, um irgendjemanden zu erreichen, um diese „heiße Situation" schnell zum Abkühlen zu bringen. Parallel kommt die Information lautstark aus dem Konferenzraum, dass man sich um sofortige Abkühlung und Funktionalität der Klimaanlage bitte jetzt, sofort zu kümmern habe und nicht erst morgen. Und was denn jetzt mit dem Essen sei. Es könne doch nicht so schwer sein. Währenddessen rattert die Uhr weiter und der Druck erhöht sich stetig. Dazu kommt das permanente Klingeln des Telefons, Nachrichten über den Communicator poppen hoch, Kollegen stehen vor einem und möchten Antworten, der E-Mail-Eingang füllt sich weiter, der Lärmpegel im Büro ist hoch. Und nebenbei versucht man weiterhin konzentriert, gutaussehend, an den Folien zu arbeiten, bis die Führungskraft aus den Besprechungen kommt und donnert „warum dauert das so lange?", „muss man denn alles selbst machen?", „wofür bezahle ich euch?" Mit diesen Worten verschanzt er sich im Büro, um sich in sein Livemeeting für den nächsten Call nach USA einzuwählen. Wieder keine Chance ihn zu erwischen und sich mit ihm abzustimmen.

Diese Situationen führen manchmal schon zu Frust und sind menschlich. Und zwar auf beiden Seiten. Die Führungskraft hat viele Themen gleichzeitig und eine Erwartungshaltung, das Team ebenfalls Druck und oft einen Mangel an klarer Kommunikation. Dabei soll das digitale Leben doch Effizienz, Arbeitserleichterung bringen?! Viele raten jetzt in solchen Situationen zu einem Resilienztraining. Allerdings – da bin ich offen – hilft das nur bedingt. In der digitalen Welt werden so viele Tools von Unternehmen eingeführt, die das Arbeiten und die Kommunikation erleichtern sollen. Doch hier liegt der Knackpunkt. Tools bieten viel Unterstützung, sind allerdings kein „Allzweckmittel". Dazu kommt, dass diese Tools oft als „ad on" auf Basis von Oracle oder SAP eingesetzt werden, doch kommt es häufig zu Schnittstellenproblemen. Dann hat man zwar ein Tool, jedoch im Umkehrschluss Ineffizienz und Mehrarbeit. Somit hilft nur eines: Parallel selbst sehr gut organisiert zu sein.

Effiziente Arbeitsorganisation gilt für Führungskräfte, für die Assistenz und für die Teammitglieder. Allerdings hapert es im Alltag bereits an kleinen Dingen, zum Beispiel, wenn auf Sharepoint Daten zwar bearbeitet, aber die Dokumente nicht wieder eingecheckt sind, parallel Unterlagen verschickt werden und unklar ist, was der letzte Stand ist, was getan werden muss, dann sollte man über die Organisations-, Informationsabläufe, Schnittstellen und Kommunikation noch einmal intensiv nachdenken. Denn auf Dauer verbrät das Zeit, Kosten und erhöht für alle Beteiligten den Stresslevel. Hier sind die Führungskräfte und Abteilungsleiter gefordert, digitales, sauberes Arbeiten vorzuleben, auch beizubehalten, statt kurzfristig Themen abzuwickeln. Das bedeutet Vorbild für die eigenen Mitarbeiter und selbst gut organisiert zu sein. Die Zeit darf man sich nehmen, um in Summe für alle das Beste daraus zu generieren. Daher ist es enorm hilfreich und parallel zum digitalen Arbeiten entstressend, wenn man über ein gutes, menschliches, kommunikatives, verbindliches Netzwerk innerhalb des Unternehmens verfügt und sich gut kennt. Und falls dies nicht vorhanden ist, Möglichkeiten erarbeitet, es zu verändern.

Es ist so einfach und unkompliziert. Kurze Gespräche, Abstimmungen schaffen mehr Klarheit statt langer E-Mail-Ketten im digitalen Posteingang. Sie alle kennen den heutigen Arbeitsalltag: Es herrscht oft Zeitmangel für Austausch, der überfüllte E-Mail-Eingang macht Druck, Deadlines, fehlende, klare Anweisungen, mangelnde Kommunikation, verbesserungswürdiger Arbeitsworkflow tun das Übrige dazu, das erschwert die tägliche Arbeit. Was hilft? Zum einen empathische Kollegen, denn diese können Arbeitssituationen sehr gut nachempfinden. So hilft man sich gern und sitzt in einem Company-Boot. Das Gefühl von Verständnis tritt wieder zutage. Der Arbeitsstau oder diffizile Situationen werden durch das Miteinander schnell entschärft und man kann zügig weiterarbeiten. Deshalb frage ich Sie hier an dieser Stelle:

Wann haben Sie in Ihrer stressigen Arbeitswelt Kollegen bewusst wahrgenommen und den direkten Austausch gesucht, statt E-Mails zu schreiben?

Wir Menschen neigen dazu bei zu viel Arbeit unseren Radius der Wahrnehmung einzuengen, uns auf uns selbst zu konzentrieren, die eigenen Aufgaben zu erledigen, manchmal ohne Rücksichtnahme auf die Kollegen um uns herum. Nehmen Sie sich daher einmal die Zeit in Ihrem Arbeitsalltag und seien Sie sich und Ihrer Umgebung bewusst. Wann sind Sie das letzte mit offenen Blick durch Ihre Abteilung gegangen? Was haben Sie gesehen, gespürt? Wie viele Kollegen sehen glücklich auf der Arbeit aus? Wie ist die Stimmung im Team? Wie authentisch sind die Kollegen um Sie herum? Was sind die wiederkehrenden Probleme, die den Arbeitsfluss behindern? Was kann man gemeinsam tun, um das zu verändern? Wie wirkt sich der hohe Arbeitsdruck auf die Kommunikation und das Miteinander aus? Ist die Atmosphäre belebend oder entmenschlicht? Oder sind Sie schon an dem Punkt angelangt, dass Sie nur noch Ihre Arbeit machen und Ihnen der Rest einfach egal ist?

Diese kleinen Geschichten zeigen den Alltag grob auf, wie er sein kann. Führungskräfte sind heute häufig kaum mehr greifbar. Stehen selbst völlig unter Druck und geben den Druck (manchmal) auch radikal nach unten weiter, um selbst im Unternehmen zu überleben. Die Kalender sind voll und es bleibt wenig Zeit, um miteinander zu kommunizieren, sich klar abzustimmen. Während man früher als Assistenz noch direkt vor der Tür saß, alles im Blick hatte, zwischen Meetings vertrauensvoll und kurz mit der Führungskraft sprechen konnte oder eine Unterschrift einforderte, die nicht digital zu erledigen ist, um den Vorgang schnell weiterzubearbeiten, wird diese Form von Büros in vielen Unternehmen aufgelöst. Überall ist der Trend zu Großraumbüros erkennbar und wird auch gern als Marketingmaßnahme genutzt. Das verleiht den Unternehmen einen frischen, jugendlichen, kommunikativen Touch. Dazu ein Kicker, Lounge-Ecke und ein Fitnessraum. Die Ideen sind zum Teil sehr gut, doch manchmal wird es leider nicht zu Ende gedacht, was neue Herausforderungen mit sich bringt und Einfluss auf die Organisation, die Abläufe und den Teamspirit nimmt.

So auch in einem internationalen Konzern, der den Führungskräften im mittleren Management bis vor wenigen Monaten noch erlaubte ein eigenes Büro mit Assistenz zu haben. Zum einen war es ein Statussymbol für die Führungskraft, zum anderen waren vertrauliche Gespräche kein Problem. Die Assistenz war in viele vertrauliche Themen eingebunden, konnte effizienter arbeiten, weil sie mit einem Ohr an den Themen dran war, Gesagtes mithören konnte. Es hatte den Vorteil Themen besser zu verstehen, abzuwickeln, effizienter zu sein. Im Großraumbüro ist das nicht mehr möglich. Platz einsparen, Kosten über die Fläche zu reduzieren sind gerade „in", haben allerdings auch Folgen. Manager mittlerer Management-Ebenen werden als Bestandteil von Teams gesehen, das bedeutet z.T. kein eigenes Büro mehr, ein flexibler Arbeitsplatz und sie teilen ihre Assistenz mit dem gesamten Team. Offene und auch vertrauliche Kommunikation ist jetzt nicht mehr möglich. Viele Kollegen, viele Ohren, unterschiedliche Wahrnehmungen und Bewertungen haben Einfluss auf die Arbeit. Die New-Work-Kultur hält stetig Einzug in die Unternehmen, mit allen Vor- und Nachteilen.

▶   Doch sind Sie und Ihre Kollegen vom Management darauf wirklich vorbereitet? Agilität, Digitalität, Open Space fordern eine starke, klare Organisation, Kommunikation, Transparenz, Offenheit und auch einen Rückzugsort, um konzentriert arbeiten zu können. Wurde das Konzept bei Ihnen im Unternehmen zu Ende gedacht und gut umgesetzt? Lebbar gemacht? Hatten Sie die Möglichkeit Ihre Ideen mit einzubringen, im Team?

New Work – von meiner Seite aus „sehr gern". Allerdings sind Unternehmen dann gefordert, um einen Benefit für sich zu haben, das auch nach Unternehmenskultur und mit den Mitarbeitern komplett umzusetzen. Ein halbherziges Mittelmaß an Umsetzung erzielt ein mittelmäßiges Ergebnis. Sehr gern kommt dann die Aussage „es geht doch irgendwie" und die Controlling-Abteilung sieht nur die Reduktion von Fläche, Gebühren, Zahlen, Kosten. Das mag betriebswirtschaftlich richtig sein, jedoch geht es um Menschen, Produktivität und Kreativität. Dies entsteht dann automatisch, wenn sprichwörtlich „Raum für Menschen eingerichtet wird". „Raum für Kreativität, freies Denken". „Raum für Austausch". „Raum für konzentriertes Arbeiten". Das sollte Ziel sein! Bei Platzmangel wird gern auf frei buchbare Besprechungszimmer verwiesen, die ebenfalls wie die Arbeitsfläche dezimiert, limitiert sind und den Workflow behindern. Ich kenne Kollegen, die verzweifelt herumtelefonieren und versuchen Termine zu tauschen, um für eine Stunde einen Meetingraum zu bekommen. Ein Zeitaufwand, der über mehrere Mitarbeiter sehr viel Geld kostet. Das wird manchmal sehr gern und auch bewusst in Kauf genommen, denn irgendwie geht es ja doch. Selbst wenn Mitarbeiter dann auf umliegende Cafés und Restaurants ausweichen und Unternehmensthemen dann in öffentlichen Räumen diskutiert werden. Die Mitarbeiter gewöhnen sich schon daran, das ist aber oft das K.O.-Kriterium für effizientes Arbeiten.

▶   Wie geht es Ihnen, in Ihren Unternehmen damit? Wie fühlen Sie sich am Arbeitsplatz? Was läuft gut, was läuft schlecht? Wo gibt es Potenzial nach oben? Was würden Sie persönlich verändern, um die Konzentration und das Arbeiten zu verbessern? Oder greifen Sie stetig auf „Mickey-Maus-Ohren (Kopfhörer)" zurück? Als Assistenz eine Herausforderung.

Das Arbeiten im „Open Office" hat natürlich Vor- und Nachteile. Der Arbeitsalltag und die Art der Kommunikation wandeln sich. Manche Themen gehen schneller, weil man am Rande und im Teamumfeld einen Teil mitbekommt, was einen selbst in der Arbeit voranbringt. Das ist ein klarer Vorteil. Doch wo Licht ist, ist auch Schatten. Was vorher noch innerhalb von Minuten geklärt war, kann heute durch fehlenden Austausch dauern. Es werden für die Führungskräfte im mittleren Management so viele Aufgaben direkt an sie weitergegeben, dass sie ihrem E-Mail-Eingang oft nicht mehr Herr der Lage sind. Früher hat eine Assistenz das Ganze koordiniert und weiterbearbeitet, priorisiert. Dadurch, dass die Assistenz heute gern als Teamassistenz genutzt wird, fehlt die Zeit für die Führungskraft und Abwicklung der Themen. Dazu kommt, dass Führungskräfte durch die Anzahl der Meetings selten am Platz sind, manchmal ganz woanders sitzen oder sich auf Reisen befinden.

So greift man auf die digitale Kommunikation zurück. Und eine E-Mail zu schreiben, eine E-Mail zu lesen heißt nicht automatisch, dass sie inhaltlich so verstanden wird, wie es der Absender gemeint hat und beim Empfänger ankommt, gerade unter Zeitdruck. Wir sprechen hier von den verschiedenen Kommunikationsebenen nach Schulz von Thun. Sie haben sicher schon davon gehört (Appell, Beziehungshinweis, Sachinhalt, Selbstkundgabe). Ein weiterer kritischer Punkt ist, dass heute alle Mitarbeiter das Gefühl haben auf eine E-Mail antworten zu müssen, um nachzuweisen, dass sie etwas tun oder erledigt haben. Ich kann das zum Teil nachvollziehen, denn der schriftliche Nachweis ist heute wichtiger als das verbindliche Wort. Das hat allerdings für alle zur Folge, dass weniger Vertrauen aufgebaut wird, die E-Mail-Flut zunimmt und den Arbeitsdruck weiter erhöht.

Es landen gerade bei Führungskräften immer mehr E-Mails in der Inbox. Seien es digitale Urlaubsanträge, Freigaben für Personal, Verträge, Bestellfreigaben, Freigaben von Reisekostenabrechnungen und vielen anderen Management-Themen, die abzuarbeiten sind. Eine E-Mail erzeugt nachgewiesenermaßen sechs neue. Ein weiteres Manko, gerade für die Assistenz: Sind E-Mails dazu noch verschlüsselt, können diese von der Assistenz nicht mehr geöffnet und abgearbeitet werden, die Vorgänge bleiben hängen. Es entsteht ein Daten-Trichter, der massiv zunimmt und den Druck auf die Führungskräfte weiter erhöht und letztlich auch wieder bei den Mitarbeitern ankommt, denn es kann aufgrund der lähmenden Abwicklung vieles nicht mehr effizient abgearbeitet werden. Was nun? Hier komme ich auf das Management zurück. Oft wird nur auf die Zahlen geschaut, wie hoch die Personalkosten sind und daraufhin gern Assistenzstellen eingespart. Dabei wird vergessen, dass hochbezahlte Mitarbeiter sich plötzlich mit Tools und Themen beschäftigen müssen, die viel Zeit kosten und sich natürlich auch auf deren Arbeitseffizienz und -organisation auswirkt. Was vorher die Assistenz locker mitgemacht hat, weil Sie in die Themen involviert war, beschäftigt so manchen hochbezahlten Mitarbeiter ausgiebig, frisst Zeit und manchmal auch „Haare". In manchen Situationen hört man dann schon ab und an im Großraumbüro ein Fluchen, weil es zu den Tools vielleicht wieder nur eine Helpdesk-E-Mail-Adresse gibt, kein Ansprechpartner genannt ist, man festhängt, und Themen nicht oder nur sehr schleppend abgewickelt werden können. Die Controlling-Abteilung freut sich: Kostenreduktion sieht in den betriebswirtschaftlichen Auswertungen immer gut aus. Daraus resultierender Mehraufwand bei den einzelnen Mitarbeitern wird per KPI nicht dokumentiert. Falls es doch einmal angesprochen wird, kommt das Argument „Sie sollten an Ihrer Effizienz arbeiten". Das erzeugt Frust bei den Beteiligten und lähmt die Organisation. Es wirkt sich auf das Arbeitsklima aus, weil sich Mitarbeiter nicht wahrgenommen und alleingelassen fühlen. Das führt zum „Schema F" der Arbeit. Innovative Gedanken werden fallen gelassen, Arbeiten nur noch wie gefordert

„schematisch" ausgeführt. Daher: Digitalität ja, doch dann sollte von Unternehmensseite auch gewährleistet sein, dass Arbeiten gut abgewickelt werden können zum Beispiel durch klare Arbeitsanweisungen oder Richtlinien, die verständlich sind. In solchen Fällen sollten digitale Abläufe so dokumentiert sein, dass diese für Mitarbeiter effizient umsetzbar und auch lebbar sind.

5.4   Führungskräfte und die Auswirkungen des digitalen Arbeitens

Beispiel

In einem großen Unternehmen hatte ich ein Gespräch als Entrepreneurin mit einer Führungskraft, die mir offen das Herz ausschüttete und erläuterte, wie sehr diese Art des modernen Arbeitens den Arbeitsalltag lähme. Das obere Management reduziere Personalkosten, mache Assistentinnen/Assistenten zur Teamassistenz, er habe kaum mehr Unterstützung und viele Themen bleiben liegen. Der Workflow erlahme, er konzentriere sich nur noch auf das Wesentliche, alles andere mache er nur noch ad hoc. E-Mails, in denen er cc ist, liest er gar nicht mehr, sondern sie landen durch eine Regel in einem separaten Outlook-Folder. Ein weiterer Faktor war, dass sich seine Gesundheit bereits bei dem ganzen Druck und Stress bemerkbar machte. Tinnitus, Herzrasen. Er resignierte innerlich. Aber auch deshalb, weil auf der strategisch-operativen Linie kein Platz für Menschlichkeit ist. Wie er damit klar kam, war dem oberen Management völlig egal. Was es für Auswirkungen nach unten, in sein Team hatte, ebenso. Es zählen schließlich nur die Ergebnisse.

Dieser Fall, einer von vielen, zeigt auf, dass Digitalisierung nicht gleich Arbeitserleichterung für den einzelnen ist, weder für Führungskräfte, Assistenz und Mitarbeiter. Der Workflow wurde nicht zu Ende gedacht. Da helfen dann auch keine Gesundheitsmaßnahmen am Arbeitsplatz, Fitnesscenter im Bürogebäude, Loungemöbel oder Beratungsgespräche für effizientes Arbeiten. Zu oft gilt noch das alte Prinzip „Geben Sie den Druck von oben doch einfach nach unten weiter". Hier rate ich, als Entrepreneurin, den Unternehmen, den Blick auf das eigene Denken, die Strategie, die Unternehmenskultur, den Workflow, die Arbeitsabläufe, die Kapazitäten, die Menschen zu richten und sich bewusst zu machen, dass verbrannte Ressourcen keinen Benefit bringen, außer negatives Image und immensen Schaden erzeugen. Das zeigt sich dann gern auf Bewertungsportalen im Netz über Firmen und Organisationen.

Das digitale Zeitalter fordert alle auf, Verantwortung zu übernehmen, bei der Strategiedefinition und -umsetzung, der Kommunikation und auch Übernahme von Verantwortung. Dazu wieder Unternehmenswerte bzw. -kultur zu leben und nicht nur auf der Internetseite als Marketingmaßnahme zu nutzen. Es reicht heute nicht mehr aus, sich Themen wie „New Work", „Work-Life-Balance" u.v.m. auf die Fahne zu schreiben. Diese Themen dürfen aktiv gelebt werden. Die Arbeitswelt ist im Umbruch und alle Generationen sind aufgefordert ihren Beitrag für das Unternehmen, die Gesellschaft zu leisten. Das kann nur miteinander passieren.

▶ Schauen Sie einmal auf die Homepage des Unternehmens, in dem Sie arbeiten. Wie ist Ihr eigener Eindruck? Was erzählt Ihnen die Seite, der Inhalt, was spiegelt es wieder? Erkennen Sie die Unternehmenswerte und -kultur? Wie ist die Seite aufgebaut? Klar, strukturiert übersichtlich? Frisches Design? Kreativ oder konservativ? Enthält sie alte Informationen oder aktuelle News? Zeigt Sie überhaupt Menschen?

Es ist spannend das Unternehmen, in dem man arbeitet, zu beleuchten. Die Homepage erzählt, auch gerade Bewerbern, auf den ersten Blick sehr viel über das Unternehmen, die Kultur, die Art der Kommunikation im Unternehmen. Die Webseite ist der Spiegel.

5.5 Termindruck trotz Outlook, Teamkalender und Co.

Was für die Führungskräfte gilt, gilt häufig auch für die Assistenz im Arbeitsalltag. Die Führungskraft hechtet von einem Termin zum nächsten, während die Assistenz alles aus der zweiten Reihe steuert. Doch effizientes, digitales Arbeiten wird gelähmt durch fehlende Zugriffe, Bürokratie, mangelnde Absprachen, fehlenden Austausch, ungelebte zielgerichtete Kommunikation. Das hat zur Folge, dass man sich neue Wege sucht, um die offenen Aufgaben irgendwie zu erledigen, indem man per E-Mail oder WhatsApp die Führungskraft und Kollegen erinnert, Themen zu forcieren, zu erledigen. Doch durch die vielen Informationen geht das im „digitalen Alltagsrauschen" unter. Viel geschieht unter Zeitdruck, normt Mitarbeiter, fördert Konkurrenzkampf. Häufig hör(t)e ich die Aussage „Ich habe so viel zu tun, dass ich das alles kaum schaffe. Wenn etwas dringend ist, wird mich schon jemand dazu anrufen". Durch diese Arbeitsweise versprengt sich das Team in alle Einzelteile und diese „Energie" landet auch beim Kunden. Jeder hechtet nur noch für sich durch die Gegend, um das Geforderte zu erfüllen, zum Abschluss zu bringen. Auf den ersten Blick eine kurzfristige Lösung, allerdings langfristig ungut für die Ablauf- und Arbeitsorganisation. Die digitale Welt bietet viele Möglichkeiten, jedoch fordert sie uns auch heraus über uns nachzudenken.

▶ Halten Sie kurz inne und reflektieren Sie, inwieweit das gemeinsame Arbeiten im Unternehmen funktioniert. Wie wird der Teamgedanke gelebt? Hat der Kunde noch einen Stellenwert? Was bedeutet Digitalisierung überhaupt in Ihrem Unternehmen, was verbinden Sie damit und wie wird es intern umgesetzt?

Leider gibt es in unserer Arbeitswelt auch die Kollegen, die den digitalen Wandel gern aussitzen, denen man hinterherläuft, die dagegen rudern, weil sie altes Fahrwasser nicht verlassen möchten. Dies wird manchmal mit Standardaussagen „Ich habe nur noch vier Jahre bis zur Rente, warum soll ich mich hier noch einbringen, anpassen?" untermauert. Das ist für das Unternehmen und das Team fatal und hat Konsequenzen. Sicher, man kann es auch ein Stück weit verstehen, dass manchmal aus Angst, aus Unverständnis und auch Überforderung diese Aussagen getätigt werden. Doch förderlich ist es für alle Beteiligten nicht. Verstehen Sie mich hier bitte richtig, es geht hier um eine Bestandsaufnahme.

So viele Menschen es gibt, so viele Begründungen gibt es für menschliches Verhalten. Doch wer sich nicht bewegt, der wird auf Dauer bewegt. Und zwangsläufig in Bewegung versetzt zu werden ist ein anderes Gefühl, als wenn ich Themen selbst aktiv angehe, mich damit befasse. Traditionen geben uns ein Fundament, doch das sollte uns gemeinsam überlegen lassen, wie man das Gute daraus, die Essenz, beibehält und auf welchen Gebieten man einen Change durchführt, dem Wandel in der Arbeitswelt begegnet, anpasst, vorangeht. Mit dem Motto „Augen zu, es wird schon alles gut bleiben und sein", wird das Erwachen in der digitalen Welt sehr unschön. Das hat etlichen Unternehmen bereits ihre Existenz gekostet.

▶ Haben Sie sich einmal die Zeit genommen und wirklich darüber nachgedacht, warum Sie für einen Change im Unternehmen eintreten oder warum Sie ihn vielleicht boykottieren? Haben Sie sich damit intensiv befasst? Ein spannender Selbstdialog mit vielen Erkenntnissen. Es erfordert Mut sich selbst gegenüber ehrlich zu sein.

5.6   Es geht auch anders

Was ich persönlich prima finde, ist ein Unternehmen, das ich vor Kurzem kennenlernen durfte: Dieses Unternehmen hat für seine Mitarbeiter von 8 bis 10 Uhr eine Ruhezeit eingerichtet. Kein Lärm, kein Telefonklingeln, keine lauten Gespräche im Großraumbüro. Jeder nutzt die Zeit effektiv und arbeitet konzentriert an den eigenen Aufgaben. Die Kunden wissen darüber Bescheid. Und es funktioniert. Ab 10.00 Uhr sind die Leitungen frei und es wird sich professionell, mit ganzem Einsatz, um die Kunden gekümmert. Das Unternehmen hat herausgefunden, dass es in kürzerer Zeit wesentlich produktiver ist, durch klare Absprachen und Organisationsregeln. Alle sind zufrieden und haben Spaß an der Arbeit. Die Kommunikation „fluppt". Die Auftragslage ist bestens.

Daher ist es so wichtig, das eigene Office-Umfeld zu beleuchten. Undurchdachte Arbeitsorganisation im Unternehmen, mangelnde Räumlichkeiten zum ruhigen Arbeiten, kaum oder keine Rückzugsorte, fehlende Plätze zum aktiven Austausch und enorme Lautstärke im Büro, dass man denkt, man sei im Bienenstock, belasten Mitarbeiter, die Kommunikation, den Arbeitseinsatz, die Effektivität. Durch die laute Akustik sinkt die Konzentration, man wird in Arbeitsabläufen unterbrochen. Gerade Assistenzkräfte nehmen diese „Störquellen" am besten auf, denn oft reicht schon ein Blick ins Team, Gespräche mit den Kollegen oder ein Gang durch die Abteilung, um Defizite zu erkennen. Hier kann und sollte man in der Rolle der Assistenz mit der Führungskraft ganz offen sprechen, was man verbessern kann. Wie ist das Team, die Arbeit, der Teamspirit, das Abwickeln von Tätigkeiten, wie kommt man an Informationen, wie bekommt man diese generell, wo „hängt" es. Auch hier ist immer wieder Zeit und Kommunikation gefragt, um auf den Weg zu Effizienz zurück zu kehren.

▶ Hier empfehle ich mit dem ganzen Team einen Workshop zu machen oder eine Online-Befragung durchzuführen, damit neue Ideen kreiert, Lösungen gefunden, miteinander umgesetzt werden. Geld ist hierfür von Unternehmensseite sehr gut angelegt. Befassen Sie sich mit Digital Workspace, Mobile Collaboration, SCRUM, Kanban, Kaizen und überlegen Sie gemeinsam, welche Maßnahmen sinnstiftend und effizient sind.

Es sind oft kleine Dinge, die in der Arbeit eine große Wirkung erzielen.

5.7   Ungelebte Kommunikation und fehlender Kulturwandel

Im Hinblick auf die Digitalisierung bergen ungelebte Kommunikation und ein fehlender Kulturwandel schleichende Gefahren. Mitarbeiter gehen oft viele und lange Wege mit ihrer Führungskraft mit, doch irgendwann kommt man an einen Punkt, wo man als Mitarbeiter erkennt, dass zwar Entscheidungen getroffen, man jedoch nicht abgeholt und einbezogen wurde. Das ist fatal und kostet Unternehmen Unsummen. Viele Menschen möchten Offenheit, Klarheit, Fairness. Heute wird in Unternehmen oft ein Entschluss gefasst, nichts mehr erklärt, Themen auch von Managementseite auf die lange Bank geschoben, Menschen damit kurzfristig konfrontiert und damit allein gelassen. Gerade bei kurzfristigen Entscheidungen mit Reichweite richte ich den Blick noch einmal bewusst auf das Management. Eine gute Assistenz kann im gewissen Maß auch heute immer noch Einfluss nehmen. Sensibilisieren Sie das Management, Ihre Führungskraft, indem Sie klar machen, dass wenn man jahrelang ohne Veränderung Starre in das eigene Unternehmen bringt, es massive Auswirkungen hat (messbare reduzierte Arbeitsleistung, geringere Auftragslage, Verschlechterung von Marktposition, Innovationskraft uvm.). Das wiederum hat Einfluss auf die Agilität und das Denken der Mitarbeiter.

Über Jahre hinweg fehlende Dynamik, mangelnder Veränderungswille, keine Kommunikation, schädigen langfristig und können bis zur Insolvenz führen. Es ist schade, wenn Unternehmen kurz vor einer Insolvenz stehen, dass sie sich erst spät Hilfe suchen, statt kontinuierlich, mit langsamen Schritten ihr Unternehmen digitalisieren. Selbst wenn dann von außen Hilfestellung kommt, um das Schlimmste abzuwenden, ist es meist zu spät zur Rettung, denn die Mannschaft, die den „alten Pfaden treu bleibt", keine Bewegung möchte, lieber „alles beim Alten lässt", zerstört von innen heraus das Unternehmen. Mit fatalen Folgen. Sehr gute Assistentinnen sind durch die enge Bindung zur Führungskraft und in die Teams hinein in der Lage, Situationen zu erkennen, Menschen für Themen zu sensibilisieren. Sie sind das Herzstück eines Unternehmens und können, sofern sie möchten, Einfluss nehmen, gestalten, wirken. Sie sind der perfekte Sparringspartner für gute Führungskräfte und könn(t)en viel bewegen.

> **Beispiel**
>
> **Hier ein Beispiel für Stagnation und Digitalisierung:**
> Mir wurde von einer jungen Dame folgende Geschichte berichtet: In einem größeren Unternehmen gab es eine Abteilung „Kundenservice" mit 20 Mitarbeitern, die alle über 25 Jahre in dem Unternehmen arbeiteten. Irgendwann entschied sich das Management, da die alte Führungskraft in Rente ging, eine neue, weibliche Führungskraft in das Unternehmen einzusetzen. Sie sollte den digitalen Change und damit verbundene digitalisierte Abläufe umsetzen. Engagiert und voller Vorfreude ging die neue Führungskraft an die Themen heran. An ihrer Seite hatte sie eine langjährige, erfahrene Assistenz, die beiden waren sich sympathisch, das gemeinsame Arbeiten machte Spaß. Es herrschte Offenheit und es gab ein klares Ziel.

Glauben Sie, es ist ihr gelungen, den Change im Unternehmen mit der Assistenz umzusetzen?

Kurz und knapp: Nein. Wissen Sie warum? Sie war sehr gut ausgebildet, daran lag es nicht. Wesentliche Informationen hat sie erhalten, die Assistenz hat sie in ihrem Rahmen sehr gut unterstützt. Woran lag es dann? Es lag daran, dass sich die langjährigen Kollegen alle zusammentaten und die neuen Prozesse, die jedoch überfällig waren, boykottierten. Jede noch so kleine Änderung wurde abgelehnt. Das obere Management griff nicht ein und so war die junge Frau auf verlorenem Posten. Mitarbeiter machten krank, wenn ihnen etwas nicht gefiel. Arbeiten blieben bewusst liegen. Die Kunden liefen Sturm, stornierten Verträge, Bestellungen etc. Die junge Frau berichtete die Probleme nach oben, bot Lösungsmöglichkeiten an, bat um Unterstützung. Das wurde wahrgenommen, jedoch nicht gefördert, mitgetragen, umgesetzt. Sie quittierte die Stelle nach etlichen Monaten, ihre Gesundheit war stark angegriffen. Die Firma ist mittlerweile pleite, alle Mitarbeiter entlassen. Gewonnen hat hier keiner, außer vielleicht an Erfahrung. Die Digitalisierung der Abteilung wurde somit nie umgesetzt, mit fatalen Folgen für alle Beteiligten.

▶   „Gestalten Sie den Wandel aktiv mit. Egal, wie alt Sie sind. Ein gemeinsamer Beitrag hilft das Unternehmen und sich selbst zu entwickeln. Denken Sie in Lösungen".

Die Beweggründe des Nichthandelns in Management-Ebenen ist daher (wie oben kurz geschildert) für Außenstehende manchmal unklar und hat viele Ursachen. Entscheidungen entziehen sich manchmal unserer Kenntnis. Wir, als Arbeitnehmer, müssen diese Entscheidungen dann akzeptieren, was nicht heißt, alles als gegeben hinzunehmen. Als Assistenz sind Sie Vorbild, Mitdenker, Innovator. Gehen Sie mit gutem Beispiel voran. Zeigen Sie im Rahmen Ihrer Möglichkeiten Ihrer Führungskraft Perspektiven auf, sensibilisieren sie, unterfüttern Sie es mit Zahlen, Fakten und Lösungsmöglichkeiten, verpacken Sie es in eine gut aufgemachte Präsentation, verbunden mit wirkungsstarken Argumenten. Das begeistert Führungskräfte und Sie leisten einen wertvollen Beitrag für das Unternehmen und Ihren Erfolg. Statt „top down", einmal „querdenken" schafft neue Perspektiven.

Ein weiteres Beispiel aus der Praxis in Bezug auf Kommunikation und Strategie und den Auswirkungen:

In einem Konzern, in familiärer Hand, wurde einfach die Strategie für einen Unternehmensbereich geändert, indem man diesen ausgegliederte, eine neue GmbH gründete. Ziele wurden gesetzt, Mitarbeiter verschoben. Räumlichkeiten bezogen, Visionen kommuniziert, Aufgaben wurden zugewiesen, Budgets geplant u.v.m. Alles, was man für eine Neugründung benötigte, wurde vorgenommen und durch die Assistenz mit „gewuppt". Wer das schon einmal gemacht hat, weiß wie viel Arbeit dahintersteckt. Nach knapp fünf Monaten, als alles schon gut ins Laufen gekommen war, hat sich die Konzernspitze, die Familie, umentschieden und kurzfristig festgestellt, dass der Bereich nach fünf Monaten nicht profitabel sei, man habe sich viel mehr erhofft. Die Konsequenz: Mitarbeiter wurden im Konzern von heute auf morgen umverteilt, zum Teil entlassen, die restlichen Aufgaben neu zugewiesen. Eine Begründung, eine klare Kommunikation für die Maßnahmen gab es nicht. Die Assistenz war in diesem Fall auch nicht in die Themen der Veränderung eingebunden, sie wurde ebenfalls einfach damit konfrontiert. Die Mitteilung traf sie deshalb ebenfalls hart. Sie selbst hatte viele Stunden zusätzlich geleistet, um das Unternehmen, das Team, sich selbst ‚startklar' zu machen und für die neuen Aufgaben zu rüsten. Angefangen bei digitalen Schlüsseln, Zugriffen, Berechtigungen und vielen weiteren Themen. Mitarbeiter strömten nach dieser neuen Nachricht „Auflösung des neuen Unternehmensbereiches" an ihren Schreibtisch, überhäuften sie mit Fragen, die sie nicht beantworten konnte. Das sonst so laute Großraumbüro wurde zum sirrenden Bienenstock. Das sorgte für große Unruhe und hatte im medialen Bereich eine Flut von Informationen ausgelöst und ein negatives Image hinterlassen. Die Assistentin musste das, was sie mit aufgebaut hatte somit wieder „abbauen" und wurde in letzter Konsequenz, nach getaner Aufräumarbeit, ebenfalls entlassen.

Fazit: Mitarbeiter quittieren fehlende Kommunikation, Mit-Entwicklung, Transparenz mit innerer und äußerer Kündigung. Der Ruf nach Menschlichkeit wird in solchen Situationen sehr laut. Das Unverständnis ist groß. Das Vertrauen in die Unternehmensleitung wird gebrochen. Die gefühlte „Ungerechtigkeit" kommt in den sozialen Medien und im persönlichen Austausch deutlich zum Ausdruck.

Auch ein schönes Beispiel für Ineffizienz: Der Umgang mit digitalen Bewerbungen.

Auf der einen Seite werden Menschen über viele, langatmige, digitale Prozesse gesucht, gescreent, eingestellt oder abgelehnt. Darüber hinaus gibt es bei größeren Unternehmen Online-Assessment-Center, die man durchläuft, danach ggfs. persönliche Gespräche, sofern die „Matching Points" erfüllt sind. Da können zwischen Bewerbungseingang bis zu einem Gespräch Wochen vergehen. Als Bewerber möchte man gern eine zügige Antwort. Zumindest, dass die Bewerbung eingegangen ist. Wie kann es dann sein, dass auf der einen

Seite die Anforderungen der Firmen sehr hoch an die Bewerber sind und auf der anderen Seite die Bewerber das selten wiedergespiegelt bekommen? Automatisierte Emails ohne Ansprechpartner bestätigen den Eingang, um ein Nachfragen von Bewerberseite zu vermeiden. Ein Bewerber ist ein potentieller Kunde, das wird oft vergessen. Bots können CVs lesen, doch sie sind nicht in der Lage Leistung zwischen den Zeilen zu bewerten. Automatisiert heißt nicht automatisch besser. Unternehmen fordern viel Zeit für die Bewerbung ein, auf der anderen Seite gehen sie mit der „Lebenszeit potenzieller Mitarbeiter" sehr großzügig um. Doch haben sich Unternehmen, Personaler einmal die Frage gestellt wie das wirkt? Oder ist Ihnen der Kunde einfach egal, weil es so viele davon gibt? Auch wenn sich die Personalabteilungen durch solche Tools schlank sparen, es hat alles seinen Preis. Habe ich von Anfang an ein ineffizientes, zeitraubendes Onlinetool, Bots, langatmige Bewerbungstests, dann spricht das eine deutliche Sprache und lässt viele Rückschlüsse auf das Unternehmen, die Unternehmenskultur, interne Abläufe zu. Der Mensch steht nicht im Fokus, nur seine Leistung, das zieht entsprechende Kandidaten an und hält, gerade kreative Köpfe – die wir in unserer digitalen Welt brauchen – davon ab sich zu bewerben.

Ich habe zum Beispiel ein sehr positives Unternehmen kennengelernt, das verbindlich nach dem Eingang einer Bewerbung innerhalb von 48 Stunden Rückmeldung gibt. Kommt der Kandidat zum Vorstellungsgespräch gibt es im Anschluss erneut nach 48 Std. eine persönliche, ehrliche Rückmeldung. Das ist perfekt geleistete Personalarbeit. Weg von dem Begriff „Ressource" – hin zum Menschen. Das ist Mehrwert für beide Seiten. Und mit dieser Strategie schafft sich das Unternehmen ebenfalls einen Mehrwert im Markt. Das hat sich schnell herumgesprochen.

▶   Wie geht Ihr Unternehmen mit Bewerbern um? Sind Sie noch Mensch oder eher eine Ressource, eine Nummer? Ich appelliere hier an die Unternehmen bei allem Zeit-/ Kostendruck über Ihr Einstellungssystem nachzudenken. Wie wirkt das Unternehmen nach außen über die Kommunikationskanäle und damit verbundenen Arbeitsabläufe?

Sicher, es ist immer wieder eine Bestandsaufnahme nötig, was ändert sich im Unternehmen, wo kann man effizienter werden. Doch der „Digitale Change" sollte nicht nur von den Zahlen her gut durchdacht sein. Das heißt, diesen gut strukturiert zu planen, zügig umzusetzen und die Mitarbeiter mitzunehmen. Es ist absolut notwendig, wenn ein massiver Change im Arbeitsalltag einsetzt, dass alle Beteiligten in einem Meeting zusammenkommen, über Strukturen und Aufgaben gesprochen wird, Offenheit herrscht und die Beteiligten auch die Chance haben, darüber nachzudenken, ob sie diesen Weg mitgehen möchten. Doch diese Chance der Kommunikation auf Augenhöhe gibt es mittlerweile sehr selten. Menschen werden häufig konfrontiert nach dem Motto „Entweder du passt dich an oder du kannst dir auch gern etwas Neues suchen". Mitarbeiter sind in diesem Fall keine Mitgestalter mehr, sondern außen vor. Das hat zur Folge, dass sich Mitarbeiter nicht mehr mit dem Unternehmen identifizieren. Dabei wollen Unternehmen doch vollen Einsatz der menschlichen Ressource? Dazu gehört ganz klar ein Geben und Nehmen, Wertschätzung und Anerkennung auf beiden Seiten, von der Unternehmensspitze und den Mitarbeitern.

Doch das hilft nur im ersten Schritt. Es darf auch mit Leben, Verbindlichkeit und Klarheit für alle gefüllt werden. Dazu kommt, dass HR-Abteilungen, neben den digitalisierten Prozessen, wieder mehr Einfluss bekommen sollten, wieder nah am Menschen sind. Weg vom reinen Dienstlistern und hin zum Mitgestalter zum Beispiel als Chief HR-Officer im Management-Board. Das ist ein wertvoller Beitrag für alle.

5.8   Die veränderte Rolle der Assistenz

Assistenzkräfte, die in die Situation kamen, dass sie von heute auf morgen für ein ganzes Team, statt nur noch für einen Chef, zuständig waren, wurden häufig in dieser veränderten Situation alleingelassen. Das ist sehr unschön, denn sie durften und mussten sich plötzlich den Mitarbeitern erklären, warum eine intensive Betreuung einzelner Mitarbeiter nicht mehr zu gewährleisten ist. Dies führte zu schwelenden Konflikten. Manager haben sich hier entzogen (wer tut schon gern negative Informationen kund) und keine klare Haltung eingenommen, geschweige denn die Abläufe, die Arbeitszuordnung und -abwicklung offen ins Team kommuniziert. Das ist jedoch ganz klar Führungsaufgabe und die nötige Voraussetzung, damit die Assistenz ihre Rolle im Team gut ausfüllen kann, die Arbeiten perfekt erledigt. Es wäre gut gewesen, wenn schon nicht persönlich, offiziell eine Mitteilung per E-Mail an alle Mitarbeiter zu schicken oder in einem Teammeeting zu kommunizieren. Doch keiner ist gern Überbringer schlechter Nachrichten, so wird das Thema gern ausgesessen und die Assistenz darf damit klarkommen, wie sie die Situation löst.

Führung bedeutet „in Führung zu gehen, diese zu leben und Entscheidungen auch zu tragen". Das bedarf weiterhin Schulungen der Führungskräfte und den Mut wieder Verantwortung zu übernehmen. In persona. Denn die Führungskraft im digitalen Zeitalter kann und sollte sich den Themen, Aufgaben stellen. Es geht um menschliche Verantwortung, Verbindlichkeit und nicht nur darum, den Fokus auf die eigene Zielvereinbarung und die dazugehörigen Ausschüttungen, Tantieme zu legen oder bei schwierigen Themen einfach zu schweigen. Die Führungskraft ist und bleibt Dreh- und Angelpunkt für die Abteilung, auch im digitalen Zeitalter, egal wo sie/er sitzt. Gerade bei dezentralen Teams, die in Zukunft zunehmen werden, geht es um die Förderung und Potenzialentfaltung der Mitarbeiter ebenso wie um eine saubere, klare und verbindliche Kommunikation. Es ist darauf zu achten, dass sie die Mitarbeiter gemäß ihrer Fähigkeiten perfekt einsetzen und unentdeckte Potenziale entfaltet werden. Es reicht nicht mehr aus, faktenbasiert Mitarbeiter einzukaufen. In der immer komplexer werdenden Welt sind Fachkräfte (tiefes Wissen) genauso wichtig wie Generalisten (tiefes und breites Wissen). Generalisten haben einen Vorteil, sie erfassen Situationen schnell, sind innovativ, haben Spaß am Lernen, an der Weiterentwicklung. Sie behalten den Überblick, bringen Fachwissen aus verschiedenen Bereichen und Branchen ein. Diese findet man nicht über automatisierte Einstellungsprozesse. Dazu kommt der Faktor „Menschlichkeit", dieser wird gerade in der digitalen Welt eine zentrale Rolle für die Personalentwicklung, das gemeinsame Arbeiten spielen. Es ist die zukünftige Kernkompetenz.

Dieser Change – von der konservativen Arbeitswelt in die digitale, agile Welt – zeigt die Auswirkungen und Handlungsfelder auf. Kommunikation. Digitalität. Vernetzung. Menschlichkeit. Auch Sie sind herzlich dazu aufgefordert mitzudenken, mitzuwirken, mitzugestalten! Denn konservative Arbeitssysteme lösen sich nur langsam, je nach Entwicklungsgeschwindigkeit der Unternehmen auf, das ist allerdings nötig, um Raum für das Neue zu schaffen, Wachstum zu generieren. Dazu gehört die Bereitschaft zur Mitwirkung der Mitarbeiter und des Managements. Eine klar artikulierte Vision und der Ziele, das Sichtbarmachen der Strategie, die dadurch entstehenden Vorteile, den gemeinsamen Nutzen zu erklären, Transparenz aufzubauen und zugleich aufkeimende Ängste durch Vertrauen zu ersetzen, sind wichtig. Nur so können alle gemeinsam die Beständigkeit des Unternehmens sichern, den digitalen Wandel meistern. Es gibt das schöne und oft gehörte Sprichwort „Nichts ist so stetig wie der Wandel". Der Mensch wünscht sich Sicherheit, Beständigkeit. Im Wort „Beständigkeit" steckt jedoch auch das Wort „Stand", „Stehen" oder „stehen bleiben". Wer stehen bleibt, entwickelt sich nicht weiter. Wer vorangeht, entdeckt Neues. Wir alle wünschen uns Stabilität, einen festen, sicheren Rahmen. Es wägt uns in vermeintlicher Sicherheit, doch um uns herum ist alles in ständiger Bewegung, Veränderung, auch wenn wir es nicht wahrhaben wollen. Haben Sie schon einmal versucht nicht älter zu werden? Es gelingt nicht, die Natur hat ihre eigenen Gesetze. So ist es auch in unserer Arbeitswelt. Veränderung, Bewegung sind unsere ständigen Begleiter. Indem wir eine offene Haltung einnehmen, wir vorangehen, entdecken wir Neues, auch wenn es erst einmal Befürchtungen auslöst und sich dann in Neugier, Freude, Neues kennen zu lernen verwandelt. Öffnen Sie mutig Ihren Blick, den Blick für die Chancen der digitalen Zukunft. Werden Sie zum Mitgestalter!

Fakt ist, in unserem Leben halten agiles Arbeiten, Digitalisierung, neue Prozesse, Tools, Kommunikation stetig Einzug. Der digitale Change klopft an jede Tür. Sei es im privaten Bereich (wir sprechen mit Siri und ihrem nachgewiesenen IQ von 22 in einfachen Sätzen) wie im geschäftlichen Alltag. Die Technik und ihre Möglichkeiten verändern die Kommunikation, das Miteinander, den Arbeitsalltag. Dazu kommen unsere verschiedenen Generationen – von Jung bis Alt. Diese wieder zu einem Team zu machen, starre Haltungen zu lösen, Neues in sich aufzunehmen, Meinungen zu respektieren, das Beste aus den Teamgedanken zu generieren, ist ein möglicher Weg. Das bedeutet allerdings auch, dass alle Generationen offen sind, sich keiner abgrenzt. Wer sich hier verschließt, verschließt sich der Welt. Wer offen ist, der erlaubt anderen ihn kennenzulernen und gemeinsames, innovatives Wissen zu erzeugen. Und das hat nichts mit dem Alter zu tun. Es ist eine Lebenshaltung, eine Einstellung.

5.9   Junge Leute ticken anders – Ältere auch

Im Arbeitsleben haben wir mittlerweile junge, technikaffine, effiziente Manager, die ihre Arbeit heute zum großen Teil selbst erledigen und auf eine Assistenz weniger zurückgreifen. Aufgaben wie PowerPoint Präsentationen erstellen, Reisen buchen oder Termine erstellen, Themen online ablegen und organisieren sind manchmal schnell selbst gemacht, gerade im mittleren und unteren Management, als dies ausführlich mit der Assistenz zu besprechen und im Nachgang abwickeln zu lassen. (Ich möchte jedoch auch hier noch einmal darauf hinweisen, Ausnahmen bestätigen die Regel). Viele Abteilungsleiter/Teamleiter greifen hier auf eine Teamassistenz zu, je nachdem wie das Unternehmen organisiert ist. So kann es vorkommen, dass man gerade neuen, jungen Mitarbeitern erklären darf, was eine Assistentin ist, wofür sie oder er da ist. Dazu kommt bei jungen Führungskräften die mangelnde Managementerfahrung und fehlende Empathie, was zum Stolperstein im Unternehmen werden kann und das Team, die Assistenz maßgeblich beeinflusst. Hier sehe ich ganz klar die HR-Abteilung in ihrer Verantwortung, die Führungskräfte und die Mitarbeiter zu entwickeln und an die Themen heranzuführen.

Ein gutes Fundament bilden die Weiterbildungsthemen „3K" = Knigge, Kommunikation und Kompetenz für das gemeinsame Arbeiten. Sie schulen die Wahrnehmung und unterfüttern Arbeitsabläufe. Für viele schon manchmal „out of scope." Sicherlich fragen Sie sich gerade, wie ich auch auf den Punkt „Knigge" komme. Ganz einfach, wer mit offenen Augen durch das Leben geht, erlebt viel im Alltag. Ein beliebtes Beispiel: Mitarbeiter gehen vor einem durch die Tür und lassen die Tür hinter sich zufallen, obwohl sie längst bemerkt haben, dass jemand hinter ihnen ist. Oder bei der Begrüßung: Einfach nicht in die Augen sehen und die „Fischhand" reichen oder vielleicht nur ein „Hi" hauchen. Auch beliebt, mitten im Flur zum Arbeitsplatz laufen und auf keinen Fall zur Seite gehen, egal, wer einem begegnet, lieber jemanden anrempeln. Es gibt unzählige Beispiele, die Sie sicherlich auch erleben. Ein Knigge-Kurs ist perfekt, um das Wissen aufzufrischen, neue Leute kennenzulernen und das Wissen im Anschluss einzusetzen. Es macht einfach Freude kultiviert und mit Stil durch das Leben zu gehen. Für Assistentinnen ist das meist kein Thema, sie beherrschen die Klaviatur perfekt und können, sofern es die Führungskraft möchte, auf Verbesserungen hinweisen.

Doch kommen wir noch einmal auf die Generationen zurück, die im Berufsleben wirken. Wenn Jung und Alt in geschäftlichen Situationen aufeinandertreffen, ist es immer spannend, was passiert. Es gibt sehr entspannte Arbeitsgruppen mit Mehrwert und es gibt die, die Reibung erzeugen. Die jungen Leute sind sich manchmal selbst nicht bewusst und preschen los, die Älteren gehen dann auf Distanz und lassen diese dann gern auch einmal abprallen. Diese Fronten können bei fehlendem Austausch schnell verhärten. Und meist befindet sich die Assistenz in diesem Spannungsfeld. Manchmal kann sie oder er die Kommunikationsbombe entschärfen, manchmal aber auch nicht. Das kann sich in solchen Fällen anfühlen, als sei man auf einem Minenfeld. Man versucht dann selbst nicht getroffen zu werden. In diesen Situationen hilft nur loslassen und die Kollegen dürfen ihre eigene Erfahrung machen. Diese Minenfelder gibt es in vielen Unternehmen, zum Beispiel wenn die junge Generation unbeschwert, unerfahren und voller Tatendrang loslegt, ohne nachzudenken und so manche Kollegen mit universitärem Wissen überrollen, das zwar up-to-date ist, jedoch nicht unbedingt zum Thema und in die Abwicklung von Projekten passt. Erfahrene, lockere Kollegen quittieren das mit einem Augenzwinkern und lassen die jüngere Generation an ihrem Wissen teilhaben. Das ist super und perfekt. Doch das ist nicht immer so. Erfahrene Kollegen können auch ganze Organisationen blockieren, haften an ihrer Position, ihrem Wissen, frischen es nicht auf, behalten alles für sich und übernehmen die Rolle als „Wissensträger". Sie geben ihr Wissen nicht weiter und blockieren manchmal damit – je nach Lage – bewusst auch den Workflow. Das ist auch eine Herausforderung für die Arbeitskollegen, die damit zu kämpfen haben. Hier geht es nur mit Offenheit und Austausch. Und auch hier hilft die Digitalisierung allen weiter, denn Abläufe und Informationen werden zunehmend transparenter.

5.10 Entwicklungschancen der Assistenz

Jetzt eine wichtige Frage. Die Assistenz im digitalen Zeitalter. Braucht man sie noch? Auf alle Fälle! Dazu ist allerdings ihr eigenes Mitwirken nötig. Sie haben jetzt und jeden Tag die Chance sich selbst fachlich, persönlich zu entwickeln. Jeder Mitarbeiter, jede Assistenz, leistet durch die Arbeit einen wesentlichen Beitrag, damit das Unternehmen in sich funktioniert, das Produkt oder Dienstleistung seinen Weg in den Markt findet, eine hohe Qualität hat, der interne und extern Kunde zufrieden ist, wiederkommt und gern über sie spricht. Jeder im Unternehmen ist somit ein kleines Zahnrad, jeder Mitarbeiter ist wertvoll. Daran wird auch die Digitalisierung, selbst wenn Bereiche automatisiert sind, nichts ändern. Früher haben Sie vielleicht die Dokumente in Papierform abgelegt, heute digital. Früher hat die Assistenz die Schreibmaschine genutzt, heute den PC, Laptop, IPad. Es gibt unzählige Beispiele. Viele Dinge tun wir immer noch wie früher, nur mit anderen Hilfsmitteln und technischer Unterstützung.

▶   Wichtig ist, dass die Assistenz offen bleibt für neue Arbeitsweisen, Lösungen und für die Trends am Arbeitsmarkt. Wenn Sie Assistenz sind, lesen Sie Stellenanzeigen und eruieren Sie, welche Fähigkeiten gefordert sind. Bilden Sie sich weiter, informieren Sie sich. Bleiben Sie offen, in Bewegung. Verwandeln Sie Ängste, Befürchtungen in Freude auf das Neue. Seien Sie agil!

Ein weiterer, positiver Faktor ist: die Assistenz ist ein Multi-Tasker, hat einen Rundumblick, kennt die Firma, die Strukturen, die Mitarbeiter, das Unternehmen und hat Empathie. Was für ein persönlicher und beruflicher Mehrwert! Dazu noch ein gelebter Dienstleistungsgedanke, das macht den internen und externen Kundenservice „rund". Die Assistenz sieht Dinge, die anderen häufig durch zu viel Konzentration auf das eigene Aufgabengebiet unentdeckt bleiben. Und ja, die Assistenz bietet Unterstützung an. Je nach Unternehmen, Aufgabengebiet, Unternehmenskultur/-spirit, Verantwortungsbereich. Das bedeutet allerdings nicht automatisch, dass die Assistenz weniger Wert hat als ein Abteilungsleiter, Mitarbeiter oder andere Kollegen.

Es geht in unserer modernen Zeit um Begegnung auf Augenhöhe, Wahrnehmung, Wertschätzung. Gerade im fortschreitenden, digitalen Zeitalter ist es notwendig wieder mehr Menschlichkeit zu zeigen und an einer guten persönlichen und digitalen Kommunikation zu arbeiten. Das ist für unsere Zukunft im Digital Space zwingend notwendig. In beide Richtungen. Bottom up and top down. Ich empfehle hier Kompetenztrainings für Kommunikation „Face to Face" ebenso wie Trainings für digitale Kommunikation und das

Netzwerken. Dazu Fachweiterbildungen als Wirtschaftsfachwirt/in, Betriebswirt/in oder sogar ein Studium. Lebenslanges Lernen, im eigenen Tempo, ist Pflicht um im Markt zu bestehen. Machen Sie sich zum Experten, gern auf einem Fachgebiet zum Beispiel Scrum, Agile Management, Social Media. Es gibt so unendlich viele Möglichkeiten. Bleiben Sie am Ball und informieren Sie sich über Stellen, die neu entstehen, die der Markt zukünftig benötigt.

Wenn Sie Assistent/-in sind, meine Frage an Sie: Haben Sie sich schon für die Zukunft vorbereitet? Arbeiten Sie bereits aktiv mit Cloud, Dropbox, Skype, OneNote, Doodle, MS-Teams, Outlook und Notes, Sharepoint und weiteren Programmen? Diese zu beherrschen ist unerlässlich und nur ein Teilbereich für fachliches Know-how. Dazu das nötige Selbst- und Zeitmanagement (wie organisiere ich mich und andere, wo gibt es Zeitverluste und wie verbessere ich die Kommunikation, die Abläufe, mich selbst, das Team, meine Führungskraft?), System-Affinität (zum Beispiel SAP, Oracle, Microsoft 365), Visio, Recherchefähigkeiten (wo finde ich effizient was?). Dazu kommen Teamviewer, digitale Kanban-Boards (zum Beispiel Trello), Prezi, Haiku und Canva. Vielleicht schwirrt jetzt einigen der Kopf, andere sind schon tief in den Themen, andere wiederum sehen es ganz entspannt, weil sie up to date sind.

Bilden Sie sich aktiv in Kursen weiter, investieren Sie in sich und Ihre berufliche Zukunft. Achten Sie auf gute zukunftsorientierte Bildungsinstitute, behalten Sie einen offenen Blick. Arbeiten Sie an sich, verbessern Sie Ihre Skills und lassen Sie sich von guten Coaches zum Thema „Eigenmarke", „berufliche Entwicklung" und „Kommunikation" beraten, sehr gerne auch direkt durch mich (persönlich und digital).

Es ist eine gut angelegte Investition in Ihre berufliche Zukunft mit Mehrwert. Und denken Sie auch bei aller Digitalität daran Mensch zu sein und zu bleiben. Behalten Sie Ihr Herz am rechten Fleck! Das zeichnet Sie in unserer fortschreitenden, digitalen Welt aus.

5.11   Über die Autorin

Kerstin Fischer liebt ihre Lebensaufgabe, das Entrepreneurship (Management Solutions „Thinking outside the box"), und stellt den Menschen und seine Motivation in den Mittelpunkt. Entrepreneure wie sie verwirklichen innovative Geschäftsmodelle, denken quer, setzen Ideen um. Sie finden kreative und marktfähige Lösungen für geschäftliche wie gesellschaftliche Herausforderungen. Innovative Themen wie Digitalisierung in der Arbeitswelt, neue Trends, Innovationen und alles, was in Bewegung ist, begeistern sie.

Hierzu arbeitet sie mit Innovations- und Gründerzentren zusammen.

Kerstin Fischer kennt durch ihre berufliche Erfahrung alle Unternehmensgrößen verschiedenster Sparten. Sie war geschäftsführende Vorstandsvorsitzende eines Verbandes, hat im Management im Konzernumfeld gearbeitet, erfolgreich als Projektleiterin Projekte durchgeführt, angefangen bei der Firmenintegration eines Unternehmens in einen internationalen Konzern hin zu Sanierung und Neupositionierung von Geschäftsbereichen.

Heute berät sie Start-ups, ManagerInnen, Gründer und KMUs mit ihrem langjährigen Fachwissen aus Management, Marketing und Vertrieb. Ihr Herz schlägt für Wachstum, Innovation und Weiterentwicklung. Parallel dazu hält sie Fachvorträge in Unternehmen, Fachhochschulen und der IHK. Ihr Fokus liegt hierbei auf den Themen „Management und Mensch", „Digitalisierung" und „Frauen in Führung". Weiterhin fördert und entwickelt sie Menschen in ihrer Persönlichkeit, begleitet sie auf ihrem beruflichen Weg, persönlich und digital. Mehr dazu unter www.kerstin-fischer.org

Arbeiten mit OneNote

6

Der vielseitige digitale Helfer im Office

Iris Hansen

Zusammenfassung

OneNote ist immer noch eine weitgehend unbekannte Komponente des Microsoft-Office-Pakets. Viele Chefs und Assistentinnen wissen nicht so recht, was sie damit anfangen können. Dabei ist das kleine Tool, wenn man es einmal richtig für sich entdeckt hat, ein unverzichtbarer Helfer in einem modernen Büro. Im folgenden Kapitel lernen Sie die grundlegenden Funktionen von MS OneNote kennen und sehen anhand von Best-Practice-Beispielen, was mit diesem Programm alles möglich ist.

Die folgenden Beschreibungen und Screenshots gelten für Office 2016/Office 365 unter Windows.

6.1 Ein Überblick

OneNote ist ein „elektronisches Notizbuch", ein „elektronischer Karteikartenkasten" und eine „elektronische Aktenmappe" zugleich. Im Gegensatz zu den physischen Gegenstücken hat die Software natürlich den Vorteil, quasi unendlich viele Daten fassen zu können. Es spielt auch keine Rolle, welche Art von Daten gespeichert werden – Text, Bilder, Screenshots, E-Mails, Videos, Tonaufnahmen, Webseiten, Tabellen, Links zu Ordnern auf dem Serverlaufwerk: Alles lässt sich in OneNote speichern. So sammeln Sie alle Informationen, die Sie benötigen, an einem Platz. Richtig eingesetzt kann OneNote viele Informationen an einer Stelle zusammenfassen, die sonst auf viele verschiedene Dateien, Ordner oder gar handschriftliche Zettel verteilt sind.

Die Struktur können Sie dabei flexibel Ihren Bedürfnissen anpassen und später auch jederzeit verändern. Eine gute Suchfunktion erleichtert das Auffinden von Daten. Dank des automatischen Speicherns gehen keine Informationen mehr verloren.

© Springer Fachmedien Wiesbaden GmbH, ein Teil von Springer Nature 2019
D. Schenk, *Chefsache Assistenz*, Chefsache,
https://doi.org/10.1007/978-3-658-23490-4_6

Das absolute Highlight an OneNote ist, dass man ein Notizbuch einer oder mehreren anderen Personen freigeben kann. Mehrere Personen können sogar zeitgleich daran arbeiten. Die automatische Speicherfunktion synchronisiert die Inhalte direkt mit der Cloud oder dem Serverordner, so dass alle Daten direkt verfügbar sind. Dieses Feature macht OneNote zu einem nützlichen Kollaborationstool, das auch ideal für die Abstimmung zwischen Assistenz und Führungskraft eingesetzt werden kann.

Da OneNote ein Teil der Office-Familie ist, gibt es natürlich auch Schnittstellen zu den anderen Office-Programmen. Besonders die Verbindung zu Outlook ist sehr praktisch, um zum Beispiel E-Mails direkt in OneNote zu speichern oder aus Textelementen in OneNote eine Aufgabe in Outlook zu erstellen. Darüber hinaus gibt es inzwischen einige nützliche Add-On-Programme zu OneNote, zum Beispiel ein „Web Clipper" für die gängigen Internetbrowser (siehe auch Abschn. 6.3).

Die Einsatzmöglichkeiten von OneNote sind nahezu unbegrenzt. Es gibt sogar Firmen, die arbeiten ausschließlich mit OneNote. Einige Anwendungsbeispiele aus der Praxis:
– Sekretariatshandbuch
– Abstimmung zwischen Assistenz und Führungskraft
– Besprechungsnotizbuch/Protokollführung
– Posteingangsbuch
– To-do-Liste
– Verwaltung von Reiseunterlagen/Unterlagen für Terminvorbereitung
– Kundendatenbank
– Informationsdatenbank/internes Wiki/FAQ
– Projektmanagement
– Eventplanung
– Checklisten
– Redaktionsplan (zum Beispiel für Artikel für den Unternehmensblog oder die Unternehmenszeitung)
– Sammlung von Rechercheergebnissen

6.2   Aufbau und erste Schritte

Die Symbolleiste von OneNote erinnert an die von Microsoft Word. Wie bei den anderen Office-Programmen auch, lässt sie sich über die Optionen bearbeiten und Funktionen ein- oder ausblenden oder die Darstellung der Symbolleiste so anpassen, dass sie immer angezeigt wird.

Wenn Sie OneNote zum ersten Mal öffnen, erscheint ein Notizbuch mit dem Namen „Mein Notizbuch". Als erstes sehen Sie einen Abschnitt namens „Schnelle Notizen". Dort finden Sie ein paar allgemeine Anweisungen und Tipps zum Arbeiten mit OneNote, die einen neuen Nutzer die ersten Schritte in dem Programm erleichtern.

Dieses Notizbuch können Sie schließen, indem Sie mit der rechten Maustaste auf den Reiter „Mein Notizbuch" klicken und dann die entsprechende Option auswählen. Ein Klick mit der linken Maustaste auf diesen Bereich öffnet ein Dropdown Menü mit allen Notizbüchern. Jedes Notizbuch, das Sie erstellen, wird in diesem Bereich verfügbar sein.

6.2.1   Ein neues Notizbuch erstellen

Über den Menüpunkt *Datei* → *Neu* erstellen Sie ein neues Notizbuch. Diesem Notizbuch können Sie dann den gewünschten Namen geben.

Normalerweise will OneNote das Notizbuch in der OneDrive Cloud speichern. Wenn Sie das nicht möchten, bzw. sollten Sie im Unternehmen noch mit der lokalen Version arbeiten, können Sie über die Option „In einem anderen Ordner erstellen" den Speicherort selbst festlegen. Sie können das Notizbuch zum Beispiel auf dem Sharepoint oder in einem Ordner auf dem firmeneigenen Server speichern.

Ein Notizbuch kann ebenso ganz lokal auf Ihrem eigenen Rechner gespeichert werden. Dann können Sie das Notizbuch allerdings nicht mit anderen teilen und es wird auch nicht mit der Cloud oder einem Firmenserver synchronisiert. Gibt Ihr Rechner irgendwann den Geist auf, sind also alle Informationen verloren.

Ein Klick auf „Notizbuch erstellen" schließt den Vorgang ab.

6.2.2   Das Notizbuch freigeben

Wenn Sie das Notizbuch anderen Personen freigeben möchten, gibt es verschiedene Möglichkeiten. Sie können das Notizbuch in einer Cloud wie OneDrive oder Sharepoint speichern. Nicht jedes Unternehmen unterstützt allerdings den Gebrauch von Cloud-Anwendungen.

Wenn dem in Ihrem Unternehmen so ist, können Sie das Notizbuch auch in einem Ordner auf dem Firmenserver abspeichern. Wichtig ist, dass alle Kollegen, die das Notizbuch nutzen sollen, das Zugriffsrecht auf diesen Ordner haben.

Die Freigabeoption finden Sie per Rechtsklick auf den Namen des Notizbuches. Im Kontextmenü, das dann erscheint, finden Sie die Option Notizbuch freigeben (siehe Abb. 6.1).

Bei der Freigabe ist es möglich, verschiedene Rechte zu vergeben (nur Leserecht (kann anzeigen) oder Schreibrecht (kann bearbeiten)). Jede Person, die an einem Notizbuch Schreibrecht hat, kann es bearbeiten und Daten hinzufügen oder löschen.

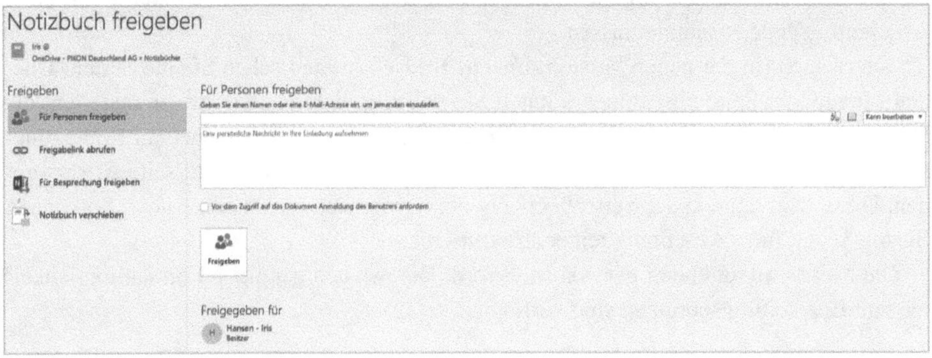

Abb. 6.1 Freigabemenü in OneNote

Jede Person, die das Notizbuch bearbeiten darf, wird in OneNote als „Autor" bezeichnet. Bei jedem Eintrag oder jeder Änderung markiert OneNote den entsprechenden Inhalt mit einer farblichen Hervorhebung und einem senkrechten Strich rechts daneben, an dem das Kürzel des Autors steht. Die Seite, auf der die Änderung gemacht wurde, wird rechts in der Übersicht in Fettschrift hervorgehoben. So lassen sich Änderungen sofort erkennen.

Wenn Sie sich auf einer Seite befinden und dort alle Änderungen gelesen haben, können Sie mit der Tastenkombination „STR+Q" alle Änderungen auf dieser Seite als „gelesen" markieren und die Hervorhebungen verschwinden.

Nach der Freigabe können die Kollegen sofort gemeinsam mit Ihnen an dem Notizbuch arbeiten. Zuvor sollten Sie sich gemeinsam auf eine Struktur für das Notizbuch einigen. Nur dann ist sichergestellt, dass alle Beteiligten sich später auch darin zurechtfinden.

Welche Struktur Sie wählen, hängt vom Inhalt ab, den das Notizbuch erfassen soll. Arbeiten alle Abteilungen in einem Notizbuch, könnte es Sinn machen, für jede Abteilung einen eigenen Abschnitt anzulegen. Gemeinsam genutzte Inhalte könnten dabei eigene Abschnitte bekommen. Ein paar weitere Anregungen zum Inhalt und zur Struktur in One-Note finden Sie am Ende dieses Kapitels.

6.2.3 Die Struktur von OneNote

OneNote hat zwei grundlegende Strukturelemente: Abschnitte und Seiten (siehe Abb. 6.2). Abschnitte sind wie die Fähnchen in einem Karteikartenkasten, die Seiten entsprechen den Karteikarten. Auf ihnen ist der Inhalt gespeichert, während die Abschnitte die übergeordnete Struktur darstellen. Sie können eine Seite auch zu einer „Unterseite" machen und so die Struktur weiter verfeinern. Sowohl die Abschnitte als auch die Seiten lassen sich frei im Notizbuch verschieben. Es ist auch möglich, Seiten bzw. Abschnitte in ein anderes Notizbuch zu kopieren oder zu verschieben.

Die Abschnitte finden Sie am oberen (in der neuen Version: linken) Bildschirmrand. Mit einem Linksklick in das Feld öffnet es sich und Sie können den Abschnitt umbenennen. Ein Klick auf das kleine Plus-Symbol rechts neben dem letzten Abschnitt fügt einen weiteren Abschnitt hinzu. Wenn Sie mit der rechten Maustaste auf den Abschnitt klicken, können Sie zum Beispiel die Abschnittsfarbe ändern oder mehrere Abschnitte zu einer Abschnittsgruppe zusammenfassen.

Am rechten (in der neuen Version: linken) Bildschirmrand sehen Sie die Seiten. Über den Menüpunkt Seite hinzufügen können Sie beliebig viele weitere Seiten erstellen, die dann alle untereinander erscheinen. Ein Rechtsklick auf eine Seite öffnet ein Kontextmenü. Darin haben Sie unter anderem die Möglichkeit, eine Seite als Unterseite zu verwenden. Diese wird dann in der Seitenübersicht ein wenig nach rechts eingerückt. So können Sie die Seiten Ihres Abschnitts feiner strukturieren.

Die Menüstruktur ähnelt der von MS Word. Die meisten gängigen Formatmöglichkeiten und Bearbeitungsoptionen sind verfügbar.

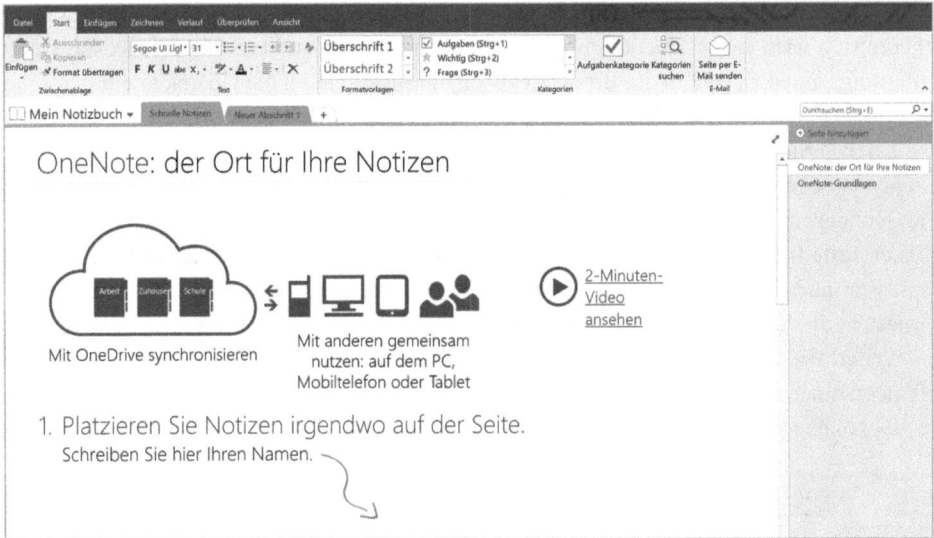

Abb. 6.2 Abschnitte und Seiten

6.2.4 Abschnitte mit Passwörtern schützen

Generell können nur Personen, denen das Notizbuch freigegeben wurde, auf die Inhalte zugreifen. Bei besonders sensiblen Daten, wie zum Beispiel personenbezogenen Daten oder Passwörtern, ist es ratsam, den entsprechenden Abschnitt zusätzlich mit einem eigenen Passwortschutz zu versehen.

Dazu klicken Sie mit der rechten Maustaste auf den gewünschten Abschnitt und wählen die Option „Diesen Abschnitt durch ein Kennwort schützen" aus (Alternative: Menü *Überprüfen → Kennwort*). Nun können Sie ein Passwort vergeben und speichern. Der Abschnitt erscheint anschließend beim Anklicken mit einer grauen Seite. Wenn Sie mit der linken Maustaste in den grauen Bereich hineinklicken, fordert OneNote Sie zur Eingabe des Passwortes auf. Erst danach steht der Inhalt zur Verfügung. Verwenden Sie die geschützte Seite ein paar Minuten lang nicht, reaktiviert sich der Passwortschutz automatisch.

Leider ist es derzeit nicht möglich, auch nur Seiten mit einem Passwortschutz zu versehen. Daher ist es sinnvoll, alle sensiblen Daten, wenn möglich, in einem Abschnitt zu speichern und diesen einen dann mit einem Passwort zu schützen.

6.2.5 Der Schreibbereich

Starten wir nun mit der Bearbeitung einer Seite. Am oberen linken Rand des Schreibbereichs sehen Sie eine dünne Linie. Darunter setzt OneNote automatisch Datum und Zeit der Erstellung dieser Seite. Die Linie ist für den Seitentitel da. Was Sie dort hineinschreiben, erscheint automatisch rechts in der Seitenübersicht.

Ansonsten ist der Schreibbereich erst einmal ungewohnt leer. Der Schreibbereich ist theoretisch nach rechts unendlich breit und nach unten unendlich lang. Praktisch ist es allerdings, nicht zu sehr in die Breite zu gehen, da sonst schnell die Übersicht auf der Seite verloren geht. Zu breite Seiten werden zudem nicht ordentlich ausgedruckt.

Klicken Sie nun einfach in den Bereich hinein und beginnen Sie zu schreiben. Es entsteht ein sogenannter Textcontainer, der mit einem dünnen Rand umgeben ist. Diesen Textcontainer können Sie mit der Maus am oberen Rand anfassen und mit gedrückter linker Taste frei hin und her schieben. Sie können den Container mit der Maus am Rand anfassen und beliebig breit ziehen. Wenn Sie mit etwas Abstand zum ersten Container erneut in die Seite klicken und dann etwas schreiben, entsteht ein zweiter Container und so weiter. Wenn nicht genug Abstand zu einem Container besteht, erweitert der vorherige Textcontainer sich automatisch.

Es können beliebig viele Textcontainer auf einer Seite stehen (siehe Abb. 6.3).

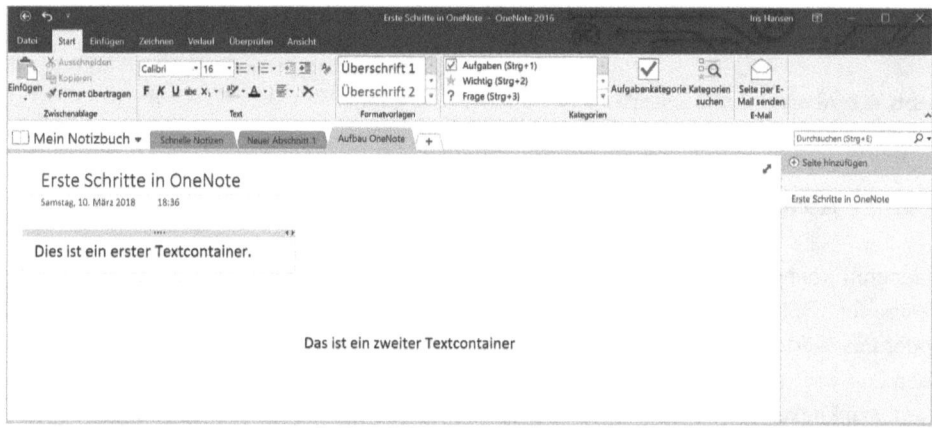

Abb. 6.3 Textcontainer in OneNote

Sie können zwei oder mehrere Container zusammenfassen: Drücken Sie die Shift-Taste und ziehen Sie den Container mit der linken Maustaste in den gewünschten Zielcontainer hinein. Die Umrandung des gezogenen Containers verschwindet und beiden Container verschmelzen miteinander.

Jeder Text lässt sich mit den aus Word bekannten Optionen formatieren. Ein kleines Manko: Es gibt zwar vordefinierte Formate für Überschriften, leider kann man diese Vorgaben nicht verändern oder neue Formate definieren.

In OneNote gibt es keine manuelle Speicherfunktion. Jede Änderung wird automatisch gespeichert und, sofern das Notizbuch nicht nur lokal abgelegt ist, mit der Cloud oder dem Server synchronisiert. Das ist am Anfang etwas seltsam, doch man gewöhnt sich schnell daran. Dieses Feature erleichtert die Zusammenarbeit an einem gemeinsamen Notizbuch sehr. Mehrere Personen können zeitgleich in einem gemeinsam genutzten Notizbuch arbeiten und alle Änderungen stehen sofort zur Verfügung. Im Gegensatz zu Dateien, die auf einem gemeinsam genutzten Laufwerk liegen, kommt es so nicht zu verschiedenen Versionsständen oder dazu, dass eine Datei von einer Person genutzt und dadurch für die Kollegen gesperrt ist.

Es ist trotzdem möglich, sich Änderungen an Seiten oder vorherige Versionen anzeigen zu lassen. Im Menü Verlauf können Sie ungelesene Änderungen suchen, sich die letzten Änderungen anzeigen lassen, nach Autoren suchen oder Autoren ausblenden sowie den Versionsverlauf einer Seite ansehen.

6.2.6 Zeichnen in OneNote

Über das Menü Zeichnen können Sie in OneNote in gewissem Umfang zeichnen. Das ist für die Verwendung auf einem Tablet ganz nützlich.

Sie können verschiedene Farben und Stiftdicken auswählen oder auch Formen wie Dreiecke oder Rechtecke einfügen. Diese Elemente lassen sich ohne Probleme mit vorhandenem Text kombinieren. So können Sie zum Beispiel Textpassagen auf einer Seite mit einem breiten Marker farbig hervorheben oder mit einem farbigen Rechteck versehen. Die Elemente lassen sich auch wie in Word in verschiedenen Ebenen anordnen oder drehen.

Wenn Sie mit der Maus zum Beispiel auf die Stiftauswahl in der Menüleiste klicken, verwandelt sich der Mauszeiger in den ausgewählten Stift und Sie können mit diesem in der gewünschten Farbe und Strichstärke zeichnen. Nach jedem Zeichenvorgang sollten Sie nicht vergessen, den Stift wieder in den Mauszeiger zu verwandeln (Menü *Zeichnen* → *Eingabe*).

Es gibt sogar die Möglichkeit, handgeschriebenen Text in Druckbuchstaben umzuwandeln: Verwandeln Sie den Mauszeiger in einen Stift und schreiben Sie ein Wort auf die Seite. In der Menüleiste wird die sonst ausgegraute Option „Freihand in Text" verfügbar. Wenn Sie die Option anklicken, wandeln OneNote Ihren handschriftlichen Text in Druckbuchstaben um. Das funktioniert so einigermaßen gut, wenn man nicht zu undeutlich schreibt.

Über das Menü *Zeichnen* → *Freihand* in Gleichungen lassen sich sogar Formeln über ein kleines Extrafenster per Freihand eingeben – dazu muss man aber schon ganz deutlich schreiben, damit etwas Sinnvolles bei der Umwandlung herauskommt.

6.2.7 Seiten formatieren

Über das Menü „Ansicht" lassen sich die Seiten im Ganzen formatieren. Sie können dort das Papierformat oder die Seitenfarbe ändern und sich Hilfslinien anzeigen lassen.

6.2.8 Seitenvorlagen

Ganz ähnlich wie in Word kann man auch in OneNote mit Vorlagen arbeiten. OneNote bietet ab Werk viele verschiedene Vorlagen für Seiten. Wenn Sie das Menü *Einfügen* → *Seitenvorlagen* anklicken, erscheint rechts neben der Seitenübersicht ein Auswahlmenü. Dort finden Sie viele verschiedene Seitenvorlagen, unter anderem für Besprechungen, Notizen, Aufgabenlisten oder einfach mit verschiedenen Effekten formatierte Seiten.

Es ist auch ganz einfach, eine eigene Seitenvorlage zu erstellen. Öffnen Sie dazu einfach eine leere Seite und füllen sie mit den Inhalten und Formatierungen, die Sie benötigen. Anschließend öffnen Sie das Menü für die Seitenvorlagen und klicken im unteren rechten Rand die Option „Aktuelle Seite als Vorlage speichern" an. Dann können Sie der Vorlage einen Namen geben und auch festlegen, ob diese Vorlage standardmäßig immer für neue Seiten in diesem Abschnitt genutzt werden soll. Nach dem Speichern steht Ihnen die Vorlage im Seitenvorlagenmenü zur Verfügung.

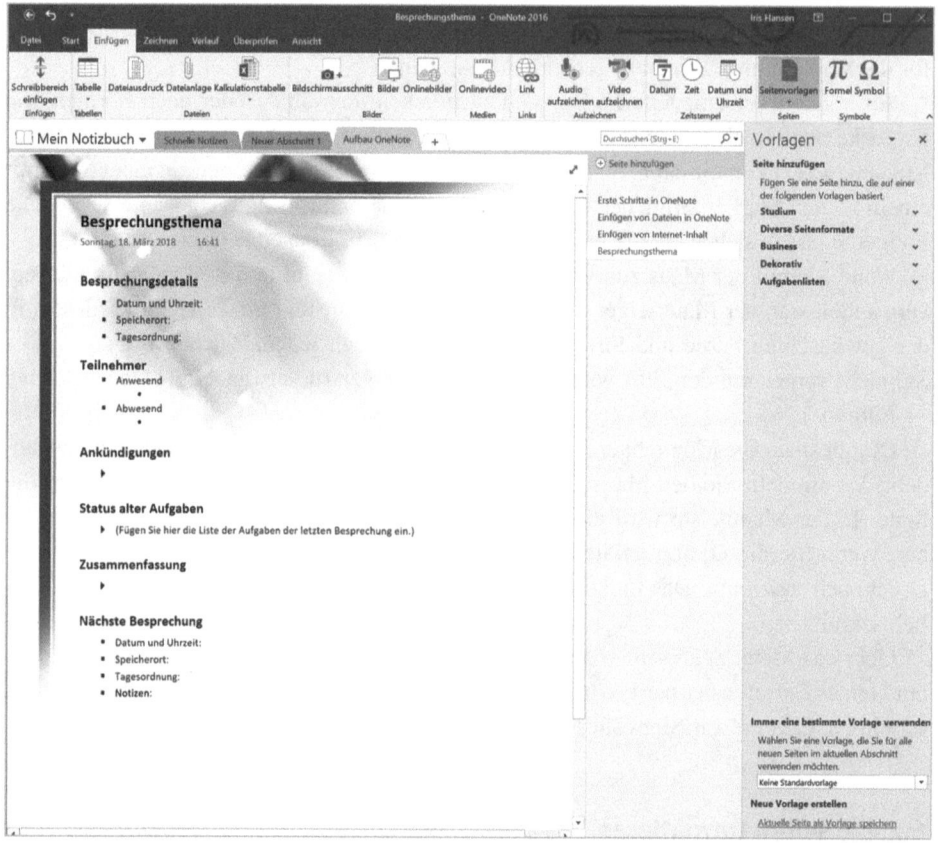

Abb. 6.4 Seitenvorlagen in OneNote

Vorlagen werden allerdings nur lokal auf dem Gerät gespeichert, auf dem sie erstellt wurden. Wollen Sie die gleichen Vorlagen auf mehreren Geräten nutzen, gibt es zwei Möglichkeiten, das einzurichten:

a. OneNote legt alle Vorlagen in der Datei „Meine Vorlagen.one" ab. Kopieren Sie diese Datei in das gleiche Verzeichnis auf allen Zielrechnern. Die dort vorhandenen Vorlagen werden allerdings überschrieben. Daher macht es Sinn, diesen Vorgang abzuschließen, bevor zum Beispiel ein neuer Kollege OneNote das erste Mal benutzt.

b. Alternativ können Sie die Vorlage auch als normale Seite im OneNote-Dateiformat per E-Mail verschicken. Der Empfänger kann die Seite dann öffnen und über die Option „Aktuelle Seite als Vorlage speichern" in seinen Vorlagenordner übernehmen.

6.2.9 Kategorien

In OneNote kann man jedem Inhalt eine „Kategorie" zuweisen. Es gibt eine Menge vordefinierter Kategorien, wie beispielsweise Aufgabe, Wichtig, Frage, Mit Person A besprechen, Idee und viele mehr. Die Kategorien sind mit kleinen Symbolen und Formatierungen ausgestattet, wie Kästchen, Fragezeichen oder Sternchen (siehe Abb. 6.5). Sie können über das Menü *Einfügen → Kategorien → Kategorien anpassen* diese Kategorien anpassen (zum Beispiel umbenennen oder das Icon ändern) und eigene erstellen.

Dieses Feature ist besonders für Checklisten oder Aufgaben, die bestimmten Personen zugewiesen wurden, sehr nützlich. Die Funktion „Kategorien finden" gibt alle mit einer Kategorie versehenen Inhalte am rechten Bildschirmrand aus. So lassen sich beispielsweise zugewiesene Aufgaben schnell finden.

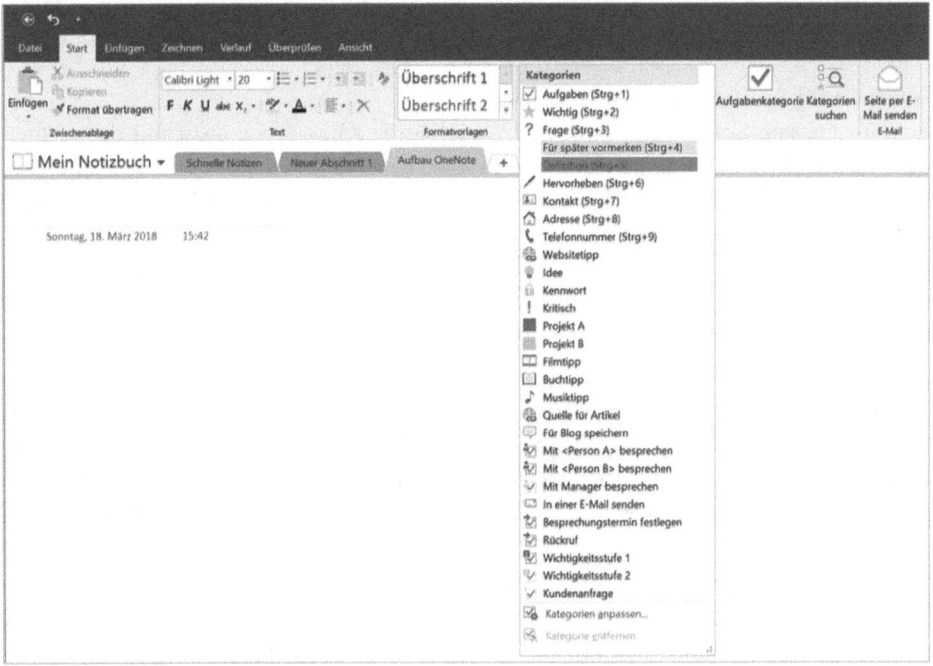

Abb. 6.5 Arbeiten mit Kategorien

Leider werden auch Kategorien nur lokal abgelegt. Das bedeutet, dass Ihre Kollegen die von Ihnen angelegten Kategorien nicht automatisch in ihren OneNote-Kategorien wiederfinden. Es gibt zwei Möglichkeiten, das zu beheben:

a. Legen Sie eine Seite an, auf der die entsprechenden Markierungen enthalten sind. Ihre Kollegen öffnen dann diese Seite und klicken die Markierung mit der rechten Maustaste an. Im Kontextmenü erscheint die Option „zu meinen Kategorien hinzufügen". Wird diese Option ausgewählt, wird die „fremde" Kategorie in die eigene Liste übernommen. Der Vorgang muss leider für jede einzelne Kategorie wiederholt werden. Trotzdem ist diese Methode einfacher als die zweite, folgende Methode.

b. Der zweite Weg ist etwas für die technisch-versierteren Leser oder die IT-Abteilung des Unternehmens. OneNote speichert die Kategorien (und einige weitere Einstellungen) in der Datei „Preferences.dat". Legen Sie also die entsprechenden Kategorien an und schließen Sie Ihr OneNote. Kopieren Sie dann die besagte Datei von Ihrem Rechner auf alle Rechner, die die gleichen Kategorien erhalten sollen. Versierte Admins können hier sicher auch einen automatisierten Vorgang entwerfen.

6.3   Einfügen von verschiedenen Inhalten

Wie bereits erwähnt kann man nicht nur Text in OneNote erfassen. Jede beliebige Art von Daten oder Dateien egal aus welcher Quelle lassen sich in OneNote speichern. Das können zum Beispiel sein:

Interne Links
Sie können jede Seite in OneNote intern verlinken: Klicken Sie dazu mit der rechten Maustaste auf die zu verlinkende Seite. Im Kontextmenü finden Sie den Punkt „Link zu Seite kopieren". Wählen Sie die Option aus, gehen Sie zur Zielseite und fügen den kopierten Link dort ein.

Tabellen
OneNote hat eine eigene Tabellenfunktion (ähnlich wie Word-Tabellen, ohne Rechenoperationen). Sie können eine Tabelle über den Menüpunkt *Einfügen → Tabelle* einfügen. Alternativ können Sie nach dem letzten geschriebenen Wort die Tab-Taste drücken. Dann wird das Wort oder der Satz automatisch in eine Tabellenzelle gesetzt und eine weitere, leere Zelle erscheint rechts daneben. Mit weiteren Tab-Tasten-Schaltungen erzeugen Sie so viele leere Zellen rechts neben den ersten Zellen, wie Sie benötigen. Eine Return-Schaltung erzeugt eine weitere Reihe an Zellen unterhalb der ersten Reihe.

Sie können in OneNote auch echte Excel-Tabellen erzeugen (Menü *Einfügen → Kalkulationstabelle*). Dazu muss natürlich Excel auf dem Rechner installiert sein. Die Datei erscheint nicht als Tabelle, sondern als Dateisymbol und lässt sich mit einem Doppelklick öffnen.

Dateien
Dateien, wie zum Beispiel Word-Dateien, lassen sich entweder als „Dateianlage" oder „Dateiausdruck" in eine OneNote Seite einfügen (Menü *Einfügen*) (siehe Abb. 6.6).

→ Dateianlage = Die Datei wird als Dateisymbol erstellt, kann mit einem Doppelklick geöffnet werden.

→ Dateiausdruck = Die Datei wird als Bild in die OneNote Seite eingefügt.

Bilder und Screenshots

Bilder lassen sich einfach aus dem Windows Explorer per Copy und Paste („STRG+C" gefolgt von „STRG+V") in OneNote einfügen. Beim Einfügen gibt OneNote die Optionen *„Datei anfügen"* und *„Ausdruck einfügen"* zur Auswahl.

OneNote kann selbst Bildschirmausschnitte erstellen und speichern (Menü *Einfügen* → *Bildschirmausschnitt*). Natürlich lassen sich auch Bildschirmausschnitte, die mit anderen Programmen erstellt wurden, per Copy und Paste einfügen.

Die Dateien stehen jeweils in eigenen Containern und lassen sich wie Text auch beliebig auf der Seite verschieben.

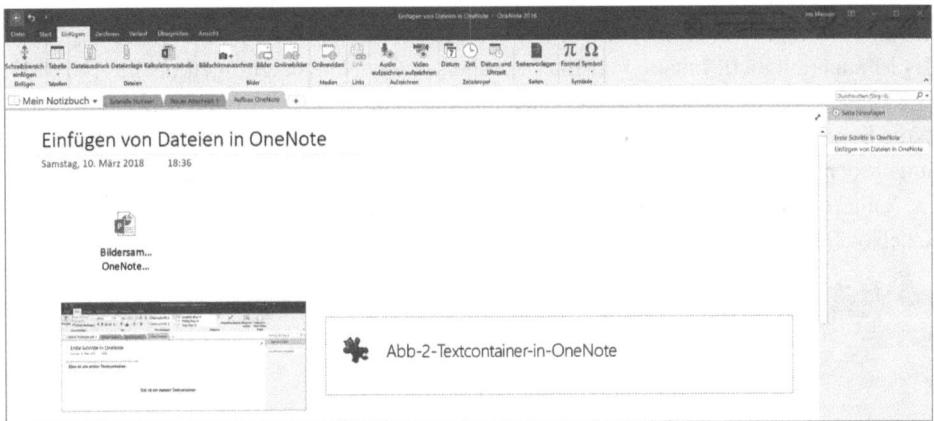

Abb. 6.6 Einfügen von Dateien

Beim Einfügen von Dateien ist aber zu beachten, dass immer eine Kopie des Originals entsteht. Diese Kopie ist nicht mit dem Original verknüpft. Das heißt, dass eine Änderung in der in OneNote gespeicherten Datei nicht im Original erscheint und umgekehrt. Wenn Sie keine „doppelte Datenhaltung" möchten, haben Sie zwei Möglichkeiten:

1. Sie löschen die Originaldatei vom Laufwerk und speichern sie nur noch in One-Note. Durch die automatische Synchronisation und Speicherung gehen Ihnen bei Änderungen keine Daten verloren.
2. Alternativ können Sie nur den Link zu dem entsprechenden Laufwerksordner, in dem die Datei liegt, in OneNote speichern. Dann haben Sie dort zwar nicht die Datei zur Verfügung, finden sie aber schnell wieder. Besonders bei den oft „gewachsenen Strukturen" größerer Datenlaufwerke hilft diese Möglichkeit dabei, die gewünschten Dateien schnell wieder zu finden.

Audio- und Videoaufzeichnungen

OneNote kann, sofern der verwendete Computer über die entsprechende Hardware wie Mikrofon und/oder Kamera verfügt, selbst Audio- und Videoaufzeichnungen machen (Menü *Einfügen → Video aufzeichnen* bzw. *Audio aufzeichnen*).

Formeln und Symbole

Über die eingebaute Formelfunktion kann man mathematische Formeln in OneNote einfügen. Einige Formeln sind schon voreingestellt, es ist aber auch möglich, eine neue Formel einzugeben: Menü *Einfügen → Formel*. Es öffnet sich dann ein neues, speziell für Formeln gedachtes Bearbeitungsmenü in der Menüleiste, das normalerweise nicht sichtbar ist. Mit einem Linksklick auf eine leere Stelle in der Seite schließt sich das Menü automatisch.

Über *Einfügen → Symbole* fügen Sie wie in Word die üblichen Symbole wie ∞, ≤ oder © ein.

Inhalte von Webseiten

Es ist auch möglich, Inhalte von Internetseiten in OneNote einzufügen (siehe Abb. 6.7). Sie können den Webseiten-Inhalt einfach markieren und mit Copy und Paste auf die One-Note Seite kopieren. Das Praktische ist, dass die Quelle gleich unterhalb des Inhalts mit angegeben wird. Sie müssen also nicht extra den Link aus Ihrem Browser kopieren.

Sollte der kopierte Inhalt selbst Links enthalten, so werden diese auch gleich mit in OneNote übernommen.

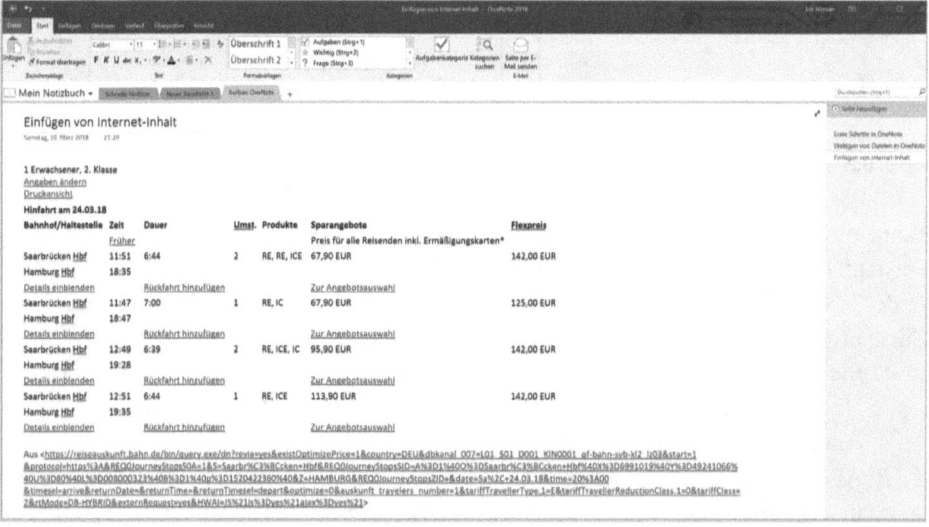

Abb. 6.7 Einfügen von Webinhalten

Im Internet Explorer gibt es die praktische Möglichkeit, über das Menü Extras gleich die Webinhalte an OneNote zu senden. Im neuen Microsoft Edge Browser versteckt sich diese Option in der rechten oberen Ecke hinter dem Stift-Symbol „Notizen hinzufügen". Wenn Sie das anklicken, erscheint eine neue Menüleiste, die Ihnen verschiedene Optionen zur

Bearbeitung der Webseite gibt. Wenn Sie dann auf das „Speichern"-Symbol klicken, können Sie die Webseite in OneNote speichern.

Eine weitere Möglichkeit, Webseiten nach OneNote zu kopieren, ist das Add-on „Web Clipper". Sie können sich das Add-on auf der Seite https://www.onenote.com/clipper kostenlos holen und in Ihren Browser einbinden.

Mit diesem Web Clipper können Sie Webseiten auf vier verschiedene Arten nach One-Note bringen:

1. Ganze Seite: Der Webclipper kopiert die ganze Webseite, inklusive aller Banner, Werbeanzeigen und Formatierungen nach OneNote.
2. Bereich: Damit erstellen Sie einen Bildschirmausschnitt der angezeigten Seite.
3. Artikel: Mit dieser Option übernimmt der Web Clipper nur den Artikeltext und die zum Artikel gehörenden Bilder. Alle störenden Bilder oder Werbung werden entfernt. Diese Option ist für Recherchearbeit sehr nützlich, da der in OneNote entstehende Text besser zu lesen ist, als ein Ausdruck der Webseite.
4. Lesezeichen: Damit speichern Sie lediglich den Link zu dem Artikel in OneNote. Nützlich für wirklich umfangreiche Artikel.

Dabei müssen Sie beachten, dass der Web Clipper nur auf in der Cloud gespeicherte Notizbücher zugreift. Sie können die Seite danach in ein anderes Notizbuch verschieben.

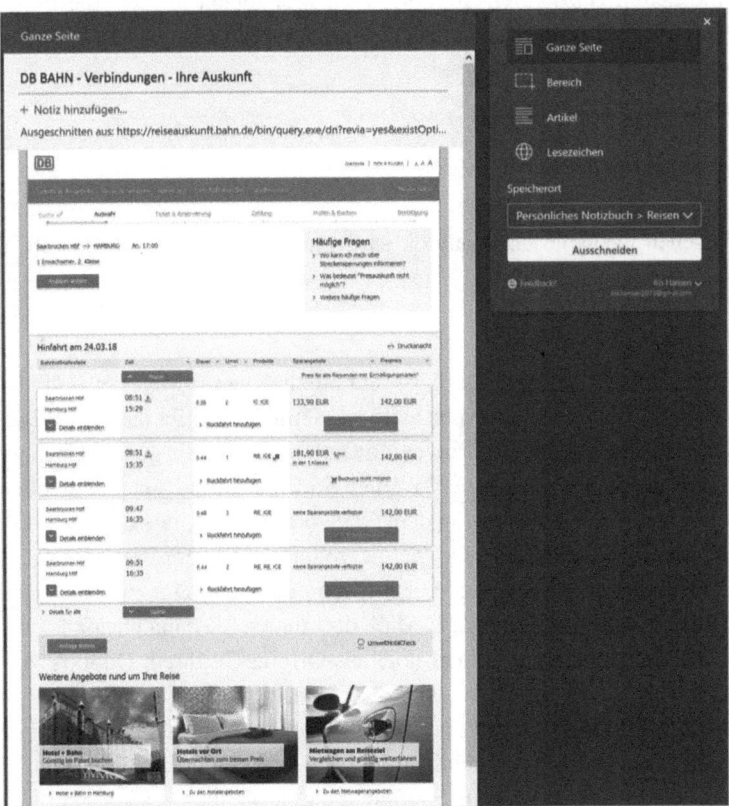

Abb. 6.8 Der OneNote WebClipper schneidet Webseiteninhalte aus und fügt sie in OneNote ein

6.4   Integration von OneNote in andere Office-Anwendungen

Als Teil der Office-Familie ist OneNote natürlich in die anderen Anwendungen wie Word, Excel und Outlook integriert. Die beste Verbindung besteht meiner Meinung nach zu Outlook.

6.4.1   OneNote in Word und Excel

Wie schon im vorherigen Abschnitt beschrieben kann man Word- und Excel-Dateien problemlos in OneNote integrieren. Es gibt auch die Möglichkeit, Inhalte aus dem jeweiligen Programm direkt nach OneNote zu bringen, und zwar über die Druckfunktion.

Wenn Sie eine fertige Datei aus Word oder Excel nach OneNote bringen wollen, wählen Sie im Druckmenü „Senden an OneNote 2016" aus. Nach dem OK fragt OneNote noch, wohin die Datei gespeichert werden soll. Dort erscheint dann ein Ausdruck der Datei.

Erinnerung: Wenn Sie die Datei auch in OneNote bearbeiten wollen, fügen Sie sie aus dem Explorer in OneNote ein (kopieren oder ausschneiden).

Umgekehrt können Sie eine OneNote-Seite, einen Abschnitt oder ein ganzes Notizbuch nach Word exportieren. Dazu rufen Sie unter dem Menüpunkt „Datei" die Funktion „Exportieren" auf. Sie bekommen dann verschiedene Speicheroptionen zur Auswahl. Nach Excel geht das leider nicht.

6.4.2   OneNote in Outlook

Die Kooperation zwischen OneNote und Outlook ist noch einfacher und funktioniert in beide Richtungen.

Archivierung von E-Mails in OneNote
Die Verbindung zwischen OneNote und Outlook ist sehr nützlich, um E-Mails zu archivieren und mit anderen Inhalten auf einer OneNote-Seite zu sammeln. Es gibt mehrere Wege, eine E-Mail von Outlook nach OneNote zu bringen. In Outlook finden Sie ganz einfach im „Start" Menü einen Button namens „OneNote". Wählen Sie eine E-Mail aus und drücken Sie diesen Button. Es öffnet sich ein Fenster, in dem OneNote Sie fragt, in welches Notizbuch und welchen Abschnitt Sie die E-Mail kopieren wollen. Nach dem Bestätigen fügt Outlook die E-Mail an der gewünschten Stelle als Textcontainer ein. Die zweite Option ist einfach ein Rechtsklick auf die betreffende E-Mail, dort finden Sie dann ebenfalls eine Option „OneNote". Die E-Mail ist dann immer noch als Original in Ihrem Outlook vorhanden, bis Sie sie dort löschen. In OneNote bleibt die E-Mail auch dann erhalten.

Es geht auch umgekehrt: Im Menü „Start" in OneNote finden Sie die Option „Seite per E-Mail senden". Damit fügen Sie den Seiteninhalt direkt in eine Outlook E-Mail ein und Sie können sie sofort versenden. Achtung: Ist Outlook zu dem Zeitpunkt nicht geöffnet, wird die E-Mail in den Postausgang geschoben und erst beim nächsten Start von Outlook tatsächlich versendet.

Eine weitere recht mächtige Verbindung besteht im Bereich von Aufgaben und Besprechungen.

Aufgaben erstellen in Outlook/OneNote

Aus einem Wort oder einem Satz in OneNote lässt sich ganz einfach eine Outlook-Aufgabe erstellen. Markieren Sie das Wort, den Satz oder den Abschnitt, der zu einer Aufgabe gemacht werden soll und klicken Sie mit der rechten Maustaste auf die Markierung. In dem erscheinenden Kontextmenü sehen Sie rechts oben das Menü „Outlook-Aufgaben", markiert mit einem roten Fähnchen. Öffnen Sie das Menü mit dem kleinen schwarzen Pfeil und Sie sehen das Menü „Erinnerung hinzufügen", welches Sie auch in Outlook finden. Wählen Sie die richtige Erinnerungszeit für Ihre Aufgabe mit einem Linksklick aus und schon finden Sie die Aufgabe in Ihrem Outlook. Diese können Sie dann genauso behandeln, wie in Outlook selbst erstellte Aufgaben und sie zum Beispiel einem Kollegen zuweisen.

Sie können die Markierung in OneNote auch mit der Kategorie „Aufgabe" (siehe Abschn. 6.2.9) versehen. Dann erscheint links neben dem Text ein leeres Kästchen. Klicken Sie dieses an, so erscheint darin ein rotes Häkchen. Das bedeutet, dass die Aufgabe erledigt ist. Praktischerweise wird diese Aktion mit Outlook synchronisiert, so dass die Aufgabe dann auch dort als erledigt markiert und aus der Aufgabenliste entfernt wird. Markieren Sie eine Aufgabe in Outlook als erledigt, wird dies auch in OneNote angezeigt, aber der Text wird nicht entfernt.

Es ist natürlich auch möglich, synchronisierte Aufgaben wieder zu löschen. Wenn Sie die Aufgabe in Outlook löschen, verschwindet die dem Text in OneNote zugewiesene Kategorie „Aufgabe", der Text selbst bleibt in OneNote erhalten. Wenn Sie die Kategorie beim Text in OneNote löschen, bleibt die Aufgabe in Outlook erhalten.

Besprechungen organisieren, durchführen und protokollieren mit Outlook/OneNote

Besprechungen lassen sich ganz wunderbar in OneNote vorbereiten und auch die Protokollführung wird erheblich erleichtert. Kombiniert mit Outlook zeigt OneNote wieder einmal seine ganze Stärke. Besonders, wenn alle Besprechungsteilnehmer Zugriff auf ein gemeinsam genutztes OneNote-Notizbuch haben, können sie sich sehr gut auf die anstehenden Meetings vorbereiten, Protokolle nachlesen und Aufgaben nachverfolgen.

Mit der oben beschriebenen Verbindung zwischen Outlook und OneNote lassen sich einfach die Agenda der Besprechung und alle nötigen Informationen per E-Mail versenden. Wird das Notizbuch gemeinsam genutzt, können die Teilnehmer ihre Ergänzungen und Fragen gleich selbst auf der entsprechenden Seite eintragen und so allen vor der Besprechung zur Verfügung stellen.

Sie können auch aus einem Outlook-Termin eine Seite in OneNote machen. Wählen Sie dazu im Menü Start die Option „Besprechungsdetails". Es erscheint eine Liste aller Besprechungen, die an diesem Tag in Ihrem Kalender stehen. Sie können auch ein anderes Datum wählen, dann werden die Besprechungen für den entsprechenden Tag angezeigt. Klicken Sie auf die gesuchte Besprechung und die Details, die im Outlook Termin stehen, werden automatisch in eine OneNote-Seite eingetragen. Das spart das mühsame Zusammentragen der Informationen.

Mit Hilfe der Kategorien können Sie ganz einfach die Anwesenheitsliste führen – ein Häkchen genügt, um anwesende Teilnehmer zu markieren. Natürlich können Sie auch Beschlüsse, Aufgaben, oder Fragen mit Kategorien markieren. Diese lassen sich dann über die Suchfunktion schnell finden, so dass jeder Teilnehmer seine To-dos im Blick hat.

Selbst Teilnehmer, die nicht vor Ort sein können, können dank der Echtzeitsynchronisation von OneNote live das Protokoll mitverfolgen und auch kommentieren, zumindest sofern sie dort, wo sie sind, einen Internetzugang für ihr Mobilgerät und Zugriff auf den Speicherort des Notizbuches haben.

Während der Besprechung können Sie gleich das Protokoll in OneNote führen. Sehr praktisch sind dazu die in Abschn. 6.2.8 beschriebenen Seitenvorlagen. Damit können Sie sich die Protokollvorlage erstellen, die genau für Ihre Zwecke passt und schnell immer wieder verwenden. Das Protokoll muss dann auch nicht mehr mühsam an jeden Teilnehmer zur Genehmigung versendet werden – haben alle Teilnehmer Zugriff auf das Notizbuch, können sie Änderungen und Ergänzungen selbst einpflegen. Idealerweise werfen aber alle Teilnehmer gleich noch vor Ende der Besprechung ein Blick auf das Protokoll und verabschieden es gleich vor Ort.

6.5   Best-Practice-Beispiele für die Verwendung von OneNote

Wie schon erwähnt lässt OneNote sich sehr vielfältig verwenden. Um Ihnen eine Vorstellung davon zu geben, finden Sie in diesem Abschnitt einige ausführlich erklärte Beispiele für den Büroalltag. Ihrer Phantasie sind natürlich dabei keine Grenzen gesetzt. Wenn Sie anfangen, mit OneNote zu arbeiten, werden Ihnen sicher schnell viele ganz speziell auf Ihre Bedürfnisse angepasste Verwendungsmöglichkeiten einfallen.

6.5.1   Office-Handbuch

Wenn Sie Assistentin sind, können Sie OneNote sehr gut als Office-Handbuch einsetzen, egal ob Sie alleine sind oder sich die Aufgaben mit einer Kollegin oder mehreren Kollegen teilen.

Speichern Sie in OneNote all die Informationen, die sonst so oft als Herrschaftswissen einzelner Personen im Unternehmen herumgeistern. Vielleicht existieren solche Informationsschätze bei Ihnen in irgendwelchen Dateien auf dem Server oder verstauben als Ausdrucke in Ordnern, wo sie niemand findet. Benutzen Sie gemeinsam OneNote und profitieren Sie gemeinsam von den Erfahrungen der anderen. Das macht ein Team deutlich effizienter. Selbst wenn Sie das Notizbuch nur für sich alleine nutzen, werden Sie schnell den Nutzen erkennen. Alle Informationen sind an einem Platz. Sie müssen sie nicht mühsam suchen, egal ob Sie sie oft brauchen oder einmal im Jahr.

OneNote lässt sich auch ideal zur Abstimmung im Team einsetzen. So werden keine unerledigten Aufgaben mehr vergessen.

Ein Office-Handbuch kann zum Beispiel folgende Abschnitte enthalten:

Übergabe

Arbeiten mehrere Leute in einem Team, ist es hilfreich, schnell schriftlich festhalten zu können, was erledigt wurde und was noch offen ist. Das ist vor allem dann sehr sinnvoll, wenn die Teammitglieder unterschiedliche Arbeitszeiten haben oder sich aus anderen Gründen nicht zwangsweise jeden Tag sehen und persönlich abstimmen können. Für einen solchen Fall eignet sich ein Abschnitt „Übergabe" ideal. Darin können alle Teammitglieder notieren, was an wichtigen Dingen anfällt, wenn die andere Person nicht da ist. Das können Informationen zu Reisebuchungen sein, die man für einen Kollegen getätigt hat oder Dinge, die noch zu tun sind bzw. die nicht fertig wurden, weil man noch auf etwas gewartet hat.

Dazu können Sie zum Beispiel eine Tabelle wie in Abb. 6.9 anlegen.

Travelmanagement	20.2.	Hotel Krone in Hanau für Herrn Meiser ist gebucht.	Bemerkung
	21.02.	☐ Zug nach München für Frau Krause ist noch nicht gebucht: Bitte frage bei ihr nach, wann genau sie losfahren will Flug nach Peking für Frau Schmidt ist beim Reisebüro angefragt, warte noch auf Antwort.	
Bestellungen	13.2.	Getränke wurden geliefert, Rechnung ist bei Buchhaltung	
Events	15.2.	Catering für Bereichsevent ist angefragt.	
Schulungen	10.2.	Schulung bei Firma Xevents für Herrn Meiser im Mai ist gebucht. SAP Bestellnummer 800555	
Reine Info	20.2.	? Ich möchte Urlaub machen vom 27.4.-4.5. OK?	

Abb. 6.9 So kann man eine Übergabe in OneNote gestalten

Erstellen Sie für jeden Teilnehmer eine Kategorie und weisen Sie den jeweiligen offenen Aufgaben die entsprechende Kategorie zu. Dann können sich alle über die Suchfunktion „Kategorien suchen" die markierten Inhalte anzeigen lassen und sehen auf den ersten Blick, wo zum Beispiel noch offene Aufgaben warten oder Entscheidungen nötig sind.

Adressen/Kontakte/Bestellinformationen

Ein weiterer sehr wichtiger Abschnitt kann alle möglichen Kontaktinformationen sammeln. Das können zum Beispiel die Adressen und Telefonnummern sein von:

– Lieferanten (Büromaterial, Caterer, anderer Zulieferer…) inkl. der Kundennummer, ggf. Internetadresse und Zugangsdaten der Webshops.
– Vermieter, Handwerker, Hausmeister, inkl. einer Liste mit den Aufgaben, die angefragt bzw. erledigt wurden. Das erleichtert die spätere Kontrolle der Rechnungen
– Aktionäre und Aufsichtsrat. Eine Unterseite in diesem Abschnitt könnte sich zusätzlich den Modalitäten für Hauptversammlungen und Aufsichtsratsitzungen widmen, zusammen mit Links zu den entsprechenden Vorlagen für zum Beispiel Einladungen auf dem Serverlaufwerk.
– Partnerunternehmen und Hochschulen, mit denen man kooperiert.
– Behörden und Ämter. Es bietet sich an, hier auch abzulegen, wie bestimmte Beantragungsformalitäten ablaufen, welche Unterlagen man für welchen Antrag braucht, wie die Fristen sind und so weiter.

– Aber auch: Kontakte, mit denen Sie nicht mehr zusammenarbeiten wollen, zum Bei-
spiel ein Zulieferer, der sich als unzuverlässig erwiesen hat.
Wichtig ist hierbei, den Abschnitt mit einem Passwort zu schützen, da er vertrauliche
Informationen enthält (siehe Abschn. 6.2.4).

Sammlung von Textvorlagen

Oft wenden Chefs sich an ihre Assistenz, wenn es darum geht, Texte für Glückwunsch-
karten, Geburtstagsreden oder ähnliches zu schreiben. Legen Sie sich in OneNote einen
Abschnitt für solche Texte an. Immer, wenn Sie ein nettes Zitat oder einen guten Text
finden, speichern Sie es schnell in diesem Abschnitt. So sind Sie für die nächste Anfrage
bestens gerüstet.

Gleiches gilt natürlich auch für alle anderen Arten von Textvorlagen. Dank der Suchfunktion in OneNote finden Sie solche Notizen auch später schnell wieder, ohne dass Sie
sich genau merken müssen, wo der entsprechende Text abgelegt ist.

Buchhaltung

Wenn Sie in Ihrem Unternehmen Vorbereitungsarbeiten für die Buchhaltung machen, können Sie in einem entsprechenden Abschnitt zum Beispiel Seiten anlegen mit einer Übersicht über Kostenstellen oder darüber, welche Rechnungen wie zu behandeln sind (mit
Rechnungsnummer versehen oder nicht, einscannen oder nicht, Verteiler etc.).

Fuhrparkverwaltung

Sie können auch den Firmenfuhrpark mit OneNote verwalten. Legen Sie dazu einfach
einen entsprechenden Abschnitt an und dann Seiten mit folgenden Inhalten:
– Übersicht über die Fahrzeuge in Tabellenform mit Kennzeichen, Name des Fahrers (bei
Leasingfahrzeugen), Versicherungsnummer und -prämie, Vertragsart und ggf. -num-
mer, Auslauf Leasing
– Übersicht über die nächsten anstehenden Termine wie TÜV oder Reifenwechsel. Diese
können Sie sich dann über die Aufgaben-Funktion direkt in Outlook auf Termin legen.
– Informationen zur Firmenwagenrichtlinie des Unternehmens, inkl. aller nötigen Vor-
lagen
– Kontaktinformationen zu Autohändlern und Werkstätten
– Informationen zu Unfällen (E-Mails, Bilder, Kontaktinformationen ggf. des Unfallgeg-
ners und der zuständigen Versicherung, Protokolle von Telefonaten etc.)

Reiseplanung

Eines der größten Aufgabengebiete vieler Assistenzen ist die Reiseplanung. Mit OneNote
können Sie folgende Informationen immer im Blick haben:
– Reiserichtlinie des Unternehmens
– Hotels, die Sie für die Kollegen buchen können, inkl. der bestehenden Vertragskondi-
tionen. Sie können eine Seite mit diesen Informationen pro Projekt oder Kunde, für den
Ihre Firma tätig ist, anlegen und finden so auf Anhieb immer die richtigen Adressen.
– Buchungsmodalitäten und Kundennummern bei Mietwagenfirmen

- Internetseiten für Flug-/Hotelbuchungen inkl. Login-Daten (Achtung: Passwortschutz!)
- Übersicht, welcher Kollege wann wo ist
- Hotels, die gar nicht empfehlenswert sind (das ist eine sehr wertvolle Information!)
- Sammlung von Orten/Hotels/Anbietern für Besprechungen, die nicht im eigenen Haus stattfinden sollen

Eventplanung

Events können zu den aufwändigsten Aufgaben im Leben einer Assistentin gehören. One-Note macht es ein bisschen leichter. Sie können in einem Abschnitt „Events" zum Beispiel
- eine Seite anlegen, auf der Sie das ganze Jahr über Ideen für Veranstaltungen oder interessante Veranstaltungsorte sammeln. Mit der OneNote App für das Smartphone geht das dann sogar von unterwegs, wenn Sie zufällig einen schönen Veranstaltungsort finden oder Ihnen jemand eine gute Idee für ein Teamevent erzählt. Der OneNote Web Clipper (siehe Abschn. 6.3) hilft Ihnen dabei, schnell gewünschte Informationen aus dem Internet in OneNote zu speichern. Ihre Kollegen können diese Ideen ganz einfach kommentieren und ergänzen.
- für jedes Event eine Seite anlegen. Darunter können Sie dann mit Unterseiten arbeiten und beispielsweise
  - eine Übersicht über die Teilnehmer anlegen und die Zu- oder Absagen dort vermerken,
  - die Absprachen bzgl. Veranstaltungsort und -modalitäten festhalten,
  - jede E-Mail, die Sie zum Beispiel mit dem Verantwortlichen des Veranstaltungsorts austauschen, mit einem Klick in OneNote speichern und somit allen zur Verfügung stellen, die mit Ihnen das Event organisieren,
  - zu jedem Event eine Checkliste als Unterseite anlegen, auf der Sie alle erledigten Punkte abhaken können.
- eine „Archiv"-Seite anlegen und alle vergangenen Events als Unterseiten dorthin verschieben. So können Sie auch Jahre später alles nachvollziehen und sich Anregungen für künftige Events holen.

Denken Sie auch hier wieder an die Verbindung zu Outlook und terminieren sich Aufgaben, die für das Event zu erledigen sind, direkt dort.

Personalverwaltung

Ein besonders sensibler Aufgabenbereich vieler Assistentinnen ist die Verwaltung von Personaldaten. Hier ist es wirklich wichtig, den Abschnitt in OneNote mit einem Passwort zu schützen! Folgende Seiten könnten in einem Abschnitt „Personal" enthalten sein:
- Eine Übersicht über die Mitarbeiter mit Adresse und Geburtsdatum anlegen. Das hilft bei Reisebuchungen enorm.
- Eine Liste mit den gültigen Reisepässen der Mitarbeiter und dem entsprechenden Ablaufdatum, damit Sie sie rechtzeitig an die Beantragung der neuen Pässe erinnern können. In diese Liste gehören dann auch die in den Pässen enthaltenen Visa und deren Gültigkeit.

– Wenn es gewünscht ist, können Sie auch eine Seite mit Notfallkontakten Ihrer Mitarbeiter anlegen, zum Beispiel von Familienangehörigen. Versichern Sie sich aber bei
  diesen schriftlich, dass sie mit der Speicherung ihrer Daten für diesen Zweck einverstanden sind!
– Eine Liste mit den krankgeschriebenen Mitarbeitern führen (zum Beispiel als Unterstützung für die Buchhaltung, aber auch um zu wissen, wer gerade nicht erreichbar ist).
– Eine Seite mit den Vorlagen anlegen, die ein neuer Mitarbeiter bei der Einstellung
  braucht (wie Geheimhaltungsvereinbarung, Nutzungsvereinbarung Smartphone und
  Internet, Unternehmensrichtlinien etc.).
– Wenn Sie für die Bewerbungsgespräche mit verantwortlich sind, könnten Sie
  – eine Textsammlung anlegen für Einladung zum Vorstellungsgespräch, Zwischen-
    bescheide oder Absagen,
  – eine Terminliste führen, welcher Bewerber wann kommt und welcher Kollege/Vor-
    gesetzte bei dem Gespräch mit dabei ist, oder
  – eine Checkliste für die Vorbereitung von Vorstellungsgesprächen oder den ersten
    Arbeitstag eines neuen Kollegen speichern.

Sie können auch ein „Welcome"-Notizbuch für neue Mitarbeiter anlegen, das den neuen
Kollegen den ersten Arbeitstag erleichtert.

6.5.2 Abstimmung zwischen Assistenz und Führungskraft

OneNote eignet sich auch hervorragend für die Kooperation zwischen der Assistenz
und ihrer Führungskraft. Besonders, wenn die Führungskraft oft verreist, und eine Abstimmung nicht immer direkt und persönlich vor Ort erfolgen kann, bietet sich ein gemeinsam
genutztes OneNote-Notizbuch an. Ich gebe Ihnen zwei Beispiele:

To-do-Liste
Eine klassische Funktion ist hierbei die To-do-Liste. Bauen Sie sich in Absprache mit
Ihrem Chef oder Ihrer Chefin eine Vorlage (siehe Abschn. 6.2.8), die auf ihre persönlichen
Bedürfnisse zugeschnitten ist. Über die Smartphone-App kann Ihre Führungskraft auch
von unterwegs schnell mal eine Aufgabe eintragen, wenn gerade keine Zeit für ein Telefonat ist. Dank der vielfältigen Markierungsmöglichkeiten können dabei auch Prioritäten
leicht erkennbar festgelegt werden. Haben Sie zeitunkritische Fragen oder Anmerkungen
zu einer Aufgabe, notieren Sie sie einfach gleich daneben. Sobald Ihre Chefin oder Ihr
Chef dann wieder Zeit hat, kann sie oder er sich der Beantwortung widmen.

Sind Aufgaben erledigt und die entsprechende Markierung in OneNote gesetzt, erkennen alle sofort den Stand der Dinge.

Natürlich kann und soll OneNote die persönliche Abstimmung zwischen Führungskraft
und Assistenz nicht ersetzen. Diese ist und bleibt essentiell für eine wirklich gelungene
Zusammenarbeit. OneNote ist hier vielmehr als eine ergänzende Hilfe zu sehen.

Verwaltung von Reiseunterlagen/Unterlagen für Terminvorbereitung

Früher war es normal, dass alle Reiseunterlagen oder Papiere, die für eine Besprechung gebraucht wurden, ausgedruckt und in Mappen verpackt den Führungskräften mit auf den Weg gegeben wurden. Wie oft kam es da vor, dass eine Mappe verloren ging, oder doch nicht alle Unterlagen dabei waren? Ziemlich oft, würde ich schätzen. Dank der mobilen Technik der heutigen Zeit sind Chefs und Assistenzen viel flexibler geworden.

Wenn Ihre Führungskraft viel verreist, bietet es sich an, ein „Reisenotizbuch" zu erstellen. Jede Reise bekommt darin ihren eigenen Abschnitt. In diesem Abschnitt können Sie auf mehreren Seiten alle Informationen und Unterlagen speichern, die benötigt werden:

– Reiseziel und Überblick über den Reiseplan, Ansprechpartner vor Ort, Grund der Reise...
– Detaillierter Reiseplan mit Flugnummern, Zugverbindungen und -reservierungen, Details zur Autoanmietung vor Ort, Verbindungen der öffentlichen Verkehrsmittel vor Ort oder ob der Gastgeber die Abholung organisiert etc.
– Alle Details zur Unterkunft und Reservierungsdetails.
– Besonders im Ausland: Notfalladressen wie die der deutschen Botschaft oder eines deutschsprachigen Krankenhauses vor Ort, Details zur Reiseversicherung (Ansprechpartner und Kontaktmöglichkeiten, Kopie der Versicherungspolice)
– Wenn vor Ort noch Zeit ist oder bei einer längeren Reise nicht jeden Abend der Gastgeber für ein Unterhaltungsprogramm sorgt, können Sie auch Informationen zu Sehenswürdigkeiten einpflegen.

Ähnlich können Sie auch ein „Besprechungsnotizbuch" aufbauen. Jede Besprechung bekommt darin einen eigenen Abschnitt, alle wichtigen Informationen und Unterlagen werden auf den Seiten des Abschnitts gespeichert. Und wenn Ihre Führungskraft Sie von unterwegs aus anruft, weil ihm oder ihr doch noch etwas eingefallen ist, was unbedingt hätte mitgenommen werden müssen – kein Problem: Bis er oder sie den Meetingraum betritt, haben Sie die gewünschten Dateien längst auf einer neuen OneNote-Seite abgespeichert.

6.5.3   Besprechungsnotizbuch/Protokollführung

Wie in Abschnitt Abschn. 6.4.2 schon erwähnt, eignet OneNote sich hervorragend für die Organisation und die Durchführung von Besprechungen. Ideal ist es natürlich, wenn alle Teilnehmer OneNote nutzen.

In einem Besprechungsnotizbuch, das von mehreren Personen genutzt wird, können Sie für jede Art von Besprechung einen Abschnitt anlegen: Jour fix Abteilung A, Jour fix Abteilung B, Abteilungsleitermeeting, Quartalsmeeting, Aufsichtsratssitzung und so weiter. Sollen nicht alle Nutzer jeden Abschnitt einsehen können, vergeben Sie einfach unterschiedliche Passwörter, die nur dem richtigen Nutzerkreis bekannt sind.

Jede Sitzung bekommt nun im entsprechenden Abschnitt eine Seite. Die Protokollvorlage zu jeder Sitzung hängen Sie als Unterseite unter die jeweilige Seite. Auf der Hauptseite stehen die Teilnehmer mit den Zu- oder Absagen für dieses spezielle Meeting, die

Agenda und alle Anmerkungen oder Fragen, die die Teilnehmer im Vorfeld zur Besprechung dort eintragen können.

Während der Besprechung kann das Protokoll gleich in OneNote geführt werden. Wenn Sie das Protokoll mit einem Tablet schreiben, können Sie am Whiteboard erstellte Übersichten oder Zeichnungen gleich mit dem Tablet abfotografieren und direkt in OneNote speichern. Es ist auch möglich, das Protokoll durch eine Tonaufzeichnung zu ergänzen: Starten Sie zu Beginn die Ton-Aufnahme und schreiben Notizen. OneNote merkt sich, welche Notiz zu welchem Zeitpunkt der Aufnahme geschrieben wurde und markiert später den entsprechenden Bereich beim Abspielen. Natürlich müssen alle Teilnehmer mit der Aufzeichnung der Sitzung einverstanden sein!

Dank der Echtzeit-Synchronisation können auch Teilnehmer, die sich verspäten, zumindest das Protokoll mitverfolgen. So muss nicht alles von vorne erklärt werden, wenn der Teilnehmer dann schließlich eintrifft.

Am Ende der Sitzung schauen alle Teilnehmer noch einmal gemeinsam über das Protokoll und genehmigen es gleich noch vor Ort. Aufgaben und Termine können Sie anschließend direkt per Outlook versenden.

Dadurch, dass alle Besprechungen in einem Notizbuch gespeichert bleiben, können alle Beteiligten schnell auf aktuelle oder auch weiter zurückliegende Notizen und Informationen zurückgreifen. Die Suchfunktion von OneNote erleichtert die Suche nach länger zurückliegenden Besprechungsnotizen.

6.5.4 Posteingangsbuch

Kennen Sie noch die gute, alte Postumlaufmappe? Früher wurden alle nicht vertraulichen Schriftstücke von der Posteingangsstelle geöffnet, gestempelt und in einer Postumlaufmappe den entsprechenden Abteilungen zugestellt. Jeder zuständige Mitarbeiter musste die Kenntnisnahme mit seinem Kürzel abzeichnen. Heute ist das zwar eine eher selten gewordene Praxis, aber es gibt sie noch. Auch hier kann OneNote helfen.

Jede Abteilung bekommt ihren Postabschnitt in einem OneNote-Posteingangsbuch. Für jeden Mitarbeiter erstellen Sie eine eigene Kategorie (zum Beispiel „zu lesen von Frau Meiser"). Jedes eingehende Schriftstück wird eingescannt und in den entsprechenden Abschnitten als Datei zur Verfügung gestellt. Alternativ ist es natürlich auch möglich, die Dateien auf einem Laufwerk auf dem Server abzulegen und nur den Link dahin in OneNote zu speichern. Ändert sich dann aber aus irgendwelchen Gründen später einmal der Link, muss man das Dokument ggf. noch einmal verlinken.

Zu jeder Datei vermerken Sie über die zuvor angelegten Kategorien, wer sie lesen muss. Die Kollegen suchen dann jeden Tag über die Kategorie-Suchfunktion nach ihrer Kategorie, lesen das Schriftstück und haken die Aufgabe ab. Sie können dann immer wieder über die Kategorie-Suchfunktion kontrollieren, wo noch unerledigte Aufgaben sind und wissen so, wer das Schriftstück noch nicht gelesen hat.

Haben alle den Posteingang gelesen, kann man die Dokumente in OneNote wie in einem Dokumentenmanagementsystem verwalten. Sie können beispielsweise einen

Abschnitt für jede Dokumentenart anlegen und die Seite mit dem Dokument in diesen Abschnitt verschieben. So haben Sie alle gleichartigen Dokumente an einem Platz und der Posteingang ist wieder frei.

6.5.5 Kundendatenbank/Projektmanagement

Kleinere Unternehmen oder Start-ups, die sich noch keine teure „CRM"-Software (=„Customer Relationship Management", eine elektronische Kundendatenbank) leisten können oder wollen, können OneNote prima zur Sammlung ihrer Kunden- und Projektdaten nutzen.

Legen Sie für jeden Kunden einen Abschnitt an. Auf der ersten Seite des Abschnitts speichern Sie alle wichtigen Kontaktdaten (Ansprechpartner, Informationen zum Unternehmen, wie kam der erste Kontakt zustande...). Scannen Sie die Visitenkarten Ihrer Ansprechpartner ein und legen Sie sie in OneNote ab. Dank der eingebauten OCR-Funktion durchsucht OneNote auch eingescannte Dateien nach dem gesuchten Stichwort. So finden Sie jeden Kontakt schnell wieder.

Sie können dann für jede Anfrage des Kunden eine Seite anlegen und dort alle internen Informationen zu der Anfrage, alle Gesprächsprotokolle mit dem Kunden und so weiter speichern. Wird aus der Anfrage ein Projekt, erstellen Sie eine neue Seite für das Projekt und verschieben die Informationen aus der Anfragephase als Unterseiten unter diese neue Seite. So stehen allen Bearbeitern die bereits besprochenen Punkte zu dem Projekt zur Verfügung.

Sammeln Sie auch während der Projektphase alle Informationen in diesem Notizbuch. So können Sie schnell Auskunft über den Stand der Dinge erteilen und jeder behält den Überblick.

Schon während des Projekts können auf einer Unterseite alle Beteiligten die „Lessons learned" notieren. So fällt es nach Abschluss des Projekts leichter, schnell ein Fazit zu ziehen.

6.5.6 Informationsdatenbank/internes Wiki/FAQ

In vielen Firmen gibt es viele Regeln und Gepflogenheiten, Gewohnheiten und Dinge, „die man halt so macht". Gerade neuen Mitarbeitern fällt es oft schwer, sich alles zu merken und viele Dinge erfährt man auch eher so nebenbei.

Nutzen Sie OneNote als Informationsdatenbank, nicht nur um neuen Kollegen den Einstieg zu erleichtern, sondern auch um der ganzen Belegschaft nötige Informationen übersichtlich und leicht zugänglich zur Verfügung zu stellen. Als ersten Abschnitt empfehle ich hier eine Übersicht über den Inhalt des Wikis mit den Links zu den entsprechenden Seiten.

Ein solches „internes Wiki" kann das Organigramm und die Organisationsstruktur enthalten oder welche Ansprechpartner für welche Themen zuständig sind. Es können Firmenrichtlinien, Vertretungsregelungen und Verfahrensanweisungen hinterlegt sein, wie zum Beispiel Geschäftsreisen genehmigt werden sollen oder wie das mit der Kantine funktioniert. Auch fachliche Informationen können dort abgelegt und ständig auf dem aktuellen Stand gehalten werden.

Gerade für neue Kollegen bietet sich auch ein Abschnitt an, in dem sie nachlesen können, was es alles in der Umgebung der neuen Firma zu entdecken gibt oder welche Lieferservices für das Mittagessen zu empfehlen sind.

6.5.7 Interne Schulungen

Nutzen Sie OneNote als Datenbank für interne Schulungen. Geben Sie jedem Thema seinen eigenen Abschnitt. Auf den Abschnittsseiten können Sie die Inhalte der Schulung in der vorgegebenen Reihenfolge ablegen. Speichern Sie dort Schulungstexte, Lernvideos, Tutorials und/oder Übungsbögen.

6.5.8 Redaktionsplan/Pressemappe

Viele Assistenten haben heute ganz andere Aufgaben als noch vor ein paar Jahren. Oft gehört dazu auch die Mitarbeit an der Unternehmenszeitung oder dem Unternehmensblog. Das ist eine spannende Aufgabe, die Sie sich mit OneNote ein bisschen leichter machen können.

Legen Sie für jede Ausgabe der Firmenzeitung einen Abschnitt an, am besten schon im Voraus für das ganze Jahr. Auf den Seiten der Abschnitte können Sie dann alle Inhalte sammeln, die in die Ausgabe kommen sollen. Die Artikel können Sie gleich in OneNote entwerfen und per Kategorie dem entsprechenden Bearbeiter zuweisen. Gemeinsam können Sie dann den Text überarbeiten, bis er final freigegeben wurde. Verschieben Sie veröffentlichte Artikel in einen Archiv-Abschnitt. So können Sie schnell nachsehen, welche Themen bereits behandelt wurden.

Ein Unternehmensblog ist natürlich ein wenig anders als eine Unternehmenszeitung. Für einen Blog müssen ständig Inhalte produziert werden. Hier könnte eine Einteilung in OneNote zum Beispiel nach Monaten erfolgen. Sie wissen ja ungefähr, wie viele Artikel pro Monat erscheinen sollen, also können Sie schon am Anfang des Jahres entsprechende Platzhalter-Seiten in jedem Abschnitt anlegen. Nach und nach füllen Sie und Ihre Kollegen diese Seiten dann mit Inhalt. Auch hier können Texte gleich in OneNote entworfen und gemeinsam bearbeitet werden. Der OneNote Web Clipper (siehe Abschn. 6.3) hilft dabei, Inhalte aus Webseiten, die Sie zum Beispiel als Quelle in Ihrem Artikel nutzen wollen, schnell in OneNote zu speichern.

OneNote eignet sich auch gut als Pressemappe für die Marketingabteilung. Den Anfang bildet eine Übersicht, welche Veröffentlichungen für das Jahr geplant sind. Bearbeiten Sie dann über das Jahr hinweg gemeinsam im Presseteam die anstehenden Veröffentlichungen. Sie können auch Presseberichte über Ihr Unternehmen in der Pressemappe speichern und der Geschäftsführung als Rechercheergebnis zu Verfügung stellen.

6.6   OneNote privat nutzen

Jetzt habe ich Ihnen viele Möglichkeiten gezeigt, OneNote im beruflichen Kontext zu nutzen. Darauf ist das Programm natürlich nicht beschränkt. Es gibt auch im privaten Bereich viele Einsatzmöglichkeiten für OneNote. Hier ein paar Beispiele:

Familiäre Aufgabenliste
Behalten Sie stets den Überblick über offene Aufgaben oder andere Dinge, die noch zu erledigen sind.

Reiseplanung
Was für die Geschäftsreise gilt, gilt natürlich auch für die private Reise – planen Sie Ihren nächsten Urlaub mit OneNote und sammeln Sie alle nötigen Reiseinformationen digital in einem Reisenotizbuch.

Rezeptsammlung
Sammeln Sie Ihre Rezepte in einem Notizbuch und teilen Sie sie mit Ihren Freunden und Verwandten. Mit dem Web Clipper importieren Sie Rezepte aus dem Internet mit nur wenigen Mausklicks. Eigene Bewertungen, Änderungen oder Verbesserungen sind schnell notiert.

Planung einer Familienfeier
Sammeln Sie Ideen für die nächste Familienfeier in OneNote. Wird die Planung konkret, halten Sie in OneNote alle Informationen fest, die Sie für die Organisation benötigen. Erstellen Sie Aufgaben- und Einkaufslisten und senden Sie sie per Outlook an Ihre Unterstützer.

Sammlung von Ideen für Geburtstags- und Weihnachtsgeschenke
Wie heißt es so schön: Weihnachten kommt immer so plötzlich. Sammeln Sie über das ganze Jahr hinweg einfach per PC oder Smartphone Ideen für Geschenke in OneNote und Sie sind perfekt vorbereitet.

Vorbereitung der Steuererklärung
Scannen Sie Ihre Belege einfach in OneNote – so haben Sie zur nächsten Steuererklärung alles direkt griffbereit.

Unterstützung beim Lernen
Sie studieren noch oder bilden sich weiter? OneNote hilft dabei. Scannen Sie wichtige Inhalte direkt in eine OneNote-Seite. Dank der guten Suchfunktion finden Sie jedes Stichwort wieder – sogar in Bildern. Schreiben Sie in Vorlesungen Ihre Notizen direkt in OneNote mit und tauschen Sie sie mit Ihren Studienkollegen aus. Sammeln Sie in OneNote alle Materialien für Ihre Abschlussarbeit, für Referate oder andere Prüfungen.

Organisation eines Umzugs/einer Renovierung

Eine Renovierung oder ein Umzug können eine große Herausforderung sein. Erstellen Sie einen genauen Projektfahrplan und eine Budgetübersicht in OneNote und behalten Sie jederzeit den Überblick über den Stand der Arbeiten. Sammeln Sie in OneNote alle Angebote und jeden Schriftverkehr mit Ihren Handwerkern und Zulieferern. So können Sie später alles nachvollziehen, auch wenn es zu Änderungen oder Verzögerungen kam.

Vereinsarbeit

Auch bei der Vereinsarbeit kann OneNote unterstützen. Speichern Sie die Protokolle der Vereinssitzungen in OneNote oder sammeln Sie Ideen für Vereinsaktivitäten, die Sie mit Ihren Vereinskollegen teilen.

6.7   Schlusswort

Ich hoffe, ich konnte Ihnen die Funktionsweise von OneNote anschaulich und nachvollziehbar erklären. Viele der Praxisbeispiele nutze ich bei meiner täglichen Arbeit und hoffe, ich konnte Sie dazu inspirieren, OneNote für sich und Ihr Unternehmen künftig zu nutzen.

Falls Sie weitere Fragen haben oder sich gerne mit mir über Ihre Erfahrungen mit OneNote austauschen möchten, besuchen Sie meinen Blog http://www.easy-office.tips/ und schreiben Sie mir. Ich freue mich darauf.

6.8   Über die Autorin

Iris Hansen ist ausgebildete Europasekretärin und Managementassistentin. Sie arbeitet seit 17 Jahren im Office-Bereich: im Sekretariat, als Vertriebsassistentin und heute als Vorstandsassistentin eines mittelständigen IT-Beratungsunternehmens in Saarbrücken. Sie ist überzeugt davon, dass der Austausch unter Kolleginnen und Kollegen der Schlüssel für ein erfolgreiches Berufsleben im Office ist. Daher engagiert sie sich ehrenamtlich im „Bundesverband Sekretariat und Büromanagement" und schreibt ihren eigenen Blog rund um verschiedene Office-Themen (www.easy-office.tips).

Priorisierung: Geordnet Arbeiten

Mit was fange ich jetzt an?

7

Sabine Kaiser

Zusammenfassung

In diesem Kapitel werden Sie durch die Erstellung einer Aufgabenliste geführt. Gemeinsam werden wir alle Ihre Aufgaben, sowohl aktuelle als auch zukünftige, niederschreiben und so aus Ihrem Kopf heraus in eine verlässliche Aufgabenverwaltung bringen.

Anschließend priorisieren wir Ihre Aufgaben. Angefangen bei einer groben Einschätzung, ob die jeweilige Aufgabe wichtig oder dringend ist und übergehend zu einer detaillierten Priorisierung mit Zeitaufwand und Puffer für Ihre Aufgaben.

Um Ihnen die Umsetzung zu erleichtern, wird Ihnen im letzten Teil beschrieben, mit welchen Aufgaben Sie den Arbeitstag beginnen können.

„Ich erledige meine Aufgaben immer rechtzeitig."

Das ist ein schöner Satz. Er impliziert, dass man seine Aufgaben sortiert hat und genau weiß, was als nächstes ansteht und wann die Aufgabe fällig ist. Mir gibt dieser Satz das Gefühl, dass ich mein Leben „im Griff" haben könnte.

Wie geht es Ihnen mit diesem Satz, finden Sie sich in ihm wieder? Dann beglückwünsche ich Sie und kann Ihnen sagen, dass Sie bereits priorisieren können. Sie wissen, was Ihnen wichtig ist und was Sie später erledigen können. Daher können Sie dieses Kapitel ruhigen Gewissens überspringen.

Sie sind noch bei mir? Das heißt wohl, Ihnen geht es wie den meisten Menschen auf der Erde: Wir können nicht immer allem gerecht werden. Ein furchtbares Gefühl, vor allem für die harmoniebedürftigen oder perfektionistischen Menschen unter uns. Was wir dabei meistens vergessen, ist: Wir **müssen** auch nicht immer allem und jedem gerecht werden. Daher ist es wichtig, dass wir Prioritäten setzen – in unserem Arbeitsleben wie auch unserem Privatleben. Ist es wichtiger, zum Geburtstag der Cousine 5. Grades nach Prag zu fahren oder bei der Schulaufführung des Nachbarkindes dabei zu sein? Ist Ihnen das Angebot an die Großkundin wichtiger als die noch zu buchende Hotelübernachtung für Sie zu Messezeiten heute Abend?

© Springer Fachmedien Wiesbaden GmbH, ein Teil von Springer Nature 2019
D. Schenk, *Chefsache Assistenz*, Chefsache,
https://doi.org/10.1007/978-3-658-23490-4_7

Im folgenden Kapitel werde ich Ihnen nicht sagen, welche dieser Entscheidungen Sie treffen sollen. Aber ich werde Ihnen Tipps und Ratschläge an die Hand geben, die mir geholfen haben, Prioritäten im Privat- und Arbeitsleben zu setzen und die es Ihnen leichter machen können, Entscheidungen zu treffen. Denn wenn Sie für sich wissen, was wichtig ist, können Sie auch entsprechend handeln.

Wenn Sie dieses Kapitel durchgelesen und einmal alle Tipps ausprobiert haben, verhalten Sie sich ruhig, als wären Sie an einem Buffet. Nutzen Sie die Strukturierungen, die für Sie persönlich funktionieren und lassen Sie das weg, was Sie für unnötig halten!

Ich wünsche Ihnen viel Erfolg!

7.1 Die Liste

7.1.1 Grundlagen der Arbeitsorganisation

Wir haben alle eine Aufgabenliste, „neudeutsch" auch To-do-Liste genannt. Eventuell führen Sie ein kleines Büchlein mit sich, in welchem Sie handschriftlich die täglich anfallenden Aufgaben notieren. Viele Menschen organisieren sich inzwischen auch, indem sie sich digitale Listen in einem Programm anlegen, sei es als eine Excel-Tabelle, in Microsoft OneNote oder in einem Drittprogramm, zum Beispiel Wunderlist oder MyLifeOrganized.

Viele Menschen schaffen es, sich ohne jegliche Art von Hilfsmittel zu organisieren und ihre Aufgaben im Blick zu halten. Doch auch diese Menschen haben eine Liste – sie ist in ihrem Kopf, in ihren Gedanken und begleitet sie Tag für Tag.

Bleiben wir bei dem Beispiel der Aufgabenliste in einer Excel-Tabelle: Dort stehen die Aufgaben, die zu erledigen sind, schön untereinander aufgereiht. Manchmal sind es fünf, meistens aber deutlich mehr. Was ist mit der Aufgabe, die Sie erledigen müssen, die Sie aber heute nicht erledigen können, wie zum Beispiel das Nachhaken zu einem Angebot, dass Sie soeben versendet haben? Die Kundin jetzt direkt anzurufen, macht keinen Sinn – sie muss das Angebot ja auch erst lesen. Also schieben Sie die Aufgabe. Aber wohin? Weiter nach unten in die Excel-Tabelle? Sie merken, worauf ich hinaus möchte, oder?

Wenn Sie so vorgehen, haben Sie am Ende des Tages zwei Dinge: Eine unendlich lange Aufgabenliste und schlechte Laune, denn richtig erledigt ist ja keine der Aufgaben.

Noch schlechtere Laune könnten Sie haben, wenn Sie die Liste in Ihrem Kopf führen. Ich möchte Ihnen nicht sagen, wie Sie etwas machen sollen, möchte Ihnen aber in diesem Falle wärmstens ans Herz legen, die Methodiken, die ich Ihnen auf den folgenden Seiten vorstelle, zumindest auszuprobieren. Denken Sie an das Buffet: Wenn Sie einmal von allem gekostet haben, können Sie anschließend entscheiden, von was Sie noch mehr möchten und was Ihnen am besten schmeckt.

Stellen Sie sich einmal vor, wie es wäre, wenn Ihnen nicht erst auf dem Heimweg noch einfällt, was Sie in das Angebot an die Kundin einfügen müssen. Das wäre schön, oder?

Sie können die Aufgabe des Nachfragens und sogar schon das Versenden des Angebotes mit Ihrer Assistenz besprechen und diese Aufgabe an sie oder eine andere fähige Mitarbeiterin delegieren. Damit sind diese zwei Punkte von Ihrer Liste verschwunden.

Denn Ihre Assistenz wird diese Aufgaben auf ihre eigene Aufgabenliste übertragen, das Nachhaken beim Kunden übernehmen und Ihnen dann selbständig Rückmeldung geben, ob die Kundin den Auftrag erteilt hat, oder nicht. Vorausgesetzt, Sie möchten darüber informiert werden und haben Ihre Wünsche auch entsprechend mitgeteilt.

▶ **Kleiner Tipp:** Stellen Sie für sich fest, wie Sie sich aktuell organisieren und ob Sie sich mit dieser Art der Strukturierung gut fühlen. Bleiben Sie offen für eine Veränderung und nehmen Sie sich aus den folgenden Absätzen, was für Sie am besten passt.

7.1.2 Was ist Ihnen wichtig?

Hier kommen wir an einem Punkt an, der von Ihnen als Führungskraft abhängt und den ich mit Ihnen besprechen möchte: Haben Sie Ihrer Assistenz mal gesagt, was Ihnen wichtig ist? Haben Sie mit Ihrer Assistenz darüber gesprochen, weshalb die Kundin oder gar der Auftrag so wichtig ist, dass bitte bei der Kundin in 2 bis 3 Tagen nachgehört werden soll? Dass die Assistenz dies vielleicht sogar eigenständig machen darf? Oder warum es Ihnen wichtig ist, dass Sie doch lieber selbst mit der Kundin sprechen wollen?

Nutzen Sie Ihre Assistenz richtig: Holen Sie sie mit ins Boot! Denn eines kann ich Ihnen aus Erfahrung sagen: Haben Sie Ihre Assistenz mit im Boot, erreichen Sie das Ziel sehr viel schneller, als wenn Sie alleine paddeln!

Wenn Ihre Assistenz weiß, was wie wichtig und was wann dringend ist, kann sie richtige Prioritäten setzen und die Kundin in zwei Tagen anrufen. So ist Ihre Firma vielleicht einen Tag früher am Telefon als die Konkurrenz und kann den entscheidenden Vorteil haben.

Das kann Ihre Assistenz aber nur, wenn Sie selbst wissen, was die richtigen Prioritäten sind. Um zu dem Beispiel im Vorwort zurückzukommen: Wenn Ihre Assistenz fünf Stunden des Tages damit verbringt, Ihnen für heute Abend ein spontanes Hotelzimmer in einer Messestadt zu Messezeiten zu buchen, kann selbst die beste Assistenz die Arbeitszeit nicht ausgleichen, indem sie schneller arbeitet.

Sicherlich weiß Ihre Assistenz, dass der Anruf bei der Kundin wichtig ist. Dringender ist jedoch, für Sie heute Abend ein Hotelzimmer zu haben, denn so schön zum Beispiel die Brücken in Köln auch sind – im Winter sind sie ein wenig kühl zum Übernachten. Ihre Assistenz wird in diesem Fall Ihr Wohlergehen über den Auftrag stellen, denn sind wir ehrlich, wenn Sie schlecht gelaunt sind, ist es Ihre Assistenz meistens auch.

▶ Holen Sie Ihre Assistenz mit ins Boot. Nutzen Sie die zur Verfügung stehende Zeit effektiv und priorisieren Sie gemeinsam, was erledigt werden muss. So erreichen Sie das gemeinsame Ziel: Den Kunden gewinnen!

7.1.3   Der Anfang

Ihre Aufgabenliste – Teil 1
Ich möchte mit Ihnen ganz pragmatisch an das Thema Priorisierung herangehen und
bitte Sie daher, jetzt eine leere Excel-Tabelle (oder ein Blatt Papier und einen Stift,
ganz wie Sie mögen) zu öffnen und alle aktuellen Aufgaben einzutragen, die Ihnen
einfallen. Nehmen Sie sich ruhig ein wenig Zeit, ich laufe Ihnen nicht weg.

Das fanden Sie einfach? Dann muss ich Ihnen leider sagen, dass Sie wahrscheinlich keine
vollständige Liste haben. Setzen wir also gemeinsam noch einen Schritt früher an.

Nutzen wir ein Beispiel aus dem Privatleben, das Sie sicher schon einmal selbst erlebt
haben: Sie wollen in den Urlaub fahren. Selbst wenn Sie die vermeintlich einfachste Variante wählen und in ein Reisebüro gehen, dort eine Pauschalreise „All-inklusiv" buchen
und nach 30 Minuten wieder herauskommen, können Sie die Aufgabe „Urlaub" nicht
abhaken. Schließlich müssen Sie sich noch impfen lassen, einen Stromadapter kaufen
und eine neue Sonnenbrille ist auch wieder fällig. Wer kümmert sich um Ihre Goldfische/
Hunde/Katzen? Kann Ihr Nachbar den Postkasten leeren? Sie müssen den Garten noch
„urlaubsfest" machen, eventuell noch Unkraut zupfen. Das sind sehr viele Unteraufgaben,
die diese eine Aufgabe „Urlaub" nach sich zieht. Mit so vielen Unteraufgaben kann man
schon von einem Projekt sprechen und Projekte kennen wir aus dem Büroalltag.

Fangen wir also etwas früher an und schreiben gemeinsam eine Aufgabenliste für Sie.

7.1.3.1 Ihre eigene Aufgabenliste

Haben Sie die Tabelle von eben noch? Ich hoffe, Sie haben sie nicht gelöscht oder weg-
geworfen, denn wir können sie als Grundlage sehr gut gebrauchen.

Diese Liste sollte jetzt alle Aufgaben beinhalten, die Ihnen aktuell durch den Kopf
gehen. Das ist allerdings, wie anhand des Urlaubs-Beispiels festgestellt, nur ein Bruchteil
der Aufgaben, die wirklich zu erledigen sind. Viele Aufgaben, die Sie notiert haben, sind
in Wirklichkeit Projekte, die Sie jetzt ausformulieren sollten und mit Unteraufgaben versehen können.

Bitte schauen Sie sich die einzelnen Aufgaben an und ergänzen Sie diese jetzt (siehe
Abb. 7.1). So können Sie zum Beispiel die Aufgabe „Angebot an Kundin senden" ergänzen mit den Unteraufgaben „Vorlage erstellen aus Angebot an Kundin XYZ", „Rechtschreibung und Layout prüfen lassen", „Leistungspositionen überarbeiten", „Angebot per
E-Mail versenden" und „Nachhaken/Erinnerung: Heute + 2 Tage". Somit haben wir das
große Projekt in kleinere, greifbarere Schritte eingeteilt.

	A	B	C	D	E
1	Aufgabe	Status			
2	1 Angebot an Kundin senden	in Bearbeitung			
3	1a Vorlage erstellen aus Angebot an XYZ	in Bearbeitung			
4	1b Rechtschreibung und Layout prüfen lassen	offen			
5	1c Leistungspositionen überarbeiten	offen			
6	1d Angebot per E-Mail versenden	offen			
7	1e Nachhaken/Erinnerung: Heute + 2 Tage	offen			
8	2 Aufgabe 2	offen			
9	2a Aufgabe 2 - Unteraufgabe a	offen			
10	2b Aufgabe 2 - Unteraufgabe b	offen			
11					

Abb. 7.1 Aufgabenliste mit Unteraufgaben und Status

Ihre Aufgabenliste – Teil 2
Erweitern Sie die soeben erstellte Aufgabenliste um Unteraufgaben zu den einzelnen Aufgaben bzw. Projekten. Bitte nutzen Sie nicht zu viele Wörter für Ihre Aufgaben. Optimal sind 3-7 Wörter, so dass Sie genau wissen, was gemeint ist und dennoch nicht das Gefühl haben, etwas zu vergessen.

Ihre Aufgabenliste ist jetzt um einiges gewachsen, ich bitte Sie aber, keine Angst vor der Anzahl der Aufgaben zu haben, wir haben noch ein bisschen Arbeit mit der Liste vor uns und unser Ziel ist am Ende das genaue Gegenteil: **Spaß bei der Abarbeitung der Aufgabenliste!**

Nehmen Sie Ihre Aufgabenliste noch einmal zur Hand und lesen Sie sie kritisch durch. Haben Sie alle Aufgaben notiert? Eine letzte Bearbeitung Ihrer Aufgabenliste habe ich dann noch für Sie, bevor wir uns der richtigen Priorisierung widmen können: Tragen Sie **alle** Ihre Aufgaben ein.

Damit sind wirklich alle Aufgaben gemeint. Nicht nur die Aufgaben, die Ihnen aktuell im Kopf herumschwirren, sondern auch die, die demnächst anstehen. Zum Beispiel „Vorbereitung auf Teammeeting", „Protokoll Teamleitermeeting schreiben" oder „Report der Mitarbeiter ziehen". Dies sind alles Themen, die erst **irgendwann in der Zukunft** auf Ihrer Aufgabenliste stehen würden und aktuell eventuell durch Ihre Assistenz auf Wiedervorlage gehalten werden oder bei Ihnen irgendwo im Hinterkopf herumschwirren und zwischendurch kurz aufblitzen.

Schreiben Sie auch diese zukünftigen Aufgaben jetzt mit in Ihre Aufgabenliste. Wenn Sie bei diesen Aufgaben wieder komplexere Themen entdecken, notieren Sie direkt die Unteraufgaben dazu, denn wenn Sie dies jetzt erledigen, sparen Sie sich die Arbeit später, wenn die Aufgabe anfällt. Schreiben Sie die Unteraufgaben in Ruhe dazu, denn jetzt haben Sie die Zeit und die Gefahr, dass Sie später etwas in der Hektik vergessen, ist geringer. Sollte Ihnen dann bei der Bearbeitung der Aufgaben noch eine Unteraufgabe einfallen, können Sie diese natürlich hinzufügen – aber die Grundlage haben wir jetzt geschaffen.

Das war nochmal ein guter Stapel voller Aufgaben, oder? Vermutlich ist Ihre Liste jetzt doppelt so lang wie vorher, aber eventuell fühlen Sie sich sogar ein bisschen besser. Bevor ich Ihnen die Methodiken erläutere, möchte ich etwas mit Ihnen teilen, was ich selbst gelernt habe.

Wenn die Aufgaben, die ich zu erledigen habe, niedergeschrieben sind, sind sie nicht mehr in meinem Kopf. Wenn die Aufgaben nicht mehr in meinem Kopf sind, belasten sie mich nicht mehr so stark. Wenn ich mich an meine Aufgabenliste halte und sie pflege, nimmt sie mir Ballast von den Schultern.

An einem Beispiel beschrieben: Wenn ich mir eine Einkaufsliste schreibe, ist die Wahrscheinlichkeit, dass ich etwas einzukaufen vergesse, geringer, als wenn ich mir die Artikel lediglich im Kopf merke. Übertragen Sie das in Ihr Büro. Überlegen Sie, was passiert, wenn Sie auch alle kleinen Aufgaben, die Sie über den Tag erledigen wollen, nicht im Kopf behalten, sondern konsequent aufschreiben.

Sie übertragen diese Aufgaben aus Ihrem Kopf heraus und hinein in ein anderes, verlässliches Medium, auf das Sie immer schauen können, wenn Sie nicht wissen, was jetzt als Nächstes abgearbeitet werden muss.

Haben Sie sich schon einmal eine Einkaufsliste so geschrieben, dass Sie diese nach den Reihen im Lebensmittelgeschäft abgehen können? Zum Beispiel erst das Obst, dann die Konserven, dann die Käsetheke, dann die Milchprodukte und am Ende das Knabbergebäck?

Das ist Priorisierung: Die richtige Reihenfolge der abzuarbeitenden Aufgabe im Sinne der Effizienz, Effektivität und Logik zu finden.

Ihre Aufgabenliste – Teil 3
Fügen Sie Aufgaben, die mehrere Schritte erfordern, Unteraufgaben hinzu, die diesen Schritten entsprechen. Notieren Sie sich nicht nur die aktuellen, sondern auch die zukünftigen Aufgaben. Erschrecken Sie nicht vor der Länge Ihrer Aufgabenliste, dazu kommen wir später.

Herzlichen Glückwunsch, Sie haben jetzt Ihre vollständige, persönliche Aufgabenliste! Sie lachen jetzt eventuell in sich hinein und denken „Ab hier ist es doch kein Problem mehr! Ich priorisiere die Aufgaben einfach durch und schon habe ich mir das weitere Durchlesen dieses Kapitels gespart."

Markieren Sie sich dann bitte diese Seite im Buch (vielleicht mit einem Klebezettel?), bevor Sie aufhören zu lesen, damit Sie später da weiter machen können, wo es wirklich interessant wird. Danke im Voraus und bis in ein paar Wochen!

7.1.3.2 Priorisierungsmethoden

Priorisierung, Zeitmanagement, Selbstorganisation und Selbstmanagement haben alle im Grunde das gleiche Ziel: So viele (wichtige) Aufgaben wie möglich in einer kurzen Zeitspanne qualitativ hochwertig bearbeiten. Die Methoden, die ich nachfolgend umschreibe, ergänzen sich hervorragend und sollten den meisten Assistenzen und Chefs, die schon einmal ein Training zu einem der vorgenannten Themen besucht haben, bekannt sein.

Das Eisenhower-Prinzip

Inzwischen oft kritisiert, aber in der Welt der Assistenz immer noch lebendig: Das Eisenhower-Prinzip. Das Prinzip hat übrigens nichts mit Dwight D. Eisenhower zu tun.

Das Prinzip ist so kurz wie prägnant: Kategorisieren Sie Ihre Aufgaben nach 4 Bereichen:

A   Wichtig und Dringend: Sofort selbst erledigen
B   Wichtig und Nicht Dringend: Terminieren und dann selbst erledigen
C   Nicht Wichtig und Dringend: Delegieren
D   Nicht Wichtig und Nicht Dringend: Nicht bearbeiten/Papierkorb

Ich persönlich muss jedes Mal bei den D-Aufgaben (Nicht Wichtig und Nicht Dringend) schmunzeln. In der Kategorie „Nicht bearbeiten" finden sich Themen wie: Wie wichtig sind Ihnen einheitliche Rückenschilder auf Ihren Ordnern? Wie dringend benötigen Sie den Ausdruck der versendeten Unterlagen zur Ablage im Projektordner? Sie merken, das scheinen keine wichtigen und auch keine dringenden Themen zu sein. Dennoch möchten Sie, dass sie bearbeitet werden.

Das bedeutet jedoch nicht, dass diese Aufgaben an das Ende der Liste rutschen – hierzu später mehr!

Ihr erster Instinkt kann sein, dass Sie alle Ihre C-Aufgaben an Ihre Assistenz oder eine fähige Mitarbeiterin delegieren können. Dieser Instinkt ist richtig, zusätzlich kann Ihre Assistenz Sie aber auch häufig bei der Bearbeitung der A- und B-Aufgaben unterstützen.

Holen Sie sich Ihre eigene, aktuelle Aufgabenliste und lesen Sie sich Ihre Aufgaben durch. Legen Sie sich die Liste direkt neben das Buch, denn es folgen noch ein paar Methoden, mit denen Sie die Aufgaben gleich noch detaillierter priorisieren können. Für den Anfang, entscheiden Sie, welche Aufgaben Sie mit einem A, einem B, einem C oder sogar einem D versehen (siehe Abb. 7.2).

	A	B	C	D	E
1	Aufgabe	Status	Eisenhower		
2	1 Angebot an Kundin senden	in Bearbeitung	A		
3	1a Vorlage erstellen aus Angebot an XYZ	in Bearbeitung	A		
4	1b Rechtschreibung und Layout prüfen lassen	offen	C		
5	1c Leistungspositionen überarbeiten	offen	B		
6	1d Angebot per E-Mail versenden	offen	B		
7	1e Nachhaken/Erinnerung: Heute + 2 Tage	offen	C		
8	2 Aufgabe 2	offen	B		
9	2a Aufgabe 2 - Unteraufgabe a	offen	B		
10	2b Aufgabe 2 - Unteraufgabe b	offen	B		
11	3 Vorbereitung auf Teammeeting	offen	B		
12	4 Protokoll Teamleitermeeting schreiben	offen	A		
13	5 Report der Mitarbeiter ziehen	offen	C		
14					

Abb. 7.2 Aufgabenliste ergänzt um die Priorisierung nach dem Eisenhower-Prinzip

Haben Sie Ihre Assistenz in der Nähe? Holen Sie sie dazu, wenn Sie das nächste Mal im Büro sind. Besprechen Sie die Aufgaben, die Sie gerade bei sich in der Aufgabenliste stehen und frisch kategorisiert haben. Sagen Sie ihr, sie soll ihre Aufgabenliste ebenfalls holen und gleichen Sie sie ab. Ich habe häufig Überraschungen erlebt und wundern Sie sich nicht, wenn Ihre Assistenz Einsatz zeigt und Ihnen anbietet, die eine oder andere Aufgabe zusätzlich zu übernehmen. Das zeigt, Sie sind auf dem richtigen Weg!

Liebe Assistentin, ich verstehe Sie, es ist oftmals schwer, „Nein" zu sagen. Daher ist es das Beste, seine eigenen Aufgaben im Blick zu haben und zu wissen, wie wichtig und/ oder dringend die einzelnen Aufgaben sind. Kommt Ihr Chef also nicht auf Sie zu, dann werden Sie selbst aktiv. Ich habe bisher erst wenige Assistenzen getroffen, die mit Ihrem Chef nicht über die Priorisierung ihrer Aufgaben sprechen konnten.

Haben Sie denn Ihre Aufgabenliste kategorisiert? Holen Sie das direkt nach!

Haben Sie Ihren Chef in der Nähe? Stimmen Sie sich mit ihm ab! Fordern Sie ihn auf, dass er Sie ins Boot holt!

Bevor Sie mir sagen „Aber ich weiß ja jetzt schon nicht, wann ich das alles machen soll! Wenn ich ihn jetzt darauf anspreche, dann komme ich nur mit noch mehr Aufgaben aus seinem Büro!", frage ich Sie: Haben Sie ihm das schon einmal gesagt? Hatten Sie schon einmal ein Gespräch über Ihre Aufgaben und Ihre Aufgabenstruktur? Haben Sie ihm schon einmal eine Liste aller Aufgaben vorgelegt, die Sie priorisiert haben, so dass er sie und Ihr Anliegen schwarz auf weiß vor sich liegen hat? Greifbar? Versuchen Sie das.

Die (berechtigte) Kritik an dem Eisenhower-Prinzip ist, dass die Kategorien „Wichtig" und „Dringend" selten zusammen auftauchen. Aufgaben werden oftmals erst wichtig, weil sie dringend sind. Andersherum sind häufig dringende Aufgaben nur selten wirklich wichtig.

Wir haben hier einen guten Start. Legen Sie sich Ihre Aufgabenliste neben das Buch und schreiben Sie Buchstaben zu den einzelnen Aufgaben: Welche Aufgabe ist „wichtig"? Welche Aufgabe ist „dringend"? Welche Aufgabe ist sogar „wichtig und dringend"? Was genau Sie an Ihre Assistenz delegieren können, sollten Sie in einem persönlichen Gespräch klären. Vielleicht werden Sie überrascht!

Die ALPEN-Methodik nach Lothar J. Seiwert

Lothar J. Seiwert hat eine umfassendere Methodik entwickelt, nach der vorgegangen werden kann, um die eigenen Aufgaben zu strukturieren (vgl. Seiwert 1998 [19]).

Er beginnt am Anfang mit dem Notieren der Aufgaben und endet mit der Nachkontrolle der Erledigung. Die Priorisierung stellt Herr Seiwert dar, indem Sie Entscheidungen treffen.

Starten wir also direkt mit dem unangenehmen Teil, da Sie die Aufgaben ja bereits notiert und nach dem Eisenhower-Prinzip priorisiert haben: Entscheiden Sie sich. Was ist für Sie das Wichtigste? Können Sie zur Not auch bei einem Bekannten in Köln übernachten, Hauptsache, das Angebot geht heute noch an die Kundin? Machen Sie sich erst einmal nur ein paar Gedanken, wir kommen gleich darauf zurück.

Es reicht leider nicht, eine Aufgabe nur als „Wichtig" oder „Dringend" zu kategorisieren. Wir müssen weitere Kategorien hinzufügen. Laut Herrn Seiwert müssen Sie die

Länge der Aufgabe schätzen und auch einen **P**uffer einplanen. Dann haben wir unsere „ALPEN" komplett.

Haben Sie noch Platz neben den As, Bs, Cs und Ds auf Ihrem Blatt? Sehr gut, bitte ergänzen Sie folgende Spalten rechts davon:

Dauer/Länge, Deadline/Termine, Puffer (siehe Abb. 7.3)

Nachdem Sie sich schon einige Gedanken zu Ihren Entscheidungen gemacht haben und die genannten Spalten ergänzt haben, bitte ich Sie: Kategorisieren Sie Ihre Aufgaben.

Wie lange dauern Ihre Aufgaben für Sie? Wenn Sie eine C-Aufgabe delegieren können, dauert es vielleicht nur 5 Minuten, Ihrer Assistenz zu erläutern, was zu tun ist. Wenn Sie das Angebot jedoch selbst schreiben wollen, die Vorlage selbst zusammenbauen wollen und das Leistungsbild überarbeiten, dauert es eventuell 30 Minuten, in denen Sie nicht gestört werden dürfen. Wenn Sie dazu ein Chef mit offener Tür sind, ist es allerdings wahrscheinlich, dass Sie gestört werden. Planen Sie also lieber etwas Puffer dazu.

Bis wann muss das Angebot raus? Hat die Kundin eine Deadline gesetzt? Gibt es einen Termin mit der Kundin, in dem das Angebot besprochen werden soll? Dann sollte die Kundin das Angebot 1-2 Tage vorher in jedem Fall in (digitalen) Händen halten.

	A	B	C	D	E	F
1	Aufgabe	Status	Eisenhower	Dauer (Min.)	Termin	Puffer
2	1 Angebot an Kundin senden	in Bearbeitung	A		Morgen	
3	1a Vorlage erstellen aus Angebot an XYZ	in Bearbeitung	A	20	Heute	10
4	1b Rechtschreibung und Layout prüfen lassen	offen	C	10	Heute	0
5	1c Leistungspositionen überarbeiten	offen	B	45	Morgen	15
6	1d Angebot per E-Mail versenden	offen	B	20	Morgen	0
7	1e Nachhaken/Erinnerung: Heute + 2 Tage	offen	C	20	Montag	10
8	2 Aufgabe 2	offen	B	-		
9	2a Aufgabe 2 - Unteraufgabe a	offen	B	15	Morgen	15
10	2b Aufgabe 2 - Unteraufgabe b	offen	B	10	Montag	20
11	3 Vorbereitung auf Teammeeting	offen	B	25	Dienstag	15
12	4 Protokoll Teamleitermeeting schreiben	offen	A	45	Montag	30
13	5 Report der Mitarbeiter ziehen	offen	C	20	Donnerstag	15
14						

Abb. 7.3 Priorisierte Aufgabenliste mit Aufwandsschätzung, Terminierung und Pufferzeiten

Haben Sie die Spalten ausgefüllt? Sehr gut. Holen Sie Ihre Assistenz dazu, wenn Sie das nächste Mal im Büro sind und stimmen Sie die Aufgaben nebst Priorisierung ab.

Liebe Assistenz, gehen Sie auf Ihren Chef zu. Er kann Ihnen sagen, welche Aufgaben ggf. anders bearbeitet werden können – eventuell können Sie ja auch etwas (weiter-) delegieren?

Ihre Aufgabenliste – Teil 4
Detaillieren Sie die Priorisierung mithilfe der ALPEN-Methodik um Zeitaufwand, Pufferzeiten und Termine/Deadline. Besprechen Sie dies wieder mit Ihrer Assistenz bzw. als Assistenz mit Ihrem Chef.

Getting Things Done von David Allen

Im Buch „Wie ich die Dinge geregelt kriege" (Original „Getting Things Done") beschreibt David Allen viel mehr als nur die „einfache" Priorisierung der Themen. Er gibt jeder Aufgabe eine Kategorie, clustert sie zusammen und strukturiert sein Leben durch. Hier auszuführen, was er in seinem Buch alles beschreibt, führt zu weit, daher möchte ich nur das wiedergeben, was mir am meisten geholfen hat und hoffentlich auch Ihnen hilft. Sie können Ihre Liste kurz zur Seite legen, hier kommen ein paar allgemeine Tipps für Sie (vgl. Allen, 2001 [20]).

Kommen Sie manchmal ein bisschen früher ins Büro, um Aufgaben zu erledigen, bevor die Kollegen eintreffen? David Allen appelliert, das in den normalen Alltag zu integrieren. Nicht, immer früher da zu sein, sondern sich die ersten oder letzten 30 Minuten des Tages zu nehmen, um sich zu sortieren und die Aufgabenliste auf den aktuellen Stand zu bringen.

30 Minuten sortieren erspart Stunden an nicht richtig eingesetzter Arbeitskraft.

Angenommen, Sie arbeiten einen halben Tag an dem Angebot für die Kundin und erfahren kurz vor dem Mittagessen, dass das Angebot ganz andere Inhalte haben muss oder dass die Kundin das Angebot erst in 3 Tagen erwartet. Mit einer aktuellen, abgesprochenen Aufgabenliste wäre Ihnen das eventuell nicht passiert.

Kommunizieren Sie diese 30 Minuten auch an Ihre Kollegen, so dass sich alle daran gewöhnen können, dass Sie zwischen 08:30 und 09:00 Uhr oder 17:00 und 17:30 Uhr nicht ansprechbar sind.

Wenn Sie Aufgaben haben, die sich ähneln, überlegen Sie, wie Sie diese effizient zusammenführen können. Sie müssen noch mehrere Telefonate führen, die aber nicht dringend sind? Überlegen Sie, diese eventuell auf der Heimfahrt im Auto zu erledigen. David Allen empfiehlt hierfür, separate Listen anzulegen und für jede Aufgabe ein Blatt zu nutzen. Wenn Sie so zum Beispiel 5 Blätter gesammelt haben mit Anruf-Aufgaben darauf, legen Sie sie auf einen Stapel oder in eine Mappe, so dass Sie, wenn Sie das Büro verlassen, diesen Stapel nehmen und die Anrufe nacheinander tätigen können.

Einer der beiden Tipps, die mir am meisten geholfen haben, ist die 2-Minuten-Regel: Alles, was Sie in 2 Minuten erledigen können, erledigen Sie am besten sofort.

Wie Sie sicher an sich selbst schon einmal festgestellt haben, kann es nach einer Arbeitsunterbrechung manchmal mehrere Minuten dauern, bis man wieder in der optimalen Aufgabenbearbeitung ist. Daher rät David Allen dazu, alle Aufgaben, die Sie in 2 Minuten erledigen können, direkt zu erledigen.

Alles, was länger als 2 Minuten dauert, wird einer Kategorie zugewiesen. Die Kategorien können Sie selbst bestimmen, das könnten zum Beispiel „Telefonanruf", „Angebot", „Delegieren" oder andere Kategorien sein.

Wenn Sie sich dann das nächste Mal mit Ihrer Assistenz zusammensetzen, holen Sie die Mappe „Delegieren" heraus und besprechen die Themen mit ihr.

Der andere Tipp von David Allen: Dranbleiben und verlässlich bleiben!

Die beste Organisation nützt nichts, wenn Sie sie nicht leben und pflegen. So wie Sie Ihre Einkaufsliste nach Reihen der Artikel im Lebensmittelgeschäft sortieren, sortieren Sie auch Ihre Aufgaben im Berufsleben. Das bedeutet nicht, dass Sie von jetzt an nichts ändern dürfen, aber analysieren Sie, warum eine bestimmte Art der Organisation nicht für

Sie funktioniert und ändern Sie diese. Bleiben Sie dran!

Denn nur, wenn Sie Ihr System pflegen und Ihre Listen aktuell halten, werden Sie das Gefühl haben, dass Sie sich darauf verlassen können. Verlässlichkeit ist ein großer Punkt bei der Organisation von Aufgaben. Wenn Sie nicht mehr das Gefühl haben, dass in Ihrer Aufgabenliste alle Aufgaben enthalten sind oder dass Sie eventuell etwas vergessen könnten, dann werden Sie die Liste weniger nutzen und wieder damit anfangen, auf der Heimfahrt an Themen zu denken, die Sie besser im Büro auf Ihre Liste notieren sollten.

Versuchen Sie, darauf zu achten, welche Einstellung Sie gegenüber Ihrer Aufgabenliste haben, denn am Ende des Tages ist es Ihre Aufgabenliste, die im Büro bleibt und Ihre Aufgaben für Sie hütet, während Sie den Feierabend mit einem ruhigen Gewissen in Bezug auf Ihre offenen Aufgaben genießen können.

Ihre Aufgabenliste – Teil 5
Prüfen Sie Ihre Liste noch einmal auf Effizienz: Können Sie Aufgaben kombinieren, zum Beispiel Telefonate?
Wenn Sie Aufgaben in 2 Minuten oder weniger erledigen können: Machen Sie sie sofort, fassen Sie sie nicht noch einmal an.
Prüfen Sie regelmäßig, ob Sie sich auf Ihre Liste immer noch verlassen. Wenn dies nicht mehr der Fall ist: Überarbeiten Sie die Liste und Ihr System, damit sich die Aufgabenliste wieder verlässlich anfühlt und es auch ist. Nur dann nutzen Sie die Liste wirklich effektiv.

Das Pareto-Prinzip
Das Pareto-Prinzip hat wenig mit Priorisierung zu tun, ist aber ein Hinweis, den ich an dieser Stelle erwähnen möchte: Verplanen Sie nie Ihren ganzen Tag. Selbst mit eingeplantem Puffer aus der ALPEN-Methodik und der Logik aus Getting Things Done gibt es keinen perfekt durchgeplanten Tag. Wie heißt es so schön? „Irgendwas ist doch immer."

Gemäß dem Pareto-Prinzip können 80 % der Arbeit in 20 % der Zeit geschafft werden. Ganz so extrem können wir das im Büroalltag sicherlich nicht anwenden, aber es kann uns eine Inspiration sein, uns Minuten oder sogar Stunden am Tag für ungeplante Aufgaben freizuhalten. Je nach Beruf, denn als Assistenz benötigt man sicherlich mehr freigehaltene Zeit für Unvorhergesehenes und als Chef vielleicht eher weniger.

▶   **Kleiner Tipp:** Planen Sie sich zusätzliche Pufferzeiten für Unvorhergesehenes ein.

7.1.3.3 Methoden im Flow
Sie hatten doch bestimmt auch schon einmal einen sogenannten „Flow"? Wenn Ihnen die Arbeit nur so durch die Hände geflossen ist, weil Sie einen guten Tag hatten, der Kaffee besonders gut geschmeckt hat, die Sonne geschienen hat und Sie eine Stunde kein Telefon oder Rückfragen der Kollegen beantworten mussten?

Diesen „Flow" zu erreichen, ist das Optimum. Wenn Sie in dieser Stimmung sind, passieren die wenigsten Fehler und Sie sind am effektivsten. Dass sich diese Zeit nicht auf acht Arbeitsstunden am Tag ausdehnen lässt, ist uns allen bewusst. Dennoch können Sie mithilfe der Methoden aus dem Eisenhower-Prinzip, der ALPEN-Methodik, Getting Things Done und dem Pareto-Prinzip eine Grundlage schaffen, die Sie empfänglicher für den Flow macht.

▶ **Kleiner Tipp:** Kombinieren Sie die Priorisierungsmethodiken, wie sie für Sie am besten sind. Testen Sie über ein paar Wochen, was für Sie funktioniert und wenn nicht, ändern Sie es.

7.1.3.4 Spaß an der Liste entwickeln

Wie sollen Sie jedoch in den „Flow" kommen, wenn Sie morgens schon diese furchtbar lange Aufgabenliste begrüßt? Viele Zeilen, ergänzt um viele Spalten mit Priorisierungen, Deadlines und Zeitaufwänden.

Jetzt kommen wir zurück zu dem Teil, in dem ich Ihnen den Spaß an der Abarbeitung angekündigt habe und wir Ihre Aufgabenliste so finalisieren, dass Sie ab sofort damit arbeiten können.

Als erstes blenden Sie alle Zeilen aus, die sich nicht auf den heutigen Tag beziehen. Wenn Sie ein Blatt beschriftet haben, schneiden Sie es sauber mit einer Schere nach den heutigen Aufgaben ab. Der Teil des Blattes, den Sie ab morgen benötigen, legen Sie in Ihre Schublade oder fügen die Zeilen in ein neues Excel-Blatt ein.

Die Aufgaben, die Sie jetzt vor sich haben, sind die Aufgaben, die Sie heute bearbeiten wollen. Führen Sie ein neues Ritual ein: Wenn Sie sich morgens hinsetzen und die vorhin beschriebenen 30 Minuten Planung durchführen, schauen Sie einmal über alle Aufgaben. Die heutigen Aufgaben, die Aufgaben, die Sie morgen geplant haben und auch die Aufgaben in der Zukunft. Fällt Ihnen auf, dass Sie etwas vergessen haben, ergänzen Sie es.

Am Ende der 30 Minuten blenden Sie die Aufgaben aus, die nicht heute betreffen. So wissen Sie, welche Aufgaben Sie heute, morgen und in Zukunft haben und können sicher sein, dass Sie nichts vergessen werden. Denn Ihre Aufgabenliste bewahrt die Aufgaben für Sie auf.

So macht die Bearbeitung doch direkt mehr Spaß! Sie haben eine überschaubare Liste mit Aufgaben, von denen Sie sogar ein paar delegieren können.

▶ **Kleiner Tipp:** Gehen Sie morgens in Ihren 30 Minuten Tagesplanung alle vorhandenen Aufgaben durch, um sicher zu sein, dass Sie an alles denken werden. Anschließend nehmen Sie sich nur die Aufgaben des Tages heraus und blenden Sie die anderen Aufgaben in der Tabelle aus. So erhalten Sie eine überschaubare Aufgabenliste.

7.1.3.5 Kommunikation

Herzlichen Glückwunsch! Sie haben jetzt eine Liste, mit der Sie theoretisch direkt loslegen können. Was kann ich Ihnen jetzt noch erzählen? Das Kapitel heißt „Priorisierung" und jetzt sind alle Ihre Aufgaben priorisiert, richtig? Soweit richtig.

Ich kann Sie jetzt alleine lassen – oder ich gebe Ihnen noch ein paar gute Tipps, damit Sie diese Liste auch effizient und effektiv abarbeiten können. Denn nicht ausschließlich die Aufgabenliste, ergänzt um Prioritäten, Dringlichkeit, Wichtigkeit, Dauer, Deadlines und Puffer ist die Lösung Ihrer Probleme.

Es ist etwas komplizierter, fangen wir also am besten wieder mit etwas Einfachem an: Die Aufgaben, die Sie nicht selbst bearbeiten wollen/müssen/können.

Das Boot

Wie vor ein paar Absätzen schon beschrieben, kommt jetzt der Schritt, in dem Sie Ihre Assistenz wirklich mit ins Boot holen. Im Idealfall haben Sie ihr schon erläutert, was Sie aktuell für Aufgaben vor sich liegen haben und sie hat ihre Liste geholt und Sie haben sich die Liste Ihrer Assistenz angeschaut.

Liebe Führungskraft, ich frage Sie: Kennt Ihre Assistenz Ihre Ziele? Weiß Sie, was Sie im letzten Teamleitermeeting für Ziele gesetzt haben? Im letzten Managementmeeting? Was in der letzten Geschäftsführer- oder Vorstandsrunde besprochen wurde?

Hier ist Ihre Chance: Erzählen Sie ihr davon. Wenn sie sowieso schon das Protokoll geschrieben hat, dann sprechen Sie mit ihr über das Protokoll und die Sätze „zwischen den Zeilen". Welche Ziele hat das Unternehmen? Wie können Sie die Ziele gemeinsam erreichen oder zumindest einen Teil dazu beitragen?

Was läuft gerade nicht so rund, wo gibt es Verbesserungsbedarf? Kann Ihre Assistenz vielleicht ein Auge auf die Bearbeitung oder Einhaltung bestimmter Themen haben, wenn Sie nicht da sind? Verstehen wir uns nicht falsch: Sie sind der Chef, es sind Ihre Aufgaben und es ist Ihre Verantwortung. Aber Ihre Assistenz kann mit einem anderen Auge und einem anderen Auftreten an die Themen herantreten, vielleicht sogar vermitteln, wenn notwendig.

▶   **Kleiner Tipp:** Liebe Führungskraft, wenn Ihre Assistenz weiß, was Ihnen und dem Unternehmen wichtig ist, kann sie Sie besser und effizienter unterstützen.

Delegieren Sie, aber machen Sie es richtig.

Ihre Assistenz weiß, was Sie für Aufgaben haben. Sie wissen, was Ihre Assistenz für Aufgaben hat. Jetzt sprechen Sie darüber.

Alle Aufgaben auf Ihrer Liste, die ein „C" tragen, sind Aufgaben, die Sie nicht selbst erledigen müssen/können/wollen und das ist in Ordnung! Sie müssen nicht alles selbst machen, niemand kann alles erledigen und allem und jedem gerecht werden und das ist gut so!

Orientieren Sie sich an den Aufgaben: Was können Sie wem delegieren? Haben Sie eine fähige Teamleiterin oder eine kompetente Mitarbeiterin im Vertrieb, die Sie mit der Angebotserstellung betrauen können? Ist das Steckenpferd Ihrer Assistenz Reisebuchungen und sie bucht Ihnen das Hotelzimmer zu Messezeiten in wenigen Minuten?

Suchen Sie sich die richtige Person zur Bearbeitung der Aufgabe.

Nehmen Sie sich eine Minute, um sich klar zu werden, was Ihre Anforderungen bezüglich der Aufgabe sind. Denken Sie nicht nur an den Inhalt der Aufgabe, den Sie auch eindeutig formulieren sollten, sondern auch die Rahmenbedingungen: Eventuell ist es eine potentielle Stammkundin? Bis wann wurde ihr zugesagt, dass sie das Angebot erhält? Möchten Sie sie nach dem Versand selbst anrufen oder können Sie das auch an die Mitarbeiterin, die das Angebot versendet hat, delegieren?

Haben Sie alle Inhalte ausreichend erläutert? Lassen Sie sich das Angebot ruhig vor dem Versand noch einmal zeigen – so haben Sie die Möglichkeit, sich von der Qualität zu überzeugen und ggf. ein Lob auszusprechen, wenn es angebracht ist.

Geben Sie im Gespräch alle notwendigen Informationen und Rahmenbedingungen zum Thema an die Mitarbeiterin.

Wer freut sich nicht, wenn der Vorgesetzte 5 Minuten vor Feierabend vor ihrem Schreibtisch steht und noch ein wichtiges Angebot hat, das heute versendet werden muss? Spaß beiseite.

Delegieren Sie frühzeitig. Je früher am Tag bzw. je frühzeitiger im Prozess Sie eine Aufgabe delegieren, desto mehr Zeit hat die Mitarbeiterin, die Aufgabe in ihrer eigene Aufgabenliste zu berücksichtigen und qualitativ hochwertige Arbeit abzugeben. Eventuell muss die Kollegin selbst überlegen, welche aktuelle Aufgabe sie für Ihre Aufgabe niedriger priorisiert oder an eine andere Kollegin delegiert. Um das Beispiel der Ordner-Rückenschilder wieder zu bemühen: Wenn Ihre Assistenz das erledigen soll, braucht sie hierfür etwas mehr Vorlaufzeit, denn Sie haben diese Aufgabe zu einer D-Aufgabe deklariert und Ihre Assistenz wird diese Aufgabe für sie selbst nicht zu einer A-Aufgabe machen, wenn heute noch ein Hotel gebucht und ein Angebot versendet werden muss.

▶   **Kleiner Tipp:** Frühzeitig delegieren, um zur qualitativ hochwertigen Bearbeitung Zeit zu geben.

Kommunikation ist etwas Wunderbares und dennoch kennen Sie sicher die „Sender-Empfänger-Problematik"? Sie erklären etwas und halten alle vorgenannten Ratschläge ein – dennoch bearbeitet Ihre Mitarbeiterin die Aufgabe anders als besprochen. Hierfür gibt es direkt zwei Tipps von mir:

Ihr Weg ist nicht der einzige Weg. Wenn Ihre Mitarbeiterin mit ihrem eigenen Weg ebenfalls ans Ziel kommt, dann lassen Sie sie ihren Weg gehen.

Lassen Sie Ihre Mitarbeiterin die Aufgabe in der Abstimmung in ihren eigenen Worten wiederholen.

Eventuell kennen Sie das noch aus einem Gruppen-Workshop oder sogar aus der Schule. Sie bekommen etwas erklärt und denken, Sie haben alles genau verstanden, was von Ihnen gefordert wird. Nach vollständiger Bearbeitung der Aufgabe stellt sich aber heraus, dass die Workshop-Leiterin oder die Lehrerin die Aufgabe anders gemeint hat, als Sie sie aufgefasst haben. So etwas kann jedem passieren und kann nur durch Training verbessert werden.

Wenn Ihre Mitarbeiterin kurz wiedergibt, was Sie von Ihnen aufgenommen hat und in ihren eigenen Worten beschreibt, können Sie merken, ob sie die Aufgabe so verstanden hat, wie Sie es gemeint haben. Dieses Vorgehen bringt nicht nur den Vorteil, dass Sie und Ihre Mitarbeiterin Klarheit über die Aufgabe haben, zusätzlich können Sie Missverständnisse aufklären.

Wenn Sie dieses Vorgehen regelmäßig anwenden, lernen Sie auch Ihre Mitarbeiterin und deren Arbeitsweise besser kennen. Eventuell schlummert hier ungenutztes Potential. Wenn Sie diese Regeln beachten, sind Sie auf dem richtigen Weg, nicht mehr alle Aufgaben selbst bearbeiten zu müssen.

Vertrauen ist gut, Kontrolle ist besser?
In der ALPEN-Methodik ist von Nachkontrolle die Rede. Damit ist natürlich nicht gemeint, dass Sie nach jeder erledigten Aufgabe Ihre Mitarbeiterin zum Status befragen sollen. Das wäre kontra-produktiv, denn wir arbeiten gerade daran, Ihre Liste zu verkürzen und nicht um Status-Meldungen zu delegierten Aufgaben zu verlängern.

Viel eher liegt der Sinn in der Nachkontrolle darin, dass Sie sich regelmäßig mit Ihrer Assistenz zusammensetzen und sowohl die aktuellen als auch die erledigten Aufgaben besprechen. Hier können Sie ein Status-Update erwarten, oder was das Telefonat mit der Kundin ergeben hat.

Gleichfalls können Sie für dieses regelmäßige Treffen Aufgaben notieren, die Sie noch delegieren möchten. Wenn Sie an die Getting-Things-Done-Methodik denken, haben Sie eventuell einen Stapel oder einen Zettel, auf dem Sie die zu delegierenden Aufgaben notieren. So haben Sie nicht das Gefühl, dass etwas verloren geht, denn im Zweifel steht es auf Ihrem Zettel und diesen können Sie mit Ihrer Assistenz besprechen.

Ebenfalls etwas, das ich gelernt habe: Nur, wenn Sie sich regelmäßig mit Ihrer Assistenz abstimmen, können Sie das Vertrauen entwickeln, dass notwendig ist, um ihr auch sensible Themen zu delegieren.

▶ **Kleiner Tipp:** Wenn Sie als Chef sich regelmäßig mit Ihrer Assistenz zusammensetzen, klappt die Kommunikation und das Vertrauen wächst. Sammeln Sie Ihre Aufgaben für diese Abstimmungen, wenn möglich, damit auch Ihre Assistenz die Chance hat, in den „Arbeitsflow" zu kommen.

7.1.4   Theorie schön und gut

Am Anfang steht die Pflicht, dann erst kommt die Kür. Sie haben jetzt im besten Fall eine Liste vor sich liegen, mit deren Hilfe Sie genau wissen, was Sie als erstes und was als letztes machen müssten. Als allererstes bitte ich Sie, folgendes zu tun: Atmen Sie!

Klären Sie Ihren Kopf. Gehen Sie in sich und fragen Sie sich: Sind das alle Aufgaben? Schwirrt da noch etwas herum, was mich nicht loslässt?

In der Regel gibt es immer etwas, das wir nicht aus dem Kopf bekommen. Eine wichtige Veranstaltung, einen privaten Termin, etwas, das uns blockiert, die Dinge zu tun, die so klar vor uns liegen. Also schieben wir ein bisschen. Von hier nach dort, holen uns erst einmal einen Tee oder Kaffee, netzwerken ein wenig im Flurfunk und kommen dann nach 20 Minuten zurück an den Platz, um noch mehr Stress zu haben, denn die Aufgaben sind unverändert liegen geblieben und der Elan hat sich noch nicht eingestellt. Ich kann Sie beruhigen: Das geht jedem von uns so. An manchen Tagen ist es besser, an anderen schlechter.

Die Wissenschaft hat ein Wort für dieses Verhalten gefunden: Prokrastination.

Wie also kann ich mich dazu bringen, die Dinge auch zu tun, über die ich gerade 20 Minuten mit meinem Chef gesprochen habe? Die Themen, von denen ich weiß, dass sie dringend sind? Die Aufgaben, die ich unbedingt heute noch bearbeiten muss, weil sie wichtig sind?

Ich wiederhole mich: Atmen Sie. Tief ein. Tief aus.

Anschließend überlegen Sie: Gibt es eine Aufgabe, die Sie heute ganz besonders reizt? Die Sie sich als Belohnung wie eine Karotte vor die Nase hängen können? Zum Beispiel das Telefonat mit dem netten Kunden, der garantiert einen Auftrag hat, wenn Sie ihn anrufen? Oder das Meeting mit der Kollegin, die immer einen Witz zu erzählen weiß?

Wenn Sie das auf Ihrer Aufgabenliste gefunden haben, gibt es zwei Möglichkeiten, je nach Stärke Ihrer Prokrastinations-Welle:

1. Sie hängen sich diese Aufgabe vor die Nase, wie eine Karotte, und arbeiten darauf hin.
2. Sie bearbeiten diese Aufgabe direkt und kommen so in den „Flow".

Was für Sie am besten funktioniert, ist tagesform- und typenabhängig. In diesem Zusammenhang möchte ich Ihnen noch einmal das Buch „Getting Things Done" von David Allen nahe legen.

Tipp: Sollte das mit der Aufgaben-Karotte nicht gehen, kann es auch ein Stück Schokoladenkuchen oder eine echte Karotte sein.

▶ **Kleiner Tipp:** Prokrastination oder auch „Verschieberitis" zu bekämpfen ist tagesformabhängig. Suchen Sie sich eine tolle Aufgabe (oder ein Stück Schokolade) und belohnen Sie sich damit nach getaner Arbeit.

7.2   Womit fange ich jetzt an?

Diese Frage stelle ich mir fast jeden Tag, nachdem ich mir einen Tee geholt, meine Aufgabenliste aktualisiert und mit meinen Kolleginnen den Tag besprochen habe. Sie haben, grob gesagt, drei Möglichkeiten und jeder Tag entscheidet neu, was Sie zuerst tun.

Grundsätzlich sollten Sie Ihren Tag mit einer 30-minütigen Tagesplanung beginnen, in der Sie Ihre Aufgaben sortieren und Ihre Liste aktualisieren.

Mein Tipp: Setzen Sie sich direkt anschließend mit Ihrer Assistenz zusammen und besprechen Sie Ihre Aufgabenliste und die Ihrer Assistenz. Wenn Sie beide Übung darin haben, sollte diese kurze Abstimmung nicht länger als 15 Minuten dauern. Die dezidierte Aufgabendelegation und -erläuterung sollten sie in einem separaten Meeting besprechen, je nachdem, wie Sie Ihren Tag planen.

▶ **Kleiner Tipp:** Beginnen Sie den Tag mit der Aktualisierung Ihrer Aufgabenliste und einer anschließenden, kurzen Abstimmung mit Ihrer Assistenz.

7.2.1 Kalender

Sie haben heute ein Meeting, dann ist sicherlich klar, welche Aufgaben zuerst bearbeitet werden müssen: alle Aufgaben, die zur Vorbereitung des Meetings dienen. Darüber müssen wir nicht sprechen.

Viel interessanter ist dagegen, ob Sie sich morgens dennoch die 30 Minuten Planungszeit genommen haben, ob dieses Meeting auf Ihrer Aufgabenliste steht und welche Aufgaben für Sie aus diesem Meeting entstehen. Können Sie proaktiv etwas vorbereiten, was Sie vielleicht nur 5 Minuten Arbeitszeit kostet, aber im Meeting einen Durchbruch erzielen kann?

Nehmen Sie sich 5 Minuten vor dem Meeting eventuell eine kurze Auszeit und überlegen Sie sich: Was ist das Ziel des Meetings? Denn wenn Sie mit diesem Bewusstsein in das Meeting gehen, haben Sie für sich geplant, was Sie erreichen möchten und wann Sie zufrieden mit dem Meeting sind.

Ergänzen Sie direkt nach oder am besten noch im Meeting Ihre Aufgaben mit Deadlines. Die Einschätzungen bezüglich Dauer und Priorisierung sollten Sie erst vornehmen, wenn das Meeting beendet ist, damit Sie im Meeting selbst fokussiert bleiben.

▶ **Kleiner Tipp:** Ein Termin sollte für die eigene Verbindlichkeit eingehalten werden. Versuchen Sie, morgens Ihre Planungszeit so anzupassen, dass Sie dennoch pünktlich im Meeting sind. Klären Sie für sich das Ziel des Meetings. Notieren Sie sich direkt Ihre Aufgaben in Ihre Aufgabenliste und die weiteren Details ergänzen sie nach dem Meeting.

7.2.2 Das Schöne ...

Nachdem Sie sich mit Ihrer Assistenz abgestimmt haben, können Sie ihr ein paar Aufgaben delegieren oder selbst mit der Bearbeitung eigener Aufgaben starten.

Wahrscheinlich legen Sie Ihre Aufgabenliste vor sich und können aus den oberen 3-5 Aufgaben, die alle A-Aufgaben mit einer heutigen Deadline sind, frei wählen. Sie haben jetzt mehrere Möglichkeiten.

Entweder Sie bearbeiten die Aufgabe, die am schnellsten zu bearbeiten ist. Vielleicht haben Sie eine Aufgabe, die nur 10 Minuten dauert und schnell erledigt ist.

Oder Sie bearbeiten die Aufgabe, für die Sie eine Vorliebe haben, weil es sich um ein für Sie interessantes Thema handelt.

In beiden Fällen fangen Sie mit etwas Positivem an und haben so die Chance, relativ schnell in den Arbeitsflow zu kommen.

7.2.3   ... und das Biest

Der Geheimtipp, denn obwohl das die beste Lösung ist, handelt kaum jemand danach: Machen Sie die Aufgabe zuerst, auf die Sie am wenigsten Lust haben. Die Aufgabe, die Ihnen schon seit letzter Woche hinterherhängt und die Sie bisher erfolgreich verschieben konnten.

Denken Sie während der Bearbeitung: Wenn Sie diese Aufgabe jetzt bearbeiten, ist es gleich vorbei und Sie können stolz auf sich sein. Denken Sie an das stolze Gefühl, diese Aufgabe erledigt zu haben.

Direkt im Anschluss können Sie eine Ihrer favorisierten Aufgaben bearbeiten und belohnen sich so noch einmal zusätzlich.

7.2.4   Die letzten Aufgaben

Die Aufgaben, die am Ende Ihrer Liste rangieren, aber nicht delegiert werden können, das sind die verzwicktesten Aufgaben. Wenn Sie sich strikt nur an Ihre durchpriorisierte Liste halten, werden diese Aufgaben vermutlich nur alle paar Monate mal bearbeitet. Halten Sie sich also für diese Aufgaben regelmäßig, zum Beispiel einmal in der Woche am Mittwoch von 16–17 Uhr, einen Zeitraum frei und bearbeiten Sie diese Aufgaben in diesem Zeitraum.

7.3   Schlusswort

Ich hoffe, Sie konnten etwas aus diesem Kapitel mitnehmen und ich konnte Ihnen helfen, ein paar weniger Aufgaben im Kopf und dafür etwas weniger gefühlten Stress im Beruf zu erleben.

Die Buchempfehlungen lege ich Ihnen an dieser Stelle noch einmal ans Herz, da eine Zusammenfassung oft nicht das ganze Bild wiederspiegeln kann.

Sie haben jetzt eine vollständig priorisierte Aufgabenliste, die Sie abarbeiten können, also:

Fangen Sie an! Viel Erfolg!

7.4   Über die Autorin

Sabine Kaiser ist seit 2006 Assistentin. Nach ihren zwei Ausbildungen, erst zur Bank-kauffrau, anschließend zur Versicherungskauffrau, hat sie im Kundenservice einer Hand-werkerauktions-Webseite in Neuss angefangen. 2009 ist Sabine Kaiser zu einer Unterneh-mensberatung in Düsseldorf gewechselt und war dort 5 Jahre lang als Vorstandsassistentin tätig. Seit 2015 arbeitet sie als Teamassistentin in einer weltweit tätigen Bauberatung in Köln.

Verbesserungen sind Sabine Kaisers Steckenpferd, sie sucht diese nicht nur für sich selbst, in ihrem eigenen beruflichen Können und Fachwissen, sondern auch für das Unter-nehmen und die Kollegen. Dieses Wissen dann zu teilen, zu diskutieren und so beim Fort-schritt aktiv mitzuwirken, das macht ihr Spaß.

Ihre Auffassung des Berufes der Assistenz bedeutet, dass sie dafür sorgt, dass das Unternehmen nach außen gut auftritt. Sie ist nicht nur Visitenkarte (Empfangsassistenz) und Korrekturleserin (Teamassistenz), sondern vereint in der Regel so viele unterschiedli-che Aufgaben, dass sie als Assistenz ein wichtiger und vorantreibender Baustein im Unter-nehmen ist.

Alles, was helfen kann, den Chefs und Assistenzen dies zu verdeutlichen und ihnen helfen kann, ihre Effizienz und Effektivität zu optimieren, spricht ihr aus der (beruflichen) Seele.

Literaturverzeichnis

[19] Seiwert, Lothar (1998) 30 Minuten Zeitmanagement. GABAL Verlag, Offenbach

[20] Allen, David (2001) Wie ich die Dinge geregelt kriege (Original „Getting Things Done"), Piper Verlag, München

Weniger Stress durch die richtige Organisation 8

Nathalie McKeever

Stress passiert nicht!
Stress ist die Art, wie du auf Dinge reagierst.

Zusammenfassung

Die Frage, die in diesem Kapitel gestellt wird, ist, wie man sich richtig organisieren kann, um weniger Stress zu haben. Für eine gute Organisation bieten sich viele unterschiedliche Methoden und Möglichkeiten an. Angefangen von der reinen Theorie, bis hin zur Überführung in die Praxis.

Wer kennt das nicht? Man sitzt an seinem Arbeitsplatz und auf dem Schreibtisch stapeln sich die Berge an Arbeitsaufträgen immer weiter ins Unermessliche. Aber nicht dass der Berg über den Tag hin kleiner zu werden scheint – nein – er wächst immer weiter. Die Deadlines rücken immer näher und es lässt sich kaum noch abschätzen, ob man all seine Aufgaben termingerecht erledigen kann. Dann kommt noch der eine oder andere Kollege, der einen fragt, ob man ihm nicht noch „kurz" ein paar Handouts ausdrucken könnte. Man selbst weiß genau, der Drucker braucht für 55 Handouts circa 35 Minuten. Als Antwort des Kollegen bekommt man nur ein kurzes „Ja ok, ich hol sie dann in 10 Minuten ab. Ist dringend!" Der Chef, der einem zwischen Tür und Angel schnell eine Aufgabe zuruft, die am besten schon in zwei Minuten fertig sein sollte. Der Blick fällt auf den Kalender und man weiß, die nächsten Tage oder gar Wochen werden keine Entspannung mit sich bringen. Meistens eher das Gegenteil.

In diesen Augenblicken sitzt man da, es raucht einem der Kopf und man fragt sich, wie man das alles bewerkstelligen soll. Welche Wahl hat man? Durchdrehen und in Stress verfallen oder ruhig bleiben und sich organisieren? Stress passiert nicht! Stress ist die

Art, wie du auf Dinge reagierst. Und unter Stress passieren Fehler. Also cool bleiben, tief durchatmen und sich organisieren.

Das Thema Zeit- und Selbstmanagement ist ja nicht unbekannt. Es gibt viele Bücher und auch Seminare zu dem Thema, die einem helfen sollen sich selbst besser zu organisieren. Aber wie funktioniert das in der Praxis? Lassen sich diese Tipps einfach so umsetzen? In einem Seminar zum Thema Zeit- und Selbstmanagement habe ich gelernt, dass ich den kleinen Briefumschlag meines Outlooks an meiner Bildschirmleiste deaktivieren sollte. So könnte ich ungehindert meiner Arbeit nachgehen ohne andauernd von eingehenden Nachrichten abgelenkt zu werden. Im Grunde keine schlechte Idee, aber für mich nicht wirklich praktikabel. Ein Teil meiner Tätigkeit ist es, Vorgänge per E-Mail schnellstmöglich zu sichten, zu priorisieren und zu bearbeiten. Oft warte ich auch auf dringende Rückmeldungen, die ich per E-Mail erhalte. Auch mein Chef schickt mir dringende Angelegenheiten per E-Mail. Aus dem Betreff kann ich schon erkennen, wie wichtig und dringend die Aufgabe ist und bis wann sie erledigt werden muss. Erst neulich habe ich eine solche E-Mail bekommen. Ich steckte mit beiden Armen bereits in etwas völlig anderem, als ich eine E-Mail mit dem Betreff „TERMIN: Dringend, bitte umgehend erledigen" erhielt. Das bedeutet für mich, alles stehen und liegen lassen und mich um den Auftrag des Chefs kümmern, welcher während eines Meetings eine bestimmte Auswertung benötigte. Gesagt, getan. Meine aktuelle Aufgabe zur Seite geschoben und mich an die Auswertung gemacht.

Würde ich nun den Briefumschlag für eingehend E-Mails deaktivieren, so würde ich mich selbst in meiner Arbeit behindern, da ich nicht mitbekomme, ob neue Arbeitsaufträge eingegangen sind.

Aus persönlicher Erfahrung weiß ich, dass kein Fachbuch oder Seminar der Welt die ultimative Lösung mit sich bringt, aber sie können eine Hilfestellung bieten. Viele Inhalte sind zwar hilfreich, können aber nicht zwingend bei jedem in die Praxis umgesetzt werden. So auch in meinem Fall. Was habe ich also gemacht? Ich habe mir in erster Linie selbst überlegt, was ich in meiner Organisation besser machen kann. Learning by doing! Klingt in der Theorie alles einfach und einleuchtend, doch in der Praxis stellt es einen dann vor große Herausforderungen. Oft funktioniert es nicht so perfekt wie man es sich in der Theorie ausmalt. Zu fest sitzen die alten Gewohnheiten und Abläufe, die über die Jahre hinweg in Fleisch und Blut übergegangen sind. Dann heißt es Prozess anpassen oder streichen und eine neue Idee muss her.

8.1   Wie organisiere ich mich richtig?

Ich versuche mich nach dem einfachen Grundsatz „Tue heute etwas, wofür dir dein zukünftiges Ich dankbar sein wird" zu organisieren und meine Abläufe und mich stetig zu verbessern.

Als allererstes sollte man damit anfangen, seine persönlichen Zeitdiebe zu eliminieren. Mit der Aussage „Ich habe keine Zeit" belügt man sich nur selbst, denn es ist alles eine Frage der Organisation.

Mögliche Zeitdiebe können sein:
- Perfektionismus
- Fehlende Selbstdisziplin (dazu Abschn. 8.1.1 noch mehr)
- Ablenkungen
- Zu wenig, ungenaue, verspätete Informationen
- Mangelnde Vorbereitung
- Schlechte Planung
- Schlechtes Ablagesystem
- Unterbrechungen
- Multitasking
- usw.

Diese Zeitdiebe lassen sich relativ leicht eliminieren. Auch lassen sich einige einfache Prinzipien meiner Meinung nach immer auf jeden Arbeitsplatz anwenden.

8.1.1 Die 5-S im Büro

Die 5-S (Abb. 8.1) steht für ein ganz einfaches Prinzip, welches sich einfach und immer anwenden lässt. Ich wende es sehr gerne an, da es mir hilft den Überblick zu behalten.

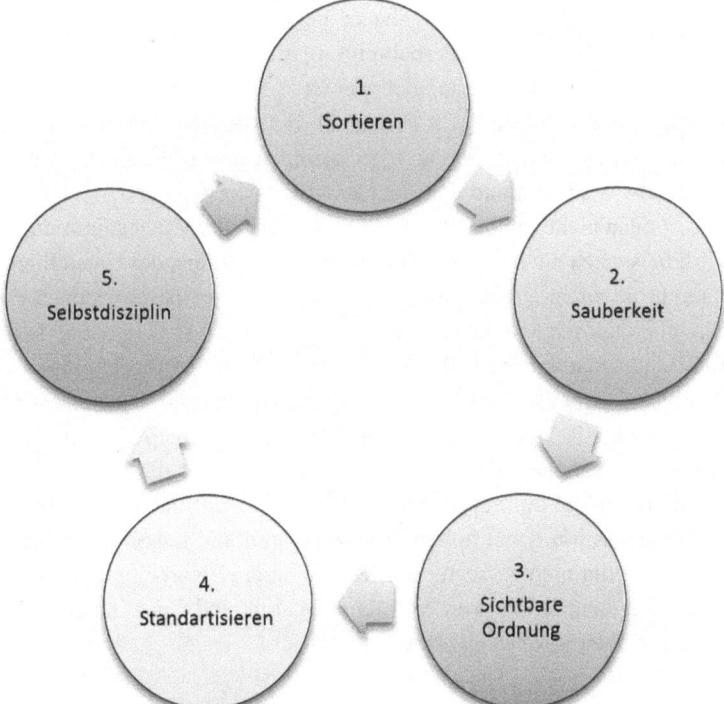

Abb. 8.1 Die 5-S im Büro

Im ersten Schritt steht das **Sortieren** im Vordergrund. In regelmäßigen Abständen sortiere ich alle nicht benötigten Gegenstände und Materialien an meinem Arbeitsplatz aus. Die Entfernung oder gar Entsorgung dieser überflüssigen Gegenstände macht meinen Arbeitsplatz übersichtlicher und es schafft auch räumlich mehr Platz zum Arbeiten.

Im zweiten Schritt achte ich auf **Sauberkeit** an meinem Arbeitsplatz. Nicht nur in Bezug auf die Verschmutzung durch Essensreste, Kaffeeflecken oder ähnliches, sondern auch in Bezug auf meine Arbeitsaufgaben. Checklisten ermöglichen es mir, mir einen schnellen Überblick über die anstehenden Aufgaben zu verschaffen. So kann keine Aufgabe untergehen. Außerdem arbeitet es sich an einem sauberen Arbeitsplatz gleich viel angenehmer.

In Schritt drei stelle ich eine **sichtbare Ordnung** her. Um meine Arbeitsabläufe zu optimieren und effizienter zu gestalten, richte ich meinen Arbeitsplatz entsprechend ein. Die Gegenstände, die ich oft benötige – Tacker, Locher, Namensstempel – ordne ich nach Nutzungshäufigkeit an. Auch die Position ist dabei wichtig. So erreiche ich mit wenigen Handgriffen meine notwendigen Werkzeuge. Gegenstände, die ich nicht so oft benötige, wandern vom Schreibtisch in meine Schublade. So stehen sie nicht im Weg und stören meinen Arbeitsablauf.

In vierten Schritt versuche ich meine Arbeitsabläufe zu **standardisieren**. Standards ermöglichen es mir, dieselben Vorgänge immer auf dieselbe Weise zu erledigen. Durch den Wegfall individueller Bearbeitung spare ich Zeit, die ich an anderer Stelle wieder benötigen werde. Auch kommen die standardisierten Abläufe meiner Kollegin zugute, die genau weiß, an welchem Punkt der Aufgabe sie im Vertretungsfall einsteigen muss. Auch können wir so einen einheitlichen Bearbeitungsablauf und Kommunikation sicherstellen. So können auch unnötige Fehler vermieden werden.

Im fünften und letzten Schritt geht es um die **Selbstdisziplin**. Dabei ist es wichtig, erst einmal über seinen eigenen Schatten zu springen und sich auf die Veränderungen einzulassen, um etwas an sich und der eigenen Arbeitsweise zu ändern. Natürlich gehen solche Veränderungen nicht von heute auf morgen, doch jeder Weg beginnt mit dem ersten Schritt. Natürlich ist auch nicht ausgeschlossen, dass es während der Umstellung zu Rückschlägen kommt, die einen einfach nur frustrieren. Die oben beschriebenen Punkte versuche ich tagtäglich konsequent einzuhalten. Nur so kann ich sicherstellen, dass ich in der Arbeitsqualität und -quantität dasselbe Niveau halten kann. In regelmäßigen Abständen überprüfe ich meine Arbeitsabläufe. Gibt es irgendwo Optimierungspotential? Ist mein Vorgehen zielführend oder muss der Ablauf verbessert bzw. angepasst werden?

Doch welche tatsächlichen Vorteile bzw. Nutzen habe ich durch den Einsatz dieser Methode? Wenn ich mich konsequent an das Prinzip der 5-S halte, kann mir eine klare Ordnung und Organisation dabei helfen, Zeit zu sparen und unnötige Zeitfresser besser zu erkennen und zu eliminieren. Auch erfordert es kürzere Einarbeitungszeiten und meine eigene Produktivität kann erhöht werden. Meine Qualität und Quantität der Arbeitsergebnisse kann dadurch ebenfalls gesteigert werden.

8.1.2   Prioritäten setzen

Wie anfangs bereits erwähnt, machen wir uns den Stress oft selbst. Besonders wenn wir das Gefühl haben, die Kontrolle über unsere Aufgaben zu verlieren und nicht allen Erwartungen gerecht werden zu können. Dann werden wir hektisch und setzen uns selbst und unser Umfeld unter Druck, um alles unter einen Hut zu bekommen.

Je besser wir organisiert sind, desto einfach fällt es einem, Prioritäten zu setzen und den Überblick zu behalten.

Die 5-S-Methode ist nur ein erster Schritt, um sich selbst besser zu organisieren. Im nächsten Schritt ist es wichtig Prioritäten zu setzen. Dies kann auf den verschiedensten Wegen geschehen. Dafür gibt es meiner Meinung nach drei einfache Methoden. Eine Prioritätenliste, das Eisenhower-Prinzip oder die ALPEN-Methode.

Die **Prioritätenliste** (Tab. 8.1) ist eine ganz einfach Übersichtsliste in welcher alle meine zu erledigten Aufgaben aufgeführt sind. Diese werden dann Prioritäten zugeordnet und ist einfach zu erstellen. Die Priorisierung kann je nach Geschmack nach Priorität A, B und C oder auch nach Priorität 1, 2 und 3 vorgenommen werden.

Tab. 8.1   Abbildung eines möglichen Prioritätenlistenaufbaus

Datum	Aufgabe	Verantwortliche/r	Priorität
01.01.2018	XX	Max Mustermann	1, 2, 3
01.01.2018	XY	Max Mustermann	A, B, C

Das **Eisenhower-Prinzip** (Abb. 8.2) ermöglicht es einem, die anstehenden Aufgaben in Kategorien einzuteilen. Dadurch können die wichtigen Aufgaben zuerst erledigt und unwichtige Aufgaben aussortiert werden (siehe auch Abschn. 7.1.3.2).

Die Einteilung der Aufgaben erfolgt nach Wichtigkeit und Dringlichkeit in einer Vierfeldermatrix.

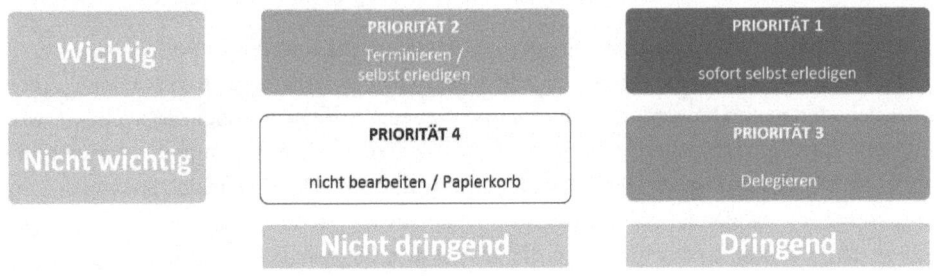

Abb. 8.2   Eisenhower-Prinzip

Die **A-L-P-E-N-Methode**, nach Lothar J. Seiwert, ist eine einfache und sehr effektive Möglichkeit, meinen Tagesablauf zu planen. Diese Methode benötigt wenige Minuten pro Tag und im Ergebnis hat man einen gut organisierten Tagesablauf (Abschn. 7.1.3.2).

A steht für die Auflistung der Aktivitäten: zum Beispiel Termine und Aufgaben.
L steht für die Länge bzw. die Dauer, welche man für die Aufgaben abschätzen muss.
P steht für die Pufferzeiten, die man sich sicherheitshalber einplanen sollte.
E steht für die Entscheidung über Prioritäten, Terminierungen bzw. Delegationen
N steht für die Nachkontrolle der Aktivitäten.

Mit allen drei Methoden kann ich nahezu jede meiner Aufgaben einteilen und entsprechend dem oben genannten Schema priorisieren. Ich persönlich wende am liebsten das Eisenhower-Prinzip an, aber das ist wie so vieles Geschmackssache.

Zu den Methoden Prioritätenliste und Eisenhower-Prinzip sei mir auch der Hinweis erlaubt, dass natürlich darauf geachtet werden muss, dass sich nicht alle Aufgaben als wichtig in den Vordergrund schieben, bzw. die unwichtigen, unbeliebten Aufgaben gar nicht erledigt werden. Besonders schnell passiert es bei Aufgaben, die man gut kann und die einem schnell von der Hand gehen. Diese priorisiert man gerne als wichtig oder dringend, auch wenn diese es oft gar nicht sind. Dasselbe geschieht mit wichtigen oder dringend Aufgaben, die zum Beispiel neu sind und man den zeitlichen Aufwand dafür noch nicht abschätzen kann. Solche Aufgaben werden gerne niedrig priorisiert. Auch ich ertappe mich von Zeit zu Zeit bei dieser Vorgehensweise. Ich denke jedoch, dass diesem Vorgehen temporär nichts entgegen spricht, solange es nicht die Oberhand in der täglichen Arbeit übernimmt.

In der Theorie oft klasse, aber wie setze ich es in der Praxis auch tatsächlich um?

Meine Arbeit findet hauptsächlich noch in Papierform statt. Ausgenommen der Großteil des Schriftverkehrs, welcher per E-Mail stattfindet. Oft habe ich noch eine Vielzahl an offenen Vorgängen auf dem Tisch liegen. Entweder war der Termin noch nicht, die Unterlagen sind noch nicht komplett oder ich habe noch keine Entscheidung getroffen. Auch kommt es vor, dass ich auf andere warte oder selbst noch einmal nachhaken muss. Anders gesagt: Man hängt in der Luft und es besteht das Risiko, Aufgaben aus den Augen zu verlieren.

Die Lösung ist oft so einfach wie simpel: Man legt sich eine Wiedervorlage zu.

Für eine Wiedervorlage kann man die klassischen Vorlagemappen verwenden. Aber natürlich sind auch Hängeregister, Ordner oder auch Kalender hilfreich. Je nachdem wie man auf die Vorgänge zugreifen möchte. Wenn man sich nur an bestimmte Termine erinnern möchte, dann reicht in der Regel ein Terminkalender. Dabei reicht das Spektrum vom klassischen Tischkalender bis hin zum digitalen Kalender, bspw. Microsoft Outlook. Sollen weitere Unterlagen terminiert werden, bietet sich ein Ablagesystem an. Es spart Zeit, wichtige Termine können nicht vergessen werden und das Chaos wird beseitigt.

Aus diesem Grund habe ich mir in meinem Schrank ein Hängeregister organisiert, in welchem ich für jeden Tag des Monats eine Hängemappe habe. In diesen Mappen lassen sich alle Schriftstücke, Notizzettel und weitere Unterlagen termingerecht aufbewahren.

Jeden Morgen nehme ich mir die aktuelle Tagesmappe aus dem Schrank und arbeite meine darin befindlichen Aufgaben ab. Am Anfang war es leicht chaotisch. Ich hatte zwar eine Einteilung, an welchem Tag ich welche Aufgaben zu erledigen hatte, aber eine genaue Priorisierung musste ich Tag für Tag aufs Neue vornehmen. Das kostete Zeit und war auch teilweise frustrierend. Es bestand keine Übersichtlichkeit und ich war mir manchmal nicht sicher, was ich zuerst erledigen sollte. Irgendwann wollte ich dieses Chaos beenden. Am Anfang nur testweise, habe ich mir für jede der 31 Hängemappen, drei farbige Mappen organisiert. In rot, gelb und grün. Rot steht für oberste Priorität. Diese Vorgänge müssen zwingend am heutigen Tag erledigt werden. Gelb steht für eine mittlere Priorität und Aufgaben, welche nicht zwingend gleich erledigt werden müssen, aber im Zweifelsfall auch noch ein paar Tage Zeit hätten. Die grüne Mappe signalisiert die niedrigste Priorität. In ihr landen Vorgänge, die ein Nice-To-Have wären, aber auch noch eine Woche oder mehr Zeit haben. Was man auch nie vergessen darf, ist das Aufschreiben von wichtigen Aufgaben, Terminen oder Deadlines, die kurzfristig reinkommen. Am Anfang habe ich alle auf Notizzettel geschrieben, deren Schrift ich oft nach einiger Zeit nicht mehr lesen konnte. Inzwischen bin ich dazu übergegangen mir selbst eine E-Mail zu schreiben und diese auszudrucken. So kann ich sicherstellen, dass alle notwendigen Informationen auch noch später und auch für andere lesbar sind. Das Aufschreiben entlastet zusätzlich auch mein Gehirn und ich kann nichts vergessen. Diese Arbeitsaufträge priorisiere ich nach der vorher beschrieben Methode und leg es in die entsprechende Mappe.

Was wie gesagt, am Anfang nur ein Test war, ist nun fest in die tägliche Praxis integriert und nicht mehr wegzudenken. So habe ich nur drei Stapel auf dem Schreibtisch liegen und kann mich ohne viel Aufwand von Auftrag zu Auftrag arbeiten, ohne dabei in Stress zu verfallen. Auch meine Kollegin hat so in Vertretungszeiten einen klaren Überblick, wann etwas zu erledigen ist. Das gestaltet die Übergabe deutlich einfacher und effizienter.

Wie bereits anfangs erwähnt, die ultimative Lösung gibt es nicht. Jeder muss für sich selbst überlegen, welche Möglichkeiten man in der Praxis hat und was man tatsächlich benötigt.

Vereinfacht lässt sich jedoch sagen:

1. Im ersten Schritt sollte man sich die Frage stellen, welche Arten von Aufgaben bei einem anfallen und welche Methode sich dafür am besten eignet.

2. Im zweiten Schritt muss entschieden werden, welche Art von Wiedervorlage man gerne führen möchte. Reicht ein Terminkalender oder muss diese doch etwas umfangreicher sein?

3. Im nächsten Schritt sind alle Aufgaben konsequent in die Wiedervorlage nach Termin einzusortieren. Nur so kann sichergestellt werden, dass auch nichts vergessen wird. Beispiel: Man wartet auf die Rückmeldung zu einem erstellten Angebot. Diese sollte bis zum achten vorliegen. Dann legt man den Vorgang in die Mappe, welche mit der Acht gekennzeichnet ist und wartet auf die Rückmeldung. So kann der Vorgang nicht vergessen werden. Sollte am achten keine Rückmeldung vorliegen, kann man diese anmahnen.

Besprechungen und Abgabetermine sehen viele auch als Auslöser von Stress. Doch aus meiner Sicht können gerade feste Termine und Zeitpläne einem die notwenige Struktur geben, um sich besser zu organisieren. Vorausgesetzt man hält sich auch daran. Am Anfang hilft es, sich für die Abarbeitung eine Frist zu setzen, auch wenn man eventuell gar nicht den nötigen Zeitdruck hat. Und in genau diesen Fällen ist es auch wichtig sich nicht dazu verleiten zu lassen die Frist zu verlängern. Erst einmal, dann zweimal, usw. Es ist ziemlich einfach sich von anderen Dingen ablenken zu lassen, besonders wenn man diese lieber tut, als die Aufgabe, an der man gerade sitzt. Auch hier gehört ein gewisses Maß an Selbstdisziplin dazu. Ein gewisser Druck, den man sich selbst macht, hilft dabei sich an die neuen Strukturen zu gewöhnen. So kann man sich auch am Anfang gewisse Freiräume schaffen. Aber auch hier gilt, bitte nicht übertreiben.

Aber wie bekomme ich nun meine Vorgänge nach der Bearbeitung in meine Wiedervorlage bzw. von meinem Schreibtisch?

Auf meinem Schreibtisch stehen vier Postkörbe – Wiedervorlage, sonstige Ablage, Ablage Personalakten, Postausgang. In diese sortiere ich meine Arbeitsaufträge ein. Im Fach Wiedervorlage landen alle Aufgaben, welche ich nicht am selben Tag abschließen kann bzw. welche auf einen anderen Tag terminiert werden müssen. In das Fach sonstige Ablage kommen alle abgeschlossenen Vorgänge, welche nur noch am vorgesehen Ort abgelegt werden müssen. In der Regel sind das bei mir zweckbestimmte Ordner, welche ich revisionssicher aufbewahren muss. Das Fach Ablage Personalakten hat denselben Zweck wie die sonstige Ablage, nur müssen diese Vorgänge in den entsprechenden Personalakten einsortiert werden. Da sich diese in einem separaten Raum befinden, habe ich mich für eine getrennte Ablage entschieden und ich muss am Ende des Tages nicht alles nochmals auseinander sortieren. Das Fach Postausgang erfordert wahrscheinlich keine weitere detailliertere Beschreibung.

Bezüglich der Ablage gibt es unterschiedliche Meinungen. Viele sagen, dass der Vorgang nach Erledigung sofort abzulegen ist, da dies zum Abschlussprozess dazugehört und zur Übersichtlichkeit beiträgt. Ich sehe diese Aussage kritisch. Ich sammle über den Tag hinweg meine Vorgänge und kann so alle gleichartigen auf einmal ablegen. So kann ich es vermeiden, dieselben Ablagesysteme mehrmals am Tag in die Hand nehmen zu müssen. Dieses System bringt auch eine gewissen Routine mit sich, was zu deutlicher Zeitersparnis führt.

Meine Ablage wird auch nie auf die lange Bank geschoben, da sonst die eben erwähnte Zeitersparnis, durch das stetig wachsende Sammelsurium an Vorgängen wieder aufgefressen wird. Die Ablage erfolgt immer taggleich, in der Regel kurz vor Feierabend. Alle offenen Vorgänge werden in die vorgesehenen Wiedervorlagenmappen gelegt und weiter terminiert. Die abgeschlossenen Vorgänge werden entsprechend abgelegt und die Post wandert in den Postausgang, damit diese weiter verteilt werden kann.

8.2 Wie kann ich meinen Alltag effizienter gestalten?

Jetzt habe ich eine Menge darüber erzählt, wie man sich selbst besser organisiert und Aufgaben priorisieren kann. Das ist der erste Schritt, um stressfreier zu arbeiten. Aber wie kann ich nun das Gelesene nutzen um meinen Alltag effizienter zu gestalten? Schon Goethe sagte einst „Es ist nicht genug zu wissen – man muss es auch anwenden können. Es ist nicht genug zu wollen – man muss es auch tun." Und genau dort möchte ich ansetzen.

8.2.1 Checklisten

Viele verteufeln sie, ich liebe sie. Die Checkliste. Eigentlich aus der Not heraus geboren, ist sie nun ein fester Bestandteil meiner täglichen Arbeit. Als ich neu in mein jetziges Aufgabengebiet kam, war alles etwas befremdlich. Gefühlte zehntausend unterschiedliche Fälle, mit einer Million möglichen Fallkonstellationen. Sehr viele Informationen und wenig Zeit für die Einarbeitung. Nach gerade einmal zwei Wochen verabschiedete sich meine Kollegin – nennen wir sie Petra -, welche mich einarbeitete, in ihren wohlverdienten Urlaub. Ich saß nun alleine da und hatte buchstäblich keine Ahnung, was ich tun sollte. Aus diesem Grund habe ich Petra gebeten, mit mir gemeinsam für die unterschiedlichen Fälle jeweils eine Checkliste anzulegen, in welcher nacheinander beschrieben ist, was ich wann und wie zu tun hatte. So konnte ich mich auch in ihrer Abwesenheit an den Checklisten entlanghangeln und war dabei nicht mehr ganz so unsicher. Über die Jahre hinweg haben sich zwar die Wege von Petra und mir getrennt, aber die Checklisten haben sich von der anfänglichen Unterstützung zum unverzichtbaren Werkzeug in der Selbstorganisation entwickelt. Nun habe ich selbst eine neue Kollegin, welche ich einarbeiten soll. Sie ist nun in derselben Situation wie ich damals. Zur einfacheren Anschauung habe ich eine beispielhafte Checkliste beigefügt. Diese Checkliste ist immer das Deckblatt eines Vorganges.

Die Abb. 8.3 zeigt in diesem Beispiel eine Checkliste für den Ablauf einer Arbeitszeitänderung in ihren einzelnen Punkten. Es ist genau aufgeführt, was nacheinander zu erledigen ist. Die kompletten Unterlagen befinden sich dann in einer Mappe hinter der Checkliste.

Inzwischen nutze ich diese Checklisten, um effizienter einen Fall zu bearbeiten. Durch die eingefügten Laufwerksverknüpfungen habe ich einen schnellen Zugriff auf die benötigten Dokumente und spare mir dadurch sehr viel Zeit beim Suchen. Durch die Felder „erledigt" und „am" ist es auch nicht mehr notwendig sich den kompletten Vorgang jedes Mal aufs Neue anzuschauen. Ich kann auf einen Blick erkennen, welcher Schritt wann erledigt wurde und kann gleich mit dem nächsten Schritt weiter machen. Hierbei ist natürlich wichtig, die Erledigungen auch konsequent einzutragen. Das Feld Handzeichen dient in erster Line der Übersichtlichkeit. Für mich ist es eine unglaubliche Vereinfachung, wenn ich sofort sehe, wer von uns und zu welchem Zeitpunkt, einen Punkt erledigt hat.

Checkliste Änderung Arbeitszeit

Name:			Vorname:		
Personalnummer:			Team:		
Ab:			Bis:		

Vorgang	Beschreibung	erledigt	am	von
1.	Antrag auf Teilzeitbeschäftigung an Mitarbeiter/in schicken Fundort *P:\Musterlaufwerk\Musterordner\Teilzeit*	☐	01.02.2018	Handzeichen
2.	Rückläufer Antrag auf Teilzeitbeschäftigung *unterschrieben*	☐		
3.	Mitbestimmung Personalrat / Gleichstellungsbeauftragte / Schwerbehindertenvertretung *Stellungnahme_Gleichstellungsbeauftragte* *Retour am:* *Stellungnahme_ÖPR* *Retour am:* *Stellungnahme_Schwerbehinderung* *Retour am:* Fundort *P:\Musterlaufwerk\Musterordner\Teilzeit*	☐ ☐ ☐		
4.	Arbeitsvertrag erstellen Fundort *P:\Musterlaufwerk\Musterordner\Verträge*	☐		
5.	Schreiben mit Arbeitsvertrag an Mitarbeiter/in verschicken Fundort *P:\Musterlaufwerk\Musterordner\Briefe*	☐		
6.	Arbeitsvertrag an Personalabteilung schicken	☐		
7.	Ablage in Personalakte	☐		
8.	Teilzeitliste anpassen Fundort *P:\Musterlaufwerk\Musterordner\Teilzeit*	☐		
9.	Urlaubsberechnung vornehmen	☐		

Abb. 8.3 Beispiel Checkliste

Für wen das alles schon zu spezifisch ist, kann vielleicht einmal mit einer einfachen Tages-planung, einer Wochen- oder Monatsplanung anfangen. Für den Anfang einfach zu hand-haben und auf die individuellen Bedürfnisse leicht anzupassen. Auch dafür habe ich ein paar Vorlagen mit den Abb. 8.4, Abb. 8.5, Abb. 8.6 und Abb. 8.7 als Beispiele beigefügt.

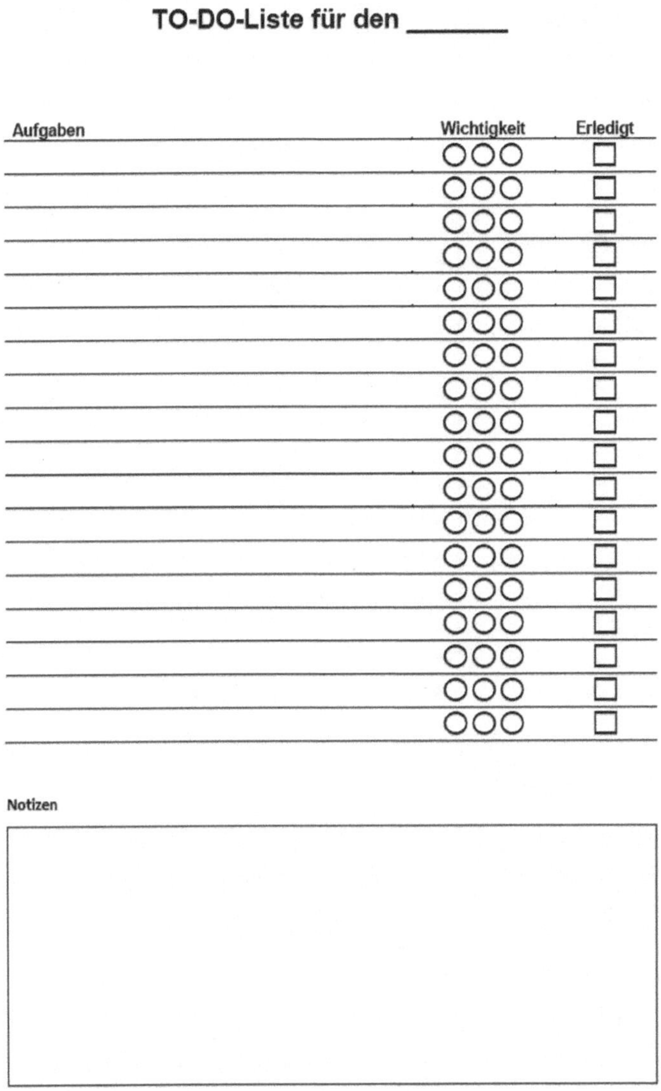

TO-DO-Liste für den _____

Aufgaben	Wichtigkeit	Erledigt
	○○○	☐
	○○○	☐
	○○○	☐
	○○○	☐
	○○○	☐
	○○○	☐
	○○○	☐
	○○○	☐
	○○○	☐
	○○○	☐
	○○○	☐
	○○○	☐
	○○○	☐
	○○○	☐
	○○○	☐
	○○○	☐
	○○○	☐
	○○○	☐

Notizen

Abb. 8.4 Beispiel To-do-Liste

Wochen-Plan für die KW _____

Montag		Prioritäten-Liste	Wichtigkeit	Erledigt

Prioritäten-Liste	Wichtigkeit	Erledigt
	○○○	☐
	○○○	☐
	○○○	☐
	○○○	☐
	○○○	☐
	○○○	☐
	○○○	☐
	○○○	☐
	○○○	☐
	○○○	☐
	○○○	☐
	○○○	☐
	○○○	☐
	○○○	☐

Montag

Dienstag

Mittwoch

Donnerstag

Freitag

Notizen

Abb. 8.5 Beispiel Wochenplan

Wochen-Plan für die KW _____

Montag	Dienstag	Mittwoch	Donnerstag	Freitag
Notizen				

Abb. 8.6 Beispiel Wochenplan Alternative

Monat _____

Montag	Dienstag	Mittwoch	Donnerstag	Freitag
Montag	Dienstag	Mittwoch	Donnerstag	Freitag
Montag	Dienstag	Mittwoch	Donnerstag	Freitag
Montag	Dienstag	Mittwoch	Donnerstag	Freitag
Montag	Dienstag	Mittwoch	Donnerstag	Freitag

Abb. 8.7 Beispiel Monatsplan

8.2.1.1 Vor- und Nachteile von Checklisten

Wie anfangs erwähnt, verteufeln viele solche Checklisten. Aber wie so vieles haben sie Vor- und auch Nachteile.

Was spricht für den Einsatz von Checklisten?
- einfache Anwendbarkeit
- geringer Aufwand in der Nutzung
- Vorgänge können strukturiert werden
- man kann nichts vergessen
- das wiederholte Hineindenken entfällt
- Aufgaben lassen sich leichter delegieren
- durch das Abhaken wird der Vorgang dokumentiert
- Steigerung der Effizienz
- Entlastung des Gehirns

Was spricht gegen den Einsatz von Checklisten?
- Flexibilität geht verloren
- Man ist sehr eingeengt im Arbeitsablauf
- Hat einen bürokratischen Beigeschmack

8.2.1.2 Wann spricht es für einen Einsatz von Checklisten?

Eine Checkliste empfiehlt sich immer dann als Arbeitshilfe, wenn man
- umfangreiche Arbeiten hat.
- sich wiederholende Aufgaben hat.
- fehleranfällige Aufgaben hat.
- andere Personen regelmäßig mit der Erledigung der Aufgabe betraut.
- andere Personen einarbeiten muss.
- die Aufgaben kontrollieren und dokumentieren muss.
- komplexe und aufwendige Aufgaben hat, wie zum Beispiel Veranstaltungen.

Ich persönlich verwende Checklisten a der täglichen Arbeit in folgenden Fällen:
- Bearbeitung von Arbeitszeitanträgen
- Bearbeitung von Mutterschutz und Elternzeit
- Bearbeitung von Eintritten und Austritten
- Bearbeitung von Abordnungen
- Bearbeitung von Namens- und Adressänderungen
- Bearbeitung von Eheschließungen und Scheidungen
- Bearbeitung von Änderungen in der Vergütung
- Bearbeitung von Umsetzungen und Versetzungen
- Vorbereitung von Veranstaltungen

8.2.1.3 Wie lege ich eine gute Checkliste an?

Jeder macht es wahrscheinlich etwas anders und es gibt viele hundert verschiedene Arten eine Checkliste anzulegen, aber diese Methode hat sich bei mir bewährt.

1. Erstellung einer Vorlage:
   Damit ich das Rad nicht immer neu erfinden muss, habe ich mir einmalig eine Blankovorlage angelegt. Ob in Microsoft Word, Microsoft Excel oder einem anderen Tool ist grundsätzlich egal. Ich bevorzuge Microsoft Word. Diese Blankovorlage bildet die Grundlage für jede weitere Checkliste, die ich in Zukunft anlegen werde. Diese Vorlage kann ich dann nach meinen Wünschen und Bedürfnissen anpassen und verändern. Doch der Grundrahmen bleibt immer derselbe und ich kann so ein einheitliches Erscheinungsbild gewährleisten.

2. Ideen sammeln:
   Bevor ich eine neue Checkliste anlege, frage ich einmal Google oder eine andere Suchmaschine im Internet. Diese werfen dann tausende Treffer aus und man kann so manche Ideen für die eigene Gestaltung seiner Checkliste sammeln.

3. Inhalt festlegen:
   Im nächsten Schritt überlege ich mir, welcher Inhalt in die Checkliste mit aufgenommen werden soll. Sind manche Punkte zwingend notwendig? Welche kann ich weglassen? Im Zweifel frage ich einen außenstehenden Kollegen. So verhindere ich die sogenannte Betriebsblindheit und kann es objektiver betrachten.

4. Struktur und Sortierung:
   Wenn ich alle Inhalte zusammen habe, bringe ich diese in die richtige Reihenfolge. Dazu ist es notwendig die Punkte zu strukturieren und zu sortieren.

5. Praxistest:
   Ist der erste Entwurf der neuen Checkliste fertig, teste ich sie in der Praxis. Dabei kann ich erkennen, ob ich gewisse Inhalte noch ergänzen oder verfeinern muss. Gerne lasse ich meinen Entwurf auch durch einen Kollegen testen. Dem fallen vielleicht auch Punkte ein, an welche ich noch gar nicht gedacht habe.

6. Am richtigen Ort ablegen:
   Wenn die Checkliste dann fertig ist muss noch der passende Ort für die Ablage gefunden werden. Hierzu gibt es zwei Möglichkeiten. Entweder man legt alle Checklisten an einem zentralen Ort oder Laufwerk ab oder man macht es themenbezogen. Manche sagen es sei ein Fehler die Checklisten an verschiedenen Orten abzulegen, da man dann erst einmal suchen muss wenn man sie benötigt. Ich bevorzuge allerdings die themenbezogene Ablage. Für jedes Schwerpunktthema habe ich auf meinem Laufwerk einen entsprechenden Ordner, in dem ich neben der Checkliste alle notwendigen Dokumente zum Thema finde. Wenn ich eine Arbeitszeitreduzierung bearbeite, dann suche ich alles im Ordner Arbeitszeit. Dort finde ich meine Checklisten, Briefvorlagen, usw.
   Es ist natürlich auch noch ein Unterschied, ob man die Checklisten analog oder digital ablegt. Sofern ich die Checklisten in Papierform als Vordrucke aufbewahre, würde ich auch zu einem zentralen Ablageort tendieren.

8.2.1.4 Einsatz nicht nur im Büro?

Auch wenn es sich jetzt übertrieben anhört, Checklisten können nicht nur im Büro gewinn-bringend eingesetzt werden. Checklisten in den privaten Alltag zu integrieren hat den Vorteil, dass man unnötige Zeitfresser identifizieren kann und somit mehr Freizeit für sich gewinnen kann. Auch kann man sie nutzen, um sich lästige Gewohnheiten abzugewöhnen und sich ein anderes Verhalten anzutrainieren.

Jeder verwendet von Zeit zu Zeit auch im privaten Bereich eine Checkliste, da man sich die bereits genannten Vorteile zu Nutze machen möchte. Bestimmt hat der eine oder andere schon eine Checkliste für eine Urlaubs- oder Geschäftsreise erstellt. Besonders wenn man nichts vergessen möchte. Auch der Hausputz kann in einer Checkliste zusammen-gefasst werden. Dadurch hat man einen übersichtlichen Plan, was noch alles getan werden muss. Und wer kennt nicht das befriedigende Gefühl, wenn man einen Punkt nach dem anderen auf der Liste abhaken kann. Im Normalfall folgt jeder morgens einem gewohnten Ablauf. Aufstehen, Frühstücken, Duschen, Anziehen, Fahrt zur Arbeit und so weiter. Dieser gewohnte, sich wiederholde Ablauf ist nichts weiter als eine ungeschriebene Checkliste, welche wir in Gedanken abhaken.

8.2.1.5 Analog oder digital? Was ist die bessere Wiedervorlage bzw. Ablage?

Jeder, der unter Papier und Aktenbergen ertrinkt, wünscht sich zeitweise ein papierloses Büro. Seit der Computer den Weg in die Büros gefunden hat, haben sich bereits unend-liche Möglichkeiten und Chancen dazu ergeben. Aber würde uns ein papierloses Büro auf Dauer wirklich weiterhelfen und unser Leben einfacher machen? Zumindest wünschen wir und das.

Aus meiner Sicht wird es nicht ausschließlich ein digitales Büro geben. Digitale Daten sind schwer zu verwalten. Auch lassen es oft Gewohnheiten und bestimmte Arbeitspro-zesse nicht zu, komplett papierfrei zu sein. Allerdings findet bereits jetzt schon ein großer Teil unserer täglichen Arbeit auf digitalem Wege statt. Die Kommunikation via E-Mail und Messenger oder der Datenaustausch per Dropbox und einer Cloud sind heute keine Fremdwörter mehr in Unternehmen. Diese Wege sparen Zeit und Kosten. Weshalb man auch nicht die rechtlichen Hintergründe vergessen darf, wie zum Beispiel die Daten-schutzgrundverordnung (DSGVO), welche am 25.05.2018 in Kraft trat.

So schön auch der Gedanke an ein papierloses Büro ist, so hat es nicht nur Vorteile. Ich habe mir schon des längeren Gedanken darüber gemacht, ob es sich lohnt, meinen Arbeits-alltag papierlos zu gestalten und alles zu digitalisieren. Begonnen von der Eingangspost, über die Wiedervorlage, bis hin zur Ablage. Aus diesem Grund habe ich einige Vor- und Nachteile zusammengetragen, die bei der Entscheidungsfindung helfen sollen.

Was spricht für ein papierloses Büro?

1. Mehr Platz:
   Die Schränke und Ordner werden weniger und es muss nicht weiter jedes Dokument im Original aufbewahrt werden. Dabei ist allerdings zu beachten, dass nicht die digitale Ablage zu einem unübersichtlichen Berg heranwächst. Auch im papierlosen Büro ist eine konsequente Pflege der digitalen Daten notwendig.

2. Verfügbarkeit:
   Die digitale Ablage von Dokumenten ermöglicht es, dass sie für alle überall zugänglich und erreichbar sind. Der Ort, an dem ich arbeite, wird dann nicht mehr wichtig sein. Man ist flexibler und kann auch schneller auf die Daten zugreifen. Dabei unterstützen können die sogenannten Clouds. Anstelle die Daten auf einem zentralen hauseigenen Server zu speichern, kann man seine Daten bei externen Anbietern sichern lassen. Diese übernehmen auch die Wartung der Systeme.
3. Schneller:
   Wenn man sein digitales Büro so konsequent pflegt, als wenn es aus Papier wäre, ist ein großer Vorteil die Geschwindigkeit. Durch ein einfaches Ablagesystem oder Suchbegriffe, lässt es sich blitzschnell nach Dokumenten suchen ohne auch nur den Schreibtisch verlassen zu müssen.
4. Kostenersparnis:
   Ein digitales Büro spart Ressourcen. Egal ob Druckerpapier, Toner oder Wartungskosten. Auch fallen so zeitaufwändige Dinge wie der Papierstau weg.
5. Einfache Kommunikation:
   Die Kommunikation untereinander wird auf dem digitalen Wege schneller und einfacher. Man hat innerhalb von Sekunden einen Zugriff auf die Daten. Rechnungen können per E-Mail verschickt werden und man spart sich den Postweg.
6. Einfache Ordnung:
   Viel Zeit geht auf der Suche nach Dokumenten verloren. Besonders dann, wenn jeder eine unterschiedliche Vorstellung von Ordnung hat. Durch Suchbegriffe findet man gesuchte Dokumente schnell wieder. Allerdings benötigt diese neue Struktur etwas Zeit. Analoge Prozesse lassen sich oft nicht so einfach auf digital umstellen. Es dauert etwas, bis diese Abläufe reibungslos funktionieren. Ist diese Umstellung jedoch geglückt, lassen sich Umstrukturierungen am Computer einfacher vornehmen als in Papierform.

Was spricht gegen ein papierloses Büro?
1. Strom- oder Systemausfall:
   Wenn sich der Computer oder der Server verabschiedet und/oder sogar der Strom ausfällt, dann kommt man am die Daten nicht mehr heran. Im Normalfall vorübergehend, geht jedoch der Server kaputt, können Daten auch unwiederbringlich verloren sein. Auch kann in dieser Zeit nicht mehr gearbeitet werden und man wird zu einer Pause gezwungen.
2. Feindbild Computer:
   Nicht jeder liebt den Computer. In Zeiten des Fortschrittes, des stetigen Lernens und Anpassens, fällt es manchen schwer dem Geist der Zeit zu folgen und sie werden abgehängt. Diese Menschen stehen auch oft bei kleinsten Dingen auf Kriegsfuß mit dem Computer. Was für viele von uns selbstverständlich ist, besonders als Generation Y, fällt anderen oft nicht leicht. Die Anforderungen werden immer digitaler und Frust ist dadurch nicht zu vermeiden, was zur Demotivation führt.

3. Sicherheit:

Sobald die Daten den internen Bereich verlassen, sind sie oft großer Gefahr ausgesetzt. Diebstahl von Passwörtern, Identitäten und Daten oder auch Betriebsspionage. Dabei kommt, nicht nur im Beruf, die Frage auf: Sind meine Daten sicher? Was wird mit meinen Daten gemacht? Wo sind meine Daten? Bei der Nutzung von externen Leistungen wie einer Cloud müssen genau diese Fragen beantwortet werden.

4. Gedächtnis:

Studien zeigen, dass das gelesene Wort auf gedruckten Medien besser verarbeitet werden kann. Das visuelle Gedächtnis eines Menschen funktioniert beim gedruckten Wort besser, als bei E-Mail, E-Book und Co. Analoge Worte bleiben länger im Gedächtnis, da man diese mit bestimmten Situationen verknüpft und so Brücken schafft. Digitale Dokumente sehen oft ähnlich aus und können auch schneller gelesen werden. Das hat zur Folge, dass diese im Gedächtnis schlechter hängen bleiben.

5. Mehraufwand:

Papier im Büro wird sich niemals ganz verhindern lassen. Besonders wenn die Geschäftspartner noch nicht so weit fortgeschritten sind wie man selbst. Das bedeutet, dass man weiterhin Post und Arbeitsaufträge in Papierform erhalten wird. Diese müssten dann vorher digitalisiert und dem Vorgang am Computer zugeordnet werden, bevor man mit der Bearbeitung starten kann. Dasselbe gilt, wenn man weitgehend analog arbeitet und Dokumente digital erhält. Diese müssen dann erst ausgedruckt und dem Vorgang zugeordnet werden. Auch ist es problematisch, wenn man eine Kombination aus beidem hat. Der Vorgang ist digital abgelegt und man erhält beispielsweise auch Dokumente digital. Allerdings müssen bestimmte Dokumente im Original unterschieben werden, besonders dann, wenn keine Einrichtung nach dem Signaturgesetz vorliegt. So müssen die Dokumente ausgedruckt, unterschrieben und im Anschluss daran wieder digitalisiert werden.

Wie man sieht, klingt ein papierloses Büro zwar gut, hat aber nicht nur Vorteile. Bevor daher eine Entscheidung getroffen wird, sollte auf jeden Fall geprüft werden, welche Lösungen man in Bezug auf die Nachteile hat.

8.2.2   Tipps und Tricks im Outlook

Auch kennen bestimmt viele die Zettelwirtschaft, die sich relativ schnell auf dem Schreibtisch ansammeln kann. Man erhält einen Anruf oder ein Kollege steckt den Kopf zur Türe herein und man notiert sich eilig das Nötigste. Manchmal kann man in der Eile nicht mehr lesen was man geschrieben hat, der Zettel geht verloren oder man hat wichtige Punkte vergessen. Das ging auch mir so. Aus diesem Grund habe ich angefangen meine E-Mail-Signatur als Unterstützung zweckzuentfremden. In der Praxis gestaltet es sich bei mir wie folgt:

Alle Mitarbeiterinnen und Mitarbeiter melden sich bei mir oder ihrer Führungskraft morgens arbeitsunfähig. Früher rief der Beschäftigte an und während ich mit ihm sprach, habe ich alle notwendigen Angaben auf einem Notizzettel notiert. Diese stapelten sich dann teilweise auf meinem Schreibtisch, bis ich alle betreffenden Führungskräfte per E-Mail darüber informiert habe. Es war im Grunde nach immer dieselbe E-Mail, nur musste ich sie jedes Mal wieder aufs Neue schreiben. Aus diesem Grund bin ich dazu übergegangen, mir in meinem E-Mail-Programm eine Signaturvorlage zu basteln. Nicht zu verwechseln mit einer klassischen E-Mailvorlage, welche ich persönlich für sehr viel aufwendiger halte. Diese enthält alle wichtigen Informationen, welche die Führungskraft für die weitere Planung benötigt. Unter anderem: Name, Vorname, Arbeitsunfähigkeit ab, voraussichtlich arbeitsunfähig bis und Bemerkungen. Ruft nun ein Beschäftigter an, füge ich mit zwei Klicks automatisch die Signatur in eine E-Mail ein und ich notiere mir parallel in dieser E-Mail alle notwendigen Informationen in die vorgegebenen Felder. Am Ende des Gespräches ist meine E-Mail fertig und ich muss nur noch den Empfänger eintragen und kann die E-Mail versenden. Dadurch habe ich mir überflüssige Schreibarbeiten auf einen Notizzettel, sowie das Schreiben ein und derselben E-Mail erspart. Die Führungskraft hat somit alle Informationen, die sie braucht, und wir kommunizieren auf einem einheitlichen Standard. Besonders da es vorkommen kann, dass sich ein Beschäftigter direkt bei seiner Führungskraft meldet. So hat auch die Führungskraft die Möglichkeit die Vorlage auszufüllen und ich erhalte alle für mich wichtigen Informationen.

Auch gibt es E-Mails, die man immer wieder schreiben muss. Auch hier bietet es sich an, sich eine Signaturvorlage zu hinterlegen. Diese müssen meist nur noch durch die Anrede und den Empfänger angepasst werden.

Durch die Nutzung der Signaturvorlage konnten wir eine Menge Zeit einsparen, da es sich immer um dieselbe Nachricht handelt und wir können dadurch auch einen unnötigen Informationsverlust vermeiden.

8.2.3 Wie organisiere ich meinen Chef richtig?

Das Gegenstück zu meiner Organisation ist die richtige Organisation des Chefs. Hinter jedem gut organisierten Chef steht eine gut organisierte Assistenz. Dazu gehört eine erfolgreiche Chefentlastung. Denn Assistenzen bilden mit ihren Vorgesetzten ein Team, welches in der Regel sehr eng zusammenarbeitet.

Die richtige Kommunikation
Doch bevor ich überhaupt mit der richtigen Organisation meines Chefs anfangen kann, müssen wir als aller erstes erfolgreich miteinander kommunizieren. Doch wie stellen wir das an?

Das funktioniert in der Regel in drei einfachen Schritten:
1. Das sind Ihre Leitplanken!
   - Vereinbaren Sie Ziele:
   - Was für eine Art von Ziel Sie festlegen ist völlig unerheblich. Das kann ein Leistungsziel sein oder auch ein Jahresziel. Natürlich können Sie auch festlegen, dass

die Wiedervorlage wöchentlich auf 0 gearbeitet wird oder Sie einen Vorgang nach spätestens 14 Tagen abgeschlossen haben, bzw. Sie Ihrem Chef innerhalb dieser Zeit eine Rückmeldung zu einem Vorgang geben. Wichtig ist, dass Sie klare Ziele miteinander vereinbaren, an die Sie sich beide halten. So können Sie sich aufeinander verlassen und Sie können sich die Arbeitsaufträge besser einteilen.

- Delegieren Sie Aufgaben:
- Vereinbaren Sie untereinander und eindeutig, welche Aufgaben der Chef an Sie delegieren kann und welche Sie gegebenenfalls an andere weitergeben. So können Sie sich beide gegenseitig entlasten und es gibt klare Ansprechpartner, wer für eine Aufgabe zuständig ist.
- Wer-macht-was-bis-wann-Planung:
- Stimmen Sie sich mit Ihrem Chef ab, wer welche Aufgaben bis wann erledigt. So können Sie sich eine Übersicht darüber schaffen, welche Aufgaben zu erledigen sind und wer sich von Ihnen darum kümmert. Dadurch sind Sie beide im Bilde, was in den nächsten Tagen oder Wochen ansteht und jeder weiß Bescheid, wer sich um was kümmert. Wichtig dabei ist, dass Sie sich beide darauf verlassen können, dass sich der andere um seinen Part kümmert.

2. Führen Sie Routine ein!
- Stimmen Sie ab, wie Sie kommunizieren:
- Es gibt viele Arten und Kanäle zu kommunizieren. Egal ob per Brief, E-Mail, mündlich oder als Schmierzettel. Wichtig ist, dass die Information auch dort ankommt, wo sie hin soll. Stimmen Sie daher untereinander ab, auf welche Weise Sie miteinander kommunizieren wollen und einigen Sie sich auf einen oder mehrere Kommunikationskanäle. Das ist natürlich auch oft abhängig von der Art der Aufgabe. Die gängigste Art wird wahrscheinlich per E-Mail sein, da man diese auch von unterwegs schicken kann und nicht zwingend vor Ort sein muss.
- Geben Sie einander Rückmeldung:
- Es ist wichtig zu wissen, wer sich um was kümmert und bis wann es erledigt sein soll. Nicht zuletzt, da gegebenenfalls noch Folgeaufgaben davon abhängig sind. Geben Sie sich daher regelmäßig Rückmeldungen zu noch offenen Vorgängen, damit jeder immer auf dem aktuellsten Stand ist.
- Sprechen Sie Ihre Termine ab:
- Jede Rückmeldung und jede Planung hilft alles nichts, wenn man keine Zeit hat, um miteinander darüber zu sprechen. Daher ist es wichtig, dass Sie sich mit Ihren Terminen abstimmen. Legen Sie sich einen Zeitrahmen fest, an dem Sie füreinander erreichbar sind. Das kann in Form einer morgendlichen Besprechung sein, aber auch ein festgelegter Zeitraum am Tag.

3. Achten Sie auf die Art der Kommunikation!
- Passen Sie Ihre Körpersprache an den Inhalt an:
- Sie sollten darauf achten, dass der Inhalt den Sie vermitteln wollen, auch zu Ihrem Auftreten passt. Ein Lob sollte daher nicht gerade mit einem grimmigen Gesicht

überbracht werden, ebenso wie Ihr Chef ein Konfliktgespräch nicht mit einem Dauergrinsen führen sollte.

Die richtige Organisation

Aber wie kann ich meine/n Vorgesetzte/n entlasten? Diese Frage habe ich mir erst vor kurzem gestellt. Mein Chef und ich, wir arbeiten schon sehr lange zusammen. Auch wenn sich unsere Abläufe über die Jahre eingespielt haben und wir uns sehr gut ergänzen, heißt das nicht, dass wir uns nicht noch verbessern können in dem was wir tun. Für unsere Führungskräfte ist Zeit sehr wertvoll – übertrieben gesagt – schon fast eine Art Währung. Alles was wir für sie erledigen bzw. ihnen abnehmen können, entlastet sie sehr und es bleibt Zeit für die wichtigen Dinge. Um unsere Zusammenarbeit noch weiter auszubauen bzw. zu verbessern, habe ich mich als erstes gefragt welche Erwartungen mein Chef an mich hat.

Diese Erwartungen können unter anderem sein:
- Motivation
- Gut vorbereitet in Besprechungen sein
- Klare Zielvereinbarungen
- Festlegung von Prioritäten
- Bei Bedarf Aufgaben in seinem Namen delegieren
- Proaktives Handeln (mit-/vorausdenken und handeln)
- Abnahme von unangenehmen Aufgaben
- Entscheidungsfindungen vorbereiten
- Seine Augen und Ohren sein
- Kurze und effiziente Gespräche führen
- Mit Lösungsvorschlägen kommen

Jetzt habe ich die Erwartungen festgehalten. Im nächsten Schritt habe ich mich gefragt, wie setze ich diese nun in der Praxis um? Welche konkreten Fälle gibt es, bei denen ich meinen Chef entlasten kann? Dazu ist mir dann folgendes eingefallen.

Ich…
- organisiere seine Wiedervorlage.
- führe eine Liste mit offenen Aufgaben und deren Prioritäten.
- koordiniere und kontrolliere seine Termine.
- erinnere ihn an Termine, inkl. Jubiläen, Geburtstage und besorge die dazugehörigen Geschenke dafür.
- stimme mit ihm die Tagesplanung ab.
- entscheide über den Posteingang bzw. -ausgang und füge ggf. noch Unterlagen hinzu.
- gebe ihm in seiner Abwesenheit Zwischenberichte und halte ihn auf dem Laufenden.
- leite Unterlagen an die Beschäftigten weiter.
- trage für die Richtigkeit aller Schreiben die Verantwortung.
- sorge für genügend Pufferzeit zwischen Besprechungen.
- bin eine menschliche Firewall und lasse nur wichtige Telefonate und Besucher durch.

– bereite Entscheidungsvorlagen vor.
– berate ihn bei Personalangelegenheiten.
– übernehme seine Reisevor- und nachbereitung.
– helfe ihm in stressigen Situationen die Ruhe zu bewahren.
– gehe nur gut vorbereitet in Besprechungen und gestalte diese so effizient wie möglich.
– arbeite fachliche Änderungen auf und bereite sie ihm vor.

Das Wichtigste allerdings ist immer – miteinander reden, reden, reden!

Damit wir beide immer auf dem aktuellen Stand sind, haben wir eine tägliche Besprechung eingeführt. Es ist die erste Besprechung des Tages, in welcher wir kurz den Tag besprechen und klären welche Prioritäten heute anliegen. Ich gebe ihm unterschriftsreife Unterlagen und ich erhalte Arbeitsaufträge von ihm. Von Vorteil ist es auch Rücksprachethemen zu sammeln und nicht nur aktuelle Themen zu besprechen, sondern auch die Aufgaben der nächsten Tage zu besprechen. In der Regel bietet sich der Montag oder der Freitag dafür an. Wir besprechen montags die komplette Woche, um zu sehen, was erledigt werden muss bzw. was auf uns zukommt.

Darüber hinaus ist es wesentlich, proaktiv zu handeln. Das heißt, nicht nur den Auftrag abzuarbeiten, den man erhalten hat, sondern auch mit- und weiterzudenken. Vorgänge aufgreifen und die notwendigen Schritte einleiten bevor der Chef überhaupt daran denkt, geschweige danach fragt. Dazu ein Beispiel aus der Praxis: Unsere regelmäßigen Termine sind als Serientermin im Outlook eingestellt. Diese stehen auch unabhängig von Feiertagen oder Urlaub im Kalender. Ich habe nun, nachdem alle Urlaubstage für dieses Jahr beantragt waren, alle Termine abgesagt bzw. verschoben, an denen mein Chef bzw. der andere Teilnehmer am Termin, Urlaub hat. Das Gleiche gilt für Feiertage oder bereits feststehende Dienstreisen. Bisher kam mein Chef auf mich zu und hat mich gebeten, die Termine abzusagen oder zu verschieben. Diese Aufgabe habe ich nun übernommen, bevor er mich darum gebeten hat und so konnte der allzu volle Kalender meines Chefs etwas entzerrt werden.

Wie anfangs erwähnt, ist Zeit für Ihren Chef oftmals eine Art von Währung. Sie ist so endlich und knapp wie Gold. Um ihm etwas mehr Zeit zu verschaffen, können Sie folgendes tun:

– Die menschliche Firewall:
  Der Chef möchte nicht gestört werden, dann lassen Sie nur angekündigte Besucher und Telefonate zu ihm durch. Sprechen Sie vorher ab, wer zu ihm darf und für wen ein Termin notwendig ist. Für alle anderen gilt: Versuchen Sie die Anfragen selbst zu klären bzw. verweisen Sie denjenigen an einen anderen Ansprechpartner.

– Die Termin-Schere:
  Regelmäßig stattfindende Termine können in der Regel um bis zu einem Viertel gekürzt werden. Beispiel: Eine einstündige Besprechung, kann so auf 45 Minuten verkürzt werden. In der Regel reicht diese Zeit trotzdem aus und Besprechungen werden so effizienter gestaltet.

– Das Outsourcing:
  Es gibt Kollegen, die gerne dieselbe Runde ums Dorf immer und immer wieder drehen? Dann verlegen Sie einfach die Besprechung in das Büro des Kollegen. So ist es einfacher für den Chef die Besprechung zu beenden und zu gehen als den Kollegen „hinauszuwerfen".

– Die Wahrheitsoptimierung:
  Das Wort Notlüge klingt so hart, daher nennen wir es einfach Wahrheitsoptimierung. Wenn langwierige Besprechungen anstehen, können Sie mit dem Chef ein geheimes Zeichen oder eine kurze E-Mail vereinbaren, mit dem er das Signal gibt „gerettet" zu werden. Dann kann man ihn zum Beispiel unter dem Deckmantel eines dringenden Telefonates aus der Besprechung holen und er kann den Raum verlassen. Dabei sollten Sie darauf achten, ein Pokerface aufzusetzen und nicht gerade anfangen zu lachen.

– Die goldene Stunde:
  Eine Stunde hat 60 Minuten oder 3.600 Sekunden. Genügend Raum in Ruhe einige Aufgaben abarbeiten zu können, wenn man die Zeit dazu hat. Aus diesem Grund können Sie im Kalender des Chefs einen festen Termin reservieren, an dem er ungestört arbeiten kann. Alternativ können Sie gemeinsam vereinbaren, dass vor einer bestimmten Uhrzeit keine Termine eingestellt bzw. Besucher reingelassen werden.

Was ebenfalls unabdingbar ist, ist ein gut funktionierendes Netzwerk von Assistenzen. Es gehört zur optimalen Chefentlastung, ein gutes Verhältnis zu anderen Assistenzen zu pflegen. So können Sie auf dem kurzen Dienstweg Aufträge erledigen, ohne den oft längeren, offiziellen Weg gehen zu müssen. Ein Beispiel: Eine andere Assistentin bat mich, ob bei uns im Hause eine Tagung stattfinden könnte und ich so freundlich wäre mich um die Bewirtung der Gäste zu kümmern. Das habe ich natürlich gerne getan.

Umgekehrt ist es dann ebenfalls so unkompliziert und einem wird selbst ein Gefallen getan. Vor kurzem benötigte ich eine bestimmte Statistik. Ich wusste, dass dieselbe Assistentin in diesem Bereich tätig war. Also bat ich sie, wenn möglich, mir die Statistik zur Verfügung zu stellen. Welche ich dann auch von ihr einen Tag später erhalten habe.

In unserem Bereich ist es wichtig, dass eine Hand die andere wäscht. Egal ob es um die Vereinbarung kurzfristiger Termine, die Beschaffung von Informationen oder die komplette Organisation einer Veranstaltung geht.

Wenn der Chef davon auch noch nichts mitbekommt, ist es Chefentlastung in Perfektion.

8.3   Was bleibt noch zu sagen?

Ich habe nun viel erzählt und Sie haben einiges gelesen. Abschließend möchte ich nur noch sagen, dass ich Sie verstehen kann, wenn Sie jetzt sagen: „Hey das hört sich zwar alles toll an, aber ich kann es bei mir nicht verwenden." Es gibt natürlich keine hundertprozentige Lösung. Jeder von Ihnen muss für sich ein Konzept entwickeln, mit welchem Sie zurechtkommen und auch eines, welches zu Ihnen und Ihren persönlichen Vorlieben passt. Ich hoffe allerdings, dass ich Ihnen einen Einblick und eine Hilfestellung geben konnte und wünsche Ihnen viel Spaß und Erfolg bei der Umsetzung.

8.4   Über die Autorin

Nathalie McKeever, geboren 1987 in Nördlingen, absolvierte von 2004 bis 2007 eine Ausbildung bei der Gmünder Ersatzkasse (GEK) zur Sozialversicherungsfachangestellten – Fachrichtung: Allgemeine Krankenversicherung. Nach Abschluss ihrer Ausbildung wechselte sie in die dortige Personalabteilung. Den Beruf der Sozialversicherungsfachangestellten bis dahin nur leicht gestreift, fand sie ihre Berufung im Personalwesen. Zuständig für die Gehaltsabrechnung, sowie die Prüfung, Genehmigung und Erstattung von Reisekosten bei Dienstreisen und Abordnungen – sammelte sie dort erste Erfahrungen im Bereich Personal. Nach der Fusion mit der BARMER Ersatzkasse wechselte Nathalie McKeever im Jahr 2012 in die Regionalgeschäftsstelle Schwäbisch Gmünd und war dort bis Anfang 2016 als Sekretärin der Geschäftsführung tätig. Im Februar 2016 wechselte sie ins Abrechnungs-Zentrum nach Stuttgart, wo sie bis heute als Sekretärin der Zentrumsleitung tätig ist. Dort ist sie unter anderem für Themen wie die Personalplanung, -entwicklung, -organisation und -betreuung, das individuelle und kollektive Arbeitsrecht, sowie für das Projekt- und Office-Management zuständig. Neben ihrer Aufgabe als Sekretärin schloss Nathalie McKeever zahlreiche Fortbildungen ab, u.a. zum Bachelor Professional of Business (ICC) oder zur Management Assistent (ICC), welche sie nebenberuflich absolvierte.

Professionelle Veranstaltungsplanung

Die unsichtbare Hand hinter jedem Event

Isabell Müller

Eine gute Planung ist alles.

Zusammenfassung

Das folgende Kapitel handelt von der professionellen Planung einer Veranstaltung. Es geht darum zu veranschaulichen, dass besonders die Planung ein wichtiger Faktor für die reibungslose Durchführung ist. Es wird dargestellt, welche Fäden im Hintergrund gesponnen werden und was tatsächlich von Außenstehenden von der Veranstaltung wahrgenommen wird. Es gibt Tipps zu allen Bestandteilen eines Events, wie zum Beispiel Kosten, Referent, Location und Verpflegung. Am Schluss des Kapitels wird noch einmal deutlich, warum es wichtig ist, dass die Chemie zwischen Chef und Assistentin stimmen muss, damit eine Veranstaltung erfolgreich wird und dass die gegenseitige Wertschätzung ein entscheidender Faktor ist.

9.1 Das A und O einer Veranstaltung

„Planung ist alles" – dieser Satz begleitet mich insbesondere dann, wenn ich eine Veranstaltung, einen größeren Geschäftstermin oder auch eine private Feier organisiere. Bereits bei der Ankündigung, dass eine Veranstaltung ansteht, welche geplant werden soll, fange ich an, auf meinem imaginären Notizblock alle möglichen Notizen zu machen. Ort der Veranstaltung, Catering, Terminblöcke setzen, Equipment – all diese Gedanken spielen sich bereits beim Startschuss in meinem Kopf ab und ich würde am liebsten sofort beginnen alles zu organisieren.

© Springer Fachmedien Wiesbaden GmbH, ein Teil von Springer Nature 2019
D. Schenk, *Chefsache Assistenz*, Chefsache,
https://doi.org/10.1007/978-3-658-23490-4_9

Doch es ist wichtig, sich für die Planung Zeit zu nehmen. Hierfür ist dieser imaginäre Notizblock ganz geschickt. Eine Vielzahl an Ideen und Einfällen sind anfangs natürlich eine gute Voraussetzung. Mir hilft es dann immer diese Gedanken in Form von Brainstorming zu Papier zu bringen. Ich schreibe alles auf was mir einfällt – kreuz und quer. Erst danach fange ich an zu strukturieren und eine Checkliste zu erstellen.

In Büchern oder im Internet lassen sich viele vorgefertigte Checklisten finden, welche die Planung einer Veranstaltung erleichtern können. Wichtig ist jedoch, sich eine ganz eigene Checkliste zu erarbeiten. Es gibt grundlegende Punkte, die für jede Veranstaltung organisiert werden müssen, wie beispielsweise „Location", „Einladungen", oder „Catering". Jede Veranstaltung hat aber auch ihren ganz eigenen Charakter und ihre speziellen Merkmale. Erfahrungsgemäß profitiert man während der Planung sehr davon, mit einer detaillierten und zugeschnittenen Checkliste zu arbeiten.

9.1.1   Ziele der Veranstaltung

Im Mittelpunkt jeder Veranstaltung stehen ein oder mehrere konkret vorgegebene Ziele. Mit den wirtschaftlichen Zielen beschäftigt sich ein Unternehmen am meisten. Doch der Veranstalter sollte die sozialen Ziele nicht unterschätzen. Kundengewinnung und -bindung, Steigerung des Marktanteils, Gewinnsteigerung oder die Einführung eines neuen Produkts sind klassische, wirtschaftliche Unternehmensziele. Events können zum Beispiel als Kommunikationsmaßnahme für ein Produkt dienen. Aufgrund der Vielzahl an Angeboten von verschiedenen Produkten wird es immer wichtiger, sein Produkt, welches man herstellt und vermarktet, zu präsentieren. Hierfür eignet sich auch besonders die Teilnahme an einer Messe. Man steigert dadurch die Bekanntheit und spricht den potenziellen Kunden direkt an. Auf dieser Ebene können Botschaften viel besser vermittelt werden und man kommt persönlich in Kontakt.

Beispiel

Beim Besuch einer Food-Messe in diesem Frühjahr kam ich am Stand eines bekannten deutschen Nudelherstellers vorbei. Der Chef persönlich stand am Messe-Stand und präsentierte seine Produkte voller Begeisterung. Es entstand ein lockeres, nettes und nicht aufgesetztes Gespräch. Allein die Tatsache, dass einer der Geschäftsführer selbst anwesend war, ist selten und beeindruckte mich. Die Mischung aus einem persönlichen Gespräch und der Begeisterung für das Produkt hat überzeugt. Vor dem Besuch sind mir die Produkte dieses Herstellers beim Einkaufen nicht aufgefallen, heute kaufe ich die Nudeln. An diesem Beispiel erkennt man, dass es einen großen Effekt hat, sich Zeit zu nehmen mit seinen Kunden zu sprechen und voller Begeisterung hinter seinem Produkt zu stehen.

Zu den sozialen Zielen eines Unternehmens zählen unter anderem Mitarbeitermotivation, Wertschätzung und Weiterbildung. Zur Erfüllung dieser Ziele eignen sich Veranstaltungen wie beispielsweise Incentive- und Motivationsveranstaltungen, interne Weiterbildungen oder eine jährliche Mitarbeiterveranstaltung, bei der das Wir-Gefühl gestärkt wird.

Um beispielsweise ein anstehendes Projekt zu unterstreichen bietet sich zu Beginn ein Kick-off-Meeting an, bei dem alle Projektbeteiligten über den Inhalt des Vorhabens sprechen und die einzelnen Meilensteine festlegen, die erreicht werden sollen. Zu Projektende kann man in einem Abschlussevent darstellen, welche Ergebnisse erzielt wurden. Somit wird die Wahrnehmung verstärkt, was zur positiven Folge hat, dass die Motivation der Mitarbeiter ansteigt. Mit diesen Maßnahmen kann man Mitarbeiter erreichen, was wiederum wesentlich dazu beiträgt, die unternehmerischen Ziele zu erreichen.

9.1.2   Die Planung

Im Vorfeld sollte man sich bereits Gedanken machen, ob man das anstehende Event alleine plant oder ob man Unterstützung von Kollegen, einem Eventplaner oder anderen Personen benötigt. Es ist von Vorteil diese dann bereits in die Planung mit einzubinden und gemeinsam zu überlegen, wer für welche Aufgaben zuständig ist und die Umsetzung überwacht. Genaue Absprachen sind unerlässlich, wenn man zusammen ein Event plant.

Der rechtzeitige Beginn der Planung ist besonders wichtig, da man beispielsweise noch die Möglichkeit hat, Zimmerkontingente in passenden Hotels zu reservieren, den Wunschreferent zu fixieren und die Chance hoch ist, dass viele der eingeladenen Personen zusagen. Es gibt auf dem Markt auch viele Online-Tools oder Smartphone-Apps, die einem die Planung eines Events erleichtern können. Beispielsweise „Asana" ist ein geeignetes Tool, um bestimmten Personen Aufgaben mit einer konkreten Deadline zuzuweisen. Alle an der Veranstaltung beteiligten Personen können den Aufgaben folgen und diese auch kommentieren. Wichtig ist, dass das eingesetzte Tool den Anforderungen des Events bzw. des Unternehmens entspricht und das Nutzen im Verhältnis größer ist als die Kosten. Die Benutzerfreundlichkeit, Funktionen und Zuverlässigkeit des Tools müssen zum Unternehmen und dessen technischer Infrastruktur passen.

Um alle wichtigen Rahmenpunkte beizeiten berücksichtigen zu können, hilft mir in der Grobplanung die häufig genutzte W-Fragen Methode:

▶   Was für eine Veranstaltung soll geplant werden?
    Handelt es sich um eine Tagung, einen Kongress, einen Messeauftritt oder einen größeren Geschäftstermin?

▶   Wer sind die Teilnehmer der Veranstaltung?
    Welche Zielgruppe habe ich?

▶   Wann soll die Veranstaltung stattfinden?
    Gibt es zum Termin schon eine Vorgabe bzw. Idee?

▶   Wo soll die Veranstaltung stattfinden?
    Gibt es eine Möglichkeit in der Firma? Soll die Veranstaltung extern stattfinden oder in einer anderen Stadt?

▶   Wie viel darf die Veranstaltung kosten?

Habe ich eine Budgetvorgabe für bestimmte Teile der Veranstaltung? In welchem Rahmen darf ich mich bewegen?

Nachdem die Ziele festgelegt wurden und die grundlegenden Fragen beantwortet sind, kann man in die Feinplanung einsteigen und mit der Organisation beginnen.

Ein weiterer nicht unbedeutender Faktor ist es, Freude an der Planung einer Veranstaltung zu haben. Die Herangehensweise und Motivation dabei spielen eine große Rolle. Begeisterung für eine Tätigkeit strahlt man aus. Gerade bei der Planung einer Veranstaltung kommuniziert man mit Teilnehmern, stellt Anfragen, beantwortet Fragen (meist nicht nur einmal) und ist gleichzeitig das Aushängeschild der Firma und vor allem der Führungskraft. Der Chef und seine Assistenz werden von außen als Einheit wahrgenommen. Als Assistenz ist man häufig der Erstkontakt von Geschäftspartnern und Kunden. Ein freundliches Auftreten ist hier von enorm hoher Bedeutung. Dies hat einen größeren Einfluss auf das Gesamtbild einer Firma und Veranstaltung als man oftmals denkt. Negative Erfahrungen und Eindrücke verbreiten sich schnell, positive aber auch. Mit einem höflichen und freundlichen Gegenüber arbeitet man gerne zusammen und es erleichtert ungemein die Kommunikation. Oftmals entstehen aus solchen Kontakten für die Zukunft nützliche Geschäftsbeziehungen.

Die Planung eines Events erfordert Zeit und Organisationsgeschick. Die inhaltliche Gestaltung steht meist im Mittelpunkt, obwohl dies nicht allein über den Erfolg eines Events entscheidet. Für die Assistenz, in dem Fall auch Eventplaner genannt, ist es essentiell diesen speziellen 360-Grad Blick zu haben, was bedeutet, dass sie im besten Fall bereits heute die möglichen Probleme von morgen sehen und bereits gelöst haben, bevor sie überhaupt entstanden sind. In der Theorie scheint das unmöglich – doch genau das ist passiert, wenn man auf eine gelungene Veranstaltung zurückblicken kann.

Jede Assistenz kann bestätigen, dass vieles im Hintergrund passiert, was man als außenstehende Person nicht wahrnimmt. Man plant die Veranstaltung akribisch und durchdenkt sie immer und immer wieder. Die Einzelheiten hierzu werde ich im weiteren Verlauf veranschaulichen.

9.2   Was sieht man bei einer Veranstaltung/was passiert tatsächlich im Hintergrund?

„Zentrale Location", „gut aufgestellter Zeitplan", „sehr guter Referent"... dieses Feedback nach einer Veranstaltung belohnt die Zeit, Mühe und Energie, die man als Assistenz in die Planung gesteckt hat. Man ist stolz und der ganze Druck, den man sich gemacht hat, dass wirklich alles klappt, fällt von einem ab. Doch was steckt eigentlich alles hinter einer Veranstaltungsplanung? Was passiert tatsächlich im Hintergrund einer Veranstaltung?

9.2.1 Kosten

Der wichtigste Punkt, der im Vorfeld fixiert werden sollte, ist die Höhe des Budgets. Die Kosten müssen gut geplant werden und für alle anfallenden Posten festgelegt werden. Dies kann einen vor eine echte Herausforderung stellen. Klassische Kostenpunkte sind bei fast jeder Veranstaltung

– Miete für die Location/den Messestand
– Verpflegung (Getränke und Speisen)
– Personalkosten (Hilfskräfte, Catering, ggf. technische Betreuung)
– Veranstaltungsunterlagen
– Honorar und Reisekosten des Referenten
– Werbekosten (Presse) und ggf. Werbematerialien

Doch auch die versteckten Kosten sind zu beachten. Trinkgelder, Portogebühren, Geschenk für Referenten oder auch evtl. anfallende Parkplatzgebühren müssen mit einkalkuliert werden. Besonders für unerfahrene Eventplaner ist es schwierig die Kosten im Vorfeld genau aufzulisten. Hier hilft es, bei den Anbietern von Catering, Technik, etc. einfach direkt nachzufragen, um sich ein Bild machen zu können. Idealerweise erstellt man sich eine detaillierte Kostenübersicht, damit man die anfallenden Kosten im Blick behält und auch gegenüber seiner Führungskraft jederzeit auskunftsfähig ist.

Die Planung einer Veranstaltung beginnt bereits mit der Suche eines Datums. Klingt simpel; jede Sekretärin kann jedoch bestätigen, dass bereits das eine Herausforderung für sich ist. Man muss Schulferien und Feiertage im Blick haben und wir wissen, dass Ferien und Feiertage nicht überall gleich sind. Auch Messetermine und Sportereignisse (WM, EM, etc.) und innerbetriebliche Termine sollte man kurz gegenprüfen. Hier findet man im Internet gute Jahresübersichten, mit denen man sich behelfen kann. Hat man bereits eine Location gewählt, ist es wichtig, möglichst gleichzeitig zu prüfen, ob diese auch am gewählten Datum verfügbar ist.

9.2.2 Location

Bei der Auswahl der Location kommt es auf viele verschiedene Faktoren an. Einer der wichtigsten Faktoren ist die Größe. Hierbei besteht die Herausforderung, dass die Location nicht zu groß und auch nicht zu klein sein sollte. Zu groß könnte den Anschein erwecken, dass viele Absagen eingegangen sind und zu klein wirkt schnell unorganisiert und unprofessionell. Wie viel Gäste in etwa erwartet werden, ist bereits bei der Wahl der Location von großer Bedeutung. Auch die Atmosphäre, die Umgebung und das Rahmenprogramm tragen zum Wohlfühlfaktor der Teilnehmer bei einem Event bei. Das Gesamtpaket muss zum Unternehmen passen und darf nicht aufgesetzt wirken.

Die Location sollte für die Gäste gut erreichbar und ansprechend sein. Bei Teilnehmern, welche mit dem Flugzeug anreisen, bietet es sich an, die Veranstaltung in Flughafennähe zu organisieren. Bei einer Dauer von zwei Tagen und länger könnte man das Event mit einer Abendveranstaltung verknüpfen, bei der man regionale Besonderheiten hervorhebt. Im Südwesten Deutschlands könnte man mit einem Besuch auf einem Weingut sicherlich punkten. Vor Ort ist wichtig, dass es genügend Parkplätze gibt und der Bahnhof nicht weit entfernt ist. Manche Unternehmen arbeiten auch mit einem Taxiunternehmen zusammen, welches man den anreisenden Gästen direkt empfehlen oder einen Transfer im Vorfeld reservieren kann. Bei der Suche einer passenden Location ist es wichtig zu prüfen, ob ein Hotel in unmittelbarer Nähe liegt und man keine langen Wegstrecken zurücklegen muss. Bei rechtzeitiger Anfrage hat man auch die Möglichkeit Zimmerkontingente für einen bestimmten Zeitraum zu reservieren, welche meist etwas kostengünstiger sind als die regulären Einzelbuchungen.

9.2.3 Bestuhlung

Ein nicht unerheblicher Punkt ist die Bestuhlungsart bei der Veranstaltung, die mit der Wahl der Location letztendlich eng zusammenhängt. Im Vorfeld sollte man sich bereits überlegen, welche Bestuhlungsform für das anstehende Event geeignet ist, denn je nach Art und Teilnehmerzahl muss die ausgewählte Location den nötigen Platz haben. Für Konferenzen und Sitzungen eignet sich besonders gut die Blockbestuhlung oder der Boardroom. Unter Blockbestuhlung versteht man rechteckige Tische mit Rundumbestuhlung; Boardroom ist eine Sonderform für höchstens 6-12 Personen in Form eines ovalen Tisches, welcher auch rundum bestuhlt wird. Eine weitere beliebte Variante für Meetings und Diskussionsrunden mit vielen Teilnehmern ist die U-Form. Hier sind rechteckige Tische in Form eines U aufgestellt, welche ein- oder beidseitig bestuhlt werden können. Vorteil der einseitigen Bestuhlung ist, dass alle Personen Blickkontakt halten können und die Kommunikation dadurch gefördert wird. Wichtig ist, eine zu enge Bestuhlung zu vermeiden, da jeder Teilnehmer noch einen gewissen kleinen Freiraum benötigt. Für Vorträge oder Informationsveranstaltungen eignen sich die Theaterbestuhlung, die Reihenbestuhlung oder die Fischgrätenbestuhlung besonders gut. Unter Theaterbestuhlung versteht man die Anordnung von Stuhlreihen mit versetzten Stühlen in eine Blickrichtung. Der Vorteil hiervon ist, dass man sehr viele Personen in einem Raum unterbringen kann, die gleichzeitig sehr gut auf Leinwand oder Bühne blicken können. Nachteile dieser Form sind, dass es keine Möglichkeit gibt mitzuschreiben und Gespräche nur begrenzt mit den jeweiligen Nebensitzern möglich sind. Müsste dennoch die Möglichkeit bestehen bei Vorträgen mitzuschreiben oder sind beispielsweise Gruppenarbeitselemente mit eingebaut, eignet sich die Fischgrätenbestuhlung sehr gut. Dies sind schräg gestellte, parlamentarisch angeordnete Tische mit einseitiger Bestuhlung (vgl. Sabelstein 2015 [21].

Für jedes Bundesland gibt es eine eigene Versammlungsstättenverordnung. Diese gibt eine Orientierung darüber wie viel Quadratmeter Platz pro Person bei der jeweiligen Sitz- und Tischanordnung eingehalten werden muss. Sie gibt auch vor, dass eine bestimmte %-Zahl an Besucherplätzen für Rollstuhlfahrer vorhanden sein muss und dass es zwingend notwendig ist Rettungswege freizuhalten. Dies ist wichtig, damit man versicherungstechnisch auf der sicheren Seite ist und keine Strafen zu befürchten hat, falls Kontrollen durchgeführt werden.

9.2.4 Veranstaltungstechnik

In Verbindung mit der Location ist die Veranstaltungstechnik ein wichtiger Punkt. Ob Beamer, Mikrofon oder Leinwand – es gibt heute moderne Möglichkeiten eine Veranstaltung mit der richtigen Technik wortwörtlich „in das richtige Licht zu rücken" und den Inhalt damit zu unterstreichen. In großen und mittelständischen Firmen gibt es meistens speziell Mitarbeiter aus der IT-Abteilung, welche man am Veranstaltungstag einbinden kann. In kleinen Firmen kümmert sich hier auch einfach tatsächlich die Assistenz darum. Erfahrungsgemäß ist die Technik immer ein Punkt, welcher am Tag der Veranstaltung bei der Person, die das Event organisiert hat, meist die Assistenz, Angstschweiß hervorruft. Man kann den Beamer testen, das Mikrofon fünf Mal ein und aus stecken, die Präsentation drei Mal mit Ton abspielen und doch ist die Technik unberechenbar und man kann das Pech haben, dass irgendetwas nicht funktioniert. Jede Assistenz kennt diesen Moment, wenn die Technik macht was sie will und zur Krönung des Ganzen sieht man schon im Augenwinkel den fragenden Blick des Chefs. Erfahrungsgemäß ist es wichtig in diesen Momenten ruhig zu bleiben und auf Plan B zurückzugreifen. Zum Beispiel einen Ersatzlaptop bereitzustellen, einen USB-Stick mit allen Daten dabei zu haben oder einen zweiten Pointer hervor zu zaubern, falls die Batterie mitten in einem Vortrag den Geist aufgibt. Ein Memo an alle Chefs da draußen: „Eure Sekretärin hat immer einen Plan B parat – und wenn Plan A und Plan B nicht funktionieren, wird sie die Situation dennoch souverän meistern. Vertrauen Sie ihr".

9.2.5 Referent

Auf der Suche nach einem passenden Referent findet man für jedes Fachgebiet unzählig viele Personen. Wenn man nicht bereits Empfehlungen oder Erfahrungswerte für einen bestimmten Referenten erhalten hat, gilt es angesichts dessen zu selektieren. Jemanden geeigneten zu finden ist eine herausfordernde Angelegenheit. Zuallererst sollte man die Erwartungen, die man an einen Referenten hat, für sich und die Veranstaltung definieren. Die wichtigste Frage, die es sich hier zu stellen gilt, ist, was der Vortragende der Zielgruppe vermitteln soll. Geht es um einen fachlichen Vortrag oder eine Präsentation, ist es von Vorteil, wenn der Referent direkt aus der Praxis kommt und aus eigenen Erfahrungen berichten kann. Bei einer Rede oder einem Motivationsvortrag ist es wichtig, die Teilnehmer der Veranstaltung auch emotional mitzureißen. Entscheidend ist, dass die Teilnehmer durch die Art des Vortrags und der Wissensvermittlung gefesselt werden und der Vortrag kurzweilig ist.

Referent ist nicht gleich Referent. Es ist ein Unterschied, ob derjenige eher auf großen Veranstaltungen tätig ist und auf ein breit gefächertes Publikum trifft oder ob er vorwiegend Workshops und Seminare hält. Es ist zudem lohnenswert, sich bei angegeben Referenzen zu erkundigen, in welchen Bereichen der Referent normalerweise tätig ist. Ein wichtiger Punkt für die Veranstaltungskalkulation ist es, mit dem Referenten eine Vereinbarung über Honorar und Reisekosten zu treffen. Zu Beginn der Zusammenarbeit mit dem Referenten, auf den die Entscheidung gefallen ist, gilt es, frühzeitig in direkten Kontakt zu treten und diesem mitzuteilen, auf was es ankommt, welche Ziele verfolgt werden und welche Inhalte vermittelt werden sollen. Ein Briefinggespräch ist hilfreich, um Erwartungen genau zu erläutern und dem Redner ein genaues Bild über die anstehende Veranstaltung zu vermitteln. Meist haben diese einen vorbereitenden Fragenkatalog, welchen man gemeinsam durchgeht, um die organisatorischen Punkte zu besprechen.

9.2.6 Catering

Ein bedeutender Faktor bei jedem Event, ob in kleiner Runde oder mit vielen Teilnehmern, ist das Angebot von Essen und Trinken. Es vermittelt den Teilnehmern unbewusst eine Art Wertschätzung und lädt in den Pausen zu einem aktiven Austausch untereinander ein. Erfahrungsgemäß wird bei jeder Veranstaltung, im geschäftlichen und auch privaten Bereich, im Nachgang über das Essen gesprochen. Wenn das Catering stimmt, geht man, auch wenn manch andere Punkte nicht perfekt ablaufen, trotzdem mit einem guten Gefühl wieder nach Hause.

Bei der Wahl des Caterings gibt es viele Variationen wie zum Beispiel unterschiedliche Buffetvarianten, das gesetzte Dinner mit einzelnen Gängen, oder das Show Cooking. Es muss jedoch immer zur Art der Veranstaltung passen und ein stimmiges Bild vermitteln. Wenn die Veranstaltung in den eigenen Firmenräumen oder einer angemieteten Location stattfindet, bietet es sich an eine Catering-Firma zu engagieren. Diese kann auch Empfehlungen aussprechen, welche Art des Caterings für die Veranstaltung passend ist. Angebote eines Caterers können unter anderem auch der Gästeempfang sowie die Begleitung der kleinen Snackpausen sein. Es empfiehlt sich hier Angebote bei mehreren Catering-Firmen einzuholen, um die Preise vergleichen zu können. Idealerweise gibt es bereits einen Service, mit dem die Firma sowieso immer zusammenarbeitet. Ein wichtiges Merkmal ist die Qualität der Speisen. Es lohnt sich daher in jedem Fall ein Probeessen zu vereinbaren, welches gleichzeitig als Besprechungstermin genutzt werden kann. Nachdem die Entscheidung für einen Cateringservice gefällt wurde, sollte man den Umfang und die Leistung schriftlich fixieren. Hier können nochmals alle wichtigen Daten aufgeführt werden, sodass nichts vergessen wird.

Ob die Entscheidung auf Buffet oder ein Menü fällt, hängt auch von den Zielen der Veranstaltung und der Teilnehmerzahl ab. Das Menü ist eine klassische Form von Catering. Die Gäste haben feste Sitzplätze und das Essen wird serviert. Bei mehr als 50 Personen ist das Menü schwerer zu realisieren als bei 20 Personen, denn idealerweise sollen alle Gäste gleichzeitig essen können. Wenn man sich für die Form eines Menüs entscheidet, ist es wichtig, dass der Catering-Service genug Personal einsetzt. So ist die Gefahr geringer, dass das Essen kalt serviert wird. Wenn die Kommunikation und das Networking im Vordergrund stehen, sind Buffetformen besser geeignet, da sich hierbei vermehrt die Möglichkeit bietet mit mehreren anderen Gästen in Kontakt zu kommen. Ein weiterer Vorteil ist, dass jeder Gast sich nach seinem eigenen Geschmack bedienen kann. So kann jeder Gast selbst entscheiden was und wie viel er von dem angebotenen Essen probieren möchte. Auch eine geschickte Aufstellung des Buffets vermeidet unangenehm lange Warteschlangen. Für flexibel gestaltete Events, sprich wenn das Eintreffen der Gäste nicht genau terminiert ist, bietet sich die Form eines Flying-Buffet an. Hierbei werden die portionierten Speisen in Form von Fingerfood von Servicepersonal auf Tabletts transportiert, sodass sich jeder bedienen kann und keine langen Warteschlangen entstehen. Die meisten Catering-Firmen, welche ein Flying-Buffet anbieten, sind bei der Auswahl sehr kreativ. Somit ist dies eine abwechslungsreiche Alternative zu den typischen Snacks, wie belegte Brötchen oder Butterbrezeln (vgl. nomyblog.de [23]). An Events, bei denen der Fokus auf dem Essen liegt und man genügend Zeit dafür hat, empfiehlt sich die Form des Show Cookings. Dabei bereitet der Koch die Speisen außerhalb der Küche, direkt vor dem Gast zu. Die Auswahl kann auch gerne außergewöhnlich sein. Auch ein BBQ ist im Sommer sehr beliebt und für jede Größe realisierbar. Doch man ist bei einem BBQ stark wetterabhängig, was für viele, die ein Event planen, eine sehr unsichere Variante ist. Egal für welche Variante man sich entscheidet, sollte für jeden etwas dabei sein. Um auch Vegetarier zu berücksichtigen, sollten zudem Optionen ohne Fleisch und Fisch angeboten werden.

Ein selbstverständlicher Punkt auf einer Veranstaltung ist das Getränkeangebot. Wichtig ist es, den Gästen ausreichend Getränke anzubieten. Wasser, Kaffee und Tee sind Standards, welche unverzichtbar sind. Mit einem Begrüßungsdrink beim Empfang der Gäste hinterlässt man bereits zu Beginn der Veranstaltung einen guten Eindruck. Hotels bieten oftmals eine Getränkepauschale an. Getränkefachhändler bieten Getränke auf Kommission an, sodass nur das bezahlt werden muss, was tatsächlich verbraucht wird. Hier lohnt es sich Angebote einzuholen, denn eventuell bekommt man bei Abnahme aller Getränke die Lieferung gratis (vgl. eventbrite 2015 [24]).

9.2.7 Ablauf

Nachdem die Location gebucht, der Caterer ausgewählt wurde und der Referent feststeht, geht es daran eine detaillierte Agenda für die Veranstaltung zu erstellen. Hierbei kommt es darauf an, für wie viele Tage die Veranstaltung angesetzt ist. Bei zwei Tagen und mehr gilt es noch an weitere organisatorische Aufgaben zu denken, wie beispielsweise die Unterkunft für Gäste und Referenten, sowie eine Abendveranstaltung zu planen. Doch auch bei einer eintägigen Veranstaltung sollte auf Anfrage eine Übernachtungsmöglichkeit angeboten werden. Bei der Festlegung der Zeiten für die einzelnen Agendapunkte ist es wichtig, einerseits den Inhalt und andererseits die Aufnahmefähigkeit der Teilnehmer zu beachten. Ein eher komplexes Thema sollte man nicht nach der Mittagspause einplanen. Einzelvorträge sollten auch nicht länger als 45 Minuten angesetzt werden, da die Aufnahmefähigkeit der Teilnehmer sonst nachlässt.

Bei der Zeiteinteilung sollte man immer Pufferzeiten für Fragen und Diskussion einplanen. Auch der Fall, dass Vorträge länger als geplant gehen, könnte eintreten. Umfasst die Veranstaltung mehrere Vorträge, Fragerunden und Workshops, sollte man einen Moderator engagieren, der durch das Programm führt. Ein Moderator schafft es geschickte Überleitungen zu schaffen, gibt zwischendurch organisatorische Hinweise und steuert Fragerunden. Zwischen den einzelnen Programmpunkten sollten genügend Pausen eingeplant werden. Nach ca. 2 Stunden benötigen Teilnehmer eine längere Pause (idealerweise 20-30 Minuten), um die Toiletten aufzusuchen, etwas zu trinken und eine kurze Denkpause einzulegen. Auch die Kommunikation findet meist in den Pausen statt, was für das Networking untereinander nützlich ist.

9.2.8   Kommunikation

Wichtig ist es, das anstehende Event rechtzeitig und der Zielgruppe entsprechend zu kommunizieren. „Ja, ist doch ganz einfach jedem zu erzählen, was wir planen". Dies ist ein täuschender Gedanke, wenn man bedenkt, dass auch der Platz auf jeder Einladung begrenzt ist. Die eingeladenen Personen möchten auf einen Blick sehen, um was für eine Veranstaltung es sich handelt und wägen in der gleichen Minute ab, ob es sich lohnt teilzunehmen. Das Thema der Veranstaltung muss der Zielgruppe direkt ins Auge fallen. Darum ist es wichtig, die verfügbaren Zeichen in der Überschrift geschickt zu nutzen und mit wenigen, jedoch eindeutigen Worten den Nagel auf den Kopf zu treffen. Bereits der Titel soll dazu animieren weiter zu lesen. Dies gilt sowohl für eine Einladung per Brief, per Mail oder über eine Ankündigung in einem Netzwerk.

Im Infotext einer Einladung kann man dann das ganze Wissen samt allen Eckdaten einbauen. Hierfür ist es wichtig, dass das Programm und der grobe Ablauf bereits fixiert wurden. Wenn der Termin, der Ort sowie die groben Inhalte feststehen, kann man bereits zu diesem Zeitpunkt „Save the Date"-Mails versenden mit dem Hinweis, dass weitere Informationen folgen. Somit haben potenzielle Teilnehmer frühzeitig die Möglichkeit sich die Veranstaltung vorzumerken. Für Seminare oder Business-Veranstaltungen bietet sich auch die Kommunikation in sozialen und beruflichen Netzwerken an, beispielsweise XING. Interessierte haben die Möglichkeit den Button „Interessiert mich" zu drücken. Mit dieser Funktion lässt sich auch das Interesse von Personen frühzeitig erkennen. Das Attraktive daran ist die Einfachheit. Fast jede Person, die im Berufsleben steht, ist online aktiv, sei es per E-Mail oder in Netzwerken. Die Tendenz steigt immer weiter an. Die digitale Welt ist aus dem Berufs- und auch dem Privatleben nicht mehr wegzudenken. Auch bei Veranstaltungen im großen Stil wie bspw. Musicals oder Fußballspiele werden die meisten Tickets online über ein Ticketsystem verkauft. Die Buchung kann voll automatisch ausgeführt und abgeschlossen werden.

Klassische Varianten sind bei Workshops, Arbeitsgruppen oder größeren Geschäftsterminen noch immer Brief oder E-Mail. Der erste Weg ist immer zu prüfen, ob die Zielgruppe online angebunden ist oder ob die Briefvariante bevorzugt wird. Online hat man die Möglichkeit sich mit wenigen Klicks für eine Veranstaltung anzumelden oder sich diese erst einmal vorzumerken. Hierfür nutzen viele Veranstalter den Weg, eine E-Mail mit einem Direktlink an potenzielle Teilnehmer zu versenden. Idealerweise mit der Möglichkeit das Event direkt in den Kalender des Smartphones oder des Online-Kalenders (Outlook, Lotus Notes) zu importieren. Persönlich und trotzdem digital.

In jeder Einladung, egal in welcher Form, ob schriftlich, per E-Mail oder als Ankündigung im Internet gibt es Angaben, welche enthalten sein müssen:
- Einladende Firma/einladende Person
- Datum und Ort
- Anlass der Einladung/Thema der Veranstaltung
- Programmpunkte/Details der Veranstaltung
- Ansprechpartner

Sollten für die Teilnahme an der Veranstaltung Kosten entstehen, ist es wichtig, diese zu erwähnen. Auch wenn ein bestimmter Dresscode gewünscht wird, muss in der Einladung darauf hingewiesen werden. Es muss klar ersichtlich sein, welche Firma und welche Person zu der Veranstaltung einlädt. Das Datum und der Veranstaltungsort ist für die Teilnehmer ein entscheidender Punkt. Sie können somit gleich prüfen, ob der Termin mit Berücksichtigung des Anreisewegs passt. Auch die gewählte Wortwahl und die Darstellung sollte zur Firma passen, ansonsten wirkt die Eventankündigung gekünstelt oder aufgesetzt. Wenn keine Werbe- oder Grafikabteilung greifbar ist, übernimmt die Assistenz diese Angelegenheit. Eine Einladung passend zum Anlass und der Firma zu erstellen ist keine einfache Aufgabe. Im Idealfall gibt es bereits Vorlagen von vergangenen Veranstaltungen, die man als Hilfe nutzen kann. Doch auch hier wird die Assistenz gefordert. Zusammengefasst müssen Einladungen korrekt formuliert, auf die Zielgruppe ausgerichtet sein und an die richtigen Personen versendet werden. Je nach Anzahl der eingeladenen Gäste ist das mit viel Aufwand verbunden. Die eigentliche, noch intensivere Arbeit beginnt erst nach Bekanntmachung der anstehenden Veranstaltung bzw. nach Versand der Einladungen. Rückmeldungen verarbeiten und nachhalten sowie eventuell auftretende Fragen werden von der Assistenz meist beantwortet ohne dass die Führungskraft etwas davon mitbekommt. Auch das sind Zeitfresser, welche eine Assistenz mit einer Selbstverständlichkeit meistert.

Handelt es sich um eine Großveranstaltung wie zum Beispiel Kundenveranstaltungen oder Eröffnungen, lohnt es sich Medienvertreter von Presse, Fachzeitschriften oder auch Hörfunk einzuladen. Pressemitteilungen sind wichtig, um das Image der Firma positiv hervorzuheben. Wenn sich das Programm der Veranstaltung interessant anhört, ist auch die Wahrscheinlichkeit sehr hoch, dass ein Pressevertreter über die Veranstaltung berichten möchte. Die Einladungen an die Presse sollten etwa zehn Tage vor der Veranstaltung versendet werden.

Je nach Art der Veranstaltung muss man frühzeitig an die Vorbereitung und Erstellung von Veranstaltungsunterlagen denken. Sie dienen für die Teilnehmer als hilfreiche Erinnerungsstütze im Nachgang und können die Wirkung der Veranstaltung positiv unterstreichen. Standardmäßig werden diese in Ordner oder Dokumentenmappen geheftet. Form, Stil und Qualität sollten auch hier zum Firmenimage passen. Eine weitere Möglichkeit ist es, die Unterlagen als Download für die Teilnehmer zur Verfügung zu stellen. Dies kann bereits je nach Veranstaltung bereits im Vorfeld oder im Nachgang geschehen. Durch die Papierreduktion leistet man einen Beitrag für den Umweltschutz und geht einen weiteren Schritt in Richtung Digitalisierung in der Geschäftswelt. Teilnehmer haben so die Möglichkeit die Unterlagen auf dem PC jederzeit abzurufen und können sich vereinzelt Seiten, welche sie besonders interessieren, bei Bedarf ausdrucken. Dennoch ist es von Vorteil den Teilnehmern die Agenda, sowie wichtige organisatorische Punkte ausgedruckt zur Verfügung zu stellen. Dies dient als Orientierungshilfe für die gesamte Veranstaltung. Notizblöcke und Stifte sind bei jeder Veranstaltung ein hilfreiches Arbeitsmittel und dienen gleichzeitig als Werbeträger für die eigene Firma.

Bei Teilnehmern, welche von extern kommen, um an einer Veranstaltung in den eigenen Firmenräumen teilzunehmen, bietet es sich an, Gäste-WLAN zur Verfügung zu stellen. Zwischendurch und in den Pausen lesen viele dann doch ihre Mails oder müssen Dinge klären, was mit dem Gäste-WLAN eine einfache und bequeme Lösung, ohne viel Aufwand, darstellt.

9.2.9   Genehmigungen und Gebühren

Auch die Behörden dürfen bei der Planung einer Veranstaltung nicht vergessen werden. Je nach Art der Veranstaltung müssen Genehmigungen eingeholt werden. Die Voraussetzungen dafür obliegt der jeweiligen Gemeinde/Kommune im jeweiligen Bundesland. Eine Genehmigung ist grundsätzlich für eine öffentliche Veranstaltung Pflicht. Bei einer privaten Veranstaltung nur dann, wenn die Öffentlichkeit davon beeinträchtigt wird (beispielsweise bei Lautstärke oder Nutzung von Hallen, welche von der Gemeinde verwaltet werden). Die Genehmigung dient als eine Art Sicherheit, damit die Veranstaltung wie geplant durchgeführt werden kann, ohne dass außenstehende Personen befugt sind, diese zu stoppen. Ist bei öffentlichen Veranstaltungen der Ausschank von alkoholischen Getränken geplant, benötigt man zusätzlich eine Schankerlaubnis. Die Gemeinde vor Ort kann Auskünfte erteilen, damit man alle notwendigen Genehmigungen, welche man benötigt, einholen kann. Sie benötigt unter anderem Angaben darüber, ob die Veranstaltung den öffentlichen Verkehrsraum beeinflusst (Nutzung/Sperrung eines Straßenabschnitts), ob Unterhaltungsangebote vorgesehen sind und ob die Sicherheit der Veranstaltung gewährleistet ist. Um den Überblick hier nicht zu verlieren ist es sinnvoll sich frühzeitig genau zu informieren und mit der zuständigen Gemeinde zu sprechen.

Ein lästiger, dennoch notwendiger Punkt, ist es sich über Gebühren, formelle Genehmigungen und Abgaben genau zu informieren. Handelt es sich bei der Veranstaltung um eine öffentliche Veranstaltung mit Musik, ist man verpflichtet an die GEMA Lizenzgebühren zu entrichten. Ist dies zwingend erforderlich und man vergisst seine Veranstaltung bei der GEMA anzumelden, zählt das als Straftat. GEMA steht ausgeschrieben für Gesellschaft für musikalische Aufführungs- und mechanische Vervielfältigungsrechte. Die einfache Idee dahinter, wie GEMA sie selbst beschreibt lautet: „Wer Musik öffentlich nutzt, soll die Urheber dafür bezahlen". Zu GEMA-pflichtigen Veranstaltungen zählen unter anderem Events mit Musik, Konzerte und Vereinsfeiern. Die einzelnen Tarife werden auf der Homepage der GEMA aufgezeigt. Somit kann man die Kosten bereits vor der Veranstaltung in der Kostenplanung berücksichtigen (vgl. gema.de [22]).

Auch die Gebühren für die Künstlersozialkassen müssen gegebenenfalls bedacht werden. Viele denken hierbei an Gebühren für Musiker oder Journalisten, doch auch Webdesigner und alle, die zur Werbung des Unternehmens beitragen, zählen dazu. Die Künstlerversicherung muss zusätzlich zur Gage bezahlt werden. Beispielsweise organisiert eine Firma eine Messe und engagiert für das Unterhaltungsprogramm einen Sänger, der hauptberuflich singt. Dann muss in die Künstlersozialkasse eingezahlt werden. Dies gilt jedoch nur bei öffentlichen Veranstaltungen, nicht für Betriebsfeiern.

Der Versicherungsschutz ist ein kleiner, dennoch wichtiger Punkt, welchen man vor einer öffentlichen Veranstaltung klären sollte. Am besten schildert man seiner internen Versicherungsabteilung oder direkt der Versicherung was für eine Art Veranstaltung man plant, um sich darüber beraten zu lassen, was versichert ist beziehungsweise an was man noch denken muss, damit es zu keinen bösen Überraschungen kommen kann.

Genehmigungen, Gema, Künstlersozialkasse und Versicherungsschutz sind bei internen, etwas größeren Besprechungen nicht relevant, dennoch muss man sich bei großen Veranstaltungen damit beschäftigen, was genau für das anstehende Event notwendig ist. Dahinter verbirgt sich ein großer bürokratischer Aufwand, mit dem sich kein Firmeninhaber/keine Führungskraft gerne selbst beschäftigen möchte.

9.2.10 Letzte Vorbereitungen

Um kurz vor der anstehenden Veranstaltung nicht panisch zu werden, ist es ratsam ca. zehn Tage vorher nochmal alle Einzelheiten zu prüfen und letzte Vorbereitungen zu treffen, um sicherzugehen, dass man an alles gedacht hat. Die finale Gästeanzahl muss normalerweise eine Woche vorher an das Tagungshotel und/oder an den Cateringservice gemeldet werden. Somit ruft man sich nochmal ins Gedächtnis und bezahlt letztendlich auch nur für die Anzahl an Gästen, die auch an der Veranstaltung teilnimmt. Unverhoffte Ausfälle kann zu diesem Zeitpunkt zwar noch niemand vorhersehen, dennoch ist die Zahl weitestgehend genau und man läuft nicht Gefahr zu viel zu bezahlen. Es empfiehlt sich, sofern man die Veranstaltung nicht allein organisiert hat, sich nochmals mit allen Beteiligten auszutauschen. So können mögliche Unklarheiten rechtzeitig beseitigt und Fragen beantwortet werden. Wenn sich das gewählte Tagungshotel in der Nähe befindet, bietet es sich an, einen Tag vorher die Räumlichkeiten zu kontrollieren und einen Technik-Probelauf durchzuführen. Ansonsten ist es ausreichend mit dem Hotel nochmals zu telefonieren und alle Punkte zu besprechen. Je größer die Veranstaltung ist, desto mehr Helfer werden benötigt. Die einzelnen Aufgaben werden meist von der Assistenz aufgeteilt und delegiert. Es empfiehlt sich, einen schriftlichen Dienstplan, mit Angabe der Aufgabe, der genauen Zeit und dem Namen der/des Zuständigen, zu erstellen. Dies hat den Vorteil, dass man die Veranstaltung gedanklich nochmal durchspielen kann und noch rechtzeitig handeln kann, falls etwas vergessen wurde. Wichtig ist genau zu klären, wer wofür verantwortlich ist. Auch an Nebensächlichkeiten, wie beispielsweise die Dämmung des Lichts im Raum muss bei einer Veranstaltungsplanung gedacht werden. Auch der Referent sollte vorab nochmals kontaktiert werden, um die letzten Fragen zu Erreichbarkeit, Anreise und Veranstaltungsbeginn zu klären.

Am Tag davor kann man bereits alle wichtigen Dinge für die Veranstaltung einpacken. Hier ist eine Packliste ein nützliches Utensil. Handouts dürfen nicht vergessen werden, Ablaufplan sollte fixiert sein und alle Helfer sollten den Ablaufplan bereits vorab kennen. Es ist dennoch ratsam vor Beginn der Veranstaltung nochmals eine Teambesprechung durchzuführen und einen letzten Check-up zu machen. Jeder sollte seinen Platz und seine Aufgaben des Tages kennen und die Chance haben noch eventuelle Rückfragen zu stellen.

9.2.11 Am Tag der Durchführung

Am Tag der anstehenden Veranstaltung sind alle Aufgaben idealerweise gewissenhaft abgearbeitet. Dennoch gehen einem noch tausende Dinge durch den Kopf und die Anspannung steigt. Es wäre sinnvoll, wenn die Assistenz, welche die anstehende Veranstaltung geplant und organisiert hat, selbst anwesend ist. Wie heißt es umgangssprachlich: „Unverhofft kommt oft". Tatsächlich kann es vorkommen, dass ein Programmpunkt entfällt und man ad-hoc die Lücke füllen muss oder der Beamer für die anstehende Präsentation defekt ist und dringend ein Ersatz gefunden werden muss.

Es ist ratsam, als Assistenz mit einem zeitlichen Vorlauf am Veranstaltungsort einzutreffen und kurz vor Beginn nochmals eine letzte Technik-Probe durchzuführen, die Plätze ggf. mit Notizblöcken und Stiften auszustatten und die Handouts zu verteilen.

Ein ganz essentieller Bestandteil jeder Veranstaltung ist die Begrüßung und Betreuung der einzelnen Teilnehmer. Es macht einen guten Eindruck wenn die Führungskraft, die Assistenz und das Tagungsteam die Gäste bereits beim Eintreffen persönlich begrüßen. Für die Kommunikation ist es wichtig, dass jeder ein Namensschild trägt. Jeder aus dem Team sollte lächeln und gewillt sein, den Teilnehmern jederzeit weiter zu helfen. Es werden auf jeder Veranstaltung knifflige Situationen eintreffen, auf die man nicht vorbereitet ist. Hier gilt es zu improvisieren und den Gästen Aufmerksamkeit zu schenken und mit Herzlichkeit zu begegnen. Das trägt viel zum Image der Veranstaltung bei und das ein oder andere Malheur ist somit ganz schnell wieder vergessen.

9.2.12 Nach dem Event

Nachdem eine Veranstaltung erfolgreich zu Ende ging, fällt erst einmal der ganze Druck von demjenigen ab, der die Veranstaltung organisiert hat. Der große Meilenstein wäre geschafft, doch auch die Nachbereitung einer Veranstaltung fordert Aufmerksamkeit und macht das Gesamtpaket „Veranstaltung" komplett. Diese sollte möglichst zeitnah nach der Veranstaltung erfolgen. Am Ende gehört es dazu „Danke" zu sagen und die gute Zusammenarbeit nicht als selbstverständlich zu betrachten. Dies kann telefonisch erfolgen oder in schriftlicher Form. Jeder freut sich über ein einfaches „Danke" und man setzt dadurch gleichzeitig den Grundstein für eine langfristige Zusammenarbeit. Auch ein „Danke" an die Teilnehmer schadet nicht, denn ohne sie hätte die Veranstaltung gar nicht stattgefunden. Auch alle noch ausstehenden Rechnungen sollten möglichst schnell nach Erhalt bezahlt werden, damit man die Budget-Auswertung abschließen kann. Die Auswertung der Feedbackbögen ist wichtig, um zu erfahren, was man das nächste Mal verbessern kann. Es gibt immer Dinge, die man bei der nächsten Veranstaltung besser machen kann, denn schließlich lernt man aus Erfahrungen.

Meine Darstellung einer Veranstaltungsplanung ist kein Patentrezept, welches zu jeder Firma, jeder Veranstaltung oder Arbeitsweise passt. Es handelt sich vorwiegend um meine eigenen Erfahrungen und Tipps, welche mir bei der Organisation einer Veranstaltung helfen. Eine Veranstaltung zu organisieren und nicht den Überblick zu verlieren ist alles andere als Routinearbeit und bedarf immer individueller Anpassungen.

9.3 Warum die Chemie zwischen Chef und Sekretärin eine wichtige Rolle spielt

Beispiel

Um auf die wichtigste Tätigkeit einer Assistenz, das Kaffee kochen, zu kommen, – jeder versteht die Ironie – folgt die Analyse einer Situation aus einem ganz normalen Büroalltag, welche uns eine ganz wichtige Komponente in der Zusammenarbeit zwischen Chef und Sekretärin veranschaulicht:

Es ist 07.00 Uhr morgens. Eine Stunde vor dem offiziellen Arbeitsbeginn sitzt der Chef in seinem Büro und brütet über seiner Präsentation, die er zwei Stunden später vor dem Vorstand der Firma halten muss. Ein kurzes „Morgen" ertönt aus seinem Zimmer; danach Schweigen, da er sichtlich angespannt ist. Seine Assistentin läuft in die Küche macht ihm einen Kaffee mit einem Schuss Milch, stellt ihm diesen auf den Tisch und verlässt wortlos sein Büro. Er lächelt und arbeitet mit neuer Energie an seiner Präsentation weiter.

▶ Die Grundlage für eine erfolgreiche Zusammenarbeit ist Wertschätzung.

Die Situation zeigt uns, dass die Assistentin ein Feingefühl für eben jene Alltagssituationen hat, die wir alle kennen. Zeitdruck, Stress und tausend Sachen im Hinterkopf. Die Frage, die sich Außenstehende stellen, ist warum sie das macht. Sicher nicht, weil sie es jeden Tag mit einem Choleriker zu tun hat, der ständig meckert und sich die Stunden im Büro wie Kaugummi ziehen. Sie macht das, weil auch ihr die Wertschätzung im Alltag entgegen gebracht wird. Gegenseitige Wertschätzung ist die Grundlage für ein gut funktionierendes Assistentinnen-Chef-Team und das Fundament für diese Wertschätzung wiederum ist Vertrauen. Ein Vorgesetzter sollte seiner Assistenz zu 100 % vertrauen. Dafür steht sie uneingeschränkt hinter ihm. Den anderen zu kennen und wert zu schätzen ermöglicht es auch in schwierigen Situationen als Team zu agieren und sich gegenseitig Fehler zu erlauben ohne unangenehme Konsequenzen befürchten zu müssen.

Was hat dieser eher persönliche Aspekt mit der Veranstaltungsorganisation zu tun? Bei einer Veranstaltung geht es um Budget und Außenwirkung – zwei sehr wichtige Faktoren eines Unternehmens. Wenn es um finanzielle Aspekte bei einer Veranstaltung geht, ist Vertrauen unerlässlich. Die Assistentin arbeitet hier eigenverantwortlich mit teils hohen Summen. Sie fixiert die Location, bestätigt das Catering und bucht den Referent. Ihr Chef hat diese Ausgaben an anderer Stelle zu rechtfertigen und letztendlich zu verantworten.

▶ Die wichtigste Aufgabe, die es als Assistenz täglich zu bewältigen gilt, ist es, dem Chef den Rücken freizuhalten und ihn zu unterstützen. Dies kann nur gelingen, wenn man Hand in Hand arbeitet und den anderen, mit all seinen Stärken und Schwächen, respektiert. An was man tatsächlich als Assistenz alles denken muss, geht im Alltag eines Vorgesetzten oft unter, denn seine Aufgabe ist es sich auf sein Tagesgeschäft zu konzentrieren. Es wirkt oftmals Wunder nicht nur das Nötigste zu leisten, sondern umsichtig zu sein, weiter zu denken und somit auch unausgesprochene Aufgaben zu erkennen und zu erledigen.

Es wird deutlich, dass es viele Kleinigkeiten sind, welche man bedenken, beachten und ausführen muss, die eine Veranstaltung zu einem Ganzen werden lässt. Kleinigkeiten, die unsichtbar sind; Kleinigkeiten, welche sich hinter der Kulisse, sprich der Veranstaltung, abspielen. Doch nur wenn an all diese Kleinigkeiten gedacht wird und gewissenhaft umgesetzt werden, kann das „Ganze" entstehen – eine gelungene Veranstaltung, dank der unsichtbaren Hand hinter jedem Event.

9.4   Über die Autorin

Isabell Müller wurde 1987 geboren und lebt mit ihrem Partner im Nordosten von Baden-Württemberg. Nach ihrem Realschulabschluss absolvierte sie eine Ausbildung zur Kauffrau für Bürokommunikation in einem Familienunternehmen und blieb im Anschluss ihrer Ausbildung dem Unternehmen noch ein Jahr als Sachbearbeiterin treu. Schließlich begann sie 2009 als Assistenz für die Geschäftsführung in einem großen deutschen Handelsunternehmen. In weiteren Positionen als Assistenz war sie insgesamt acht Jahre für Geschäftsführer und Geschäftsleiter tätig. In diesen Jahren wurde es für sie zunehmend

wichtiger sich und andere zu organisieren und vor allem selbstständig und eigenverantwortlich zu arbeiten. Doch nicht nur das war der Anstoß für ihre Freude an der Arbeit im
Assistenzbereich: Die Gewissheit, dem Vorgesetzten den Rücken freizuhalten und damit
einen wesentlichen Teil zur professionellen Chefentlastung beizutragen, ist für die Assistenzfunktion unabdingbar. Nicht nur das Nötigste zu leisten, sondern umsichtig zu sein,
weiter zu denken und auch unausgesprochene Aufgaben zu erkennen ist unentbehrlich –
so sieht sie die Rolle der Assistenz von heute.

Neben ihrem Hauptberuf machte sie den Abschluss zum Wirtschaftsfachwirt (IHK),
den Ausbilderschein und engagierte sich bei der IHK als Prüferin für die mündlichen
Abschlussprüfungen im Büromanagement-Bereich. Im Mai 2017 bot sich ihr die Chance,
organisatorische Tätigkeiten mit inhaltlichem Fachwissen zu vertiefen. Mittlerweile ist sie
seit über einem Jahr erfolgreich als fachliche Mitarbeiterin tätig. Eine Rückkehr in den
Assistenzbereich hält sie jedoch nicht für ausgeschlossen.

Literaturverzeichnis

[21] sabelstein – das Magazin der Eventbranche

[22] www.gema.de

[23] https://www.nomyblog.de/nomyblog/gastronomie/flying-buffet/

[24] https://www.eventbrite.de/blog/event-catering-bei-business-events-dos-and-donts-ds00/

Weiterführende Literatur

[25] www.eventsofa.de

[26] Planungstipps für Veranstaltungen von Thomas Timmers

[27] www.eventfaq.de

[28] https://www.eventbrite.de/blog/die-6-besten-online-tools-fuer-deine-erfolgreiche-eventpla-
nung-ds00/

[29] https://www.eventbrite.de/blog/event-catering-bei-business-events-dos-and-donts-ds00/

[30] https://kurtsteindl.com/ihre-veranstaltung/tipps-fuer-ihre-veranstaltung

Assistenz und Führungskraft – Kommunikation auf Augenhöhe

Über die Notwendigkeit wertschätzender Kommunikation innerhalb eines Teams

Eva-Maria Rabuser

> *„Einen Vorsprung im Leben hat, wer da anpackt,*
> *wo andere erst einmal reden."*
> *(J. F. Kennedy)*

Zusammenfassung

In diesem Kapitel wird nur kurz auf die unterschiedlichen Formen der Kommunikation eingegangen. Das Augenmerk dieses Kapitels liegt vor allem in der Notwendigkeit wertschätzender Kommunikation zwischen Führungskraft und Assistenz und damit im gesamten Team. Es enthält Anregungen, wie verschiedene Werkzeuge des Office Managements genutzt werden können, um Führungskraft und Assistenz wirksam zu unterstützen und Vorgesetzte gezielt zu entlasten. Verschiedene Anwendungsbeispiele und Tipps beinhaltet dieses Kapitel ebenso wie Hinweise über die Macht der Worte bei der Mitarbeiterzufriedenheit und bei Konflikten innerhalb eines Teams. Die Wichtigkeit dieses Themas wird durch die Vielzahl der Kommunikationsmöglichkeiten und berufsbezogenen Situationen deutlich. Dieses Kapitel soll als Inspiration dienen, wieder mehr Augenmerk auf wertschätzende Kommunikation zu legen.

Dieses Zitat hat mich schon oft im Leben begleitet, egal ob in privater oder beruflicher Hinsicht. Meiner Meinung nach passt es wunderbar zum Thema dieses Buches, denn es beinhaltet zwei Aspekte im Hinblick auf Assistentinnen und Führungskräfte: Tatkraft und Kommunikation.

© Springer Fachmedien Wiesbaden GmbH, ein Teil von Springer Nature 2019
D. Schenk, *Chefsache Assistenz*, Chefsache,
https://doi.org/10.1007/978-3-658-23490-4_10

10.1 Problemstellung

Was heißt eigentlich „einen Vorsprung im Leben haben"? Für mich bedeutet es Zeit zu gewinnen. Zeit, um Aufgaben abarbeiten zu können. Zeit ist ein wichtiger Faktor für mich.
Wer keine Zeit hat, muss schnell handeln und kann evtl. weniger über die Aufgabe und deren Lösung nachdenken. Manchmal ist Schnelligkeit gefragt, keine Frage. In unserer schnelllebigen Zeit ist es aber oft besser, mal langsam zu machen. Sich also etwas Luft zu verschaffen, um keine Fehler zu begehen, die der Schnelligkeit geschuldet sind. Durch die Koppelung von Zeit und Geld ist sie zu einem Gut geworden, das wertvoll ist. Wir sollten Zeit sparsam einsetzen. Ich selbst habe immer zu wenig Zeit. Wahrscheinlich geht es allen so. Es gibt immer viel zu tun.

Langsamkeit kommt im Berufsleben praktisch nicht mehr vor oder wird mit Faulheit gleichgesetzt. Dabei können wir gerade in solchen Phasen sehr viel an Energie freisetzen und uns voll und ganz auf unsere Aufgabe konzentrieren.

In Gesprächen mit Führungskräften stellt sich für mich klar heraus – Zeit zu haben ist das wichtigste Gut für Führungskraft und Assistenz. Alles soll immer schneller gehen. An tausend Ecken soll man gleichzeitig sein. Vielleicht ist aber auch die Erwartungshaltung einfach zu groß. E-Mails sollen schnell beantwortet, Aufgaben schnell abgearbeitet werden – oder wir meinen das zumindest. Denn die Möglichkeit besteht ja. Es ist noch nicht einmal – zumindest ist das in meiner Firma so – die Erwartungshaltung meiner Chefs, sondern es ist oft mein eigener Anspruch.

Jetzt müsste man meinen, mit den Erleichterungen der digitalen Welt hätten wir auf jeden Fall mehr Zeit. Es heißt doch immer, alles spart Zeit. Wir müssten also eine enorme Zeitersparnis haben. Die gibt es sicherlich, aber erstens werden die Zeitlücken, die entstehen, rasend schnell mit noch mehr Arbeit gefüllt und natürlich werden eine Menge Tools nicht richtig genützt.

Aber wie verschaffen wir uns diesen, von uns allen gewünschten, Vorsprung und ein damit erreichtes Mehr an Zeit?

Meiner Meinung nach ist ein Zeitgewinn nur durch Kommunikation zu erreichen. Wir kommunizieren im Berufsleben – und natürlich auch außerhalb dessen – täglich. Wenn diese Kommunikation auf Augenhöhe zwischen Assistenz und Führungskraft stattfindet, kann eine ganze Menge erreicht werden. Kommunikation zwischen Führungskraft und Assistenz sollte nicht als zeitraubend empfunden werden. Das Ziel ist eine Verbesserung der Arbeitsabläufe und damit ein Zeitgewinn. Kommunikation sollte ein Dialog sein und sich in der Art und Weise, wie miteinander gesprochen wird, widerspiegeln.

10.2 Aufgabenfeld Assistentin

Um zu verstehen, mit was eine Assistentin tagtäglich kämpft, hier etwas zum Schmunzeln. Das Gebet einer Sekretärin, das sicher jede Assistentin kennt, sollte sich auch jede Führungskraft hin und wieder ins Gedächtnis rufen:

Lieber Gott!

Gib mir das Gedächtnis eines Elefanten, oder zumindest ein unfehlbares Dreijahresgedächtnis.

Lass das Wunder geschehen, dass ich alles zur selben Zeit tun kann:

Zum Beispiel vier Telefone gleichzeitig bedienen und dazu noch einen Brief schreiben, der „unbedingt noch heute heraus muss!" – obwohl ich weiß, dass er erst morgen unterschrieben wird.

Statte mich mit der Geduld eines Engels aus, wenn der Chef mich stundenlang eine Akte suchen lässt, die ich schließlich auf seinem Schreibtisch finde.

Vergiss bitte, dass ich als Schulabschluss Mittlere Reife habe und fülle meine Gehirnwindungen mit dem Wissen eines Universitätsprofessors.

Hilf mir, alles zu verstehen, auch wenn die Informationen unverständlich sind.

Hilf mir, alles richtig zu machen, auch wenn die Anweisungen falsch sind.

Erleuchte mich, so dass ich allezeit weiß, wo der Chef ist, was er tut und wann er zurückkommt – auch wenn er verschwand, ohne ein Wort zu sagen.

Lass mich am Jahresende, wenn ich „weisungsgemäß" alte Akten vernichte, ahnen, welches Stück davon der Alte in den nächsten Tagen „unter allen Umständen" haben muss ! („Besorgen Sie's. Wie ist mir egal!").

Gib mir Nerven wie Drahtseile, damit ich unerschüttert lächle, wenn Ober- und Unterchefs und Chefinnen daran zerren.

Und belohne die Chefs und Chefinnen, die bei solchen Zerren nicht mitmachen, sondern wissen, dass eine Sekretärin „auch nur ein Mensch ist", und danach handeln!

Amen.

(Das Gebet einer Sekretärin – Verfasser unbekannt)

Der Begriff Sekretärin ist in der Zwischenzeit sicher fast veraltet und der Übergang zum Begriff Assistentin fließend.

Das ganze Aufgabenfeld einer Assistentin ist natürlich immer von der Sparte und Position Ihrer Firma und auch Ihrer Führungskraft abhängig. Es würde sicherlich den Rahmen sprengen, hier alles im Einzelnen aufzuführen. Das ist auch überhaupt nicht notwendig, denn der obige Text zeigt andeutungsweise, welchen Spagat Assistentinnen oft machen müssen. Er zeigt eines aber auch ganz genau, eine Assistentin kommuniziert mit Hilfsmitteln wie E-Mail, Briefen, Telefon und natürlich verbal mit allen möglichen Personen innerhalb und außerhalb Ihres Teams.

Die Hauptaufgabe der Assistenz ist es, dem Chef den Rücken frei zu halten und ihm möglichst alles vom Hals zu halten, was ihn von seinen Managementaufgaben abhalten könnte und ihn somit Zeit kostet. Aber wie kann das erreicht werden? Wichtig ist meiner Meinung nach genügend Informationen zu erhalten und dann die gestellte Aufgabe anzupacken. Hier kommt der für mich wichtigste Punkt ins Spiel:

10.3 Die Kommunikation

▶ **Definition** Im Duden wird die Kommunikation folgendermaßen erklärt: „Verständigung untereinander; zwischenmenschlicher Verkehr besonders mithilfe von Sprache, Zeichen." (vgl. Duden)

Eine wirksame Arbeitsentlastung – und nochmal, das ist sicher der Wunsch jeder Führungskraft – kann nur durch Kommunikation entstehen. Verbale Kommunikation zwischen Menschen erfolgt, wie schon erwähnt, mit Hilfe von Sprache über das gesprochene oder geschriebene Wort. (vgl. Spektrum der Wissenschaft Verlagsgesellschaft mbH o.J.). Kommunikation bedeutet Informationsaustausch zwischen Menschen(Kürze und Würze GmbH o.J.). Die Kommunikation kann also sowohl über das geschriebene als auch über das gesprochene Wort stattfinden.

Informationsaustausch findet aber nicht nur über Worte statt, sondern auch über die Körpersprache. Wer sich schon einmal etwas mit Kommunikation auseinandergesetzt hat, kennt sicher das sogenannte Nachrichtenquadrat von Friedemann Schulz von Thun. (vgl. Bayrischer Rundfunk o.J.)

Jede Nachricht enthält einen Sachinhalt, also was will ich vermitteln? Außerdem Selbstkundgabe, also etwas was der Sender von sich selbst preisgeben will. Natürlich einen Beziehungshinweis, also wie stehen Sender und Empfänger zueinander und zu guter Letzt einen Appell, also was soll getan werden. Das ist von beiden Kommunikationspartner zu berücksichtigen.

Damit ist schon klar, dass bei der Kommunikation vieles missverstanden oder falsch aufgefasst werden kann. Vor allem wenn man bedenkt, dass der Sender mit 4 Seiten der Botschaft spricht und der Empfänger der Nachricht genau mit diesen 4 Seiten hört. Wenn also mehr mit dem Beziehungsohr gehört wird, als der Sender hier vermitteln will, kommt man gleich auf eine ganz andere Ebene.

Das Eisbergmodell von Sigmund Freud drückt das auch gut aus. Man sieht nur die Spitze des Eisbergs aus dem Wasser ragen, das ist der bewusste Teil der Kommunikation. Der unbewusste Teil der Kommunikation – also der weitaus größere – bleibt unter der Wasseroberfläche verborgen (vgl. (SpringerGabler 2015, S. 122).

Bei direktem Kontakt zweier Kommunikationspartner können die verschiedenen Aspekte der Körpersprache besser berücksichtigt werden, da Gefühle, Körperhaltung und andere Aspekte auch visuell aufgenommen werden. Bei einer geschriebenen Nachricht fallen diese selbstverständlich weg und da sind der Interpretation auch in eine vielleicht falsche Richtung keine Grenzen gesetzt. Das birgt also auch immer Schwierigkeiten.

Kommunikation beruht auf Wechselseitigkeit. Es findet immer eine Aktion und eine Reaktion statt. Gelingende Kommunikation ist deshalb immer von beiden Kommunikationspartnern abhängig.

Die Art der Artikulation (paraverbale Kommunikation), unsere Lautstärke, das Sprechtempo und der Tonfall sind genauso entscheidend wie die nonverbale Kommunikation. Dazu gehören die Gestik, die Mimik, die Bewegung und Körperhaltung. Die paraverbale Kommunikation und die nonverbale Kommunikation werden zur Unterstützung unserer Kommunikation eingesetzt.

Die Körpersprache zum Beispiel ist meist angeboren, manches ist kulturell bestimmt, wird aber von den meisten Menschen verstanden. Die Probleme sind gerade auch bei der paraverbalen und nonverbalen Kommunikation nicht zu unterschätzen. Der erste Eindruck ist oft sehr wichtig, sollte aber auch nicht zu hoch eingeschätzt werden. Wir versuchen oft, Rückschlüsse auf die Körpersprache zu ziehen und interpretieren eine Menge hinein. Besser ist es auf die eigene Körperhaltung zu achten. Die Körperhaltung beeinflusst, wie wir von anderen wahrgenommen werden, sie beeinflusst aber auch unser eigenes Auftreten.

So unterschiedlich die Menschen sind – genauso unterschiedlich ist die Kommunikation. Die einen halten sich kurz und bringen die Dinge auf den Punkt, andere schweifen meilenweit aus. Bücher über Kommunikation füllen in den Buchhandlungen wahrscheinlich meterweise die Regale. Es gibt welche, die können sehr gut argumentieren und welche, die kommunizieren sehr kreativ im Kreis herum (vgl. Burkhard Heidenberger o.J.). Manche Menschen haben immer etwas zu kritisieren, andere wissen alles besser und dann gibt auch noch die Harmoniebedürftigen und die Alleinunterhalter und auch welche, die überhaupt nicht gerne kommunizieren. Und selbstverständlich gibt es alles dazwischen.

Was aber ist die richtige Kommunikation? Viel wird wahrscheinlich darüber geschrieben und meistens hapert es dann an der praktischen Umsetzung, denn Kommunikation ist eben auch immer vom Menschen abhängig. Die Persönlichkeit und auch die Erfahrungen eines jeden Menschen sind auch für die Art seiner Kommunikation verantwortlich. Kommunikation ist eines der komplexesten Themen der Menschheit und es geht auch nicht nicht zu kommunizieren.

Man muss sich der Macht des Kommunizierens bewusst sein – sicher hat schon jeder einmal erfahren, wie verletzend Worte sein können. Allerdings wünsche ich jedem die Erfahrung des Gegenteils. Wer schon wertschätzende und lobende Worte erhalten hat, weiß welches Glücksgefühl das in einem auslöst.

Wie eine Nachricht vermittelt wird und auch wie sie aufgefasst wird, kann je nach Tagesform von Sender und Empfänger unterschiedlich sein. Es können also eine ganze Menge Kommunikationsstörungen auftreten. Es kommt auch immer auf die Situation an, spricht zum Beispiel der Kommunikationspartner einen unbeliebten Dialekt oder ist die Telefonleitung schlecht, dann sind das schon sehr schlechte Voraussetzungen für eine gute Kommunikation. So vielfältig die Kommunikation sein kann, so vielfältig können Kommunikationsfehler sein. Sie können jedem passieren und dann ist zu klären, was schiefgelaufen ist oder was zu verbessern wäre.

Kommunikation ist Bestandteil eines jeden Tages. Assistentinnen müssen Meister im Kommunizieren sein. Sie müssen den Chef abschirmen, dabei höflich und freundlich sein.

Oft selbst filtern, was ist wichtig. Nichts und niemand kommt an einer Assistentin vorbei, wenn sie nicht meint, dass es „Chefsache" ist. Andererseits muss sie den Chef dann wieder über alles informieren, was wichtig ist oder noch wichtig werden könnte.

10.3.1 Interne Kommunikation

Um Projekte oder Arbeitsabläufe gut vorzubereiten ist es wichtig, dass die Assistenz über die meisten Vorgänge genau Bescheid weiß. Sind Termine zu beachten, welche Personen sind mit involviert, wie wichtig ist das Projekt im Vergleich zu vielleicht schon laufenden Projekten. Es ist enorm wichtig zu wissen, wie schnell etwas abgearbeitet werden soll bzw. ob es vorgezogen werden muss.

Andererseits muss die Führungskraft auch wissen, wie schnell die Assistenz dies tatsächlich abarbeiten kann. Ist sie nämlich zusätzlich schon von anderer Seite mit Aufgaben betraut, ist es zwingend notwendig, das auch zu kommunizieren. Außerdem ist es enorm wichtig – und das ist sehr von der Größe und der Struktur des Unternehmens abhängig – wie die Kommunikation stattfinden kann (vgl. Gätjens 2014). Bei kleineren Unternehmen geht es vielleicht noch, dass man zum Beispiel für die Terminvergabe zum Telefonhörer greift. Aber schon bei mehreren Beteiligten kommt man da schnell an seine Grenzen. Deshalb ist es unerlässlich, über die Form der Kommunikation zu diskutieren. Vielleicht gilt es dann doch zu überlegen, ob es Sinn macht zum Beispiel einen firmeneigenen Chat einzurichten. Allerdings muss man auch da über den Tellerrand hinausschauen – welche Folgen hat das für die Firma und wie groß ist die Akzeptanz.

Die interne Kommunikation ist von großer Wichtigkeit. Wenn die Assistenz oder Mitarbeiter Dinge über Dritte oder gar erst von außen erfahren, fühlen sie sich übergangen und nicht wertgeschätzt. Die Top-down-Kommunikation muss offen und ehrlich stattfinden.

Deshalb ist es wichtig innerhalb der Firma eine gute Kommunikationsstruktur zu erarbeiten. Es beginnt schon damit, wie untereinander kommuniziert wird. So eine Struktur ist natürlich sehr vom Aufbau der Firma abhängig. Sind alle Mitarbeiter am gleichen Firmensitz oder weit verstreut? Gibt es Kollegen, die Homeoffice machen, und wie können diese in die Kommunikation mit eingebunden werden? Ist die Führungskraft mehrheitlich vor Ort oder doch viel unterwegs und wie kann sie dann erreicht werden?

Um eine gewünschte Zeitersparnis zu erreichen, muss erst einmal die eigene Tagesstruktur betrachtet werden.

Einfach wäre es, wenn es in der Firma nur Führungskraft und Assistenz gäbe, das wird aber selten der Fall sein. Meistens ist es eben so, dass ein kleines oder großes Team hinter oder um diese Personen herum arbeitet und nur wenn die Kommunikation auch im Team funktioniert, kann eine gute Arbeitsorganisation entstehen. Wenn jeder sein eigenes Ding ohne Rücksicht auf Verluste und evtl. nur „Dienst nach Vorschrift" macht, entstehen in der Regel nur Konflikte.

Führungskräfte sollten daran arbeiten, dass in ihrem Team die Kommunikation auf Augenhöhe stattfinden kann. Das bedeutet, dass die Führungskraft im Dialog auch mal den Platz des Gesprächspartners einnimmt.

Tipp für den Chef

Binden Sie Ihre Assistentin ein. Kommunizieren Sie, wo sie gerne Zeitersparnis hätten und was von anderer Seite übernommen werden kann. Assistentinnen haben oft Ideen, wer unter den Mitarbeitern für bestimmte Aufgaben geeignet wäre, falls das von Seiten der Assistenz das nicht übernommen werden kann.

Denken Sie nicht, das kann sowieso keiner, sondern geben Sie Mitarbeitern eine Chance ihr Potential zu entfalten. Es wird sicher Mitarbeiter geben, die kein Interesse an noch mehr Aufgaben haben, aber der eine oder andere wird sich auch wieder gefordert und evtl. gefördert sehen und eine neue Aufgabe gerne übernehmen. Sie werden bei manchen Mitarbeitern ganz neue Seiten kennenlernen.

Auch hier gehört etwas Mut dazu und Rückschläge sollten nicht dazu führen gleich aufzugeben. Aufgaben müssen klar definiert sein und die Erwartungshaltung an den Mitarbeiter muss eindeutig kommuniziert werden. Wenn dann noch die individuelle Situation des Mitarbeiters berücksichtigt wird und ihm Entwicklungsmöglichkeiten aufgezeigt werden, kann eigentlich nichts mehr schief gehen.

Natürlich sollen solche Ideen nicht noch zu mehr oder höchsten zu einer kurzfristigen Belastung führen, sondern einen Anreiz geben, die Kommunikation insgesamt zu verbessern. Selbst wenn die Kommunikation zwischen Assistenz und Führungskraft gut funktioniert, ist es noch lange nicht gesagt, dass sie im gesamten Team funktioniert.

Dialog wird im Duden als Gespräch zwischen Vertretern verschiedener Gruppen, die sich um gegenseitiges Verständnis bemühen, beschrieben. Wenn die Führungskraft Empathie zeigt und auch emotional die Position des Gesprächspartners einnehmen kann, dann kann sie Verständnis für die andere Sichtweise aufbringen. Bei der Kommunikation sollte nicht die Hierarchie der Personen im Vordergrund stehen. Das Ziel, gut im Team zusammen zu arbeiten, darf nicht aus den Augen verloren werden.

Um im Team gut zusammen zu arbeiten, ist Networking im kleinen und großen Stil gefragt. Schließlich kann die Assistenz auch nicht alles wissen und vor allem auch nicht alles erledigen. Um das Ziel der Chefentlastung zu erreichen, braucht eine Assistentin Fachwissen, Kompetenz, Format und Ansehen. Kontakte und Wissen sind Basis für Erfolg und Erfolg bedeutet in unserem Fall, dass wir Zeit gewinnen. Zeit, um die Führungskraft zu entlasten.

Um dieses Wissen zu erreichen, muss eine Assistentin die Fäden zusammenhalten. Sie muss innerhalb des Unternehmens und bestenfalls auch außerhalb gut vernetzt sein. Sie muss bei Problemen schnell handeln können und wissen, an wen sie sich wenden kann. Ein Netzwerk besteht „aus einer Gruppe von Personen, die zueinander in Beziehungen stehen und sich privat, vor allem aber beruflich unterstützen, helfen oder kooperieren, ohne dass dabei Leistung und Nutzen für Dritte (wie Kunden, Unternehmen, Gesellschaft oder Staat) relevant ist" – dies ist die Beschreibung von Wikipedia (vgl. Wikipedia o.J.).

Wir alle machen das eigentlich immer. Wir haben Netzwerke verschiedenster Art. Im Privatleben haben Eltern ein Netzwerk, um ihre Kinder unterzubringen oder wir haben die gleichen Hobbies und tauschen uns dazu untereinander aus. Sinn und Zweck eines Netzwerkes ist es, einander behilflich zu sein und sich gegenseitig zu informieren bzw. auszutauschen. In beruflicher Hinsicht ist so ein Netzwerk sehr von Vorteil. Innerhalb der Firma ein Netzwerk zu haben, auf das man zurückgreifen kann, entlastet doch sehr.

Tipp für die Rücksprache zwischen Führungskraft und Assistenz
Bei internen Besprechungen zwischen Führungskraft und Assistenz ist es wichtig, dass es am Ende des Gespräches nochmals zu einer Gesprächszusammenfassung kommen kann. Als Assistenz hat man dort nochmal die Möglichkeit nachzufragen oder sogar etwas zu vertagen. Netzwerken sollte erlaubt und auch kommuniziert werden. Außerdem können zum Beispiel auch Formulierungen, die vorher vielleicht nicht klar waren, nochmal erläutert werden. Manche Formulierungen sind zu schwammig und stellen einen später vor Schwierigkeiten. Soll zum Beispiel etwas „bis morgen" fertig sein, lohnt es sich manchmal nachzuhaken, ob damit der Vormittag oder Nachmittag oder sogar eine genaue Uhrzeit gemeint sind. Damit ist Klarheit geschaffen und Fehler werden vermieden. Außerdem weiß damit jeder genau, was zu tun ist. Wichtig dabei ist Dinge positiv zu formulieren. Manche Menschen fühlen sich durch genaues Nachfragen und konkrete Angaben zu sehr in die Enge getrieben.

Es ist dabei gut selbst zu wissen, was man eigentlich will. Sobald mir selbst klar ist, welche Information ich brauche, kann ich sie auch klarer formulieren. Höflichkeit und Freundlichkeit sind dabei selbstverständlich zu beachten.

Für die Assistentin ist es die Kunst, Wichtiges von Unwichtigem zu unterscheiden und auch die Nuancen dazwischen zu verstehen. Was aber im Moment unwichtig erscheint, kann dann doch an Wichtigkeit gewinnen und evtl. entscheidend für einen Vorgang werden. Deshalb muss eine Assistentin Augen und Ohren offenhalten und Zusammenhänge erkennen. Das kann sie aber nur, wenn sie gut informiert wird bzw. selbständig versucht, Informationen zu erlangen. „Alte Hasen" die schon lange im Betrieb sind, können da eine gute Hilfe sein. Sie kennen die Arbeitsabläufe und auch die Kollegen in der Regel sehr gut.

Es ist von Vorteil, wenn Assistenz und Führungskraft ein gegenseitiges Vertrauen in ihr Können und Tun haben und das auch nach außen ausstrahlen. Wertschätzende Kommunikation sollte selbstverständlich sein. Manchmal reicht es nicht, als Führungskraft zu erklären „was" gemacht werden soll, sondern es ist auch wichtig sich die Zeit für das „Wie" zu nehmen. Nun kann es vorkommen, dass keine Einigkeit über das „Was" oder „Wie" besteht. In solchen Situationen ist es gut, wenn auch eine Diskussion stattfinden darf. Einwände müssen vorgebracht werden dürfen und es sollte die Möglichkeit bestehen, dass beide Seiten Zeit zum Nachdenken finden. Dabei sollte man Einwände nicht persönlich nehmen und sachlich bleiben.

10.3.2 Externe Kommunikation

Kommunikation über das geschriebene Wort ist natürlich wichtig, wenn die Führungskraft nicht dauernd vor Ort ist. Dann ist eine E-Mail eine von vielen Möglichkeiten mit der Führungskraft zu kommunizieren.

Wie oben schon erwähnt, ist das gut, wenn man nur eine Frage hat und der Chef diese auch schnell beantworten kann. Bei längeren oder mehreren Fragen ist es aber oft besser, sich Notizen zu machen und einen Telefontermin zu vereinbaren, denn ein persönlicher Kontakt kann den schriftlichen oft nicht ersetzen. Befindlichkeiten werden besser wahrgenommen, man kann nochmal nachhaken, wie was gemeint war oder im Laufe des Gesprächs tut sich nochmal eine veränderte Lage auf und man kann gleich drüber sprechen.

Bei der Kommunikation per Brief genauso wie bei der Kommunikation per Mail zählt zu Beginn des Schreibens der erste Eindruck. Je nach Kontaktperson verwendet man verschiedene Anreden. Entweder sehr formell oder gar sehr persönlich. Bei positiven Formulierungen konzentriert sich der Empfänger auf Lösungen statt Probleme und hinterlässt damit eher einen positiven Eindruck. Rechtschreibung und Grammatik sind ebenso wichtig wie die DIN-Norm bei Briefen. Außerdem sollte ein Brief immer höflich und sachlich gehalten werden, selbst wenn es sich um Beschwerden handelt.

Auch externes Networking ist mit den heutigen digitalen Medien eine von vielen Möglichkeiten, da natürlich eine ganze Menge mehr Menschen erreicht werden können. Ein gutes Netzwerk kann einem schnell mal aus der Patsche helfen, wenn man einen Rat unter „Gleichgesinnten" benötigt. Außerdem kann man sich einfach neue Ideen holen, wenn es um Arbeitsabläufe oder sonstige beruflichen Inhalte geht. Ein externes Netzwerk hat den Vorteil, dass man nicht unbedingt auf Hierarchien oder sonstige Befindlichkeiten Rücksicht nehmen muss, sondern ganz entspannt und unbedarft seine Fragen stellen kann. Findet das Netzwerken im Netz statt, sollte man selbstverständlich hier bestimmte Regeln unbedingt beachten – das Netz vergisst nichts.

Ich ziehe ein persönliches Gespräch unter Netzwerkerinnen dem digitalen vor und nutze das digitale Netzwerk nur in Notfällen.

Unsere Arbeitsweise ist vielfältig und Familie und Beruf sollen besser unter einen Hut gebracht werden. Homeoffice ist gang und gäbe und nicht nur, um Kinder zu betreuen. Aufgrund des demographischen Wandels muss auch an die Pflege von Angehörigen gedacht werden. Deshalb ist auch hier die Kommunikation ein sehr wichtiges Thema. Mitarbeiter, die nicht täglich ins Büro kommen, müssen anders eingebunden werden, damit sie gut informiert sind. Arbeitszeitmodelle geben uns die Möglichkeit nicht nur tagsüber einen 8-Stunden-Tag abzuarbeiten, sondern vielfältige andere Modelle zu leben. Das bedeutet, dass evtl. Kollegen oder Führungskräfte nur virtuell zu erreichen sind.

10.3.3 Anwendungsbeispiele

Die Bedeutung der internen und externen Kommunikation möchte ich nun an einigen Anwendungsbeispielen festmachen. Ich beschränke mich hierbei auf wesentlichen und wichtigsten Tätigkeiten mit denen eine Assistenz im Tagesgeschäft konfrontiert wird.

Small Talk

Laut Duden ist das eine leichte beiläufige Konversation. Also eine oberflächliche Unterhaltung über belanglose Themen, die man mit Personen führt, die man nicht gut kennt (vgl. Duden, 2018).

So einfach, wie sich das anhört, ist es aber nicht.

In der Kommunikation ist nicht nur die Sprache von Bedeutung, sondern – wie schon erwähnt – auch die Gestik, Körperhaltung und natürlich auch die Kleidung. Mit all diesen Dingen wird kommuniziert. All das sagt etwas über jemanden aus.

Beobachten Sie Ihr Gegenüber. Wer sagt Ihnen zu, mit wem würden Sie gerne in Kontakt treten? Etwas Selbstbewusstsein gehört selbstverständlich dazu und natürlich eine Bereitschaft kommunizieren zu wollen. Wenn Sie Augen und Ohren offenhalten, werden sie bestimmt einen Einstieg in ein Gespräch finden. Ein Small Talk soll ein zwangloses Gespräch sein und muss nicht besonders tief gehen.

Allerdings sollten Sie wirklich genau beobachten, denn heikel kann ein Small Talk in einer von Vielfalt geprägten Geschäftswelt werden. Nicht nur die Belegschaft, auch die Geschäftspartner sind von äußerlich erkennbaren Merkmalen, die für uns sichtbar sind, geprägt. Auch die vielleicht erst unsichtbaren Merkmale sind bei der Kommunikation zu berücksichtigen. Welche religiösen Anschauungen, welche Gewohnheiten, welches Einkommen oder das Freizeitverhalten, welche gesellschaftliche Rolle usw. hat jemand? All das sollte berücksichtigt werden. Deshalb sollten Sie speziell beim Small Talk solche Themen unbedingt aussparen.

Manchmal ist es also wichtig, sich schon im Vorfeld genügend Informationen über den Gesprächspartner einzuholen. Sollte das im Vorfeld nicht möglich sein, ist es besser die Kommunikation eher auf allgemeinem Niveau zu halten, um nicht in „Fettnäpfchen" zu treten.

Hier eine Anekdote:

Auf Besuch in Dubai hatte ich die Gelegenheit mit meinen Töchtern meinen Bruder an seinem Arbeitsplatz zu besuchen. Schon beim Eintreten hatte mich mein Bruder darüber informiert, dass es seinem Kollegen aus religiösen Gründen nicht erlaubt sei, Frauen die Hand zu geben. Der Kollege kam dann tatsächlich aus seinem Büro, kam auf uns zu, blieb einen guten Meter vor uns stehen, begrüßte uns sehr herzlich und redete mit uns. Allerdings bekamen wir weder zur Begrüßung noch zum Abschied die Hand. Hätte ich das nicht gewusst, hätte ich mich vielleicht irritiert gefühlt, denn mein Bruder wurde mit Handschlag begrüßt. Durch die Information meines Bruders war der Small Talk überhaupt kein Problem, im Gegenteil wurde es von mir als sehr angenehm empfunden. Ich musste auch nichts hineininterpretieren und keiner von uns beiden wurde in seiner Sichtweise oder seinem Verhalten eingeschränkt oder brüskiert.

Nun war das ein privater Besuch und schon deshalb kein Problem für mich.

Im Berufsleben kann das natürlich schon zu einem Problem werden. Deshalb ist auch hier ein großes Maß an Vorsicht bei der Kommunikation gefragt. Aufgrund des demographischen Wandels und der vermehrten Arbeitsweise auch im Ausland wird es immer relevanter sich mit der Vielfalt der Mitarbeiter und Führungskräfte auseinander zu setzen.

Die Assistenz kann hier für Kunden oder Geschäftspartner ein guter Türöffner sein. Wenn sie Small Talk beherrscht, können Wartezeiten gut überbrückt werden.

▶ **Kleiner Tipp:** Führungskräfte sollen Ihre Assistenz über Vorlieben, Eigenheiten oder besondere Ansichten der Geschäftspartner – sofern bekannt – informieren, damit diese es beim Small Talk leichter haben. Nichts ist unangenehmer, als bei Geschäftsterminen stumm herumzustehen und das Gefühl zu haben, nicht dazu zu gehören. Assistentinnen sollten sich im Small Talk üben, ganz gut kann man das im Privatleben machen. Die Mittagspause in der Kantine eignet sich auch hervorragend. Wenn Sie sich dann noch trauen, sich auch mal zu Kollegen zu setzen, die sie nicht so nah kennen, schlagen Sie 2 Fliegen mit einer Klappe – Sie üben sich in Small Talk und Sie netzwerken.

Telefonate

Wir Assistentinnen sind das Aushängeschild für unsere Firma.

Bei Telefonaten wird das besonders deutlich. Es macht viel Sinn, sich schon in den ersten Sekunden während des Gespräches den Namen des Gesprächspartners zu notieren bzw. buchstabieren zu lassen. Falls man ihn dann immer noch nicht aussprechen kann, findet das Gegenüber das oft nicht schlimm, sondern sogar nett, dass man sich bemüht hat. Damit zollt man der Person am anderen Ende der Leitung seinen Respekt.

▶ **Kleiner Tipp:** Da ich mir Namen wirklich nicht gut merken kann, und mich das selbst am meisten ärgert, notiere ich mir diese gleich in einem Buch (diesen Tipp mit dem „roten Buch" habe ich mal von einem Coach erhalten, danke Dunja). Notfalls schreiben Sie Telefonnummer und Firmennamen gleich dazu und eine kleine Notiz, um was es in dem Gespräch geht. Damit ist man gewappnet, falls später aus anderen Reihen nochmals nachgefragt wird, denn dann hat man die Daten immer griffbereit.

Ein bewusstes Telefonieren ist im Übrigen sehr hilfreich. Wenn man sich mal bewusst hinstellt oder aufrechter sitzt, merkt man gleich wie sich Stimme und Ausstrahlung ändern. Auch wenn es nicht sichtbar ist, so nimmt das der Gesprächspartner am Ende der Leitung wahr. Achten Sie mal darauf, wie Sie sich selbst am Telefon verhalten. Wenn man sich bewusst macht, wie aktiv man eigentlich telefoniert, wird klar, dass nicht nur die Stimme, sondern auch die Körperhaltung sehr entscheidend ist. Stellen sie sich vor, Ihr Gesprächspartner könnte Sie sehen, damit nehmen Sie automatisch eine respektvolle Haltung ein. Ihr Gesprächspartner wird diesen Respekt unbewusst spüren.

Außerdem – und ich gebe zu, manchmal lässt sich das nicht vermeiden – versuchen Sie wirklich beim Telefonat zu bleiben und nicht Dinge nebenher zu erledigen. Manchmal ist es leichter gesagt als getan, sich auf eines zu konzentrieren. Aber auf lange Sicht ist es, glaube ich, effektiver. Das Telefon auf lautlos zu stellen oder mal klingeln zu lassen und etwas zu beenden kann sinnvoller sein, als sich dauernd unterbrechen zu lassen.

Vielleicht besteht auch die Möglichkeit, dass Assistenz und Führungskraft vereinbaren, dass für einen bestimmten Zeitraum täglich oder wöchentlich die Tür zur Führungskraft geschlossen bleibt, um Dinge abzuarbeiten. Natürlich ist die jeweilige Firmenstruktur zu berücksichtigen und es bringt nichts, hier auf extrem starre Zeiten zu beharren. Falls es sich als Vorteil für die Führungskraft auswirkt, wird sich eine Regelmäßigkeit einspielen.

Bei Beschwerden ist die Art der Kommunikation nicht unerheblich. In der Regel ist es so, dass der Anrufer natürlich seinen Frust erst einmal loswerden will. Da ist es gut, Ruhe zu bewahren und sich die Beschwerde zunächst anzuhören. Das rechtzeitige Eingreifen und auch stoppen, bevor man in gleiche Muster verfällt, ist dann aber auch unerlässlich. Oft ist das einfacher gesagt als getan, denn auch hier ist die Tagesform natürlich entscheidend. Wenn man sich aber vornimmt, sich da nicht mitreißen zu lassen, sondern sachlich zu bleiben und das immer mehr einübt, wird es immer besser funktionieren.

E-Mail

Nehmen wir noch mal die E-Mail. Da werden viele Leute informiert und lange Mails geschrieben, wo es evtl. gar nicht notwendig wäre. Dieses gute Werkzeug „E-Mail" wird oft missbraucht, indem zu schnell und zu viel geschrieben wird, einfach weil es möglich ist. Zu viele Leute werden in Kopie gesetzt in der Annahme, dass es gut ist, dass alle informiert sind. Dabei wird man mit einer Menge an Ballast beladen, der einfach überhaupt nicht notwendig ist.

Ja, das wissen wir natürlich alles. Es passiert mir selbst aber auch immer wieder, dass ich zu viel in eine Mail packe, weil ich alles „loswerden" will. Das Ergebnis ist, dass nur die Hälfte beantwortet wird, da der E-Mail-Empfänger nicht bis zum Schluss gelesen hat. Ich muss dann noch eine Mail hinterher schieben und auf die Beantwortung aufmerksam machen. Das sind natürlich Zeitfresser, die mich selbst am meisten ärgern, da ich nicht beachtet habe höchstens eine Frage in eine Mail zu packen. Solche Zeitfresser sind unsinnig – passieren im Eifer aber immer wieder. Also muss ich versuchen mir Zeit zu verschaffen, um genau zu überlegen, wer wann und wie informiert bzw. kontaktiert werden soll.

▶ **Kleiner Tipp:** In der Betreffzeile sollte genau beschrieben werden, um was es geht, damit gleich beim Eingang erkennbar ist, was den Empfänger erwartet und evtl. sogar, was zu tun ist. Zu große Datenanhänge sind zeitraubend und sollten nur angehängt werden, wenn es unverzichtbar ist. Vor dem Versenden sollte die E-Mail auf jeden Fall nochmal geprüft werden.

Bei unserer Tätigkeit ist das oft gar nicht so einfach. Wir Assistentinnen haben – wie schon erwähnt – in der Regel ein riesiges Aufgabengebiet und müssen viele verschiedenen Aufgaben bewältigen.

Außerdem kommt oft ein immenser Termindruck hinzu. E-Mails können schnell verschickt werden und damit ist der Part erst einmal beim Anderen, das ist verlockend. Allerdings sollte man immer bedenken, dass die Aufgabe – ähnlich einem Bumerang – ziemlich sicher wieder zurückkommt. Deshalb sollten Mails, die nur dazu dienen eine Aufgabe an jemand anderen „nur für eine Weile" zu verschieben, unbedingt vermieden werden.

Bei Termin-Mails kommt es immer wieder vor, dass diese, obwohl Termine bereits feststehen, immer wieder durch verschieden Entscheidungen über den Haufen geworfen werden. Dabei ist es wichtig zu verstehen, warum das passiert. An wem liegt es, welche Beteiligten innerhalb oder außerhalb der Firma verursachen vielleicht immer wieder solche Verschiebungen und wie könnte man das ändern? Dann gilt es den Überblick zu behalten und sich nicht unter Druck setzen zu lassen. Hier gilt es mal genau hin zu schauen, an was das liegen kann und wie solche Situationen verbessert werden können. Dabei ist es wichtig, auch die eigenen Interessen zu wahren. Egal ob Führungskraft oder Assistenz, für beide gilt: Dauernder Termindruck führt zu Fehlern und diese kosten die Firma am Ende des Tages Geld. Deshalb schalten Sie doch mal den Ton aus, der anzeigt, dass eine Mail eingegangen ist. Schon ein kleiner Laut kann einen aus der Konzentration bringen und schon ist man abgelenkt und muss sich wieder neu in eine Aufgabe hineindenken.

Wichtig ist es deshalb verschiedene Hilfsmittel, die uns das Leben in der Büroorganisation einfacher machen, bedienen zu können. Dafür wird in der heutigen Zeit ein großes Wissen vorausgesetzt, da die Hilfsmittel sich dauernd ändern oder angepasst werden. Allerdings hilft es auch nichts, gerade durch diese Hilfsmittel immer schnelleres Arbeiten zu erwarten und dadurch noch mehr Druck aufzubauen.

Protokolle
Es gibt verschiedene Arten von Protokollen, auf die ich hier gar nicht näher eingehen will, da sie je nach Struktur des Unternehmens eingesetzt werden. Bei regelmäßigen Meetings in den Unternehmen werden unterschiedliche Arten von Protokollen angefertigt. In der Regel übernimmt diese Aufgabe die Assistenz oder ein Teilnehmer. Mein Favorit ist eine Mischung aus Verlaufs- und Ergebnisprotokoll. Protokolle sollen Mitarbeiter informieren und zwar alle, auch diese, die nicht teilgenommen haben. Das heißt, eine kurze Zusammenfassung über den Verlauf des Gesprächs wird erstellt und Ergebnisse und Beschlüsse werden mit aufgenommen. Protokolle vermitteln also Informationen. Die zu erledigende Aufgabe wird detailliert beschrieben und einer Person oder Gruppe zugewiesen. Im besten Fall kann bereits während des Meetings geklärt werden, wer was übernimmt und bis wann die Aufgabe abgearbeitet werden kann.

Für die Erstellung eines Protokolls ist es im Vorfeld natürlich wichtig, dass die Assistenz rechtzeitig von der Sitzung erfährt, so dass sie sich vorbereiten kann. Auch die Tagesordnungspunkte und die zur Sitzung relevanten Informationen sollten rechtzeitig bekannt sein.

Manchmal kommt es vor, dass diese Voraussetzungen nicht gegeben sind. Dann ist es wichtig auch zu kommunizieren, dass dieses Protokoll von den Teilnehmern nochmals zur Korrektur gelesen werden sollte.

▶ **Kleiner Tipp:** Ein Protokoll, das sofort während der Sitzung mitgeschrieben werden kann, ist natürlich ideal und hat den Vorteil, dass die Ergebnisse sofort während der

Sitzung auf dem Laptop dokumentiert werden. Die Teilnehmer legen sofort das End-ergebnis fest. Formulierungen können während der Sitzung angepasst und gleich besprochen werden. Damit geht nichts verloren, die Teilnehmer können das Protokoll zeitnah erhalten und es gibt die Sicherheit, dass sofort reagiert werden kann, sollte es Unstimmigkeiten geben oder etwas falsch verstanden worden sein.

▶   Alles was Effektivität und Effizienz erwirkt ist erlaubt.

▶   Allerdings sollten auch hier die Vorlieben der Führungskräfte und Meetingteilnehmer vorher kommuniziert werden

10.4   Konflikte und Mitarbeiterzufriedenheit

10.4.1 Konflikte

Wir sind die Vermittler zwischen den Mitarbeitern und den Chefs (vgl. Brück 2003 [35]).

Vor allem in diesem Bereich, der sehr sensibel ist, brauchen wir ein gutes Gespür für Wichtigkeiten und Nebensächlichkeiten. Dabei sitzen wir oft zwischen zwei Stühlen. Die Chefs erwarten absolute Loyalität und Verschwiegenheit, die Kollegen und Mitarbeiter aber eben auch. Also ist Vertrauen beiderseits absolut oberstes Gebot, um zu vermitteln und auch auszugleichen.

Konflikte sollten erst gar nicht entstehen und sofern sie doch auftreten, ist es wichtig, dass diese schnell gelöst/bereinigt werden. In diesem Bereich, finde ich, ist Kommunikation unerlässlich. Kommunikation ist im Übrigen nicht einseitig findet also zwischen zwei Parteien statt – sie lebt auch vom Zuhören. Es ist natürlich schwierig, eben nur zuzuhören, wenn einem im Vertrauen was erzählt wurde und genau die Feinfühligkeit zu haben, wenn ein Punkt überschritten wird, der ein Stillhalten nicht mehr duldet. Das ist ein riesen Balance-Akt.

Außerdem tritt in solch sensiblen Bereichen die nonverbale Kommunikation noch mehr als sonst in den Vordergrund. Manchmal sagt man etwas anderes, als der Körper tatsäch-lich ausdrückt. Die nonverbale Kommunikation ist die älteste Form der Kommunikation und schwerer zu steuern als die verbale Kommunikation. Damit ist sie oft ehrlicher. Was also mit Mimik, Gestik und Körperhaltung vermittelt wird, ist bei der Kommunikation doch sehr entscheidend. Kommunikation ist nicht nur Wissensvermittlung, sondern auch die Vermittlung von Gefühlen und Bildern. Auf diese Weise werden neue Aspekte und Sichtweisen vermittelt.

Deshalb können manche Dinge auch nicht einfach per Mail geklärt werden – auch wenn das bequem wäre und für konfliktscheue Menschen im ersten Augenblick auch ein-facher.

Ein enger Vertrauter hat mir mal gesagt, dass man eine Mail immer so liest, wie man sich selbst in dem Moment fühlt. Dann werden Dinge hineininterpretiert, die dort über-haupt nicht so stehen, aber man meint, es dort heraus zu lesen.

Vor allem in sensiblen oder konfliktträchtigen Situationen ist eine Mail die schlechteste aller Varianten. In dem Fall ist es besser, mindestens den Telefonhörer zu nehmen und anzurufen, um etwas zu klären. Oder noch besser den direkten Kontakt mit der Person zu suchen.

Übrigens ist keine Kommunikation auch eine Art von Kommunikation – aber das hier nur am Rande.

Wenn aber die Kommunikation zwischen Führungskraft und Assistenz funktioniert und man über zwischenmenschliche Dinge offen und ohne Sorge kommunizieren kann, kann eine gemeinsame Lösungsfindung gelingen. Kommunikation auf „Augenhöhe" und respektvoller Umgang miteinander sind dabei sehr wichtig. Die Assistenz kann durch ihre Sandwichposition oft die entscheidenden Anregungen geben, was eine konfliktlösende oder motivierende Maßnahme für Mitarbeiter wäre. Damit kann oft schon im Vorfeld ein Konflikt geklärt werden. Oft, noch bevor die Führungskraft überhaupt damit belastet wird. Dabei ist es wichtig, dass zwischen allen drei Parteien – Mitarbeiter, Assistenz und Führungskraft ein guter Informationsfluss besteht. Dass die Assistenz also gut nach oben und unten kommuniziert und die Führungskraft in absoluten Vertrauen in ihre Assistenz, dies auch zulässt (vgl. Brück 2003 [35]).

10.4.2 Mitarbeiterzufriedenheit

Die Mitarbeiterzufriedenheit ist ein hohes Gut für eine funktionierende Firma. Dafür ist ein gutes Betriebsklima wichtig und die Vorbildfunktion der Führungskraft ist dabei nicht zu unterschätzen. Oft reicht dafür schon ein gesunder Menschenverstand. Die Führungskraft muss offen, loyal und zuverlässig sein, genauso wie es von den Mitarbeitern erwartet wird.

Die Atmosphäre innerhalb der Firma hat dabei einen direkten Einfluss auf die Kommunikation. Außerdem sind Fairness und Gerechtigkeit Eigenschaften, die nicht nur von der Führungskraft, aber natürlich auch von ihr erwartet werden sollten. Nun ist nicht jeder zur Führungskraft geboren. Führung bedeutet, dass man die Mitarbeiter auch führen kann. Um den Titel Führungskraft zu erlangen, bedarf es den Respekt der Kollegen, die einen in dieser Position auch sehen. Ansonsten bleibt man Vorgesetzter.

Es gibt autoritäre Führungskräfte und antiautoritäre und natürlich alle Facetten dazwischen. Auch manche, die menschlich an einer solchen Position denkbar ungeeignet sind. Das spiegelt sich dann in der Mitarbeiterzufriedenheit aus. Mitarbeiter müssen ihre Sorgen offen darlegen dürfen und von ihrer Führungskraft die Einhaltung der gleichen Regeln erwarten, die für sie als Mitarbeiter gelten. Nur wenn die Mitarbeiter zufrieden sind, kann gutes und effizientes Arbeiten stattfinden. Auch hier spielen die beiden Faktoren Zeit und Kommunikation eine wichtige Rolle. Es ist wichtig, sich genügend Zeit für die Mitarbeiterkommunikation zu nehmen, damit Konflikte oder Unstimmigkeiten erst gar nicht entstehen können.

Das bedeutet, die Führungskraft sollte sich genügend Zeit nehmen mit der Assistentin regelmäßig Anliegen durchzusprechen – sollten sie auch noch so klein sein. Damit werden auch schwelende Unstimmigkeiten und Unzufriedenheiten auf den Tisch gebracht. Sollte es dann doch mal zu ernsteren Schwierigkeiten kommen, können meiner Ansicht nach Probleme leichter aus der Welt geschafft werden. Dabei versuche ich diesem sensiblen im Bereich Thema immer die 3-Siebe-Regel anzuwenden.

Hierzu eine kleine Geschichte:
Sokrates, der griechische Philosoph, bekommt Besuch von einem Bekannten.
„Hör mal, Sokrates, weißt du eigentlich, dass dein Freund …"
„Warte!", unterbricht Sokrates seinen Gast. „Hast du das, was du mir sagen willst, durch die drei Siebe gesiebt?"
Der Bekannte ist verwundert. „Drei Siebe?"
„Ja", antwortet Sokrates. „Das erste ist das Sieb der Wahrheit. Hast du das, was du mir sagen willst, auf seine Wahrheit überprüft?"
„Na ja, ich habe es nur gehört", räumt der Bekannte ein. „Aber …"
„Das zweite Sieb ist das Sieb der Güte und des Guten. Ist das, was du mir sagen willst, denn gut, wenn es schon nicht wahr ist?"
Der Bekannte zögert. „Nein, eher im Gegenteil."
Sokrates fährt fort. „Wenn es nicht wahr und nicht gut ist, ist es dann unbedingt notwendig, dass du es mir erzählst? Das dritte Sieb ist das Sieb der Notwendigkeit."
Nun ist der Bekannte bedrückt. „Notwendig ist es nicht unbedingt."
„Also, mein Freund, wenn das, was du mir sagen willst, weder wahr noch gut noch notwendig ist, dann begrabe es bitte und belaste weder dich noch mich damit."(vgl. Blenk, S. 40 [34])

Natürlich fragt man nicht immer jedes Mal, ist es wahr, ist es gütig und besteht die Notwendigkeit es zu sagen. Die Kunst einer Assistentin besteht auch darin, das unterscheiden zu können. Oft reicht es schon, abzuwägen, ob es wahr ist und da lohnt es sich schon manchmal nachzuhaken. Von der Verteilung von Gerüchten halte ich nichts und ich erwarte auch Ehrlichkeit von meinen Kollegen und Vorgesetzten.

Wer schon einmal als Mitarbeiter in einer Firma gearbeitet hat, in der die Gerüchteküche blüht oder Mobbing geduldet wird, weiß wovon ich rede. Das ist kein Spaß. In diesem Fall ist auch das Eingreifen von Führungskräften gefragt und kann nicht mehr von anderer Seite gelöst werden. Im Gegenteil, da muss ganz grundsätzlich nach der Ursache gesucht und diese auch komplett ausgeschaltet werden. Da ist Führungskompetenz gefragt. Gelingt das nicht, durchzieht das in kürzester Zeit die ganze Firma. Grundvertrauen, das in jeder Firma zwischen Mitarbeiter und Chefs vorhanden sein sollte, wird erschüttert. Konflikte stören die Abläufe im Betrieb. Die Mitarbeiter sind belastet und können nicht mehr die volle Arbeitskraft erbringen, da sie zu sehr mit anderen Dingen beschäftigt sind. Deshalb ist es essentiell, dass Kommunikation zwischen Mitarbeitern und Chefs stattfindet, man sich Zeit für Lob und natürlich auch Tadel nimmt. Führungskräfte, die diese Herausforderung annehmen, werden mit zufriedenen Mitarbeitern belohnt, die effizient arbeiten.

Vor allem bei Konflikten steht man sich manchmal bei der Lösung einer Aufgabe selbst im Wege (vgl. Blenk [34]). Dann ist es hilfreich, mit jemandem darüber zu reden und mal eine andere Sichtweise auf die Dinge zu hören. Manchmal hat man sich verrannt und ist fixiert auf einen Lösungsweg und ist auch nicht bereit, einen evtl. ungewöhnlichen Weg zu gehen. Mit etwas Distanz und Hilfe von außen kann aber vielleicht ein anderer Weg aufgezeigt werden. Dafür ist großes Vertrauen zwischen Führungskraft und Assistenz notwendig und selbstverständlich ist absolute Verschwiegenheit hier oberstes Gebot. Meiner Meinung zeugt es aber von Größe, denn beiderseits muss man sich evtl. eingestehen, dass man Hilfe von außen benötigt, wenn man bereit ist, auch mal andere Wege zu gehen. Und selbst wenn man nur zuhört und einen Gedankenanstoß mitnimmt, ist man seinem Ziel, eine Lösung herbeizuführen ein Stück nähergekommen.

Sicherlich ist das in großen Firmen mit mehr Schwierigkeiten verbunden, da die Führungskräfte ihre Mitarbeiter oft nicht persönlich kennen.

Aber auch hier eine Anekdote:

Ein junger Mann erzählte mir von seinem Ferienjob in einer mittelständigen Firma. Im Laufe des Gesprächs kamen wir auf die Führung der Firma zu sprechen und am wichtigsten war ihm bei der Erzählung, dass der Seniorchef jeden Morgen durch die Firma lief und alle Mitarbeiter mit Namen begrüßte. Der junge Mann empfand es als angenehm, auch als Ferienjobber vom Seniorchef begrüßt zu werden und war sehr angetan davon. Dem Seniorchef begegneten allen Mitarbeiter äußerst respektvoll und freundlich. Den Juniorchef bekam der junge Mann in zwei Wochen nicht einmal zu Gesicht.

▶ **Kleiner Tipp:** Nehmen Sie sich die Zeit. Es ist ein gutes Gefühl, wenn man „gesehen" wird. Wenn Sie als Führungskraft ihre Mitarbeiter kennen und auch einen kleinen Einblick ins Leben Ihrer Mitarbeiter haben, dann können Sie auch besser kommunizieren und verstehen manche Meinungen besser. Dann wird oft auch klar, warum ein Mitarbeiter eine bestimmte Aufgabe gerade nicht oder eben doch übernehmen kann oder will. Außerdem wird im Gespräch auch manchmal klar, inwieweit sich jeder selbst der Nächste ist. Man muss schon bereit sein ins Team zu investieren und sich gegenseitig unterstützen und es ist gut, wenn Assistenz und Führungskraft das vorleben.

Jeder Weg beginnt mit dem ersten Schritt, sei er auch noch so klein. Selbstverständlich muss man nicht alles wissen – schon gar nicht aus dem Privatleben. Das werden die Mitarbeiter auch gar nicht wollen. Auch eine gewisse Distanz ist manchmal sinnvoll. Wenn Sie als Führungskraft aber das Gefühl vermitteln, dass Ihnen Ihr Gegenüber wichtig ist, dann wird Ihnen dieses Gefühl auch wieder entgegnet. Auch hier ist die Assistentin ein guter Puffer.

Natürlich haben sie als Führungskraft nicht immer die Zeit – eine gute Assistentin kann in dieser Hinsicht aber viel lenken. Oft genügt es schon, wenn die Mitarbeiter wissen, dass Führungskraft und Assistenz in guter Kommunikation stehen.

Ein guter Tipp wäre hier auch – gehen sie hin und wieder gemeinsam zum Mittagessen. Gerne auch mit mehreren Kollegen, dann ist die Gruppe entspannter. Das fördert das Zusammengehörigkeitsgefühl und sollte tatsächlich zu entspannter Kommunikation genutzt werden. Geschäftliches sollte in der Zeit nur im Notfall besprochen werden, es soll tatsächlich eine Pause sein – auch wenn die Führungskraft mit am Tisch sitzt. Die Zusammenarbeit und Teamfähigkeit sowie die Einstellung zu Führungskraft und Kollegen kann davon eigentlich nur profitieren.

Manchmal sind es kleine Dinge, die zur Mitarbeiterzufriedenheit beitragen können. So kann es für den einen wichtig sein, dass er oder sie bei Projekten mehr oder rechtzeitiger eingebunden wird und für den anderen ist es wichtig mehr Respekt zu erfahren. Für andere ist das Arbeitsklima unter den Kollegen oder die Arbeitsumgebung das wichtigste. Es ist also gar nicht so einfach, es allen recht zu machen und gerade deshalb ist es so wichtig das auch zu kommunizieren.

Ein gutes Mittel dafür sind Mitarbeiterbesprechungen. Wenn diese regelmäßig stattfinden, ist das hervorragend, um einen Informationsaustausch in Gang zu bringen. Die Besprechung bietet die Möglichkeit neue Ideen und auch Kritik vorzubringen. Allerdings ist hier besonders wichtig, dass Ideen oder Veränderungsvorschlägen auch tatsächlich zeitnah Taten folgen. Ansonsten ist die Gefahr groß, dass dies als leeres „Geschwätz" und Zeitfresser abgetan wird und nicht mehr ernst genommen wird.

Assistentinnen sind oft näher dran an den Mitarbeitern als die Führungskraft und sie merken genau, wann die Kollegen im Engagement oder in der Motivation nachlassen oder Probleme haben. Keine Unzufriedenheit zu verspüren bedeutet noch lange nicht, dass man zufrieden ist. Zufriedenheit kann über Anerkennung und Wertschätzung erlangt werden und eine Assistentin kann aufgrund der Nähe zu den Mitarbeitern und dem Team sicherlich besser einschätzen, wann ein Gespräch mit der Führungskraft und dem Kollegen notwendig wird. Es sollte mit die Aufgabe der Assistenz sein, als Puffer zwischen Führungskraft und Mitarbeitern, für ein motivierendes Arbeitsklima zu sorgen. Dabei ist es wichtig, dass auch die Assistenz auf Handlungsbedarf hinweist bzw. hinweisen darf.

Eine Checkliste könnte hier hilfreich sein. Gemeinsam erarbeitet zwischen Führungskraft und Assistenz können Aktivitäten im Betriebsablauf optimiert werden. In solchen Checklisten kann zum Beispiel erarbeitet werden, dass die Assistenz die Führungskraft auf regelmäßige Mitarbeitergespräche hinweisen darf. Oder eine Möglichkeit wäre, dass vereinbart ist, dass sie darauf hinweisen darf, welcher Mitarbeiter mal wieder ein positives Feedback erhalten sollte. Oder, wenn neue Kollegen eingeführt werden sollen, dass die Assistenz den Mitarbeiter umfassend in den Betrieb einführt. Dafür gibt es genügend Vorlagen und sicher fällt Ihrer Assistentin eine Menge ein, was in solchen Checklisten alles aufgeführt werden könnte.

Bei all diesen Dingen ist natürlich die Assistenz nicht zu vergessen. Es hilft nichts, wenn mit den Mitarbeitern Gespräche geführt werden, die Assistenz selbst aber kein Mitarbeitergespräch erhält.

Das Ziel ist immer eine positive Kommunikation im Team und damit ein gutes Klima in der Zusammenarbeit. Wenn die Führungskraft genügend Mut beweist, der Assistenz Vertrauen und Respekt entgegenbringt und auch Personal- und Teamführung zutraut, dann wird die ganz Firma davon profitieren. Die Assistenz kann Schwachstellen oder Zeitmangel durch Einfühlungsvermögen und Diplomatie oft ausgleichen und Verbesserungsvorschläge machen. Dabei ist es wichtig, Empathie zu zeigen und Krisen und Konflikte auch als Chance für Veränderungen zu sehen. Es lohnt sich, zu überlegen, was man voneinander lernen könnte – gerade in schwierigen Situationen. Damit kommt auf jeden Fall Bewegung ins eigene Denken. Schließlich stehen Führungskraft, Assistenz und Mitarbeiter in einer Beziehung und nur in einer gelingenden Beziehung kann man glücklich sein.

10.5   Weiterbildung

Wie oben schon erwähnt gibt es eine Menge Tools, um die Arbeitsabläufe zu optimieren. Dies ist sehr wichtig, vor allem, weil sich diese immer schneller verändern. Da heißt es dran zu bleiben, das Zauberwort heißt Weiterbildung.

Jede Führungskraft sollte sich dessen bewusst sein, dass es ohne Weiterbildung nicht geht und die Assistenz unterstützen, sich regelmäßig weiter zu bilden. Dies ist in allen Bereichen, die für die Assistenz wichtig sind, notwendig.

Es gibt viele Möglichkeiten der Weiterbildung und die Frage ist, welche Weiterbildung ist die richtige? Es muss einfach klar sein, dass ein lebenslanges Lernen notwendig ist, um beruflich erfolgreich zu sein und auf dem Arbeitsmarkt mithalten zu können. Schon die digitalen Medien erfordern es, dass man seine Kenntnisse dauernd auf dem neuesten Stand hält und täglich kommen neue Herausforderungen hinzu.

10.5.1 Weiterbildung der Führungskräfte

Auch Führungskräfte können von Weiterbildung sehr profitieren. Durch die Veränderungen im Arbeitsleben ist man mit vielen neuen Abläufen oder veränderten Ansichten konfrontiert, so dass es wichtig ist, sich auf dem neuesten Stand zu halten. Datenschutz und Digitalisierung sind hier nur zwei Schlagwörter, die uns Führungskraft und Assistenz vor neue Herausforderungen stellen.

Führungskräfte sind wahrscheinlich oft der Meinung, sie müssten sich nicht weiterbilden und als Assistenz die Führungskraft darauf anzusprechen ist wahrscheinlich nur bedingt empfehlenswert. Allerdings nimmt man meiner Meinung nach von jeder Weiterbildung etwas mit und wenn man fachlich alles weiß oder meint zu wissen, dann gibt es sicherlich Schwachstellen, an denen sich auch eine Führungskraft weiterbilden kann. Angebote gibt es ja wie Sand am Meer und da ist sicher für jeden was dabei.

▶ **Kleiner Tipp:** Bilden Sie sich in Ihrer Kommunikationsfähigkeit weiter und vertiefen Sie Ihre Soft Skills. Die größten Probleme am Arbeitsplatz entstehen durch fehlende Kommunikation oder Missverständnisse.

10.5.2 Weiterbildung Assistentinnen

Assistentinnen schreiben nicht nur E-Mails und Briefe, sie führen Terminkalender, pflegen Datenbanken und manchmal sogar die Webseite. Außerdem werden Assistentinnen in der Regel fast täglich vor eine neue Herausforderung gestellt. Ein Großteil der Kommunikation geht über den PC der Assistentin und natürlich kommt es immer auf das individuelle Aufgabenfeld an, aber in allen Office-Programmen sollte eine Assistentin versiert sein. Fachliche Kompetenz kann man auch durch den Austausch mit Kollegen erlangen. Dadurch werden oft neue Impulse gesetzt und man durchbricht die üblichen Arbeits- und Denkmuster. Wo und wann dieser Austausch stattfindet ist meiner Meinung ganz egal. Wer sich von festen Wegen löst, findet auch manchmal kreative Lösungen und kann diese dann umsetzen. Dafür braucht es aber Zeit, Gelassenheit und Ruhe.

Es ist auch von großer Bedeutung, wie die Mitarbeiter mit Veränderungen umgehen. Manche – vor allem jüngere – finden die Kommunikations- und Informationstechniken in der Regel äußerst spannend und können sich besser darauf einlassen. Bei den älteren Mitarbeitern sieht das dann oft schwieriger aus. Vielleicht macht es auch manchen Mitarbeitern Angst und sie fühlen sich überfordert. Gerade auch bei Assistentinnen, die evtl. einen größeren Altersunterschied zur Führungskraft haben, ist es von Vorteil durch regelmäßige Möglichkeiten zur Weiterbildung am Ball zu bleiben und die Angst vor neuen Techniken schon von vornherein auszuräumen.

Da ist es wichtig, dass die Führungskraft nicht nur die eigene, sondern auch die Gesundheit der Mitarbeiter im Auge behält. Jeder, Assistenz und Führungskraft, sollten über das Thema Gesundheit Bescheid wissen und sich auch diesbezüglich weiterbilden. Nur wer selbst gut für sich sorgt, kann auch für andere gut sorgen. Auch hier ist die Vorbildfunktion einer Führungskraft nicht zu unterschätzen. Wenn die Führungskraft keine Zeit für eine kurze Pause hat und nur durch die Gegend hetzt, kann sie nie und nimmer gut für ihre Mitarbeiter und Kollegen sorgen. Deshalb gehört für mich auch das Thema Gesundheit zur Weiterbildung. Es geht dabei nicht nur um den Körper, sondern auch um den Geist. Wir sind in der heutigen Zeit vielen Reizen ausgesetzt. Stressvermeidung und Resilienz sind nur zwei Themen, die sicherlich Führungskraft und Assistenz betreffen.

▶ **Kleiner Tipp:** Versuchen Sie 1-2 Weiterbildungen im Jahr zu vereinbaren, an denen Sie grundsätzlich teilnehmen dürfen und schließen Sie sich Netzwerken an.

Damit die Assistenz ihre Aufgaben gut bewältigen kann, ist eine Optimierung ihrer Organisation unerlässlich

10.6   Optimierung der Organisation

Es gibt eine ganze Menge an Vorschlägen zur Optimierung der eigenen Organisation und jeder hat in dem Bereich seine Vorlieben.

Ich persönlich mache mir oft Gedanken, wie ich Arbeitsabläufe, die wiederkehrend sind, vereinfachen kann.

Dabei sind mir Checklisten eine große Hilfe (vgl. Mangold o.J. [43]; Heidenberger o.J. [37]) (siehe auch Abschn. 8.2.1). Erstens kann der Arbeitsablauf dort gut abgebildet werden. Die Lösung ist schon vorprogrammiert. Man kann schnell prüfen, ob alle Dinge erledigt sind und bringt Struktur in die Aufgaben. Sollte man die Aufgabe mal nicht selbst erledigen können, kann man sie gut delegieren. Anhand der Checkliste kann nachgeprüft werden, ob alles erledigt ist und sie ist in der Regel gut dokumentiert.

Außerdem muss man solche Aufgaben nicht vor sich herschieben, da hier der Ablauf ganz klar vorgegeben ist.

Checklisten sind auch gut, wenn mehrere Personen an einer Aufgabe beteiligt sind. Man kann seiner Führungskraft also auch ganz klar vermitteln, dass vielleicht nur dieses eine Puzzlestück einer komplexen Aufgabe erledigt werden sollte und man dann selbständig weiterarbeiten kann. Die Führungskraft muss sich nicht unbedingt in die komplette Aufgabe hineindenken, was oft auch eine enorme Zeitersparnis bedeutet. Außerdem kann man anhand der Checkliste genau prüfen, ob tatsächlich nichts vergessen wurde.

Ein weiterer Vorteil beim Entwurf einer Checkliste ist auch, dass man dabei den kompletten Arbeitsvorgang durchdenkt. Vielleicht fällt dabei auf, dass man etwas – das man eben immer schon so gemacht hat – völlig unnötig, zeitraubend oder gar kostenintensiv ist. Sollte man Fachwissen von Kollegen brauchen, spricht man den einfach mit diesen durch. Dies bedeutet natürlich wieder in erster Linie Kommunikation. Man muss sein Anliegen dem Kollegen vermitteln und gemeinsam eine Lösung suchen. Dabei wird unter Umständen viel Zeit investiert, die aber eben anschließend in der Vereinfachung des Arbeitsablaufes wieder eingespart werden kann.

Auch Arbeitsabläufe, die sehr wichtig sind, sind mit Checklisten gut zu handhaben. Einmal aufgestellt kann dadurch eigentlich fast nichts vergessen werden. Natürlich sollte man diese Checklisten immer wieder überdenken und auch optimieren. Fehlt die Routine für eine Aufgabe, weil sie nicht so oft erledigt werden muss, ist eine Checkliste ein hilfreiches Werkzeug. Mit Hilfe von Checklisten kann man den Kopf für andere evtl. wichtigere Dinge frei bekommen.

Mit Hilfe von Checklisten kann man relativ einfach Aufgaben delegieren. Man kann sich ziemlich sicher sein, dass anhand der Checkliste die Aufgabe auch von anderer Seite komplett abgearbeitet wird. Dabei gilt zu berücksichtigen, dass richtiges Delegieren nicht zu unterschätzen ist. Man muss die richtige Person im Team auswählen. Alle Informationen, die für die Erledigung der Aufgabe relevant sind, müssen mitgeteilt und genau formuliert werden. Außerdem sollte man eine Frist setzen, bis wann die Aufgabe erledigt sein sollte, um nicht ewig auf das Ergebnis zu warten.

▶ **Kleiner Tipp:** Erstellen Sie mithilfe Ihrer Assistentin für extrem wichtige oder seltene oder auch immer wieder kehrende Aufgaben Checklisten. Damit können Sie Ihren Kopf befreien und Aufgaben ganz einfach weitergeben, für die der Assistentin vielleicht das Fachwissen fehlt. Die Kunst liegt darin los zu lassen. Das fällt vielen Menschen schwer, mir einschließlich. Ich kann gut verstehen, wenn der Gedanke aufkommt: Bis ich das lange jemandem erkläre, mache ich es lieber selbst. Loslassen bedeutet aber, Zeit zu bekommen. Dies macht aber nur Sinn, wenn ich nicht gedanklich an der Aufgabe festhalte.

Wenn Delegieren zwischen Führungskraft und Assistentin klappt, dann kann eine Menge von Aufgaben durch die Assistentin abgearbeitet werden. Natürlich sind nicht alle Aufgaben zum Delegieren geeignet, aber doch wahrscheinlich eine ganze Menge, wenn man sich die Zeit nimmt und darüber nachdenkt, welche das in der entsprechenden Position denn wären. Sicher ist auch nicht jeder Mitarbeiter für bestimmte Aufgaben geeignet. Wenn die Führungskraft sich aber die Zeit und auch Anfangsschwierigkeiten in Kauf nehmen kann, ist die Zeitersparnis durch delegieren nicht zu unterschätzen. Für Kontrollfreaks unter den Führungskräften ist es sicher von Vorteil, sich Erfolge im Kleinen zu erarbeiten und bei Rückschlägen nicht gleich aufzugeben. Sie wollen Zeitersparnis, dann müssen Sie abgeben lernen.

Vielleicht ist es in dieser Hinsicht auch gut, auch mal auf die Struktur innerhalb der Firma zu schauen. Wie komplex sind die Abläufe und warum laufen sie nicht durch? Woran hängt es, dass manche Abläufe sehr lange dauern und wie kann das verbessert werden?

Dabei ist es wichtig, dass sich innerhalb eines Betriebes jede Person äußern darf.

10.7   Schlussbetrachtung

Wir können andere Menschen nicht in dem Maße verändern, wie wir selbst es gerne hätten. Aber wir können uns selbst verändern. Meine Motivation wächst auch daraus, dass ich Freude daran habe, wie ich mit anderen Menschen umgehe.

In vielen Gesprächen mit Assistentinnen kam immer wieder die fehlende Kommunikation zwischen Führungskraft und Assistenz zur Sprache. Ich persönlich bin in der sehr glücklichen Lage, dass in meinem beruflichen Umfeld die Kommunikation sehr gut funktioniert. Es ist aber tatsächlich ein großes Problem, wenn das eben nicht der Fall ist.

Wir Assistentinnen können unsere vielseitige Arbeit nicht gut erledigen, wenn wir keine oder nur spärliche Informationen erhalten. Eine Weile wird das vordergründig sicherlich auch funktionieren, aber die Assistenz wird mit der Zeit immer unzufriedener. Damit wird auch die Arbeit zwischen Führungskraft und Assistenz leiden. Es ist beiderseitig sehr wichtig, eben dies dann auch zu kommunizieren, bevor das sprichwörtliche Fass überläuft. Es muss ausgesprochen werden, was beide Seiten gerne möchten und voneinander erwarten.

Dabei ist Teamarbeit und die Kommunikation auf Augenhöhe unerlässlich.

Wenn eine Führungskraft ihre Assistenz nur zur Zuarbeit für ihre Aufgaben degradiert, wo sie ihr auf Augenhöhe begegnen sollte, fühlt sich diese sicherlich erniedrigt. Auch Machtausübung eignet sich nicht für eine Beziehung zwischen Führungskraft und Assistenz. Man sollte sich Zeit nehmen, sich aufeinander einzulassen. Für Machtmenschen, Menschen mit Narzissmus oder übersteigertem Ego ist es vielleicht schwierig sich auf Augenhöhe mit der Assistenz zu sehen. Machtspielchen und eine emotionale Distanz sind aber fehl am Platz. Empathie ist im Berufsleben mindestens genauso wichtig wie im Privatleben, da man mit Menschen arbeitet und nicht mit Maschinen.

Kommunikation auf Augenhöhe findet statt, wenn Assistenz und Führungskraft respektvoll miteinander umgehen.

Natürlich gibt es Statusunterschiede zwischen Führungskraft und Assistenz bzw. im Team. Diese aber nicht in den Vordergrund zu stellen, das ist die Kunst bei der Kommunikation auf Augenhöhe. Wenn sich niemand im Gespräch unterordnen muss, sondern man auch gedanklich die Position des anderen einnehmen kann und abwechselnd jeder einmal dazu kommt sich zu äußern, dann fühlen sich die Gesprächspartner wohl und das ist der Grundstein für ein Gespräch auf Augenhöhe.

Ich stelle mir die Arbeit im Team gerne als eine Art Mobile vor. Wenn alles gut läuft, hängt das halt so an der Decke, aber schon ein kleiner Luftstoß genügt und das ganze Gefüge kommt ins Schwanken. Alle müssen sich in verschiedene Richtungen bewegen, um wieder Ruhe rein zu bringen und manchmal muss man es eben auch auspendeln lassen. Spannend wird es, wenn man an der falschen Stelle eine Person dazu hängt. Dann gerät das ganze Mobile ins Ungleichgewicht und hängt schief. Manchmal genügt es, dieser Person eine etwas andere Position im Team zu geben und schon pendelt sich alles wieder ein. Genauso verhält es sich, wenn man eine Person wegnimmt – auch da müssen die anderen Personen vielleicht neue Positionen einnehmen, damit das Team als Mobile wieder funktioniert. Wenn eine Person immer in die gleiche Richtung schwingt, wird ihr Gegenüber auch immer entgegen schwingen, selten nach rechts oder links. Das bedeutet, manchmal muss man eben in eine andere Richtung gehen, um eine andere Art von Bewegung ins Team zu bringen.

Natürlich hat die Art der Kommunikation auch viel damit zu tun, wie man das in früheren Jahren erlernt hat und auch da sollte man auch offen sein für Neues.

Hat man nicht genug Selbstbewusstsein oder Selbstvertrauen, sich zu äußern – und das gilt beiderseits, dann beginnen schon die Schwierigkeiten.

▶ **Kleiner Tipp:** Deshalb auch hier der Rat, versuchen Sie es in kleinen Schritten. Meistens ist es gar nicht so schwer. Trauen Sie sich beiderseits, Dinge anzusprechen. Setzen Sie sich ein kleines Ziel. Sie können nicht erwarten, dass die Kommunikation von heute auf morgen besser wird, aber jeder kann an sich selbst arbeiten.

Von Assistentinnen höre ich immer wieder, dass die Führungskraft mit einem knappen Satz bestimmte Anliegen einfach abschmettert. Sätze, wie: „Ich habe jetzt keine Zeit, Sie machen das schon...", sind da an der Tagesordnung. Das ist auf die Dauer frustrierend. Natürlich kann das schon mal vorkommen, darf aber nicht zur Gewohnheit werden.

Haben Sie genügend Selbstvertrauen und bringen Sie das Thema nochmals zur Sprache. In der Regel sind Sie für Ihre Führungskraft unverzichtbar und Ihrer Führungskraft ist es ein Anliegen, dass Sie gut arbeiten können. Vielleicht ist die Führungskraft gar nicht in der Lage so leicht wie die Assistenz zu kommunizieren oder es ist genau umgedreht. Beide können da nur voneinander lernen.

Für Assistentinnen wünsche ich mir, dass sie Entscheidungsfreude und Mut haben. Fühlen Sie sich sicher. Fordern Sie von Ihrer Führungskraft die wichtigen Informationen ein, um eine Entscheidung treffen zu können und denken Sie nicht, sie dürften das nicht. Sie sind die wichtigste Person hinter ihrer Führungskraft. Es braucht etwas Mut, um sich entfalten zu können und sich für neue Horizonte zu öffnen. Haben Sie den Mut. Selbsterkenntnis ist der erste Weg zu einer Veränderung. Erkennen Sie, welche Veränderung Sie für sich wollen, damit Sie die Freude an Ihrer Arbeit erhalten und bewahren können. Nur Sie selbst können diese Veränderung bewirken.

Wird Ihnen eine Entscheidung abgenommen und angenommen eine Entscheidung geht anders aus, als Sie sich das vorgestellt haben, sehen Sie das als Chance, man kann auch daran wachsen.

Überhaupt ist positives Denken sehr hilfreich. Wer dauernd nur starr Arbeit nach „Schema F" erledigen will, ist im Beruf der Assistenz sicher an der falschen Stelle. In dieser Position passiert viel Unvorhergesehenes und man muss sehr wandlungsfähig bleiben.

Für die Führungskräfte wünsche ich mir: Haben sie keine Angst vor guter Assistenz. In der Regel wollen wir Ihren Job nicht. Eine gute Assistenz will gut für Ihre Führungskraft arbeiten und bewundert sie für Ihre Tatkraft und Ihren Einsatzwillen. Sie wird aber kaum mit ihnen tauschen wollen, denn die Verantwortung hat in der Regel die Führungskraft. Also teilen Sie Ihre Informationen ohne Wenn und Aber, sie werden davon profitieren.

Wie sieht die Zukunft aus? Meiner Meinung nach wird es immer wichtiger, dass Assistentin und Führungskraft als Team gut zusammenarbeiten und die Kommunikation zwischen beiden reibungslos klappt. Welches Werkzeug dazu benutzt wird, ist erst einmal relativ egal und wird erst im zweiten Schritt wichtig. Wenn Führungskraft und Assistenz gut aufeinander eingespielt sind, sich gegenseitig informieren und auf Augenhöhe kommunizieren, können gute Arbeitsabläufe entstehen. Dies führt zu effizientem Arbeiten und damit zu Zeit- und Kostenersparnis.

Also kommunizieren Sie auf Augenhöhe und seien Sie ein Team.

10.8 Über die Autorin

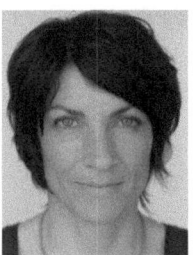

Eva-Maria Rabuser, Jahrgang 1969, lebt mit Ehemann und zwei erwachsenen Töchtern auf der Schwäbischen Alb. Chefsache Assistenz ist das erste Buch, an dem sie mitarbeiten durfte.

Eva-Maria Rabuser arbeitete viele Jahre als Sekretärin und Assistentin in unterschiedlichen namhaften Dienstleistungsunternehmen und Branchen u.a. bei einer Bank, Rechtsanwälten und einer Künstleragentur.

Seit mehreren Jahren leitet sie als Assistentin des Vorstands die Geschäftsstelle eines Eisenbahninfrastrukturunternehmens. Sie kann deshalb aus der Praxis und aus ihren eigenen Erfahrungen berichten.

Literaturvereichnis

[31] Annika Bühnemann; http://www.vomschreibenleben.de/die-drei-siebe/ (abgerufen 15.05.2018)

[32] Bayrischer Rundfunk; https://www.br.de/alphalernen/faecher/deutsch/4-schulz-von-thun-nachricht100.html (abgerufen am 11.05.2018)

[33] Bibliographisches Institut GmbH Dudenverlag, Berlin, 2018 https://www.duden.de/rechtschreibung/Small_Talk (abgerufen 15.05.2018)

[34] Blenk, D., (2013), Inhalte auf den Punkt gebracht, 3. Auflage, Beltz Verlag

[35] Brück, J. (2013) Office-Management und Assistenz, 8. Auflage, Feldhaus Verlag, S. 11

[36] Burkhard Heidenberger; https://www.zeitblueten.com (abgerufen am 11.05.2018)

[37] Burkhardt Heidenberger, https://www.zeitblueten.com/checklisten-anlegen/, (abgerufen 20.05.2018)

[38] Gätjens M., (2012, 2014), Die Assistenz im Management, 2. Auflage, Wiesbaden, SpringerGabler, S. 12 ff.

[39] https://www.duden.de/rechtschreibung/Kommunikation (abgerufen 15.05.2018)

[40] Human Resources Management SpringerGabler, Cyrus Achouri (2015) 2. Auflage Seite 122

[41] Kürze und Würze GmbH, www.kuerzeundwuerze.ch/wissenswertes/wissen-von-a-z/kommunikation (abgerufen am 21.03.2018)

[42] Spektrum der Neurowissenschaft Verlagsgesellschaft mbH; https://www.spektrum.de/lexikon/neurowissenschaft/verbale-kommunikation/13596 (abgerufen am 21.03.2018)

[43] Thomas Mangold, https://www.selbst-management.biz/warum-du-unbedingt-mit-checklisten-arbeiten-solltest/ (abgerufen 11.05.2018)

[44] Wikimedia Foundation Inc., https://de.wikipedia.org/wiki/Networking

Weiterführende Literatur

[45] https://www.channelpartner.de/a/die-zehn-haeufigsten-fehler-der-chefs,3042259

[46] http://www.vomschreibenleben.de/die-drei-siebe/

[47] Bögner, Tanja (2013), Protokolle schreiben. Wien: Linde Verlag

[48] Dunja Schenk (2017), Mein AssistentinnenCoach, Verlag für die Deutsche Wirtschaft

Virtuelle Chefentlastung

Geschickt agieren, wenn der Chef außer Haus ist

11

Enisa Romanic

> *If you always do what you've always done, you'll always get what you've always got.*
> *(Henry Ford)*

Zusammenfassung

Der Wandel ist aus unserem Office-Alltag nicht mehr wegzudenken. Sowohl veränderte Marktbedingungen, technischer Fortschritt und Digitalisierung als auch Kunden erfordern ständig von uns, immer wieder über neue Wege nachzudenken. Arbeiten 4.0 ist derzeit das Thema Nummer eins. Doch was bedeutet eigentlich Arbeit 4.0? Immer mehr Chefs und Assistentinnen arbeiten virtuell miteinander. Die Zeiten der ständigen Begegnungen im Büro sind vorbei. Und was bedeutet das für Sie persönlich? Wie kann man sich auf solche neue Situationen einstellen? In diesem Erfahrungsbericht aus 19 Jahren intensiver Chefbetreuung erfahren Sie, wie man Veränderungen positiv begegnen kann und wie man in virtuellen Zeiten sein Standing sichern kann.

Was hat manche junge Assistentin einer Älteren voraus? – Erfahrung mit diversen Chefs
Als ich vor 20 Jahren mein Studium zur Internationalen Management Assistentin begonnen habe, konnte ich noch nicht erahnen, wie sich dieser Beruf einige Jahre später für mich verändern würde. Nicht nur flexibler sollte er werden, sondern auch virtueller. Nichts ist mehr, wie es einmal war. Die Art und Weise, im Office zu arbeiten, hat sich verändert. Die Anforderungen, die an mich gestellt wurden, die Techniken, die zum Einsatz kommen, sind andere geworden. Wie viele neue Programme, neue Workflows, neue Abteilungen und Menschen sind mir in den letzten 20 Jahren begegnet? Zahlreiche.

Ich hatte mich schon immer für die Kommunikation in verschiedenen Sprachen interessiert und wollte in der freien Wirtschaft arbeiten. Deshalb entschied ich mich für ein Studium zur Internationalen Management Assistentin.

© Springer Fachmedien Wiesbaden GmbH, ein Teil von Springer Nature 2019
D. Schenk, *Chefsache Assistenz*, Chefsache,
https://doi.org/10.1007/978-3-658-23490-4_11

Nicht nur ein Beruf, sondern auch eine Berufung für mich. Mit internationalen Geschäftspartnern und Kunden zu arbeiten, dabei Fremdsprachen einzusetzen und im ständigen Kontakt mit Menschen zu stehen – genau das wollte ich. Mir war bewusst, dass man als Assistenz immer eine gehörige Portion Serviceorientiertheit mitbringen muss, genauso wie sehr gutes Verhandlungsgeschick und die Fähigkeit sich und andere gut zu organisieren. Auch sollte man jemand sein, der sich im Büro durchsetzen und eine gewisse Portion Empathie und Sensibilität als auch interkulturelle Kompetenz mitbringt, um auf dem internationalen Business-Parkett zu bestehen.

11.1   Ein Blick in die Vergangenheit, um die Zukunft zu verstehen

Schaue ich mir meine erste Stellenbeschreibung an – eine Stelle als Geschäftsführungsassistentin einer Immobilienbank – so wurden meine Fertigkeiten an der Anzahl der Tastenanschläge pro Minute am PC bzw. an der Schreibmaschine gemessen. Aber auch daran, wie nett meine Stimme beim Telefonieren klang, wie gut ich Sitzungen organisieren und eindecken konnte und wie fehlerfrei ich die Korrespondenz meines Chefs nach Diktat herunterschrieb. Auch das freundliche Begrüßen und Abholen von Besuchern am Empfang und die Begleitung zum Besprechungsraum gehörte dazu.

So und so ähnlich klangen die wichtigsten Kompetenzen für meinen ersten Job als Geschäftsführungsassistentin. Schaue ich heute auf meine Aufgaben, merke ich, wie komplex die Arbeit in den letzten Jahren geworden ist. Keinen interessiert heute mehr, wie schnell ich E-Mails tippe – übrigens ohne Vorgaben bzw. Diktat durch den Chef. Der Fokus liegt heute darauf, wie effizient ich Informationen – kurz und auf den Punkt – an den Mann oder die Frau bringe.

Heute werde ich daran gemessen, wie ich Arbeitsabläufe innerhalb der Abteilung oder des Unternehmens optimiere und wie souverän ich Kundengespräche führe. Mit welchem Erfolg ich an diversen Projekten mitarbeite bzw. diese überwache und immer wieder dem Chef den Rücken freihalte, in dem ich Informationen für ihn filtere und Prioritäten für unsere gemeinsame Aufgabe setze. Selbstverständlich zählen gute Umgangsformen nach wie vor zu den wichtigen Social Skills. Neu hinzugekommen ist aber auch die Bereitschaft für Veränderungen sowie eine gesunde Portion Selbstbewusstsein und Empathie.

Vor 20 Jahren war der Begriff Projektmanagement dem Management vorbehalten. Man selbst managte keine eigenständigen Projekte. Das Projekt, welches man betreute, war der Chef selbst. Nicht, dass es heute anders wäre. Auch heute noch liegt der Fokus auf der professionellen Entlastung des Vorgesetzten, nur eben anders.

Die Zeiten haben sich massiv geändert. Heute sitzt man als Assistentin im Zentrum der Macht. Man hat sich zur Informations- und Koordinationszentrale entwickelt, insbesondere in Zeiten, in denen Vorgesetzte nicht mehr so oft im Office bzw. persönlich vorzufinden sind. Eine interessante Schlüsselqualifikation. Die Chefabwesenheit führt dazu, dass man die Projekte selbst im Griff haben muss, eigene Projekte betreut, ständig Kennzahlen checkt, umfangreiche Präsentationen vorbereitet und virtuell kommuniziert.

11.2 Veränderung ist auch eine Herausforderung für Chefs

Der Beruf der Sekretärin/Assistentin ist mittlerweile eine große Herausforderung nicht nur für einen selbst, sondern auch für unsere Chefs. Ja, im Laufe der letzten zwei Jahrzehnte hat sich einiges getan.

Qualifikationen von gestern sind teilweise nicht mehr gefragt. Was, wenn wir ehrlich sind, auch gar nicht so schlimm ist, denn ich kann mir durchaus spannendere Tätigkeiten als das Tippen eines Textes vom Band vorstellen. Dafür sind aber neue Fähigkeiten gefragt, die wir uns – ich wage es zu behaupten – sogar unbewusst schon längst intuitiv angeeignet haben. Genau das macht die Assistentin von heute aus. Intuitiv haben wir uns in den letzten Jahren mit unseren Vorgesetzten entwickelt. Haben aus dem Fehlern unserer Chefs gelernt. Haben uns auf jedes neue Arbeitsmodell eingelassen. Saßen im Vorzimmer, dann wieder im eigenen Büro, sind in Großraumbüros gezogen und leben heute das Open-Space-Konzept. Immer wieder haben wir Umzüge organisiert. Abteilungen neu strukturiert, Mitarbeiter kommen und gehen sehen. Neue Leute eingewiesen und eingearbeitet und viele wieder verabschiedet. Nichts ist beständiger als wir selbst im Office.

11.3 Ständiger Wandel oder Office im Wandel oder die Digitalisierung im Office

Im Office sind wir sind einem ständigen Wandel ausgesetzt. Wie oft habe ich schon Zusammenschlüsse diverser Abteilungen begleitet, Fusionierungen mit neuen Firmen mitgemacht. Es gibt kaum noch Unternehmen, die nicht von den Auswirkungen des Wandels aufgrund der Globalisierung und Digitalisierung betroffen sind. Unmerklich haben wir die letzten Jahre auf jede Neuerung der Technologie reagiert. Erinnern Sie sich noch an Ihren ersten PC? Den riesigen Kasten mit einem Bildschirm, der den ganzen Schreibtisch einnahm? Und als mit dem Einzug der Floppy-Disk endlich Dateien von A nach B transportiert werden konnten – nur ein paar Kilobyte groß? Heute gehen Sie mit diversen Programmen ganz souverän um, nutzen wahrscheinlich unterschiedliche Tools für die Zusammenarbeit im Team oder mit dem Chef und kommunizieren mit verschiedenen Medien, ohne sich große Gedanken darüber zu machen.

11.4 Hat sich die Zusammenarbeit zwischen Chef und Assistenz verändert?

Aber hat sich wirklich so viel an der Zusammenarbeit zwischen Chef und Assistenz verändert? Seien wir ehrlich, nicht nur die Chefs haben sich verändert, sondern auch wir. Nicht nur von uns, sondern auch von unseren Chefs wird heute große Flexibilität verlangt. Waren wir früher meistens ein Zweiergespann, sind wir heute von nationalen oder internationalen Teams umgeben. Galten wir früher als Einzelkämpferinnen, die den Schreibtisch und die Aufgaben des Chefs verteidigt haben, so sind wir heute Teamplayer ohne hierarchisches Denken.

War es vor einiger Zeit noch die Aufgabe des Chefs, Mitarbeiter zu führen und Management-Techniken anzuwenden, so merken wir immer mehr, dass wir als Mitarbeiter heute in der Lage sein müssen, unsere sozialen Antennen einzusetzen und jede Unstimmigkeit im Team ausfindig zu machen. Eine gewisse Führung von unten ist an dieser Stelle gefragt. Wir sollen andere Mentalitäten und Charaktere verstehen, uns auf diese einlassen und uns immer wieder neu an das veränderte Führungsverhalten anpassen. Ich bewundere alle meine Kolleginnen dafür, wie sie ihren Job erledigen und welche großartigen Fähigkeiten sie täglich aus sich herausholen.

11.5   Keine Angst vor Neuem

Werfe ich einen Blick auf meinen letzten Arbeitsplatz, so stelle ich fest, dass ich zu den älteren Assistentinnen gehöre. Ab Anfang bis Mitte vierzig darf man sich schon zu den Office Professionals zählen. Meine jungen Kolleginnen bringen hohe Qualifikationen mit. Insbesondere einen Hochschulabschluss in BWL, Marketing etc. Ein Uni-Abschluss war vor 20 Jahren nicht gefragt, um Aufgaben im Office zu übernehmen. Was uns alten Hasen keiner nehmen kann, ist die Erfahrung, die wir in den letzten 20 Jahren mit den unterschiedlichen Cheftypen und Kollegen gesammelt haben. Jeder Chef ist anders. Nicht jeder Chef ist ideal. Herausforderungen waren sowohl mit einer „Diva" als Chef als auch mit dem Choleriker auszukommen. Für mich war die Zusammenarbeit, so schwer sie sich manchmal darstellte, immer ein Fortschritt und eine Weiterentwicklung. Jede Veränderung, die mit einem neuen Chef einherging, hat mich nicht zurückgeworfen, sondern gestärkt. Denn ohne die Veränderungen der letzten 20 Jahre wäre ich nicht die Assistentin, die ich heute bin. Der Clou an der Sache ist, den Veränderungen positiv zu begegnen und immer wieder flexibel darauf zu reagieren.

11.6   Auf Erfahrung bauen

Wie vor einigen Jahren, als mein neuer Chef – fünfzehn Jahre jünger als ich – die Führung übernahm. Zunächst einmal war es für uns beide nicht einfach, sich auf die neue Situation einzustimmen. Er wusste nicht, was er mit einer Assistentin anfangen sollte. Ein Digital Native, der mit Laptop unter dem Arm aufgewachsen war. Und ich wusste am Anfang nicht, wie ich ihn in von meiner Daseinsberechtigung als Assistenz überzeugen konnte. Viele Aufgaben, für die ich zuständig gewesen wäre, wurden von ihm alleine abgearbeitet. Wohlgleich haben wir einen Weg gefunden gemeinsam zu arbeiten. Wir haben nicht dagegen angekämpft und uns gegenseitig beschwert, dass alles auf einmal ganz anders ist, sondern wir haben gemeinsam die Herausforderung angenommen und uns beide sehr gut weiterentwickelt. Wir haben Wege gefunden, Spielregeln für unsere Zusammenarbeit zu erstellen. Es sind Absprachen über meine Kompetenzen getroffen worden: über die Art und Weise, wie wir während seiner Geschäftsreisen kommunizieren wollen, welche Tools wir für die Zusammenarbeit bzw. für die Abarbeitung von To-dos nutzen und wie wir mit gemeinsamen Zielen die Abteilungen und die Mitarbeiter nach vorne bringen möchten. Natürlich hätte ich sagen können: Mit einem erfahrenen Chef wüsste ich was zu tun ist, denn ich kenne seine Anforderungen an die Sekretärin oder Assistenz. Die Bereitschaft sich auf einen neuen jungen Chef einzustellen, diesen Wandel im meinem Arbeitsumfeld bzw. in meinem Aufgabengebiet zu akzeptieren, statt mich zu verweigern, war am Ende notwendig, um am Puls der Zeit zu bleiben. Mit einem jüngeren Chef haben sich auch die Aufgaben verändert. Chefentlastung und die Zusammenarbeit zwischen Vorgesetztem und Assistenz bekam hier ein anderes Gesicht.

11.7 Chefentlastung hat viele Facetten

Heute darf und kann Chefentlastung viele Gesichter haben. Gerade das macht unseren Job so spannend und niemals langweilig. Wir haben die Wahl zu entscheiden, wie wir mit Veränderungen, die sowohl in der Technik aber auch mit einer neuen Generation von Managern neuen Assistentinnen auf uns zu kommen, umgehen wollen. Der Assistenz-Job ist kein Auslaufmodel. Auch nicht in Zeiten von Siri und Alexa. Aus meiner Sicht ist es ein Beruf, der einem ständigen Wandel unterzogen ist. Ja, es kommen neue Assistentinnen – die Digital Natives, die viel mehr Digitalkompetenz mitbringen, die einen Universitäts-Abschluss haben anstatt einer Ausbildung zur Bürokauffrau. Aber gerade deshalb sind wir gefragter denn je: Neue Strukturen treffen hier auf Altbewährtes. Vielleicht haben wir Office Professionals keinen Bachelor, wissen nicht immer wie Instagram oder Snapchat funktioniert. Vielleicht punkten hier unsere jüngeren Kolleginnen mit Digitalkompetenz. Aber wir können auf langjährige Erfahrung zurückblicken. Berufliche Erfahrung gekoppelt mit dem Wissen über Strukturen des Unternehmens und den Eigenarten der Mitarbeiter. Soziale Kompetenz hat man nicht sofort – sie entsteht mit der Zeit. Vor 20 Jahren war ich noch nicht die souveräne und selbstbewusste Assistentin, die ich heute bin. Diese Fähigkeit kam mit den zahlreichen Herausforderungen und an Abenteuern im Office. Das Feingefühl für die anderen, das Neinsagen und Grenzen setzen, die Fähigkeit zu kommunizieren und mit jedem Chef klar zu kommen.

Wichtig ist es, keine Angst vor Neuem zu haben. Wichtig ist es, seine eigenen Stärken zu erkennen und diese weiter auszubauen. Mut zu haben, neue Verantwortungsbereiche zu übernehmen – sich auf bestimmte Themen zu spezialisieren. Wichtig ist es auch, immer am Ball zu bleiben, sich weiterzuentwickeln und gesundes Marketing in eigener Sache zu betreiben.

11.8 Auch jede Assistenz ist anders

Sie merken, wie wichtig die Social Skills sind und welche Bedeutung sie in der Gegenwart haben. Nicht nur mit unterschiedlichen Chefs, sondern auch mit den launischen und gestressten Kollegen klarzukommen erfordert viel Fingerspitzengefühl. Nicht zu vergessen: Nicht jede Assistenz ist gleich. Auch unsere Spezies hat viele Charaktere zu bieten:

die Neider, die einem nichts gönnen, die Perfektionistinnen, die auf alles noch ein I-Tüpfelchen setzen, die Lautlosen, die nicht aus sich herauskommen. Auch das sind Herausforderungen, denen man sich mit einer großen Portion Empathie und Augenzwinkern stellen muss.

11.9   Alte Zeiten – bessere Zeiten?

Vermisse ich die alten Zeiten? Die guten alten Chefs, die ohne Sekretärin oder Assistentin keine E-Mail öffnen oder bearbeiten konnten? Die bei jeder Sitzung Hilfe benötigten, um einen Beamer an den PC anzuschließen? Die bei erfolgreichen Geschäftsabschlüssen in den holzvertäfelten Konferenzräumen mit einem Whiskey oder Cognac anstießen? Die Reisekosten in 4-stelliger Höhe für Geschäftskunden ausgaben? Sich von einer Assistentin mit Kunden verbinden ließen oder die Assistentin zum Abwimmeln unwichtiger Anrufer missbrauchten? Oder auch Assistentinnen als Reminder für die familiären Feiertage (Hochzeitstag und Geburtstage) nutzten?

Natürlich hat jede Zeit ihre guten Seiten. Ich würde nicht die Wahrheit sagen, wenn ich nicht zugeben würde, dass ich ein wenig Retro-Feeling habe, wenn ich an die letzten Jahre im Office denke.

Dennoch, das Zitat von Henry Ford bringt es auf den Punkt: "If you always do what you've always done, you'll always get what you've always got." Veränderung heißt Vertrauen. Vertrauen in uns, in unsere Fähigkeiten. Sie erfordert den Mut neue Wege mitzugehen und über den Tellerrand hinauszudenken. Vertrauen ist Veränderung.

11.10   Chefs übernehmen immer mehr Aufgaben

Warum man eine Assistenz einstellt, hat unterschiedliche Beweggründe. Für den einen Chef bedeutet es tatsächlich eine Entlastung im Tagesgeschäft, für den anderen ist es ein Statussymbol eine Assistentin zu beschäftigen und für den nächsten stellt die Assistenz eine weitere Person innerhalb der Personalführung dar.

Durch die Digitalisierung verschiedener Prozesse im Office werden viele Aufgaben wieder zur Chefsache. Gerade die Chefs, die sich zu den Digital Natives zählen, sehen keine Veranlassung folgende Aufgaben outzusourcen.

11.10.1 Die Reiseorganisation

Wo noch in der Vergangenheit eine Assistentin die komplette Reiseplanung über ein externes oder über das firmeneigene Reisebüro organisiert hat, macht es der Chef heute selbst. In unserem Unternehmen nutzte man ein Buchungstool als App, in dem man direkt mit einem Klick die günstigste Bahn- oder Flugverbindung buchen konnte. Ein Chef, der sich die Butter nicht vom Brot nehmen lassen wollte, bzw. Herr über seine eigene Planung sein wollte, konnte so mit ein paar Klicks durch die App seine individuelle Reise buchen. Das virtuelle Reisebüro schickte, nach Eingang der Buchungsbestätigung, alle erforderlichen Dokumente – also Online-Ticket für Flug oder Bahn zu und bot die Möglichkeit, die Reise mit einem Klick in den Outlook-Kalender abzuspeichern.

11.10.2 Zu Protokoll bitte

Auch beim Thema Protokollführung hat der moderne Chef von heute das Zepter in der Hand. Während ich in meiner Zusammenarbeit mit eher konservativen Vorgesetzten die Protokollführerin in allen Sitzungen war, schrieb mein junger, moderner Chef das Protokoll selbst.

11.10.3 Die Datenerfassung

Ich erwähnte zu Anfang das Erlernen und den Einsatz von Stenographie oder das Abtippen von Diktaten vom Band. Es war nie meine Lieblingsbeschäftigung, die gesprochenen, bzw. genuschelten Bandwurmsätze meines Chefs auf Papier zu bringen. Vor 20 Jahren war es so, dass man tatsächlich vorrangig Befehlsempfänger war. Man stellte die Aussagen von Vorgesetzten nicht infrage. Diktierte der Chef ausschweifend und mit vielen Fremdwörtern, hatte man den Text so zu übernehmen.

Heute würde ich meinen Chef davon überzeugen, den „vorgeschriebenen" Text komplett von mir überarbeiten zu lassen. Einfach, um keine unklaren Sätze, geschmückt mit vielen Fach- und Fremdwörtern an den Kunden zu schicken.

11.10.4 Zeitalter Digitalisierung – Apps und Co.

Heute, im Zeitalter der Digitalisierung, entfällt die Datenerfassung komplett. Meinen Chef, ebenfalls im digitalen Zeitalter angekommen, dennoch ein Fan von Papier und Stift, konnte ich überreden, ein neues System für die Datenerfassung anzunehmen. Ich selbst bin absoluter Fan von dem Smart Writing System von Moleskine. Es gibt noch zahlreiche andere Anbieter digitaler Datenerfassungssysteme. Aber dieser Anbieter hat mich überzeugt. Zum ersten Mal hatte mein Chef die Möglichkeit, mit einem Stift auf Papier zu planen, zu schreiben, zu skizzieren, Inhalte für Präsentationen zu entwickeln, ohne mir endlose Blätter mit hingekritzelten Vorlagen für die weitere Umsetzung zu geben. Ich musste die Blätter nicht mehr einscannen, damit sie digital abgelegt werden können. Seine eigenen Ideen konnten so direkt digital gespeichert und geteilt werden. Das Ganze funktioniert mit einem Spezialpapier und einem speziellen Stift, der handgeschriebene Wörter erkennt, erfasst und digitalisiert. Die Technologie überträgt auf diesem Weg direkt Wörter, Termine, Zeichnungen, Gedanken etc. in Echtzeit auf das iPad. Dann gibt es die Möglichkeit, den Text, die Zeichnungen zu bearbeiten und die Inhalte zum Leben zu erwecken.

Um beim Thema „digitale Datenerfassung" zu bleiben: Meinen Chef konnte ich über-
zeugen ein weiteres digitales Tool zu nutzen. Es handelt sich um die App Scannable. Diese
App ist wunderbar, um Dokumente schnell zu erfassen und sie in qualitativ hochwertige
Scans zu verwandeln, die man speichern oder freigeben kann.

Egal, ob mein Chef unterwegs oder im Büro ist, die gescannten Dokumente können so
ganz unkompliziert geteilt werden. Wir haben dieses Tool zum größten Teil dafür genutzt,
um beispielsweise Belege für die Reisekostenabrechnung zu scannen und digital zur Verfügung zu stellen. Oft passierte es, dass mein Chef längere Zeit unterwegs war und wir uns
erst nach sechs bis acht Wochen wiedergesehen haben. Während seiner zahlreichen Reisen
haben sich jede Menge Belege angesammelt – von Taxikosten über Hotelrechnungen bis
hin zu Bewirtungsbelegen

Damit mein Chef sein vorausgelegtes Geld schnellstmöglich erstattet bekam, konnte er
mit diesem Tool schnell und unkompliziert seine Belege scannen und mir diese mit einem
Klick per E-Mail zur Verfügung stellen. Für die Abrechnung, die bei uns im Unternehmen
ebenfalls über ein Reisetool abgewickelt wurde, reichten die digitalen Daten vollkommen
aus. In den Zeiten, in denen mein Chef im Office war, hätte ich die Belege selbst einscannen müssen, um die Originale anschließend in die Buchhaltung zu geben. Mit dieser App
hatten wir keine Verzögerungen im Abrechnungsprozess und konnten die Erstattung ohne
Zeitverlust einleiten. Was mich persönlich noch mehr bei dieser App beeindruckte war,
dass Scannable eine spezielle Funktion für Visitenkarten zur Verfügung stellt. Die Visitenkarten werden nicht nur als Bilddatei erfasst, sondern auch die Inhalte werden direkt
erkannt und als Kontakt abgespeichert.

11.11 Auch „virtuelle Chefs" müssen dazu lernen

Aber auch mein Chef musste dazulernen – sich an die neue Rolle der Assistenz gewöhnen, lernen Mitarbeiter virtuell zu führen, Aufgaben zu stellen, die vielleicht nicht immer
erfüllt werden können. Die wichtigste Grundlage für die virtuelle Zusammenarbeit ist das
Vertrauen und sich aufeinander verlassen zu können. Schon bei Menschen, die täglich
zusammenarbeiten, dauert es seine Zeit, um eine vertrauensvolle Bindung aufzubauen und
ein Wir-Gefühl zu erzeugen.

Für den virtuellen Chef, der dafür sorgen soll, dass solche Grundlagen geschaffen werden, auch eine herausfordernde Aufgabe. Wichtig für meinen Chef war es auch, Mitglieder
in seinem Team zu haben, die sich selbst motivieren können. Die Grundvoraussetzung
unserer virtuellen Zusammenarbeit war immer die Tatsache, selbstverantwortlich zu arbeiten.

Das kann aber auch nur so lange funktionieren, wie es dem Vorgesetzen gelingt, ver-
nünftige Strukturen zu schaffen. Assistentinnen, die oft alleingelassen werden – und das in
jederlei Hinsicht – können nicht ihr volles Potential entfalten. In meinen Seminaren höre
ich oft, dass Assistentinnen teilweise demotiviert sind. Natürlich liegt es viel an einem
selbst, was man aus seinem Job macht. Aber die Führungskraft ist dafür verantwortlich,
dass jeder seine Rolle kennt und die eigenen Verantwortlichkeiten klar definiert sind.

11.12 Wie sehe ich mich selbst als Assistentin? Oder: Karrierefaktor Selbstbild

Wie viel Unabhängigkeit man als Assistentin bei den eigenen Aufgaben hat, hängt von zwei Faktoren ab: Zum einen vom Chef – seinem Charakter, seiner Art und Weise Mitarbeiter zu führen und zum anderen von den eigenen Fähigkeiten. Auch welches Selbstbild man von sich hat, spielt eine große Rolle. Was möchte ich wirklich? Wie möchte ich wahrgenommen werden? Ich selbst wollte immer als Co-Partner wahrgenommen werden. Jemand, den man als zuverlässigen Ansprechpartner im Unternehmen sieht, wenn der Chef nicht da ist. Ich wollte jemand sein, der Bescheid weiß über Projekte, Zusammenhänge im Unternehmen, der Prozesse versteht und Aussagen nicht einfach so hinnimmt.

Das hat auch sehr viel damit zu tun, wie selbstbewusst man ist und wie souverän man in bestimmten Situationen reagiert. Ich habe schon sehr früh festgestellt, dass Persönlichkeit in diesem Beruf das A und O ist. Ich bin ein Typ, der nicht gerne im Hintergrund steht und auch keine Angst hat vor anderen zu sprechen. Dieses Selbstbewusstsein habe ich mir schon früh antrainiert.

Bei meinen Bewerbungsgesprächen habe ich mein Können nie unter den Scheffel gestellt. Ganz im Gegenteil, wenn es darum ging, seine Qualifikationen zu zeigen, habe ich das immer getan. Gerade beim Thema Sprachen, eine ganz große Stärke von mir, habe ich immer gesagt, dass ich Englisch, Französisch, Spanisch, Russisch und Serbokroatisch fließend spreche. Was ich auch wirklich tue. Jedoch weiß ich auch, dass ich während meiner Studienzeit Freundinnen hatte, die in den jeweiligen Sprachen deutlich besser waren als ich.

Ging es aber darum, sich bei Personalern zu verkaufen, haben meine Freundinnen immer „kleine Brötchen" gebacken, wenn es darum ging zu beschreiben, wie gut ihre Sprachkenntnisse sind. Sie haben immer bescheiden gesagt, die sind ganz gut oder ihre Kenntnisse sind ausbaufähig. Was gar nicht stimmte, da sie teilweise besser waren als ich. Trotzdem, ich bleibe dabei – es geht darum, wie man sich selbst sieht und wie man sich selbst präsentieren möchte. Ich selbst habe mich immer als Visitenkarte der Abteilung und des Unternehmens gesehen. Gerade in der heutigen Zeit, in der mein Chef die meiste Zeit virtuell von mir betreut wird, ist es mir wichtig, meine eigene Kompetenz unter Beweis stellen zu können.

Möglicherweise rührt dieses Selbstbewussten auch daher, dass ich das Glück hatte, immer sehr interessante Vorgesetzte zu haben, die selbst oft sehr viel unterwegs waren und ich mich in der Rolle des Ansprechpartners vor Ort gesehen habe.

Gerade vor 20 Jahren waren die meisten Assistentinnen fitter im Umgang mit dem PC und den gängigen Programmen als so mancher Chef. Einen solchen Vorgesetzten hatte ich vor etwa 15 Jahren. Dadurch, dass er noch nicht einmal wusste, wo der PC anzuschalten war, hatte ich die Möglichkeit, mein technisches Wissen unter Beweis zu stellen. Ich erstellte tolle Präsentationen mit PowerPoint für ihn, bastelte Excel-Tabellen und schrieb für ihn Angebote. Dadurch, dass die englische Sprache auch nicht seine große Stärke war, schickte mich mein Chef als Rednerin zu einem Vortrag nach Berlin. An seiner Stelle sollte ich vor den Vorständen einer renommierten Bank über eines unserer Shoppingcenter referieren. Danach gab es eine Sightseeing-Tour mit dem Schiff auf der Spree mit anschließendem Abendessen im Aigner. Ausgestattet mit Laptop und der Präsentation auf Englisch fuhr ich nach Berlin. Sie können sich natürlich vorstellen, dass ich schon ein wenig Respekt vor diesem Auftrag hatte. Schließlich sollte ich hier vier Kompetenzen unter Beweis stellen:

1. meine Englischkenntnisse
2. meine Fähigkeiten in Rhetorik und Kommunikation
3. souveränes Auftreten und meine
4. Knigge-Kenntnisse

Zum Glück hatte ich zu Beginn meiner Laufbahn als Managementassistentin ein tolles zweitägiges, interkulturelles Benimm-Seminar auf Schloss Krickenbeck im Nettetal besucht und war so gerüstet für den Small Talk mit unseren ausländischen Gästen.

Zurück dazu, wie der Tag verlief: Ich hielt meinen Vortrag, hielt Small Talk mit den Geschäftspartnern auf dem Schiff und kommunizierte weiter mit ihnen beim Abendessen. Den Ritterschlag erhielt ich, als einer der Vorstände mich fragte „welche Position ich im Unternehmen" innehätte. Als ich dann antwortete, dass ich Assistant eines Head of war, fiel den Besuchern die Kinnlade runter. Mit Recht, finde ich heute!

11.13 Gegenseitige Erwartungshaltung

Für mich ist es wichtig, meine eigene Rolle in der Zusammenarbeit mit meinem Chef zu kennen, aber auch zu wissen, wie mein Chef mich sieht. Blicken wir in die gleiche Richtung? Sieht er meine Aufgaben und Verantwortlichkeiten genauso, wie ich es mir selbst vorstelle? Das Wichtigste, was ich mit meinen Chefs vereinbaren musste, bevor unsere Zusammenarbeit begann, war, dass wir Spielregeln für unsere Zusammenarbeit gemeinsam direkt klären. Nur wenn wir eine Basis schaffen, kann eine erfolgreiche Zusammenarbeit funktionieren. Wie sonst soll ich wissen, was ihm wichtig ist? Welche Aufgaben es in welcher Reihenfolge abzuarbeiten gilt, sodass alles seinen richtigen Gang nimmt? Wie sonst sollte er wissen, wie ich ticke? Und wie meine Erwartungshaltungen an die gemeinsame Zusammenarbeit sind? Das ganze lässt sich nicht nur in eine Richtung denken. Ein Fehler vieler Assistentinnen ist, zu glauben, dass nur der Chef Erwartungshaltungen hat. Die eigenen Erwartungen werden viel zu selten kommuniziert.

Aus meiner Sicht reicht es nicht, nur die einmal jährlich stattfindenden Zielvereinbarungsgespräche dafür zu nutzen, um sich über die Ziele und die Zusammenarbeit austauschen. Wenn es mal nicht so gut zwischen Chef und Assistenz läuft, könnten sich bis zum Gespräch viele unausgesprochene Themen angestaut haben, um dann im Zielvereinbarungsgespräch zu eskalieren. Auch in meinen Seminaren finde ich es wichtig, gerade beim Thema Chefentlastung, darüber zu sprechen, wie die gegenseitigen Erwartungshaltungen sowohl fachlich als auch menschlich aussehen.

Dabei fällt immer wieder auf, dass die gegenseitigen Erwartungen gar nicht wirklich geklärt sind. Viele Assistentinnen wünschen sich mehr Verständnis für die Zusammenarbeit miteinander, mehr Anerkennung für die Leistung, die erbracht wird – aber auch immer wieder mehr Informationen. Viele Assistentinnen beklagen, dass der Chef von einem Meeting ins nächste hetzt und nur zwischen Tür und Angel Arbeitsaufträge zuruft. Oft findet sich keine Zeit für den Austausch und das frustriert auf lange Sicht beide Seiten.

11.14 Virtuelle Chefentlastung erfordert Spielregeln

Gerade die Zusammenarbeit mit einem Chef, der oft unterwegs ist, erfordert viele individuelle Absprachen. Ich konnte meine Vorgesetzten immer davon überzeugen, dass der Austausch mit mir der wichtigste Termin in ihrem Tagesplan ist. Nur so gut, wie wir beiden aufeinander eingespielt sind, uns gegenseitig briefen und informieren, nur so gut können wir als Team auftreten und gegenseitigen Informationsfluss gewährleisten. Für meinen Chef bin ich die Kommunikations- und Informationsschaltzentrale des Unternehmens. Für den Erfolg unserer Zusammenarbeit sind absolute Loyalität, Vertrauen aber auch klare Absprachen über meine Zuständigkeiten und meine Kompetenzen wichtig.

11.14.1 Wie können individuelle Absprachen aussehen?

Zunächst einmal muss ein regelmäßiger Austausch vereinbart werden. Lieber fünf Minuten jeden Tag, anstatt einmal in der Woche eine Stunde lang. Erfahrungsgemäß kommt auch diese Stunde aufgrund von neu einkommenden Terminen meistens vollkommen zu kurz oder oftmals gar nicht zustande.

Die größte Priorität bei der virtuellen Zusammenarbeit sollte sein, individuelle Gesprächszeiten sinnvoll zu nutzten. Was heißt das in der Praxis? Das heißt nichts anderes, als dass ich immer vorbereitet sein muss, um in das Gespräch mit meinem Chef zu gehen. Meistens nutzen wir die Zeiten, in denen er im Taxi zum Flughafen sitzt oder auf dem Weg zum Kundengespräch ist. Ich bin Herrin über den Terminkalender und so kann ich auch meinem Chef immer wieder einen Hinweis geben: Sobald du im Taxi sitzt, melde ich mich bei dir. Zeit, um sich kurz auszutauschen, um Entscheidungen abzufragen oder offene Punkte zu klären.

Gerade diese Gespräche sind immens wichtig, weil wir mit diesem kurzen Update Prioritäten für den Tag festlegen und uns gegenseitig über kurzfristige Terminänderungen informieren. Ohne Informationen stockt meine Arbeit. Ich brauche bestimmte Fakten von meinem Vorgesetzen, damit Aufgaben im Fluss bleiben, wir Zeit sparen und der Tag einfach weniger hektisch begonnen werden kann.

11.14.2 Virtuelle Chefentlastung braucht eine gemeinsame Ablage

Für einen Chef, der oft unterwegs ist, ist gerade die Ablage ein essentieller Punkt. Warum ist das so? Eine gut durchdachte und strukturierte Ablage gewährleistet, dass sowohl mein Chef als auch mein Team und ich wissen, wo sich Unterlagen zu Vorgängen befinden. Mit einem Klick muss mein Chef von unterwegs auf Dokumente zugreifen können, ohne lange Suchzeiten. Das Arbeiten in der Cloud macht es uns möglich, von überall zu arbeiten und Daten abzurufen. Was ist damit gemeint? Viele Daten, Prozesse und Tools, mit denen man zusammenarbeiten kann, sind online. Das bedeutet für unsere Zusammenarbeit, sehr viel Flexibilität, Ortsunabhängigkeit und kurzfristige Kollaboration. Dadurch können wir gemeinsam auf Daten und Programme zugreifen und parallel an Projekten arbeiten oder auch Dokumente gleichzeitig bearbeiten.

11.14.3 Virtuelle Chefentlastung braucht ein gutes Terminmanagement

Der Chef, der kaum im Büro ist, muss sich auf ein perfektes Terminmanagement verlassen können. Wichtig ist hier, dass man sich darauf verständigt, wer Termine koordiniert und annimmt. Haben Sie einen Chef, der auf Geschäftsreisen selbst die Termine vereinbart? Dann kann es natürlich sein, dass es zu Terminkollisionen kommt, da Sie eventuell selbst gerade gleichzeitig einen Termin zur gleichen Zeit planen. Entweder man einigt sich darauf, dass nur die Assistenz alleinige Vollmacht über den Kalender hat und der Chef verweist die Kunden immer direkt an die Assistenz. Oder man weist im Kalender farbliche Blöcke zu, in welchem Zeitraum die Assistenz und im welchem Zeitraum der Chef Termine unabhängig voneinander vergeben können.

Weitere Absprachen zur virtuellen Kommunikation, die ich mit meinem Chef getroffen habe:

- Wie viel Pufferzeiten wünscht er sich zwischen den einzelnen Terminen?
- Gibt es Termine, die vorrangig vergeben werden, zum Beispiel an Vorstand, Geschäftsführung (GF, Beirat?
- Wie viel Reisetätigkeit ist in der Woche erwünscht?

Grundsätzlich gilt bei uns, dass Termine gerne auch telefonisch abgewickelt werden können – sofern das möglich ist. Aus diesem Grund haben wir uns auch für ein Farbsystem im Kalender entschieden. Für Bahnfahrten haben wir die gelbe Kategorie gewählt, für Flugreisen die rote Kategorie und für Autofahrten die blaue Kategorie. So können wir für jede Woche besser planen. Sehe ich, dass mein Chef mit dem Auto unterwegs ist, versuche ich diese Zeiten mit Telefonterminen zu füllen. Ist er in der Bahn, kann er auch am Laptop arbeiten und E-Mails beantworten. Für das Flugzeug gebe ich ihm dann Informationen oder Unterlagen zur Info mit, die er in Ruhe lesen kann.

11.15 Virtuelle Chefentlastung braucht ein funktionierendes E-Mail Management

Mit dem Management der elektronischen Eingangspost fällt und steht die Chefentlastung. Jedes Mal überrascht es mich, wenn ich in meinen Seminaren Assistentinnen treffe, die keinen Zugang zum E-Mail-Posteingang des Chefs haben. Da frage ich mich: Wie sollen diese Damen ihren Chef effizient entlasten, wenn ihnen alle Informationen und Vorgänge verwehrt bleiben? Der Posteingang des Chefs ist die Informationszentrale, in der alle Nachrichten mit hoher oder weniger hoher Priorität eintreffen.

Da mein Chef viel unterwegs ist, ist das Sichten, Bearbeiten, Kategorisieren und Priorisieren der E-Mails einer der wichtigsten Aufgaben bei der Entlastung im Tagesgeschäft. Auch hier haben wir für uns Spielregeln geschaffen. Bestimmte E-Mails, die meinen Chef nur in cc. erreichen, werden mit einer automatischen Regel in einen entsprechenden Unterordner abgelegt. Bedeutet, dass hinter den E-Mails, die ihn nur zur Info erreichen, keine Aufgabe steckt. Diese E-Mails kann er dann zum Beispiel lesen, während er im Flieger sitzt. Natürlich screene ich einmal die „zur Info E-Mails" durch, nur um zu schauen, das keine wichtige Aufgabe versehentlich in dem Postfach gelandet ist und so verloren geht.

Die E-Mails, die mein Chef in seinem Posteingang erhält, strukturiere ich für ihn vor. Dabei nutze ich immer gerne das Sofort-Prinzip. Das Sofort-Prinzip ist eine Möglichkeit, schnell Entscheidungen zu treffen und die Aufschieberitits zu vermeiden. Mit dieser Methode entscheide ich beim Öffnen einer E-Mail sofort, was mit ihr passieren soll:

- Löschen – weil es ein Newsletter ist oder die Information unwichtig ist für seine Arbeit.
- Bearbeiten – kann ich die E-Mail beantworten? Ist es eine Terminanfrage, eine Frage zum Projekt oder sonstiges, was in meinen Kompetenzbereich fällt?
- Weiterleiten – wenn es eine Info ist, die jemand anderem aus dem Team, dem Unternehmen mehr nutzt, oder die Mail Inhalte enthält, die ich weiterleiten kann, um sie im Namen meines Chefs zu delegieren.
- Ablegen – weil es sich nur um ein Dokument, eine Information, die ich ablegen kann, handelt.

Egal um welche Maßnahme es sich handelt, klare Spielregeln sind wichtig, damit es nicht zu Missverständnissen kommt. Auch wenn ich befugt bin, Dokumente direkt abzulegen, muss gerade hier die Ordnerstruktur stimmen und eindeutig sein, damit mein Vorgesetzter keine Zeit mit dem Suchen von Unterlagen verschwendet.

Selbstverständlich gibt es auch E-Mails, bei denen ich einfach nicht weiß, was ich mit ihnen anfangen soll. Dafür haben wir ebenfalls eine Vereinbarung getroffen. Diese E-Mails wandern in einen Unterordner „Besprechen mit Chef". Dort sammle ich die offenen Punkte und kläre Sie mit meinem Chef bei nächster Gelegenheit, wenn wir unseren Austauschtermin haben. Alle anderen E-Mails, sie werden merken, so viele sind es dann nicht mehr, lasse ich in seinem Posteingang liegen. Bei der Durchsicht seiner E-Mails hilft es meinem Chef sehr, wenn eine Vorsortierung erfolgt ist. So kann er sich um das Wesentliche kümmern und weiß, dass alles andere keine Priorität für ihn hat.

Es hat sich ebenfalls gut bewährt, direkt in die Betreffzeile zu schreiben, was noch zu tun ist oder was schon von mir oder dem Team erledigt wurde. In vielen Fällen nutzen wir auch nur die Betreffzeile für eine schnelle Kommunikation. Zum Beispiel „Termin mit Herr Müller am 5.10. um 15:00 Uhr vereinbart | EOM". Somit brauchen wir uns bei längerer Abwesenheit nicht lange E-Mails schreiben, sondern nutzen diese Form der Mikrokommunikation, um den anderen schnell zu informieren. Mein Chef registriert diesen kurzen Betreff und löscht die E-Mail sofort nach dem Lesen. Erledigt!

Eine weitere effektive Art E-Mails zu verarbeiten ist es, zusätzliche Spalten in den Posteingang einzufügen. Mit dieser Methode habe ich mit einem Vorgesetzten zusammengearbeitet, der mit Unterordnern nichts anfangen konnte, aber zeitgleich auch ein wenig Kontrollfreak war, so dass er ungern etwas aus seiner Hand geben wollte. Mit dieser Art der Postverarbeitung konnte ich ihn begeistern. Warum? Nun, durch die zusätzliche Spalte hatte er zwar immer noch alle E-Mails im Posteingang, aber er konnte mir per Kürzel, die wir vorher verabredet hatten, eine Arbeitsanweisung in der Kommentarspalte hinterlassen. So wusste ich direkt, was mit der E-Mail geschehen sollte. Termin vereinbaren, Antwort vorbereiten, Ablegen, Wiedervorlage, Reise vorbereiten oder was auch immer an der Tagesordnung stand.

Ich wiederum konnte in die Spalte eintragen, was ich bereits erledigt hatte oder zu gewissen E-Mails Anmerkungen hinterlegen. Am Ende des Tages hatten wir so eine Reihe von E-Mails bearbeitet. Danach konnte ich die bearbeiteten E-Mails in die entsprechenden Ordner auf dem Laufwerk ablegen.

Durch den Austausch mit anderen Assistentinnen in den sozialen Netzwerken aber auch in meinen Seminaren konnte ich immer wieder hören, dass sich Firmen bemühen, die E-Mails – zumindest intern – zu reduzieren und bereits erfolgreich mit Kommunikationsplattformen wie Trello, Yammer, Basecamp oder Slack arbeiten.

11.15.1 Wie virtueller Wissenstransfer funktionieren kann

Wissensaustausch und Wissenstransfer scheinen Schlagwörter der digitalen Welt zu sein. Auch wir hatten uns Gedanken gemacht, wie wir unser firmeninternes Wissen bündeln können, um es allen Mitarbeitern zur Verfügung zu stellen. Verlässt ein Mitarbeiter das Unternehmen, nimmt er sein Wissen mit. Der neue Mitarbeiter muss erst wieder neu in die Prozesse eingearbeitet werden und mit relevanten Informationen zum Unternehmen und den Aufgaben gefüttert werden. Wir entschieden uns damals, ein Unternehmenswiki einzuführen. Das Wiki funktionierte ähnlich wie das Wikipedia aus dem Internet. Man kann das Wissen eines gesamten Unternehmens dort sammeln und mit einem Schlagwortverzeichnis zur Verfügung stellen. Jeder Mitarbeiter wurde aufgefordert, sein Wissen aus der Abteilung dort einzupflegen. Das führte dazu, dass man Prozesse definierte, sich zunächst selbst nochmals reflektierte, ob alle Prozesse wirklich Sinn machen. Danach wurde das Material eingestellt und durch das Wissen der anderen ergänzt, verlinkt und ständig aktualisiert. Die Effizienz der einzelnen Abteilungen konnte durch das Wiki gesteigert werden, weil die Mitarbeiter verstanden haben, dass es Schnittpunkte bei den einzelnen Unternehmensprozessen gibt. Zu den Schnittpunkten gab es Dokumente, die man nicht mehr mühsam auf einzelnen Laufwerken und Ordnern suchen musste. Man konnte sofort erkennen, an welcher Schnittstelle eine Abteilung mit der anderen bei einem Projekt zusammenarbeiten musste. Automatisch konnten sich durch das Schnittstellenwissen auch die richtigen Teammitarbeiter im Projekt einfinden. Das Schöne ist, einmal eingestellt, kann man mit einem Blick in das Wiki sein Wissen erweitern.

11.15.2 Virtuelle Chefentlastung hat auch mit Netzwerken zu tun

Viel zu wenige Assistentinnen netzwerken regelmäßig. Viele wissen gar nicht wo und wie sie das tun sollten. Kontakte schaden nur denen, der keine hat. Ich möchte Sie gerne für das Netzwerken als Schlüsselkompetenz einer virtuellen Assistentin begeistern.

Networking gab es schon immer. Mir sind immer wieder Menschen begegnet, die jemanden kannten, der meiner Karriere auf die Sprünge helfen konnte. Ich selbst habe mit dem aktiven Netzwerken schon vor 10 Jahren angefangen, als das Thema noch nicht in aller Munde war. Durch die Plattform XING habe ich mich mit meinen ehemaligen Studienfreuden, die mittlerweile herausragende Führungspositionen in Unternehmen innehatten, vernetzt. Dazu kamen ehemalige Arbeitskollegen, neue Arbeitskollegen, Head Hunter, Assistentinnen, Mitarbeiter von Akademien, Seminaranbieter und viele weitere dazu. Nach einiger Zeit hatte ich mehrere Hundert Kontakte in meinem Profil gesammelt.

Zunächst einmal geht es beim Netzwerken gar nicht darum, eine Erwartungshaltung aufzubauen. Netzwerken sollte wertfrei erfolgen und natürlich auch Spaß machen. War es früher so, dass unsere Chefs die tollen Jobs meistens durch Vitamin B, also durch einen Kontakt von einem Kontakt erhalten hatten, so ist es heute nicht anders, was die Assistenz betrifft. Die richtig guten Jobs werden nicht mehr ausgeschrieben, sondern durch Vitamin B vergeben. Netzwerken kann auch ein Sprungbrett für Ihre Karriere sein.

So manch eine Kollegin hat so seine tolle Stelle als Vorstandsassistentin erhalten, ohne vorher ein Assessmentcenter besucht zu haben oder eine einzige Bewerbung geschrieben zu haben. In den meisten Fällen konnte ich durch meine Beziehungen profitieren. Wie das? Nun ja, zur Beitragsautorin dieses Buches bin ich durch jemanden aus meinem Netzwerk geworden. Ohne dieses Netzwerk gäbe es heute keinen Beitrag von mir in diesem tollen Buch. Sie sehen, wie sich innerhalb von kürzester Zeit Dinge in eine Richtung bewegen, die Sie vorher nicht erahnen konnten.

Nun komme ich darauf zurück, wie wertvoll meine Kontakte für mich und meinen virtuellen Chef sind.

Als Assistentin des Bereichsleiters für die strategische Entwicklung von Fachmarktzentren gehörte auch Akquisition und Marktbeobachtung zu meinen Aufgabenbereichen. Dazu haben wir die Top 50-Center definiert, die wir noch gerne in unser Portfolio aufnehmen wollten. Bei der Internetrecherche bin ich auf eines dieser interessanten Center gestoßen. Der Eigentümer war schnell ausfindig gemacht und die Recherche ergab, dass ein neuer Geschäftsführer im Unternehmen das Sagen hatte.

Über das Internet versuchte ich so viel wie möglich über diesen neuen Mann im Unternehmen rauszubekommen. Nachdem ich alle relevanten Daten gesammelt hatte, war der Vorschlag meines Chefs, ein Kaltakquise-Anschreiben vorzubereiten und an diesen neuen Marktplayer rauszuschicken. Ich hielt in dem Moment wenig davon, denn ich weiß, dass Kaltakquise-Anschreiben meistens im Sande verlaufen. Ich recherchierte daraufhin den Namen des neuen Geschäftsführers bei der Social-Media-Plattform XING und stellte fest, dass er ein direkter Kontakt eines sehr guten Geschäftspartners meines Chefs ist. So ein Glück – also konnte ich zum Telefonhörer greifen und mich mit dem Geschäftspartner meines Chefs austauschen. An dieser Stelle sei angemerkt: Auch hier kam mir natürlich zugute, dass ich mit meinem selbstbewussten und verbindlichen Auftreten einen guten Ruf bei den Geschäftspartnern meines Chefs genoss. Das Gespräch verlief ungefähr so: „Guten Tag, Herr H. Wie geht es Ihnen? […] Lieber Herr H., ich habe in XING gesehen, dass Herr T. ein Kontakt von Ihnen ist? Ist das richtig?" Herr H. bestätigte mir, dass Herr T. nicht nur ein XING Kontakt war, sondern er ihn persönlich kannte, da er gerade ein Mandat in einem der Objekte innehatte! Mehr Zufall kann nicht sein. Bingo! Ich erklärte Herrn H., dass ich gerne meinen Chef und Herrn T. wegen Objekt x zusammenbringen wollte. Darauf Herr H.: „Frau Romanic, kein Problem! Lassen Sie uns direkt einen Termin auf der Expo (Anmerkung: Expo ist die größte Immobilienmesse in München) ausmachen."

Somit hatte ich zwei Fliegen mit einer Klappe geschlagen: Ich hatte einen Kaltaquise-Kontakt durch einen eigenen Kontakt aktiviert, einen Termin für meinen Chef bekommen und ein wenig Small Talk und Kundenbindung mit dem Geschäftspartner meines Chefs betrieben. Sie können sich sicherlich vorstellen, wir begeistert mein Vorgesetzter über den Termin war. Und natürlich auch – wie das mit der Kaltakquise ausgegangen wäre.

Nächste Geschichte: Wieder ein neuer Name und ein neuer Marktplayer auf dem Markt. Mein Chef wünschte sich einen Termin mit dieser Führungspersönlichkeit. Die Dame war so wichtig, dass es nirgendwo Daten, wie Telefonnummer, E-Mail-Adresse oder Anschrift gab. Auch hier half mir mein Netzwerk. Diesmal das soziale Netzwerk LinkedIn. Beim Recherchieren stellte ich fest, dass die Dame ein Kontakt meines früheren Arbeitskollegen war. Mit diesem Arbeitskollegen hatte ich vor etwa zehn Jahren ein tolles und kollegiales Arbeitsverhältnis. Ein Grund mehr, sich mal nach der Familie zu erkundigen und nebenbei auch nach meiner Recherche-Kandidatin zu fragen. Nach ein wenig privatem Chat über die alten Zeiten und die Familie, rückte ich dann mit meiner Frage nach Frau M. heraus. Ich erklärte, worum es ging und mein Arbeitskollege bat mich um ein paar Stunden Geduld, um bei Frau M. nachzufragen, ob er ihre Daten herausgeben durfte. Und siehe da – er durfte. Ich bekam alle Daten, die ich benötigte, um einen Kontakt herzustellen. Prompt bekam ich einen Termin auf der Expo mit ihr. Und jetzt sieht man wie klein die Welt ist. Die Projektleiterin, die mit mir in Verbindung stand, war ebenfalls eine Bekannte von meinem Chef, die vor drei Monaten zum anderen Unternehmen gewechselt ist. Und somit schließt sich der Kreis mal wieder.

Sie sehen an diesen Beispielen, wie ich von meinen Beziehungen innerhalb meines Netzwerks profitieren konnte. Das sind natürlich für mich auch persönliche Erfolge, die ich verzeichnen durfte. Meinen Chef habe ich nebenbei auch glücklich gemacht und wieder einmal einen kompetenten und souveränen Eindruck hinterlassen.

Umso mehr bin ich überrascht, festzustellen, wie wenige Assistentinnen heute Networking betreiben. Wohlgleich das Netzwerken eine wahre Schlüsselkompetenz der Zukunft ist. Leider sehen viele einfach noch nicht den Bedarf, sich zu vernetzen. Sie denken, dass ein Profil bei XING oder LinkedIn nur dann sinnvoll ist, wenn man aktiv auf Jobsuche ist. Aus meiner Sicht ist das falsch. Überlegen Sie mal, wie lange Sie brauchen, um ein aktives Netzwerk aufzubauen. Starten Sie heute, brauchen Sie mindestens zwei Jahre, um sich daraus Resultate oder wertvolle Kontakte zu erarbeiten. Sichtbar sein und sichtbar bleiben, sich selbst zu einer eigenen Marke zu machen, wird immer wichtiger.

Das Netzwerken muss und sollte nicht nur virtuell erfolgen. Zeigen Sie auch ab und zu Präsenz bei Veranstaltungen. Fachliche Informationen, gerade rund um die Themen, die Office-Mitarbeiter interessieren, erhalten Sie auch bei einigen Berufsverbänden für Assistenz. In Deutschland sind zwei große Berufsverbände vertreten. Das ist einmal die IMA (International Management Assistants) www.ima-org.com und der Bundesverband Sekretariat und Office (bsboffice.de) (siehe auch Abschn. 3.8 und Abschn. 3.9). IMA ist weltweit organsiert – Treffen finden innerhalb Europas, in interessanten Locations und Städten statt. Aber auch national und regional ist die IMA organisiert. Es gibt unterschiedliche Themenabende, zu denen sich Office Manager aus den Regionen Düsseldorf, Frankfurt, München, Hamburg oder Berlin treffen. Sie können dort eventuell einen Vortrag oder einen Workshop zu einem bestimmten Thema mitmachen und sich danach mit den anderen Assistentinnen vernetzen, um Neuigkeiten aus dem eigenen Berufsstand zu erfahren, sich näher kennenzulernen und Infos über aktuelle Seminar oder Webinare zu erhalten.

Der BSB ist eher national organisiert – dafür in weitaus mehr Regionen. Die Möglichkeit des Austausches und der Weiterbildung ist jederzeit gegeben. Hinweise zu aktuellen Veranstaltungen können auf den jeweiligen Internetseiten www.ima-org.com und bsboffice.de nachgeschaut werden. Eine Mitgliedschaft in diesen Berufsverbänden ist keine Voraussetzung, um die regionalen Treffen zu besuchen. Eher ein allgemeines Interesse am Netzwerken ist nötig.

Auch diese beiden interessanten Netzwerke sind in XING vertreten. Man kann sich durchaus auch virtuell vernetzten und von den Inputs der Kolleginnen profitieren. Welche Inhalte erwarten mich auf der virtuellen Plattform? Neben allgemeinen Informationen, wann welche Veranstaltungen stattfinden, gibt es Hinweise zu kostenlosen oder kostenpflichtigen Webinaren oder Seminaren, Buchempfehlungen, Hilfestellungen bei bestimmten Assistenz-Themen oder auch Jobempfehlungen.

Solche Netzwerke sind tatsächlich interessant, wenn es um das Thema „neuer Job" geht. Im besten Fall leiten die Kolleginnen Ihre Bewerbungsunterlagen an der HR vorbei, direkt zum Vorgesetzten mit Entscheidungsvollmacht.

Unsere Chefs profitieren schon lange von Vitamin B und ihren Kontakten. Wieso sollten wir Assistentinnen das nicht auch tun? Vielleicht kennen Sie auch jemanden, der jemanden kennt, der ein interessantes Jobangebot für Sie hat?

11.16 Fazit

Virtuelle Chefentlastung kann nur erfolgreich gelingen, wenn beide – Chef und Assistenz – in die gleiche Richtung blicken und gemeinsam an einem Strang ziehen. Selbstverständlich sollten Absprachen über den Zugriff auf Daten, die richtigen Kommunikationsmittel, die Kompetenzen und Vollmachten geregelt sein. Hilfreich ist es, wenn Chef und Assistenz auch den Umgang mit den gängigen digitalen Tools kennen und diese auch sinnvoll einsetzen können. Eine gewisse Offenheit für neue Apps zur Kommunikation oder Datenaustausch sind ebenfalls sinnvoll.

Eines darf man nicht vergessen: Für die Chefentlastung – virtuell oder analog – gibt es kein Patentrezept. Die von mir beschriebenen Erfolge sind nur zu erreichen, wenn die Chemie zwischen Assistenz und Chef stimmt bzw. wenn Sie in der Lage sind, verhaltensflexibel auf Ihren Chef zu reagieren. Nun, Chefs sind auch nur Menschen mit ganz unterschiedlichen Persönlichkeiten. Egal wie unterschiedlich manche Cheftypen sind, als Assistentin benötigt man eine gesunde Portion Selbstbewusstsein und Empathie, um sich immer wieder neu auf die verschiedenen Menschentypen einzustellen und mit ihnen zu arbeiten. Wichtig ist, dass Sie erkennen, mit welchem Typ Chef Sie zusammenarbeiten, um Ihre persönliche Strategie im Umgang mit ihm zu entwickeln. Wissen, wie der Chef tickt, ist aus meiner Sicht ein wichtiger Faktor, damit Sie sich auf dessen Verhalten einstellen und so erfolgreich auf Ihre persönlichen Ziele hinarbeiten können.

11.17 Über die Autorin

Die Aufgaben von Sekretärinnen und Assistentinnen haben sich rasant gewandelt. So erlebt es auch **Enisa Romanic**, Trainerin für Office Management und selbst seit über 19 Jahren als Assistentin tätig. Viele Assistentinnen werden immer mehr mit zahlreichen Projektarbeiten betraut und arbeiten eigenverantwortlich dem Vorgesetzten zu. Organisationstalent und perfektes Zeitmanagement bilden dafür die perfekte Grundlage. Enisa Romanics Fokus liegt daher u.a. auf der Chefentlastung. Wichtig ist, sich für die Zukunft im Office 4.0. fit zu machen. Besonders die Rolle der Assistenz in der Digitalisierung und die virtuelle Chefentlastung sind Themen, mit denen Sie die Teilnehmerinnen in ihren Seminaren begeistert. Natürlich durch diese Kombination aus beruflicher Praxis und der Wissensvermittlung als Insider.

Resilienz – die innere Kraft

Mehr Stärke und Gelassenheit im Beruf und Alltag

Elina Stoll

Zusammenfassung

Stress ist ein unvermeidbarer Bestandteil unseres Lebens. Es gibt kaum jemanden, der von sich behaupten kann, er hätte nicht wenigstens hin und wieder Stress. Die Art und Weise, wie wir damit umgehen, ist jedoch sehr individuell. Während manche Menschen sehr unter den Belastungen im Alltag und im Beruf zu leiden haben, scheinen andere Menschen eine stärkere Widerstandskraft zu besitzen. Woran das liegt und wie man seine eigene Widerstandskraft stärken kann, wird in diesem Kapitel zum Thema Resilienz beleuchtet.

12.1 Was ist Resilienz?

Gelassenheit ist eine Gabe, die sich manche Assistenz wünscht, doch anstelle von Gelassenheit herrscht häufig Stress. Nicht ohne Grund gehören Assistentinnen zu den stress-gefährdeten Berufsgruppen. Zum einen sind sie häufig Blitzableiter für Chefs und Kollegen, die nicht nur Arbeit, sondern vielfach auch Frust abladen. Zum anderen fordern die Dienstleistungsmentalität („Kümmer-Gen") und ein gewisser Perfektionismus, welche typischerweise zum Berufsbild gehören, ihren Tribut. Wer immer für alle da sein möchte und dabei auch noch den Anspruch hat, die zahlreichen Aufgaben stets zu 100 % perfekt zu erledigen, ist irgendwann überfordert und am Ende seiner Kräfte. Ein Gegenmittel hierfür liegt in uns selbst – die sogenannte Resilienz. Menschen mit hoher Resilienz tun sich mit Belastungen (nicht nur im Job) leichter, der Druck prallt sozusagen besser ab.

Resilienz leitet sich ab von dem lateinischen Begriff „resilire", was so viel bedeutet wie „zurückspringen" oder „abprallen". In der Psychologie wird der Begriff verwendet, um die psychische Widerstandskraft zu beschreiben. Umgangssprachlich spricht man gerne von innerer Stärke.

© Springer Fachmedien Wiesbaden GmbH, ein Teil von Springer Nature 2019
D. Schenk, *Chefsache Assistenz*, Chefsache,
https://doi.org/10.1007/978-3-658-23490-4_12

Resiliente Menschen werden häufig mit Grashalmen oder Bambus verglichen, die sich bei starkem Wind zwar biegen, aber nicht abbrechen. Diese Stehaufmännchen lassen sich nicht unterkriegen und scheinen häufig nach Krisen oder widrigen Situationen gestärkt hervorzugehen, was sie befähigt, zukünftige Belastungen noch besser zu bewältigen. Resilienz ist keine angeborene Eigenschaft, sondern entwickelt sich durch das erfolgreiche Bewältigen schwieriger Lebensumstände. Die Resilienz eines Menschen wird zwar durch bestimmte Gene beeinflusst, dennoch bleibt sie ein komplexes Wechselspiel zwischen inneren und äußeren Faktoren, welches noch weiter erforscht wird.

Die amerikanische Entwicklungspsychologin Emmy Werner begann in den 1950er-Jahren eine Langzeitstudie über hawaiianische Kinder, die heute zu den anerkannten Grundlagen der Resilienzforschung gehört (vgl. Berndt 2015 [49]). Emmy Werner und ihr Team untersuchten die Entwicklung von 698 Kindern, die aus problematischen Verhältnissen kamen, geprägt unter anderem von Armut, Vernachlässigung, Gewalt in der Familie oder Krankheit der Eltern. Zwei Drittel dieser Kinder schaffte es nicht, sich aus ihrem schwierigen Umfeld zu befreien und entwickelten sich somit gemäß den negativen Erwartungen. Der Fokus der Studie lag daher auf dem einem Drittel der Kinder, das sich überraschenderweise trotz zahlreicher Widrigkeiten positiv entwickelte. Diese Kinder zeigten gute Leistungen in der Schule wie auch später im Beruf und führten stabile Beziehungen. Sie lebten als sozial integrierte Mitglieder der Gesellschaft, hatten Arbeit und kamen nicht mit dem Gesetz in Konflikt. Trotz der widrigen Umstände ihrer Kindheit schauten sie positiv in die Zukunft und zeigten einen hohen Grad von Mitgefühl für Menschen in Not.

Eines der grundlegenden Erkenntnisse aus dieser Studie ist, dass resiliente Menschen aufgrund bestimmter Strategien und Eigenschaften in der Lage sind, widrigen Umständen zu trotzen und sich dadurch weiter zu entwickeln. Die Resilienz wird beeinflusst durch verschiedene innere und äußere Schutzfaktoren. Zu den inneren Schutzfaktoren zählen Eigenschaften und Verhaltensweisen, die in einem selbst liegen, Haltung, Glaubenssätze und Überzeugungen. Die äußeren Schutzfaktoren beziehen sich auf das Umfeld einer Person, stabile Beziehungen, Bildung und eine entsprechende Lebens- und Arbeitskultur. Das Gute ist, dass man Resilienz erlernen und trainieren kann. Die Grundlagen hierfür werden im nächsten Abschnitt erläutert (vgl. Gruhl 2014 [52], Heller 2013 [53]).

12.2 Sieben Resilienzfaktoren

12.2.1 Akzeptanz

Akzeptanz bedeutet, unvermeidbare Dinge und Situationen zunächst möglichst ohne Wertung anzunehmen, so wie sie geschehen. Wer sich laufend gegen Dinge, die einem aus irgendeinem (oftmals unbewussten) Grund nicht gefallen, auflehnt, blockiert sich selbst und verschwendet unnötige Energie. Energie, die besser zur Problemlösung verwendet werden könnte. Erfahrungen und Entscheidungen aus der Vergangenheit helfen, sich auch selbst mit seinen Schwächen und Stärken zu akzeptieren. Dasselbe gilt für die Verhaltensweisen und Eigenarten der Menschen in Ihrem Umfeld, denn in den wenigsten Fällen wird es möglich sein, sie zu ändern. Akzeptanz ist ein bewusster Vorgang, der hilft, negative Emotionen zu reduzieren und den Fokus darauf zu richten, aus einer Krise herauszukommen.

Stellen Sie sich vor, Sie bekommen vom Chef eine Aufgabe, die Sie in dieser Form noch nie gemacht haben. Die Angst, diese Aufgabe nicht bewältigen zu können, verleitet Sie vermutlich dazu, sie innerlich abzulehnen. Im Berufsalltag ist eine Ablehnung einer Anweisung jedoch nicht ohne weiteres möglich; Sie sind gezwungen, die Aufgabe trotzdem zu erledigen, was zu einer psychischen Belastung führen kann. Sträuben Sie sich weiterhin dagegen, werden Sie sich schwer tun, zu einem erfolgreichen Ergebnis zu gelangen. Der entstehende Erfolgsdruck führt zu Stress und blockiert Sie zusätzlich in Ihrem Handeln. Besinnen Sie sich hingegen auf Ihre Stärken und bisherigen Erfolge, zum Beispiel die erfolgreiche Durchführung ähnlich gelagerter Aufgaben, gewinnen Sie an Gelassenheit und Zuversicht, die neue Herausforderung zu meistern. Ihr Stresslevel wird dadurch deutlich gesenkt, Sie können klarer denken, was das Erlangen eines positiven Ergebnisses erleichtert.

Akzeptanz endet jedoch immer an dem Punkt, an dem eine Grenze überschritten wird und man eingeschränkt oder verletzt wird.

Generell ist es wesentlich einfacher, Dinge zu akzeptieren, die man selbst steuern kann. So können Sie sich zum Beispiel zur Bewältigung einer neuen Aufgabe entsprechende Fähigkeiten aneignen, wie das Erlernen einer Fremdsprache oder den Umgang mit einer neuen Software. Schwieriger wird es, Dinge anzunehmen, die wir nicht direkt beeinflussen können, wie zum Beispiel Veränderungen in der Unternehmens- oder Teamstruktur, die von oben herab bestimmt werden. Es liegt in der menschlichen Natur, Veränderungen zunächst skeptisch zu betrachten. Wer jedoch offen mit einer solchen Situation umgeht, indem er eine Veränderung als Chance ansieht, anstatt sie zu bekämpfen, wird sich schneller anpassen können.

Ein Veränderungsprozess durchläuft im Allgemeinen drei Phasen (Heller, 2013):

1. Vorbereitung
2. Übergang
3. Neuanfang

Die **Vorbereitungsphase** gibt einem die Gelegenheit, Altes hinter sich zu lassen und sich aktiv auf das Neue vorzubereiten. Die Vorfreude und Aussicht auf positive Veränderungen überwiegen, man ist sehr motiviert. In der **Übergangsphase** kommt es häufig zu Verunsicherung, da man noch nicht genau abschätzen kann, was die Veränderung mit sich bringt und wie sich diese auf einen selbst oder die eigene Position auswirkt. Furcht und Niedergeschlagenheit können sich breit machen oder auch Ernüchterung, ob getroffene Entscheidungen tatsächlich richtig waren. Im Falle einer fremdbestimmten Veränderung kann zusätzlich noch Ärger auf andere dazu kommen. Der **Neuanfang** ist geprägt von Akzeptanz gepaart mit Zufriedenheit, wenn man erste positive Fortschritte feststellt. Meist sind auch Geduld und ein gewisses Durchhaltevermögen nötig, da nicht immer alles von Anfang an rund läuft. In dieser Phase gilt es, aus Missverständnissen zu lernen, um so die zukünftige Zusammenarbeit zu verbessern. Läuft etwas schief, ist es wichtig, die Situation auf der Sachebene zu analysieren und Fehler nicht automatisch bei sich selbst zu suchen. Starke Emotionen und Schuldzuweisungen sind hier kontraproduktiv.

Wie bei den meisten Assistentinnen gab es auch in meiner beruflichen Laufbahn einige solcher Veränderungen, die ich nicht beeinflussen konnte. Von einem Beispiel möchte ich an dieser Stelle erzählen, da sich die drei genannten Phasen anschaulich darstellen lassen.

Als Assistentin des Bereichsleiters hatte ich bereits einige Jahre mit meinem Chef zusammengearbeitet. Die Arbeit hat Spaß gemacht und das Verhältnis sowohl zum Vorgesetzten als auch zum Team war sehr gut. Eines Tages überraschte der Bereichsleiter die Abteilung mit der Ankündigung, dass schon in wenigen Wochen ein neuer Bereichsleiter seinen Dienst antreten und er selbst neue Aufgaben übernehmen würde. Die Überraschung war groß, denn der Schritt kam für alle unerwartet. Entsprechend groß war auch meine Verunsicherung, wie es um meine Position gestellt sei. Würde der neue Chef eine eigene Assistentin mitbringen? Wie ist er menschlich und wie seine Arbeitsweise? Fragen, die gerade im engen Arbeitsverhältnis zwischen Chef und Assistentin existenziell sind. Nachdem klar war, dass ich meine Position als Assistentin des Bereichsleiters behalten würde, begann ich, mich ganz pragmatisch auf die neue Situation vorzubereiten.

Ich überlegte mir, welche Unterlagen der neue Chef benötigen würde, um sich im Unternehmen zurechtzufinden und stellte diese in einer Mappe zusammen. Ich kümmerte mich darum, dass sein Laptop und Firmenhandy zum Eintrittsdatum bereitstanden. Nicht zuletzt koordinierte ich die nach der Ankündigung flugs eintrudelnden Terminanfragen und sammelte die dazugehörigen Dokumente zur Vorbereitung. Die organisatorischen Dinge hatte ich somit im Griff, jedoch blieb die Verunsicherung, wie der neue Chef denn ticken würde. Würde er die Vorbereitungen, die ich so sorgfältig durchgeführt hatte, als genauso sinnvoll erachten wie ich oder hat er vielleicht ganz andere Vorstellungen und Bedürfnisse? Fragen über Fragen und die Anspannung stieg.

Zum Dienstantritt des neuen Chefs war die Neugier groß und ich konnte es kaum erwarten, ihn endlich persönlich kennenzulernen. Er wurde der Abteilung vorgestellt und führte direkt mehrere Kennenlerngespräche mit diversen Mitgliedern des Teams. Als ich an der Reihe war, begab ich mich mit zwei dicken Besprechungsmappen, die sich zwischenzeitlich angesammelt hatten, in sein Büro. Er war sichtlich überrascht über den Umfang der Unterlagen, aber auch erleichtert, dass ich ihm den Start in die neue Aufgabe durch diese Vorarbeit vereinfacht hatte. Bis wir uns wirklich aneinander gewöhnt hatten, verging eine gewisse Zeit, in der wir beide lernen mussten, wie der andere arbeitet. Natürlich kam es auch zu Missverständnissen, die aber zum Glück schnell aus der Welt geschafft werden konnten. So war für mich zum Beispiel zunächst nicht klar, weshalb er mich nur kurz nachdem wir unsere tägliche Postbesprechung beendet hatten, aus dem Auto anrief, um zu fragen, ob ich dies oder jenes schon erledigt hätte. In der Kürze der Zeit wäre es mir unmöglich gewesen, alles zu erledigen. Nichtsdestotrotz suchte ich zunächst nach Fehlern bei mir selbst und überlegte, ob ich nicht hätte schneller oder anders arbeiten müssen, um seinen Anforderungen gerecht zu werden. Nach sachlicher Prüfung der Situation wurde mir jedoch klar, dass ich gar nichts falsch gemacht hatte. Es stellte sich nämlich heraus, dass er nur deshalb nochmal telefonisch nachfasste, um an seine eigene To-do-Liste einen mentalen Haken zu setzen. Dadurch hatte er den Kopf frei und konnte sich mit anderen Aufgaben befassen. Mit der Zeit wuchs das gegenseitige Vertrauen und wir wurden zu einem echten Chef-Assistenz „Dream Team".

Dieses Beispiel zeigt deutlich, dass die Akzeptanz einer neuen Situation langfristig zu einem positiven Ergebnis führt. Meine offene und vorurteilsfreie Herangehensweise machte es meinem neuen Chef leicht, sich auch mir gegenüber zu öffnen und ebnete den Weg für eine langjährige erfolgreiche und vertrauensvolle Zusammenarbeit.

12.2.2 Optimismus

Ohne ein Grundvertrauen, dass sich die Situation mit dem neuen Chef zum Guten entwickelt, hätte meine Akzeptanz alleine vermutlich nicht ausgereicht, um ein erfolgreiches Arbeitsverhältnis zu schaffen. Optimisten versuchen generell, allen Lebenslagen etwas Positives abzugewinnen und gehen davon aus, dass auch aus Krisen etwas Gutes entstehen kann. Ein Optimist geht nicht stets mit rosaroter Brille durch die Welt, denn er schätzt Krisensituationen durchaus realistisch ein. Er vertraut jedoch auf seine eigenen Fähigkeiten, das Beste aus der jeweiligen Situation machen zu können und schreibt sich deshalb Erfolge auch selbst zu.

Pessimisten neigen eher dazu, die Augen vor Veränderungen oder Problemen zu verschließen und andere für ihr Unglück verantwortlich zu machen. Typische Sätze eines Pessimisten sind: „Wieso passiert das immer mir?" oder „Das kann nicht funktionieren." Pessimisten rechnen mit dem Schlimmsten, um sich selbst vor Enttäuschungen zu schützen, denn ein Scheitern ist auf diese Weise bereits eingeplant. Wer jedoch in negativen Gedanken verharrt, erstarrt regelrecht wie das sprichwörtliche Kaninchen vor der Schlange. Somit wirkt eine negative Einstellung geradezu wie eine „selbsterfüllende Prophezeiung", denn unsere Erwartungen beeinflussen unser Verhalten. Wer sich fest genug vorstellt, dass eine Aufgabe schiefgeht, dem gelingt sie am Ende tatsächlich nicht, weil man sich verzettelt, Dinge übersieht und Fehler macht. Das Gefährliche an einer solchen Denkweise ist die Abwärtsspirale, in die man sich dadurch begibt. Bei jeder neuen, ähnlich gelagerten Aufgabe denkt man sofort an die vorherigen Misserfolge und blockiert sich folglich selbst, was weitere Misserfolge nach sich zieht. Solche Denkmuster kann man jedoch durchbrechen, indem man sich auf seine Erfolge konzentriert. Wer sich auf seine Stärken besinnt und sich mit einem Glaubenssatz: „Ich habe schon so viel erreicht, das schaffe ich jetzt auch noch!" motiviert, wird bessere Ergebnisse im Job und im Leben erzielen. In schwierigen Situationen kann es hilfreich sein, sich vorzustellen, was schlimmstenfalls passieren könnte und wie hoch die Wahrscheinlichkeit ist, dass dieses Szenario eintritt.

Evolutionsbedingt werden negative Gefühle stärker wahrgenommen und bleiben länger haften als positive, obwohl wir im Laufe des Tages wesentlich mehr positive Sinneseindrücke und Gedanken haben. Negative Gefühle führen dazu, dass die Denkweise eingeengt wird, als würde man Scheuklappen tragen. Dies geschieht, um unser Bewusstsein zu schärfen und uns vor Gefahren zu schützen. Da wir heute jedoch weniger Gefahrenquellen ausgesetzt sind als unsere Vorfahren, ist diese Veranlagung für uns weniger notwendig geworden. Um dem entgegenzusteuern, ist es hilfreich, unsere Wahrnehmung für schöne Dinge zu trainieren. Eine einfache Übung hierzu ist, abends vor dem Schlafengehen zu reflektieren und drei positive Erlebnisse des Tages, egal wie groß oder klein, gedanklich festzuhalten. Anfangs wird Ihnen dies vermutlich nicht ganz leicht fallen, da die angenehmen Dinge noch häufig von schlechten Nachrichten usw. überlagert werden. Mit der Zeit wird es jedoch einfacher und es fallen Ihnen spontan mehrere schöne Gedanken ein. Halten Sie diese positiven Gedanken auch noch schriftlich in einem Journal oder Tagebuch fest, haben Sie an Tagen, die nicht so gut gelaufen sind, etwas in der Hand, um Sie wieder aufzubauen. Ihre Gedanken schriftlich zu artikulieren hat darüber hinaus den Vorteil, dass Sie sich bewusster mit Ihren Emotionen beschäftigen und sich auf diese Weise sensibilisieren, auf Ihre eigenen Wahrnehmungen und Bedürfnisse zu achten.

In stressigen oder belastenden Situationen am Arbeitsplatz ist es besonders wertvoll, gedanklich kleine Glücksmomente abrufen zu können, um sich kurzfristig positive Energie zu verschaffen. Das kann beispielsweise ein Bild vom letzten Urlaub oder eine Dankes-E-Mail von einem Kollegen oder Kunden sein. Ermöglicht wird dieser Abruf von Gefühlen durch sogenannte Spiegelneuronen, einem Netz von Nervenzellen, das durch bewusste oder unbewusste Reize aktiviert wird und sozusagen spiegelbildlich erlebte Gefühle in uns hervorruft. Konzentrieren Sie sich darauf, wie schön es im letzten Urlaub war, am Strand spazieren zu gehen, dann spüren Sie förmlich das angenehme Gefühl der Sonne auf Ihrer Haut und hören das Rauschen der Wellen. Wer regelmäßig solche positiven Emotionen erlebt, ist langfristig gesünder und verspürt mehr Energie, womit die Arbeit leichter von der Hand geht. Man wird insgesamt gelassener und geht besser mit Belastungen um. Die Spiegelneuronen bewirken auch, dass positive Energie und gute Laune ansteckend wirken. Erich Kästner sagte schon: „Jedes Lächeln, das du aussendest, kehrt doppelt zu dir zurück", also lächeln Sie häufiger!

Zugegebenermaßen können auch negative Gedanken hilfreich sein, nämlich dann, wenn man sich konstruktiv damit auseinandersetzt. Nur wer sich fragt, weshalb man vor einer Aufgabe zurückscheut, kann im Umkehrschluss Lösungsmöglichkeiten entwickeln, um sie zu bewältigen. Wer sogenannte „Worst-Case-Szenarien" in Gedanken durchgeht, ist auf unterschiedliche Situationen vorbereitet, die Angst vor dem Ungewissen schwindet und es wird einfacher, ans Ziel zu gelangen. Einen Plan B (oder C) parat zu haben, gibt Sicherheit und das gute Gefühl, einer Situation nicht hilflos ausgeliefert zu sein. Dies bestätigen auch Verhaltensstudien des amerikanischen Psychologen Martin Seligman zur sogenannten „Erlernten Hilflosigkeit" (vgl. Berndt, 2015 [49]). Wer die Erfahrung macht, Ereignisse nicht kontrollieren zu können, verhält sich zunehmend passiv, was langfristig zu Depressionen führen kann. Wer hingegen das Gefühl hat, etwas bewirken zu können, wird auch bei Fehlschlägen immer wieder versuchen, neue Wege einzuschlagen, um letztendlich erfolgreich zu sein.

12.2.3 Selbstwirksamkeit

Selbstwirksamkeit ist die Überzeugung, Aufgaben schaffen zu können und sich seiner eigenen Kompetenzen bewusst zu sein. Dieser Faktor ist verbunden mit hohem Selbstwertgefühl und Selbstvertrauen. Frauen neigen aufgrund tradierter Erziehungsmodelle häufig dazu, ihr Licht unter den Scheffel zu stellen, was im Berufsleben dazu führen kann,

bei Beförderungen oder Gehaltserhöhungen übergangen zu werden. Im Wiederholungs-
fall ist dies demotivierend und kann sich negativ auf das Selbstvertrauen auswirken. Wer
jedoch von seinen Fähigkeiten überzeugt ist, wird alles daran setzen, gesteckte Ziele, wie
beispielsweise eine Gehaltserhöhung, zu erreichen und erreicht somit einen hohen Grad
an Selbstmotivation.

Um unser Grundbedürfnis nach Selbstwirksamkeit zu befriedigen, entwickeln wir
unterschiedliche Strategien: Annäherungsstrategien, welche uns Erfolge und damit verbunden Glücksgefühle bescheren, und Vermeidungsstrategien, welche uns einerseits daran
hindern, Ziele zu erreichen, andererseits aber das Risiko vermeiden, verletzt oder enttäuscht zu werden. Diese beiden Strategien können dazu führen, dass wir uns selbst blockieren, denn wir können sie nicht gleichzeitig umsetzen. So drängt uns zum Beispiel
unser Pflichtbewusstsein dazu, Überstunden zu machen, um eine umfangreiche Aufgabe
fertigzustellen, während unser Bedürfnis nach Ruhe und Entspannung danach ruft, pünktlich Feierabend zu machen. Eine mögliche Lösung für diesen Konflikt könnte sein, etwas
früher als üblich den Schreibtisch zu verlassen, um das schöne Wetter noch ein wenig zu
genießen und stattdessen am nächsten Morgen etwas früher zu beginnen, um die Aufgabe
frisch und erholt fertigzustellen.

Speziell im Assistenzbereich trifft man häufig auf einen ausgeprägten Perfektionismus
gepaart mit einem starken Harmoniebedürfnis. Das Gefühl, immer alles richtig machen
zu müssen und niemals „Nein" sagen zu dürfen, setzt eine Assistentin häufig unter Druck
und erzeugt Stress. Allzu leicht wird die Assistentin damit von Everybody's Darling zu
Everybody's Depp. Erkennen Sie sich wieder? Um sich selbst zu schützen, ist es wichtig,
sich abzugrenzen. Weder im Beruf noch sonst im Leben können und müssen Sie es immer
allen recht machen. Dies zu verinnerlichen, ist ein erster Schritt zu mehr Gelassenheit.

Wer ständig unter Volllast fährt, wird zwangsläufig irgendwann zusammenbrechen.
Hören Sie auf Ihren Körper und lernen Sie, Ihre eigenen Bedürfnisse wahrzunehmen. Sorgen Sie für ausreichend Pausen und Erholungszeiten, denn nur dann können Sie die guten
Ergebnisse erzielen, die Ihren Ansprüchen gerecht werden. Dass Multitasking als Arbeitsweise nicht zielführend ist, sollte sich mittlerweile herumgesprochen haben. Finden Sie
heraus, was Sie gerne tun und versuchen Sie, Ihre Rolle entsprechend zu gestalten. Wer
sich in seiner Rolle wohlfühlt, ist motivierter und traut sich mehr zu. Ganz wesentlich ist
auch, dass Sie sich für erfolgreich erledigte Arbeiten kleine Belohnungen gönnen. Für die
einen ist das ein Stück Schokolade, für andere ein Spaziergang nach Feierabend oder ein
Einkaufsbummel. Je größer Ihr Wohlbefinden, desto stärker wird auch Ihre Selbstwirksamkeit sein. Und nur, wer sich selbst wertschätzt, kann Wertschätzung von anderen erwarten.

12.2.4 Selbstverantwortung

Die eigenen Bedürfnisse wahrzunehmen und zu beachten, bedeutet auch, **Verantwortung** für sich selbst zu übernehmen. Wenn etwas schief läuft, ist es einfacher, die Schuld
bei anderen zu suchen. Ist man mit seiner Situation unzufrieden, ist es zwar bequem,
sich dem Selbstmitleid hinzugeben, aber wer sich selbst ausliefert und in eine Opferrol-

le begibt, wird auf Dauer unzufrieden. Allgemeingebräuchlich heißt es „Jeder ist seines Glückes Schmied". Nur wer die Opferrolle verlässt, indem er die Dinge selbst in die Hand nimmt, kann etwas für sich bewegen. Wir allein sind für unsere Reaktionen, unser Tun und Nicht-Tun mit allen Konsequenzen verantwortlich. Wer laufend versucht, es allen recht zu machen, erzeugt bei seinen Mitmenschen eine Erwartungshaltung, die auf Dauer nicht erfüllt werden kann. Aus Furcht, sich unbeliebt zu machen oder andere zu enttäuschen, schweigt man häufig, obwohl einem die Arbeit über den Kopf wächst. Eigenverantwortung bedeutet in diesem Fall zu lernen, rechtzeitig „Nein" zu sagen, auch wenn es für andere unbequem ist.

Wenn der Kollege also das nächste Mal wieder fragt, ob Sie die Reisekostenabrechnung für ihn machen, „…weil Sie das immer so gut hinbekommen…", es für Sie aber gerade überhaupt nicht passt, sollten Sie das auch entsprechend kommunizieren. Wenn es Ihnen schwer fällt, können Sie ihm ja anbieten, die Abrechnung in ein paar Tagen, wenn Sie wieder mehr freie Kapazität haben, zu erledigen oder noch besser, ihm dann zu erklären, was zu berücksichtigen ist, damit er sie zukünftig selbst durchführen kann. Vermeiden Sie es, in einen Rechtfertigungsmodus zu verfallen und sich in langwierigen Erklärungen zu verzetteln. Fassen Sie sich kurz und bleiben Sie bestimmt.

Die Definition klarer Spielregeln trägt zur Verbesserung der Zusammenarbeit bei, denn sie machen Arbeitsabläufe transparenter. Wenn die Kollegen die Notwendigkeit solcher Regeln verstehen, sind sie normalerweise auch bereit, diese einzuhalten und dafür bestimmte Verhaltensweisen entsprechend anzupassen.

Ein Beispiel aus der Praxis: Als Assistentin war ich zum Beispiel für die Ausgabe des Büromaterials zuständig. Zu Beginn, als die Abteilung noch klein war, störte es kaum, wenn die Kollegen spontan vorbeikamen, um sich bei mir mit Stiften, Schreibblöcken usw. einzudecken. Mit der Anzahl der Mitarbeiter wuchs jedoch auch die Häufigkeit der Unterbrechungen. Ich ärgerte mich zunehmend darüber, dass die Kollegen mich wiederholt störten und damit jedes Mal aus meinen Gedankengängen rissen. Die Kollegen wunderten sich über meine schlechte Laune, denn sie taten dies ja nicht aus Gedankenlosigkeit oder gar, um mich zu ärgern. Sie waren es bisher einfach so gewohnt. Um die Situation für mich zu verbessern, musste ich also selbst aktiv werden und bestimmte feste Materialausgabezeiten. Die Kollegen waren zunächst nicht begeistert, da sie ihre Bequemlichkeit aufgeben mussten und gezwungen wurden, vorausschauend zu planen. Es hat zwar eine Weile gedauert, aber irgendwann haben sich alle daran gehalten, da sie letztlich den Grund für die Änderung eingesehen haben.

12.2.5 Netzwerkorientierung

In Stoßzeiten kann einem die Arbeit trotz Absprachen und klar definierter Verantwortlichkeiten über den Kopf wachsen. Dann wird es unumgänglich, Unterstützung einzufordern, denn schließlich ist ein Team immer nur so stark wie das schwächste Glied. Im Grunde ist ein Team von Kollegen nichts anderes als ein Netzwerk. Jeder hat seine Rolle und die entsprechenden Kompetenzen, die sich ergänzen, doch um gemeinsam erfolgreich zu sein, ist es notwendig, sich gegenseitig zu unterstützen. Das bereits erwähnte „Kümmer-Gen", mit dem Assistentinnen vielfach ausgestattet sind, verleitet sie leicht dazu, mehr Arbeit von den Kollegen anzunehmen, als sie wirklich bewältigen können und hält sie im Gegenzug davon ab, um Hilfe zu bitten, denn sie befürchten, dass dies als Schwäche ausgelegt werden könnte. Doch ein solides und verlässliches Netzwerk ist stets ein Geben und Nehmen. Die Balance muss ausgewogen sein, um ein Team stabil zu machen. Wird die Last ungleich verteilt, kommt es schneller zu Stresssituationen und Reibereien, die sich letztlich negativ auf das gesamte Team auswirken.

Gemeinsam ein Projekt erfolgreich zu beenden, schweißt das Team zusammen und motiviert für zukünftige Herausforderungen. In Teams, die schnell gewachsen sind oder die virtuell zusammenarbeiten, da sie auf mehrere Standorte verteilt sind, ist es nicht einfach, einen solchen Zusammenhalt zu erzeugen. Zum Wohle aller ist es in solchen Fällen sinnvoll, einen Mentor zu finden, der mit Rat und Tat zur Seite steht und bei Bedarf entsprechende Team-Building-Maßnahmen durchzuführen. Je nach Sachverhalt kann dies ein moderierter Workshop sein, um die Erwartungshaltung der einzelnen Teammitglieder zu eruieren und somit eine gemeinsame Basis zu schaffen oder zum Beispiel ein Sportevent, bei dem man gemeinsam gegen eine andere Mannschaft antritt. Entscheidend ist, dass man sich besser kennen- und vertrauen lernt und weiß, über welche Kompetenzen und Neigungen jeder einzelne verfügt. Kennen sich die Kollegen gut, verstärkt dies zusätzlich die Verbindlichkeit der gemachten Zusagen und trägt damit wieder zum gemeinsamen Erfolg bei.

12.2.6 Lösungsorientierung

Kreative Teams fokussieren sich darauf, mögliche Lösungen zu finden, anstatt das Problem in allen Details zu erörtern und zu diskutieren, was nicht funktioniert. Sie gehen die Situation aktiv an und fragen sich: „Was können wir tun, damit es funktioniert?" Ob etwas als Problem oder Chance wahrgenommen wird, hängt wieder von der persönlichen Einstellung und Denkweise ab. Wer sich im Problem verrennt, sieht irgendwann den sprichwörtlichen Wald vor lauter Bäumen nicht mehr. Vielfach hilft es, einen Schritt zurück zu treten und die Aufgabe nochmals aus anderen Perspektiven oder das gewünschte Ergebnis losgelöst vom Problem zu betrachten. Das ermöglicht kreatives Denken und die Offenheit für möglichst viele, auch unkonventionelle und innovative, Lösungen.

> *„Suche nie nach Fehlern, sondern suche nach Lösungen." (Henry Ford)*

Besonders in Stresssituationen neigen wir dazu, uns selbst zu blockieren, daher kann es bei hohem Arbeitsanfall erforderlich sein, die einzelnen (Teil-)Aufgaben neu zu bewerten und zu priorisieren, um Druck wegzunehmen und den Kopf wieder frei zu bekommen. Ein effektives Selbst- und Zeitmanagement entlastet und hilft, unnötige Stresssituationen zu vermeiden. Hierfür gibt es zahlreiche Methoden, zu den bekanntesten gehören die Eisenhower-Methode, die ABC-Analyse oder die ALPEN Methode (siehe auch Abschn. 7.1.3.2). Welches Tool man wählt, bleibt den persönlichen Präferenzen überlassen. Hauptsache ist, dass man sich damit wohlfühlt und das System folglich auch konsequent anwendet, um sich wirkungsvoll zu entlasten.

Lösungsorientierung ist auch ein zentraler Punkt in der Konfliktlösung. Wer schon einmal einen aufgebrachten Geschäftspartner am Telefon hatte, weiß, wovon ich spreche. Häufig kommen solche Anrufe bei der Assistentin an, entweder weil der Chef sein Telefon umgestellt hat oder weil er unterwegs ist. Auch wenn es nicht einfach ist, gilt es zunächst, Ruhe zu bewahren und das Gespräch auf eine sachliche Ebene zu holen. Wer sich bei einem solchen Anruf unmittelbar angegriffen fühlt, blockiert sich selbst bei der Lösungsfindung. Wer jedoch verinnerlicht, dass derjenige am Telefon nicht auf einen selbst, sondern wegen des Problems verärgert ist, ist eher in der Lage, sich abzugrenzen und tut sich leichter, nach einer für beide Seiten akzeptablen Lösung zu suchen.

Konfliktmanagement ist auch ein wichtiger Bestandteil der organisationalen Resilienz, also der Resilienz des Unternehmens. Konflikte sollten stets rechtzeitig, also vor einer massiven Eskalation bewältigt werden, um Ineffizienz und Instabilität vorzubeugen. In Konfliktsituationen sind Führungskräfte gefordert, Hilfestellung zu geben und dafür zu sorgen, dass nach Konfliktlösung der Zusammenhalt der Mitarbeiter wieder gefestigt wird. Je flexibler eine Organisation mit großen Veränderungen und Krisen umgehen kann, desto widerstandsfähiger ist sie gegenüber Gefahren.

12.2.7 Zukunftsorientierung

Wer positiv in die Zukunft schaut, kann auch bei unerwarteten Veränderungen gelassen bleiben. Mancher zunächst vermeintliche Umweg hat sich im Nachhinein als positive Wendung herausgestellt. Fehler aus der Vergangenheit werden genutzt, um daraus zu lernen. Voraussetzung ist auch hier wieder eine positive Grundeinstellung und die Erkenntnis, eine Wahlmöglichkeit zu haben. Erschaffen Sie Ihre eigenen Zukunftspläne und werden Sie nicht zum Spielball anderer. Finden Sie heraus, welche Aufgaben und Tätigkeiten Ihnen gefallen und welche Richtung Sie zukünftig einschlagen möchten. Als Schnittstelle zu den unterschiedlichen Unternehmensbereichen gibt es im Assistenzbereich zahlreiche Möglichkeiten, seinen beruflichen Horizont zu erweitern, beispielsweise in Richtung Personalwesen, Feel Good Management, Social Media oder Marketing. Um die gewünschten Ziele zu erreichen, sollten diese klar formuliert sein, zum Beispiel nach der SMART-Methode, welche im Projektmanagement häufig verwendet wird:

S = spezifisch
M = messbar
A = attraktiv, angemessen
R = realistisch
T = terminiert

Wenn Sie unzufrieden mit Ihrer gegenwärtigen Situation sind, sollten Sie nach einer sorgfältigen Analyse beginnen, aktiv Ihre Weiterentwicklung im Beruf oder im privaten

Bereich zu planen. Malen Sie sich ihre Zukunft so deutlich wie möglich aus, denn eine konkrete Visualisierung wird Sie motivieren, entsprechende Pläne in die Tat umzusetzen. Stellen Sie sich vor, wie zufrieden Sie sein werden, wenn Sie Aufgaben übernehmen können, die Ihnen Freude bereiten. Besonders bei langfristigen Zukunftszielen ist es wichtig, Prioritäten zu definieren und erreichbare Meilensteine zu setzen. Kleine Belohnungen bei Erreichen von Etappenzielen erhalten die Motivation, besonders wenn der innere Schweinehund sich meldet und man Gefahr läuft, aus Bequemlichkeit das Vorhaben zu vernachlässigen oder komplett fallen zu lassen. Vergessen Sie aber nicht, auch immer wieder zu prüfen, ob der eingeschlagene Weg nach wie vor Ihren Wünschen und Vorstellungen entspricht und nehmen Sie gegebenenfalls Korrekturen vor, damit Sie am Ende auch mit dem Erreichten zufrieden sein können.

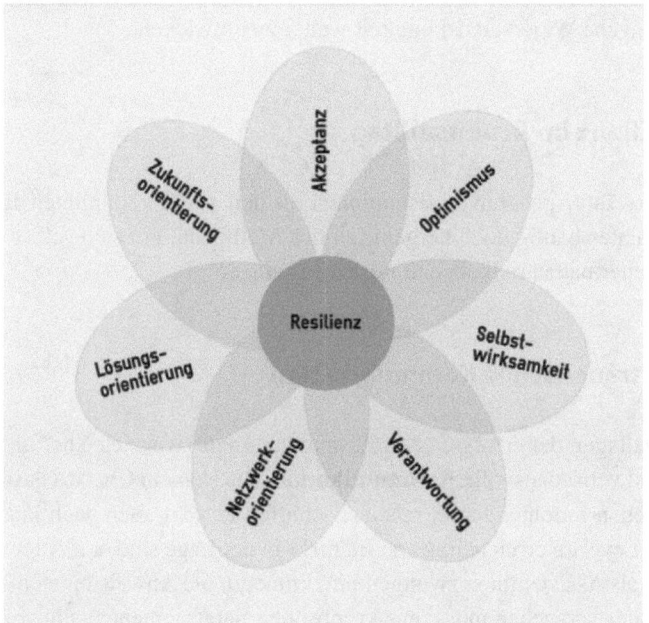

Abb. 12.1 Resilienzfaktoren

12.2.8 Alles, was Sie benötigen, liegt in Ihnen

Alle genannten Resilienzfaktoren sind gleichwertig zu betrachten (siehe Abb. 12.1) Sie ergänzen sich und bilden ein Gerüst, um uns widerstandsfähiger gegenüber psychischen Belastungen zu machen. Es hilft jedoch nicht, wenn wir stets versuchen, allen Herausforderungen aus dem Weg zu gehen. Wer seine Komfortzone nie verlässt, weil es schwierig oder unangenehm sein könnte, wird sich nicht weiterentwickeln können und sich damit auch um die Erfolgserlebnisse bringen, die zur Stärkung beitragen. Permanent unter Strom stehen zu wollen, weil man süchtig nach dem Adrenalinkick oder den Erfolgserlebnissen im Job ist, ist auf Dauer allerdings genauso wenig sinnvoll. Wer allzu sehr für seine Arbeit brennt und meint, unersetzlich zu sein, läuft Gefahr, seine Grenzen zu missachten und im Burn-out zu landen, also sprichwörtlich auszubrennen.

Der achtsame Umgang mit sich selbst und die bewusste Wahrnehmung der eigenen Bedürfnisse sind die Grundlage für die eigene Resilienz. Voraussetzung für den Erhalt und die Stärkung der Resilienz ist die Verinnerlichung entsprechender Verhaltens- und Sichtweisen, vergleichbar mit der Art und Weise, wie wir uns um unsere physische Gesundheit kümmern, indem wir uns gesund ernähren und bewegen. Ein gewisser Resilienzgrad ist angeboren, aber im Laufe der Zeit wird er sich verändern – sowohl zum positiven als auch zum negativen. Wer in bestimmten Situationen eine hohe Widerstandskraft zeigt, kann in anderen Situationen komplett aus der Bahn geworfen werden, weil zum Beispiel ein wunder Punkt berührt wird, der einen besonders empfindlich macht. Grundsätzlich gilt jedoch, wer Problemsituationen nicht ignoriert, sondern aktiv angeht und als Chance sieht, trägt dazu bei, die eigene Widerstandsfähigkeit weiter zu entwickeln.

12.3   Resilienz im Arbeitsallltag

Wie bereits erwähnt, gehören Assistentinnen zu den stress-gefährdeten Berufsgruppen, doch auch wenn es häufig hoch hergeht, gibt es Methoden, um sich selbst oder auch den Chef, der gleichermaßen risikobehaftet ist, zu schützen.

12.3.1   Vertrauensvolle Kommunikation

Eine der Grundlagen der erfolgreichen Zusammenarbeit zwischen Chef und Assistenz ist eine offene und vertrauensvolle **Kommunikation**. Bis sich ein Chef-/Assistenzteam blind versteht, vergehen mitunter Jahre, manche schaffen es aber auch nach langer Zeit nicht, einen solchen Level zu erreichen, wenn sie nicht in der Lage sind, auf Augenhöhe zu agieren. Wenn ich als Assistentin gezwungen bin, immerzu die Anweisungen meines Chefs zu hinterfragen oder versuchen muss, aus kryptischen Satzfragmenten sinnvolle Informationen herauszufiltern, um meine Arbeit zu erledigen, steigt der Stresspegel fortwährend aufs Neue. Die Angst, aufgrund falsch verstandener oder unvollständiger Informationen Fehler zu machen, ist eine ständige Belastung im Berufsalltag, die sich jedoch vermeiden lässt.

Nehmen Sie sich ausreichend Zeit, am besten gleich zu Beginn Ihrer Zusammenarbeit, um einen Kommunikationsmodus zu finden, der für beide passt und Missverständnissen möglichst wenig Raum lässt. Machen Sie Ihrem Chef klar, dass Sie weder hellseherische Fähigkeiten noch eine Kristallkugel besitzen, die Ihnen helfen, seine Wünsche und Anweisungen zu erahnen. Für den Vorgesetzten ist es offensichtlich, wie die nächsten Schritte auszusehen haben, denn er kennt das Gesamtbild mit allen Details. Bisweilen vergisst er jedoch, auch die Assistentin ausreichend einzuweihen und wundert sich dann, weshalb Dinge unerledigt bleiben oder Fehler passieren. Letztendlich können Sie Ihre Arbeit immer nur so gut machen, wie er es auch zulässt.

12.3.2 Wertschätzung

Machen Sie umgekehrt auch Ihren Chef mit Ihrer Arbeitsweise vertraut und führen Sie ihm vor Augen, was Sie tagtäglich für ihn tun. Immer wieder habe ich erlebt, dass weder Chef noch Personalabteilung überhaupt wissen, wie umfangreich die Stelle einer Assistentin in Wirklichkeit ist und welche Aufgaben regelmäßig anfallen. Ich kenne zahlreiche Assistentinnen, die nur rudimentäre Stellenbeschreibungen besitzen, weil die Position im Laufe der Zeit gewachsen ist und nach und nach immer mehr Aufgaben hinzukamen. Ich kann daher nur empfehlen, alle anfallenden Tätigkeiten über einen längeren Zeitraum aufzulisten und diese in eine fundierte Stellenbeschreibung einfließen zu lassen. Versteht Ihr Chef, was Sie für ihn leisten, wird er auch eher dazu bereit sein, Ihnen die entsprechende Wertschätzung für Ihre Leistungen zu erweisen. Darüber hinaus gibt Ihnen eine Stellenbeschreibung mehr Sicherheit für das eigene Handeln und hilft, sich mit Ihrer Position zu identifizieren. Sie stärkt Ihr Selbstbewusstsein, um **Wertschätzung** bei Bedarf auch einzufordern – nicht nur vom Chef, sondern auch von den Kollegen. Schließlich tragen Sie genauso wie die anderen Mitglieder zum Teamerfolg bei.

Die Anerkennung für das Geleistete ist ein wichtiger Punkt für die Entwicklung der Resilienz. Wer sich respektiert und als akzeptiertes Mitglied eines Teams sieht, geht wenn nötig auch die Extrameile, um ein gemeinsames Ziel zu erreichen. Loyalität ist eine der herausragenden Charaktereigenschaften erfolgreicher Assistentinnen. Ohne die entsprechende Wertschätzung geht diese jedoch verloren mit negativen Auswirkungen sowohl auf die Gesundheit der Assistentin als auch den Erfolg des Teams. Wem die Anerkennung der geleisteten Arbeit dauerhaft verwehrt bleibt, wird höchstwahrscheinlich irgendwann resignieren oder innerlich kündigen und bestenfalls noch Dienst nach Vorschrift leisten. Wertschätzung beschränkt sich auch nicht auf das jährliche Mitarbeitergespräch, sondern sollte ehrliche Anerkennung ausdrücken und zwar regelmäßig und ohne Aufforderung. Teams, die einen wertschätzenden Umgang pflegen, sind erfolgreicher, weniger häufig krank und weisen eine niedrigere Fluktuationsrate auf.

Denken Sie auch daran, Ihre eigene Arbeit zu wertschätzen. Schaffen Sie für sich selbst positives Feedback, indem Sie eigene Erwartungspunkte setzen, die Sie auch erfüllen können. Entwickeln Sie Ihr persönliches Service Level Agreement, in dem Sie definieren, in welcher Qualität Sie Ihre Dienstleistung für Ihren Chef und das Team erbringen möchten. Beachten Sie dabei jedoch, Ihre Ansprüche realistisch und erreichbar zu formulieren. Vermeiden Sie bei Ihrer Zielsetzung, in die Perfektionismus-Falle zu tappen und gönnen Sie sich bei erfolgreicher Bewältigung Ihrer Aufgaben kleine Belohnungen.

Der offene Umgang mit Problemen und eine konstruktive Fehlerkultur tragen wesentlich dazu bei, dass Arbeitnehmer sich am Arbeitsplatz wohlfühlen und entsprechend damit identifizieren. Eine Assistenz agiert häufig als Schnittstelle zwischen Chef und Team und kann bei Problemen helfen, zwischen beiden Seiten zu vermitteln. Ein hohes Maß an Empathie ermöglicht es ihr, negative Stimmung im Team aufzufangen und durch Gespräche mit den Kollegen die Ursachen dafür herauszufinden. In ihrer Funktion als Sprachrohr kann sie dem Chef die Situation anonymisiert darstellen, ohne das Vertrauen der Kollegen zu verletzen und somit zu einer Lösungsfindung beitragen, die beide Seiten zufrieden-

stellt. Je nach Kompetenz und Sachlage könnte sie sogar einen gemeinsamen Konflikt-
lösungsworkshop moderierend begleiten.

12.3.3 Kreativität

Um eine konstruktive Fehlerkultur umzusetzen, ist die Führungskompetenz des Vorgesetzten gefordert. Wir streben stets danach, möglichst fehlerfrei zu arbeiten. Trotzdem bleiben
Fehler nicht aus, denn es ist unmöglich immer alles zu 100 % korrekt zu erledigen. Wer
ständig mit der Angst vor Sanktionen arbeitet, wird vor lauter Anspannung erst recht Fehler machen. Ein Vorgesetzter, der im Falle eines Fehlers dabei unterstützt, die Situation zu
analysieren anstatt Schuldzuweisungen zu verteilen, baut Vertrauen auf und gibt den Mitarbeitern damit die Möglichkeit, zukünftige Fehler zu vermeiden. Ein Umfeld mit offener
Kommunikation und Vertrauen ermöglicht **Kreativität** am Arbeitsplatz. Wer in seinem
Job Erfüllung finden möchte, wird Wert darauf legen, sich mit eigenen Ideen einbringen zu
dürfen, denn Mitbestimmung ist ein Grundbedürfnis des Menschen. Kritik gehört durchaus dazu, denn nicht immer finden alle dasselbe gut. Solange sie in einer respektvollen
Weise geäußert wird, kann Kritik dazu beitragen, die Kreativität im Team zu fördern. Ich
denke dabei an Brainstorming Sessions, bei denen es teils hoch hergeht, aber am Ende
innovative Ideen zustande kommen.

12.3.4 Pausen

Kreativität kann jedoch nur entstehen, wenn das Gehirn frei ist, also ist es notwendig, ausreichend **Pausenzeiten** einzurichten und abzuschalten. Die heutige Arbeitswelt ist geprägt
von Schnelllebigkeit und gefühlt permanenter Erreichbarkeit. Viele digitale Tools möchten
wir nicht mehr missen, denn sie erleichtern letztendlich auch unseren Berufsalltag. Noch
in den 1980er-Jahren war es gang und gäbe, die Korrespondenz mit der Schreibmaschine
und einem oder mehreren Durchschlägen mit Kohlepapier anzufertigen, was recht zeit-
aufwändig war. Heutzutage erledigen wir dies auf Knopfdruck oder gar per Sprachsteue-
rung, wobei das entsprechende Textprogramm gleichzeitig noch die Rechtschreibprüfung
übernimmt. Die Kommunikationswege wurden schneller und einfacher, währenddessen
stieg jedoch der Druck, auf E-Mails kurzfristig zu antworten. Eine große Herausforderung, wenn man bedenkt, dass die Anzahl der E-Mails im Vergleich zur früheren Brief-
korrespondenz überproportional gestiegen ist. Auch Reisebuchungen, ein zentraler Teil
der Aufgaben einer Assistenz, sind wesentlich einfacher geworden. Heutzutage kann man
in wenigen Minuten einen Flug und das passende Hotel per App buchen.

Die Digitalisierung ermöglicht es also, mehr Arbeit in kürzerer Zeit zu erledigen, doch
zugleich läuft man Gefahr, sich zu überlasten. Irgendwann gelangt man an einen Punkt, an
dem man sich und seine Arbeitsabläufe mit Hilfe diverser Selbstmanagement Tools maximal optimiert hat. Wenn sich aber trotzdem am Ende des Tages noch zahlreiche unerledigte Dinge auf dem Tisch stapeln, wird es unumgänglich, die Notbremse zu ziehen und Hilfe

einzufordern oder deutlich „Nein" zu sagen, bevor man ernsthaft erkrankt. Jeder Mensch hat eine biologische Uhr, die die individuelle Leistungskurve beeinflusst. Wer diese missachtet, gerät in eine Abwärtsspirale mit Unkonzentriertheit, daraus resultierenden Fehlern und Stress inklusive der damit verbundenen negativen Folgen für Psyche und Körper.

Eine erste Maßnahme, um diese Spirale zu durchbrechen, ist die Einhaltung regelmäßiger Pausen. Wer sich alle zwei bis drei Stunden eine kurze Unterbrechung gönnt, wird anschließend konzentrierter an die Arbeit gehen können. Entsprechende Kalendereinträge oder Apps mit Erinnerungsfunktion unterstützen bei der praktischen Umsetzung. Für die Gestaltung dieser Pausen gibt es unterschiedlichste Methoden, die mühelos im Büro umgesetzt werden können:

- Eine Atemübung aus dem Bereich des Achtsamkeitstrainings, bei der Sie für einige Minuten die Augen schließen und sich ausschließlich auf Ihre Atmung konzentrieren, hilft Ihnen, abzuschalten. Achten Sie darauf, dass Ein- und Ausatmung gleichmäßig lang sind. Zur Unterstützung können Sie dabei in Gedanken jeweils bis 4 zählen. Verdrängen Sie alle anderen Gedanken und verweilen Sie ausschließlich bei sich selbst. Regelmäßige Übung wird Ihnen helfen, auf diese Weise auch in stressigen Situationen zur Ruhe zu kommen.
- Als Schreibtischarbeiter ist man häufig im Schulter-Nacken-Bereich verspannt. Setzen Sie sich aufrecht auf Ihren Stuhl und achten Sie dabei auf die Haltung Ihrer Schultern. Im Laufe des Tages neigt man dazu, die Schultern hochzuziehen, also nehmen Sie sie bewusst nach unten. Lassen Sie Ihren Kopf langsam kreisen und „malen" Sie mit Ihrer Nase eine liegende 8 in die Luft. Bleiben Sie weiterhin aufrecht auf Ihrem Stuhl sitzen, legen Sie die Hände locker auf die Knie und schauen Sie abwechselnd langsam zur Decke und zum Boden. Strecken Sie beide Arme in die Luft und versuchen Sie, sich abwechselnd langsam in Richtung Decke zu strecken. Anleitungen zu diesen und ähnlichen Schreibtisch-Yoga-Übungen finden Sie zum Beispiel auf YouTube.
- Nutzen Sie auch die Gelegenheit, für ein paar Minuten Ihren Schreibtisch zu verlassen, um mit Kollegen einen Kaffee zu trinken. Ganz nebenbei erfahren Sie aktuelle Informationen aus anderen Firmenbereichen, die für Ihre Arbeit hilfreich sein können und festigen Ihr Netzwerk innerhalb des Unternehmens. Wenn Sie die Möglichkeit haben, eine längere Pause einzulegen, wie zum Beispiel in der Mittagspause, bietet sich ein Spaziergang an der frischen Luft an. Das macht nicht nur den Kopf frei, gleichzeitig tun Sie auch noch etwas für Ihre körperliche Gesundheit.

Ohne die Möglichkeiten der Digitalisierung war es früher selbstverständlich, nach Feierabend abzuschalten, denn nur in den wenigsten Fällen konnte man Arbeit mit nach Hause nehmen. Heutzutage sind wir mobil mit Laptop und Smartphone, was häufig dazu führt, dass wir auch abends noch E-Mails beantworten oder Telefonkonferenzen mit anderen Zeitzonen durchführen. Solange dies Ausnahmen bleiben, ist dagegen nichts einzuwenden. Aber wird dies zur Routine, nimmt man Geist und Körper die Möglichkeit, zur Ruhe zu kommen und abzuschalten. Mitarbeiter, die sich abends gedanklich vom Tagesgeschäft lösen können, sind ausgeruhter und beginnen folglich den nächsten Tag mit mehr Energie. Sie sind motivierter und bringen sich häufiger auf kreative und innovative Weise ein. Dies umzusetzen, liegt in der Eigenverantwortung eines jeden Einzelnen, doch weil zu viele Mitarbeiter im vermeintlichen Glauben, unabkömmlich zu sein, darauf verzichten, sind einige namhafte Unternehmen wie VW bereits dazu übergegangen, die E-Mail-Server nach Feierabend stillzulegen. Ende 2017 forderte der Porsche Betriebsratsvorsitzende gar, E-Mails außerhalb der Arbeitszeit komplett zu löschen (vgl. Spiegel Online 2017 [55]). Dieser auferlegte Schutz wäre nicht nötig, wenn mehr Mitarbeiter verinnerlichen würden, dass eine ausgewogene Balance zwischen Arbeit und Pause bzw. Belastung und Erholung eine Grundvoraussetzung für ihr Wohlbefinden ist. Also schalten Sie außerhalb der Arbeitszeit bewusst ab. Vielleicht gönnen Sie sich sogar ein medien-freies Wochenende oder einen Urlaub ohne Internet, Handy und Nachrichten.

Chefs sind in Sachen Kalender häufig durch die Assistentin fremdgesteuert. Wenn das auf Sie und Ihren Chef zutrifft, sorgen Sie dafür, ihm ausreichend Puffer- und Pausenzeiten im Kalender zu blocken und zum Beispiel feste Zeiten zur E-Mail-Bearbeitung einzutragen. Auf diese Weise kann er konzentriert seinen strategischen Aufgaben nachkommen, ohne von dem Versuch, zu viele Dinge zeitgleich erledigen zu wollen, in eine Stressfalle zu geraten. Dasselbe gilt natürlich für Sie selbst, denn auch wer vermeintlich multitasking-fähig ist, wird durch Unterbrechungen wie E-Mails oder Telefonate aus dem Konzentrationsfluss gerissen und benötigt einige Minuten, um wieder zur ursprünglichen Konzentration zurückzufinden. Ständige Ablenkung wirkt sich negativ auf unsere Aufmerksamkeit und Produktivität aus, denn die benötigte Zeit für eine Arbeit wird unnötig in die Länge gezogen.

12.3.5 Erfolgreiches Delegieren

Ein effizientes Kalendermanagement verhilft uns auch, einen umfassenden Überblick über den tatsächlichen Zeitaufwand unserer Aufgaben zu erhalten. Wird die Arbeitslast zu viel, besitzt man mit einer solchen Übersicht eine fundierte Grundlage, um die anfallenden Aufgaben anderweitig zu verteilen. Für eine wirkungsvolle Entlastung muss man jedoch auch bereit sein, delegierte Aufgaben innerlich loszulassen, ansonsten belastet einen der Kontrollverlust zusätzlich. Erfolgreiches **Delegieren** will gelernt sein. Eine erste Voraussetzung dafür ist, vorhandenen Perfektionismus abzulegen. Zahlreiche Assistentinnen haben mir bestätigt, dass sie den Anspruch haben, Dinge perfekt erledigen zu wollen, schließlich würde ihr Chef sich auf sie verlassen. Tatsache ist jedoch, dass die meisten Chefs auch mit weniger Perfektionismus zufrieden sind, insbesondere, wenn der Aufwand, die vermeintliche Perfektion zu erreichen, unverhältnismäßig hoch ist.

Stellen Sie sich vor, Sie sollen eine Präsentation für Ihren Chef vorbereiten. Sie arbeiten wie gewohnt sorgfältig und sind früher als erwartet fertig mit den Folien. Jemand, der zu Perfektionismus neigt, wird die übrige Zeit verwenden, um weiter an kleinsten Details der Präsentation zu feilen, obwohl das Ergebnis am Ende kaum wahrgenommen wird. Während des Vortrags sind die Teilnehmer schließlich auf die Inhalte fixiert und nicht darauf, ob Sie noch eine zusätzliche Animation oder eine andere Schriftart eingebaut haben.

Gemäß dem Pareto-Prinzip werden 80 % der Ergebnisse mit 20 % des Aufwands erreicht. Um die verbleibenden 20 % der Ergebnisse zu erreichen, benötigen Sie demnach 80 % Ihrer Arbeitszeit. Überdenken Sie also, welche Dinge für Ihre Arbeit wirklich wichtig sind und fokussieren Sie sich darauf. Auf diese Weise nehmen Sie den selbstauferlegten Druck weg und gewinnen Zeit für andere Dinge.

Um Aufgaben erfolgreich zu delegieren, ist es auch notwendig, demjenigen, der die Aufgabe durchführen soll, Ihre Erwartungshaltung bezüglich Umfang und zeitlichem Rahmen klar zu übermitteln. Eine klare Anweisung ist die Voraussetzung für den Ausführenden, die Arbeiten korrekt und vollumfänglich zu erledigen. Nur dann können auch Sie den Vorgang innerlich abhaken und sich anderen Aufgaben widmen. Wer die Verantwortung für bestimmte Aufgaben abgibt, muss sich natürlich auf den Kollegen oder Geschäftspartner verlassen können. Dazu gehört es, zuverlässige Dienstleister an der Hand zu haben. Ein klassisches Beispiel hierfür ist die Reiseplanung. Sie können sich die Mühe machen, Flüge, Hotels, Transfers usw. selbst herauszusuchen oder Sie überlassen diese Aufgabe einem Reisebüro, das Sie entsprechend beauftragen. Anhand der von Ihnen übermittelten Präferenzen bekommen Sie ein komplettes Paket, am besten mit entsprechenden Termindateien, die Sie nur noch in den Kalender Ihres Chefs eintragen müssen. Sie wissen, dass Sie sich auf Ihren Dienstleister verlassen können und kommen nicht auf die Idee, laufend nach dem Stand der Dinge nachzufragen. Genauso sollten Sie sich auch verhalten, wenn Sie Aufgaben an Kollegen delegieren. Lassen Sie den Vorgang gedanklich los und befassen Sie sich erst dann wieder damit, wenn die Abgabefrist als Erinnerung bei Ihnen erscheint. Nur dann erreichen Sie eine wirkungsvolle Entlastung.

Kommen wir nochmals zum Beispiel der Reiseplanung, diesmal aus Sicht Ihres Chefs. Dienstreisen sind kräftezehrend, das kann jeder, der regelmäßig unterwegs ist, bestätigen. Im günstigsten Fall reist Ihr Chef häufig in dieselben Städte, d.h. er kennt sich mit den örtlichen Gegebenheiten ganz gut aus, so dass sein Stresslevel recht niedrig gehalten werden kann. Muss er jedoch in eine fremde Stadt reisen, gibt es zahlreiche Faktoren und Unwägbarkeiten, die ihn zusätzlich belasten könnten, beispielsweise eine fremde Sprache, unbekannte Umgebung oder noch neue Kunden, auf die er sich einstellen muss. Er verlässt sich deshalb auf Sie, dass Sie alles entsprechend geplant und für ihn vorbereitet haben. Eine gute Vorbereitung in Form einer effizienten Reiseplanung bedeutet für ihn also konkret eine Reduzierung seiner Stressoren.

Geht bei einer Dienstreise doch einmal etwas schief, zum Beispiel ein Flug wird gestrichen oder hat Verspätung, ist ein kühler Kopf gefordert. Dazu gehört es, sich solche Widrigkeiten nicht zu eigen zu machen, denn Sie als Assistentin hatten keinen Einfluss auf die Änderung. Auch wenn die Situation zunächst unangenehm ist, ist sie nicht automatisch eine Katastrophe. Halten Sie sich vor Augen, dass es für alles, was im Geschäftsalltag vorkommt, auch eine Lösung gibt. Wer sich in solchen Situationen auf seine Erfahrung verlassen kann, hat natürlich einen gewissen Vorteil. Idealerweise hat man einen Notfallplan parat, auf den man im Bedarfsfall zurückgreifen kann. Das könnte im genannten Fall zum Beispiel die Telefonnummer der 24-Stunden-Hotline des Reisebüros oder der Airline auf einer Schnellwahltaste sein und zwar nicht nur bei Ihnen, sondern auch auf dem Handy des Chefs, falls Sie gerade nicht erreichbar sind.

12.3.6 Planbarkeit

Versuchen Sie stets, sich mental auf Situationen vorzubereiten, die möglicherweise eintreffen können. Wenn Sie eine gewisse **Planbarkeit** schaffen, kommen Sie leichter mit kurzfristigen Änderungen zurecht und geraten folglich nicht ad hoc in eine Stresssituation. Sicherlich kann man nicht immer für alle Eventualitäten gerüstet sein, aber zumindest einigermaßen wahrscheinliche Aspekte können Sie in Betracht ziehen, um einen Plan B oder C zu entwickeln. Ihr Wissen darum, dass Sie bestimmte Situationen schon einmal oder mehrfach bewältigt haben und Sie auf Ihren Erfahrungsschatz zurückgreifen können, stärkt Sie somit.

12.3.7 Selbstbewusstsein

Es ist relativ einfach, externe Widrigkeiten, wie die im Beispiel genannte Flugverspätung, nicht an sich heranzulassen. Schwieriger wird es jedoch, gelassen zu reagieren, wenn wir uns durch Kommentare oder Handlungsweisen anderer angegriffen fühlen. Besonders in Stresssituationen neigen wir dazu, dünnhäutiger zu reagieren. So fasst man die eigentlich harmlose Frage des Chefs „Bis wann ist die Präsentation fertig?" vermeintlich als persönlichen Angriff auf. Noch schwieriger wird es, wenn man verbal angegriffen wird, weil man von Chef oder Kollegen als Blitzableiter benutzt wird. Das **Selbstbewusstsein** zu trainieren, hilft uns, resistent zu sein und eben nicht mehr alles persönlich zu nehmen.

Die Ursache für unsere Reaktionen ist stets in uns selbst zu suchen, abhängig davon, welche Erfahrungen wir im Leben gemacht haben. Wir lernen früh, unsere Erlebnisse als gut oder schlecht zu kategorisieren. Im Schulalter haben wir in der Regel erfahren, dass man für gute Leistungen gelobt wird und für schlechte getadelt. Natürlich ist es angenehmer, gelobt zu werden, weshalb wir danach streben, möglichst oft ein Lob zu erhalten. Während Kinder noch häufig für ihre Leistungen gelobt werden, merkt man mit zunehmendem Alter, dass Lob nur noch sparsam verteilt wird. Wer jedoch weiterhin erwartet, regelmäßig gelobt zu werden, wird enttäuscht sein und entsprechend empfindlich reagieren, wenn stattdessen vielleicht sogar eine kritische Anmerkung fällt. Man fühlt sich angegriffen oder minderwertig, weil jemand bewusst oder unbewusst einen unserer inneren Knöpfe gedrückt hat.

Wer lernt, Dinge wertfrei anzunehmen, übernimmt die Kontrolle über die eigenen Reaktionen und fühlt sich nicht hilflos anderen ausgeliefert. Das klingt zunächst einfacher, als es in Wirklichkeit ist, denn jedes Umdenken, jede Verhaltensänderung braucht Zeit, um sich zu manifestieren. Es gibt jedoch ein paar Tipps, die einem dabei helfen können:

– Lernen Sie Ihre Auslöser kennen. Wer sich seiner verborgenen Knöpfe bewusst ist, kann sich in entsprechenden Situationen zurückhalten und tappt nicht blindlings in Manipulationsfallen anderer. Atmen Sie tief durch und konzentrieren Sie sich auf die aktuelle Situation, anstatt in eine Verteidigungshaltung zu verfallen. Lassen Sie sich nicht von Ihren Gefühlen steuern, sondern agieren sie bewusst und reflektiert.

- Schätzen Sie eine Situation bewusst und realistisch ein, bevor Sie reagieren. Jeder Mensch hat gelegentlich schlechte Tage, das kann auch bei Ihrem Gegenüber der Fall sein. Dann bezieht sich dessen Feindseligkeit auf alles in seiner Umgebung und nicht auf Sie persönlich. Ziehen Sie mögliche Beweggründe in Betracht anstatt sich selbst in den Mittelpunkt zu stellen. Fühlen Sie sich stark verletzt oder angegriffen, sollten Sie diese Emotionen mit Ihrem Gesprächspartner teilen, denn unter Umständen ist es demjenigen nicht bewusst, wie dessen Worte oder Taten ankommen. Jeder Mensch sieht die Dinge zunächst aus der eigenen Perspektive und nicht alle besitzen gleichermaßen die Fähigkeit, sich in andere hineinversetzen. Wichtig dabei ist, dass Sie Ihre Wahrnehmung aus Ihrer Sicht schildern, wie es zum Beispiel in der gewaltfreien Kommunikation nach Marshall B. Rosenberg geschildert wird (vgl. Rosenberg, 2016 [54]). Es kann auch hilfreich sein, die Situation abends mit etwas Abstand nochmals zu reflektieren und dabei explizit auf die eigenen Gefühle zu konzentrieren. Diese Übung kann helfen, in zukünftigen Situationen gelassener zu bleiben.
- Machen Sie sich unabhängig von der Anerkennung anderer, denn damit geben Sie ihnen die Macht über Ihre Gefühle. Alle Ereignisse sind zunächst neutral, eine Bewertung erfolgt ausschließlich durch Sie selbst. Akzeptieren Sie, dass nicht jeder Sie mag, genauso wenig, wie auch Sie nicht jeden mögen. Gerade im beruflichen Umfeld können wir uns nicht immer aussuchen, mit wem wir zu tun haben möchten. Zeigen Sie Professionalität und verhalten Sie sich so höflich, wie Sie auch behandelt werden möchten.
- Akzeptieren Sie sich selbst, so wie Sie sind. Ihren Selbstwert bestimmen nur Sie, denn Sie wissen am besten, welche Talente und Eigenschaften Sie besitzen. Wer sein Handeln stets danach ausrichtet, wie es vermeintlich von anderen erwartet wird, schränkt sich immer wieder ein. Nur wer darauf vertraut, dass er das richtige tut, kann sein volles Potenzial entwickeln und dabei Freude empfinden.
- Zur Selbstakzeptanz gehört es auch, Grenzen zu setzen und ein Schutzschild aufzubauen. Fühlen Sie in sich hinein und definieren Sie Ihre physischen und physikalischen, Ihre emotionalen und materiellen Grenzen und lassen Sie nicht zu, dass andere diese Grenzen überschreiten. Was können Sie akzeptieren und wann sagen Sie „Stopp"? Lassen Sie sich nicht aus Pflichtbewusstsein in Rollen drängen, die nicht zu Ihnen passen oder Aufgaben aufschwatzen, die Sie nicht bewältigen können. Kommunizieren Sie deutlich, wie weit Sie zu gehen bereit sind, denn Sie können nicht erwarten, dass andere Menschen Ihre Grenzen stillschweigend erahnen.
- Verschwenden Sie Ihre Energie nicht unnötig, indem Sie die Negativität anderer aufnehmen. Negative Gefühle werden vom Körper als Stresssignal aufgenommen, was zur Ausschüttung des Stresshormons Cortisol führt. Langfristig steigt dadurch das Risiko für stressbedingte Krankheiten wie Herzerkrankungen, Depressionen oder Burn-out, nur um einige zu nennen. Wenn Sie Ihre Gedanken konsequent auf positive Dinge richten, perlen negative Äußerungen wie Wassertropfen an Ihnen ab. Eine optimistische Grundhaltung fördert positive Emotionen und trägt zur mentalen und physischen Gesundheit bei. Nicht nur für Sie, sondern auch für Ihr Umfeld, denn gute Laune ist ansteckend.

– Nutzen Sie konstruktive Kritik, um zu überlegen, was Sie daraus lernen können. Konstruktive Kritik zielt nicht darauf ab, Sie zu verärgern oder gar zu verletzen, sondern
gibt Ihnen die Chance, sich zu verbessern. Sie sollte stets sachlich sein und konkrete
Hinweise geben, was verbessert werden könnte. Nicht konstruktive Kritik, die häufig in
Form verallgemeinernder Phrasen geäußert wird, können Sie je nach Situation hinterfragen oder getrost ignorieren, denn sie hilft Ihnen in dieser Form nicht weiter.

Die vorgenannten Punkte sind lediglich als Anregung gedacht und erheben nicht den
Anspruch der Vollständigkeit. Wer sich näher mit dem Thema beschäftigen möchte, findet
zahlreiche Ratgeber zum Thema. Bei schwerwiegenden Selbstbewusstseinsstörungen ist
unbedingt therapeutische Hilfe einzuholen.

Gemäß dem Motto „Geteiltes Leid ist halbes Leid", ist es manchmal regelrecht befrei-
end, sich mit Gleichgesinnten auszutauschen. Als Moderatorin des „Assistenz-Netzwerks
in Deutschland", einer Gruppe innerhalb des Berufsnetzwerks XING, erlebe ich regelmäßig, wie wichtig ein solcher Peer-to-Peer-Austausch ist, unabhängig davon, ob er virtuell
oder persönlich ist. Die Möglichkeit, sich mit anderen Assistentinnen außerhalb des Unternehmens, also ohne Konkurrenzgedanken auszutauschen, relativiert häufig die Sichtweise
auf die eigene Situation und der Austausch von Best Practices kann Lösungsvorschläge
hervorbringen, auf die man selbst nicht gekommen wäre. Wer über ein starkes soziales
Netzwerk verfügt, in dem er sich angenommen fühlt, ist in schwierigen Situationen in der
Lage, darauf zurückzugreifen, um Unterstützung und Rat zu finden. Die eingangs erwähnte Langzeitstudie von Emmy Werner förderte zutage, dass einer der wichtigsten äußeren Schutzfaktoren im Umfeld der beobachteten Kinder eine verlässliche und vertraute
Bezugsperson außerhalb des eigenen Umfelds war, die ihnen Stabilität und Orientierung
gab. Weitere Studien in den vergangenen Jahren ergaben, dass Betroffene mit einem stabilen Umfeld sogar bei Krankheiten oder Traumata besser mit der Situation fertig wurden
oder schneller wieder gesund wurden. Umgekehrt kann man selbst ebenfalls Kraft daraus
ziehen, indem man anderen zur Seite steht oder sich gemeinsam für etwas engagiert.

Machen Sie sich bewusst, wie Ihr eigenes Netzwerk aussieht, zum Beispiel indem Sie
eine Liste der Personen erstellen, die Ihnen im Bedarfsfall zu Hilfe kommen würden.
Notieren Sie, zu welchen Personen Sie bereits eine große Nähe empfinden und welchen
Personen Sie näher kommen möchten und überlegen Sie, wie Sie dies konkret umsetzen können. In vielen Unternehmen gibt es interne Assistenznetzwerke, vielleicht auch
bei Ihnen? Solche Netzwerke erleichtern die Einführung bereichsübergreifender Prozesse, was Transparenz schafft und bei urlaubs- oder krankheitsbedingten Vertretungen die
Übergabe vereinfacht. Suchen Sie in beruflichen Netzwerken gezielt nach Kontakten, die
auf ein bestimmtes Fachgebiet spezialisiert sind, wenn Sie sich in einem Thema weiterentwickeln möchten. Achten Sie jedoch darauf, dass für ein erfolgreiches Netzwerk eine
ausgewogene Balance zwischen Geben und Nehmen herrscht, denn niemand lässt sich
gerne ausnutzen.

12.3.8 Perspektivwechsel

Wer in einer schwierigen Situation steckt oder mit seiner derzeitigen Lage unzufrieden ist, sollte versuchen, einen **Perspektivwechsel** vorzunehmen. Auch hierbei kann das eigene soziale Netzwerk helfen, denn Außenstehende haben eher eine neutrale Sichtweise auf die Dinge. Die Betrachtung aus anderen Blickwinkeln hilft, subjektive Empfindungen wie Ärger und Frust zur Seite zu schieben, um die Situation zu reflektieren. Häufig reicht es schon, sich vorzustellen, wie Freunde oder andere Vertrauenspersonen reagieren würden oder wie man eine Situation mit etwas zeitlicher Distanz selbst einschätzen würde. Nach dem Motto „Love it, change it or leave it" sollte man die Situation dann entweder akzeptieren und abhaken oder nach Möglichkeiten suchen, eine Verbesserung herbeizuführen. Für den Fall, dass weder Akzeptanz noch Veränderung denkbare Maßnahmen sind, bleibt einem nichts anderes übrig, als die Situation hinter sich zu lassen und neue Wege zu beschreiten.

Eine resiliente innere Haltung, die von Achtsamkeit geprägt ist, ist ein Verhaltensmuster, das wir selbst aktiv beeinflussen und in allen Lebenslagen umsetzen können. Wir können Dankbarkeit und Zuversicht trainieren, indem wir die kleinen Dinge im Alltag bewusst wahrnehmen und unseren Geist mit positiven Eindrücken füttern. Genauso wichtig für die Resilienz sind die äußeren Umstände, die uns täglich begleiten, insbesondere im Arbeitsumfeld, wo wir einen Großteil unseres Tages verbringen. Verantwortungsvolle Führungskräfte haben die Resilienzfaktoren verinnerlicht und leben sie ihren Mitarbeitern vor. Sie geben den Mitarbeitern Raum für eigene Ideen und Kreativität und fördern nachhaltige Weiterbildungsmaßnahmen. Idealerweise findet Resilienz Ausdruck in den Werten und Leitbildern des Unternehmens.

Die Einführung eines effektiven Betrieblichen Gesundheitsmanagements (BGM) ist ein wichtiger Bestandteil der Fürsorge um die Mitarbeiter im Unternehmen. Es dient unter anderem der Umsetzung von gesundheitsfördernden Maßnahmen, die sich aus der im Arbeitsschutzgesetz definierten Gefährdungsbeurteilung herleiten (ArbSchG §5 ff.). Ein willkommener Nebeneffekt ist die Erhöhung der Attraktivität als Arbeitgeber. In großen Unternehmen hat sich BGM längst schon als eigenständiger Bereich durchgesetzt, in mittleren Unternehmen fällt dies häufig in den Bereich des Personalmanagements. Speziell in kleinen Betrieben mit weniger Ressourcen kann diese Aufgabe teilweise auch in den Bereich der Assistentin fallen, daher an dieser Stelle ein paar Tipps zur praktischen Umsetzung.

- Gesunde Ernährung: Besonders in Stresssituationen neigen zahlreiche Menschen dazu, zuckerhaltige Getränke, Süßigkeiten oder stark fetthaltige Snacks zu sich zu nehmen. Dass eine solche Ernährungsweise diverse nachteilige Folgen für die Gesundheit hat, ist heutzutage hinlänglich bekannt, wird jedoch häufig aus Bequemlichkeit verdrängt. Als Arbeitgeber kann man seinen Mitarbeitern natürlich nicht vorschreiben, wie sie sich zu ernähren haben, aber man kann gesunde Alternativen anbieten. Anstatt zuckerhaltiger Soft Drinks wäre es möglich, Mineralwasser zur Verfügung zu stellen. Anstelle von Süßigkeiten könnten die Mitarbeiter regelmäßig mit frischem Obst versorgt werden. In Kantinen sind die beliebtesten Gerichte nach wie vor Currywurst oder Schnitzel mit Pommes, doch in den vergangenen Jahren hat sich langsam eine gesündere Gegenkultur mit frischen Salaten und leichten Gerichten entwickelt. Auf alle Fälle lohnt es sich, mit dem Küchenchef zu besprechen, welche gesunden Alternativen mittags angeboten werden können.

– Betriebssport: Gemeinsam Sport zu treiben, macht den meisten Menschen mehr Spaß und in der Gruppe ist die Motivation dabei zu bleiben, größer. Sehr beliebt sind Walking- und Laufgruppen oder auch Radsportgruppen. Eine zusätzliche Motivation ist die gemeinsame Teilnahme an einem Wettbewerb, wie zum Beispiel einem Firmenlauf. Manche Firmen gehen eine Kooperation mit einem örtlichen Fitness-Studio ein, wodurch die Mitarbeiter günstigere Konditionen bei den Verträgen oder spezielle Kursangebote erhalten.

– Präventionsprogramme: Es gibt mittlerweile zahlreiche Kurse zu den unterschiedlichsten Gesundheitsthemen, die für Mitarbeiter attraktiv sind und häufig von den gesetzlichen Krankenkassen gefördert werden. Dazu zählen zum Beispiel Kurse für Rückengesundheit, Yoga, Raucherentwöhnung und gesunde Ernährung. Für die Förderung der psychischen Gesundheit können unter anderem Meditationskurse, Autogenes Training, Achtsamkeitstrainings oder auch online-gestützte Programme zur Stressprävention wie „Wege aus der Stressfalle" https://www.wege-aus-der-stressfalle.de/ angeboten werden.

– Employee Assistance Program: Als Employee Assistance Program (EAP) wird eine externe Mitarbeiterberatung bezeichnet, die Mitarbeiter bei psychischen und sozialen Problemen im Arbeits- und Privatleben berät. Dazu gehören unter anderem Beratung bei psychischen Belastungen wie Stress und Burn-out, Sucht, Konflikten, Krankheit oder akute Krisen. (Definition: Bundesverband Deutscher Psychologinnen und Psychologen, http://www. bdp-verband.org/bdp/archiv/gesunde-arbeit/BDP-Broschuere-06-EAP.pdf)

Gesundheitstage im Betrieb und Mitarbeiterbefragungen sind hilfreich, um gezielt den Bedarf der Mitarbeiter in Bezug auf Gesundheitsthemen abzufragen. Nähere Informationen zum Betrieblichen Gesundheitsmanagement gibt die Bundesanstalt für Arbeitsschutz und Arbeitsmedizin (vgl. BAUA 2018 [51]).

12.4   Fazit

Unser Gesundheitsbewusstsein ist in den vergangenen Jahren stark gestiegen, nicht zuletzt aufgrund der Erkenntnisse aus den jüngsten Auswertungen der Krankenkassen, vgl. BKK Gesundheitsreport 2017 [50]. Demnach ist die Anzahl der Arbeitsunfähigkeitstage pro Arbeitnehmer weiter angestiegen, speziell die Anzahl der psychischen Erkrankungen hat deutlich zugenommen. Die volkswirtschaftlichen Kosten betrugen 2016 knapp 16 Milliarden Euro pro Jahr und es wird erwartet, dass sie bis 2030 auf 32 Milliarden Euro anwachsen könnten (PSYGA 2018).

Resilienz spielt in diesem Szenario eine wichtige Rolle, aber sie darf nicht als vermeintliches Allheilmittel zweckentfremdet werden, das Unternehmen als Vorwand dient, die Mitarbeiter über die Maßen zu belasten. Jeder einzelne kann und muss etwas für die eigene Resilienz tun, aber es gehört auch dazu, dass Unternehmen entsprechende Rahmenbedingungen setzen, um ihre wertvollste Ressource – die Mitarbeiter – zu schützen.

12.5 Über die Autorin

Elina Stoll wechselte einige Jahre nach ihrer Ausbildung zur Bankkauffrau als Quereinsteigerin in den Assistenzbereich. Nach der Weiterbildung zur Management Assistentin IHK war sie ca. 20 Jahre als Assistenz auf verschiedenen Ebenen tätig, bis sie sich 2014 entschloss, ihr Fachwissen im Bereich Office Management als Trainerin und Coach weiterzugeben. Ihr Schwerpunkt liegt dabei auf Organisation sowie Selbst- und Zeitmanagement. Die Weiterbildung zur Feel Good Managerin 2017 entsprang der Überzeugung, dass im heutigen Arbeitsumfeld vielerorts Verbesserungsbedarf hinsichtlich der Mitarbeiterzufriedenheit besteht. Als Referentin und Beraterin trägt Sie dazu bei, Unternehmen für das Thema Feel Good Management zu gewinnen.

Nachdem in ihrem engeren Umfeld vor einigen Jahren die Anzahl stressbedingter Krankheiten bis hin zum Burn-out zunahm, beschäftigte sich Elina Stoll intensiv mit dem Thema Stressprävention. Seit 2016 ist sie Mitglied eines bundesweiten Trainerteams des zertifizierten Präventionskonzepts „Wege aus der Stressfalle" und führt in Unternehmen Kurse zur Stressprävention im Rahmen des Betrieblichen Gesundheitsmanagements durch.

Literaturverzeichnis

[49] Berndt, Christina (2015). RESILIENZ – Das Geheimnis der psychischen Widerstandskraft. München: dtv Verlagsgesellschaft

[50] BKK Gesundheitsreport 2017 https://www.bkk-dachverband.de/publikationen/bkk-gesundheitsreport/

[51] Bundesanstalt für Arbeitsschutz und Arbeitsmedizin (BAUA 2018) https://www.baua.de/DE/Home/Home_node.html

[52] Gruhl, Monika (2014). Mit Resilienz leichter durch den Alltag. Freiburg i.Br.: Verlag Herder

[53] Heller, Jutta (2013). Resilienz: 7 Schlüssel für mehr innere Stärke. München: GRÄFE UND UNZER VERLAG

[54] Rosenberg, Marshall B. (2016). Gewaltfreie Kommunikation: Eine Sprache des Lebens. Überarbeitete und erweiterte Neuauflage. Paderborn: Junfermann Verlag

[55] Spiegel Online vom 18.12.2017 http://www.spiegel.de/karriere/porsche-betriebsratschef-will-e-mails-nach-feierabend-loeschen-lassen-a-1183842.html

Agiles Office Management

Mehr Effizienz und Flexibilität durch Assistenznetzwerke

Clarissa Strasser

> "If knowledge is indeed power, knowledge shared is a superpower".
> *(Wenn Wissen tatsächlich Macht ist, ist geteiltes Wissen eine Supermacht.) (Emi Kolawole[70])*

Zusammenfassung

Die zunehmende Digitalisierung bringt viele Veränderungen in den Unternehmen mit sich. Agile Transformationen, die vor allem in der Produkt- bzw. Software-Entwicklung spürbar sind, beeinflussen auch andere Unternehmenssparten und -bereiche. Durch die Vernetzung der Assistenzbereiche können Unternehmen ihre Effizienz und Flexibilität steigern und den Weg zu einem agilen Unternehmen ebnen. Im folgenden Kapitel wird beschrieben, wie die Schaffung eines Assistenznetzwerks Agilität im Unternehmen unterstützen kann und welche Aspekte dabei beachtet werden sollten. Aufwand und Nutzen für das Unternehmen werden dargestellt sowie Tipps, Beispiele und Zukunftsszenarien für eine vernetzte Assistenz erläutert. Ein Assistenznetzwerk führt zu starken, verbundenen Assistenzbereichen mit echter „Superpower". Der Einfachheit und Lesbarkeit halber wird im Folgenden von „Assistentin" und „Assistenz" bzw. „Assistenzbereichen" die Rede sein. Gemeint sind damit alle Backoffice-Bereiche eines Unternehmens und sowohl weibliche als auch männliche Angestellte.

13.1 Ausgangssituation

In Zeiten von Digitalisierung, agiler Transformation, Industrie 4.0, Management 3.0, und anderen aktuellen Trends verändern sich viele Unternehmen grundlegend. Hierarchien werden flacher, Prozesse innovativer und Mitarbeiter können eigenständiger handeln und entscheiden. In den Bereichen Produkt- und Softwareentwicklung ist diese Transfor-

© Springer Fachmedien Wiesbaden GmbH, ein Teil von Springer Nature 2019
D. Schenk, *Chefsache Assistenz*, Chefsache,
https://doi.org/10.1007/978-3-658-23490-4_13

mation in vollem Gange, vor allem natürlich in IT-Unternehmen, aber auch in anderen Branchen. Dabei entsteht viel Dynamik und Kreativität. Wer miterlebt, wie lebendig agile Teams in Reviews von ihrer Arbeit berichten und witzige Namen für ihre Sprints erfinden, fühlt sich angesteckt und motiviert, ähnliche Bewegung und Kreativität in andere Unternehmensbereiche zu bringen.

In den administrativen Bereichen eines Unternehmens wie Sekretariat, Verwaltung, Buchhaltung, Controlling, Personalwesen etc. ist die Anwendung der agilen Prinzipien nicht so einfach umzusetzen, aber man kann sich auch dort durchaus davon inspirieren lassen. Agile Methoden können wie ein Baukasten betrachtet werden, aus dem man sich je nach Bedarf die Elemente wählen kann, die zur Bereichsstruktur und den jeweiligen Anforderungen passen. In allen Unternehmensbereichen können Mitarbeiter kreativ werden und ihre Arbeit aktiv mitgestalten, anstatt nur Weisungen von oben zu befolgen und etablierte Prozesse starr zu befolgen.

In den Unternehmensorganigrammen und Assistenzbereichen herrschen derweil teilweise immer noch veraltete Strukturen (Abb. 13.1). Dabei hat sich das Berufsbild der Sekretärin/Assistentin in den letzten Jahrzehnten immens gewandelt. Auch in diesem Bereich hat die Digitalisierung viele Veränderungen mit sich gebracht. Der Aufgabenbereich in der Assistenz besteht längst nicht mehr nur in klassischen Sekretariatsaufgaben wie Telefonieren und Briefe schreiben. Vielmehr ist oft gerade hier viel Querschnittsarbeit gefragt und Kenntnisse der neuesten Technologien und Tools sowie kontinuierliche Weiterbildung werden vorausgesetzt.

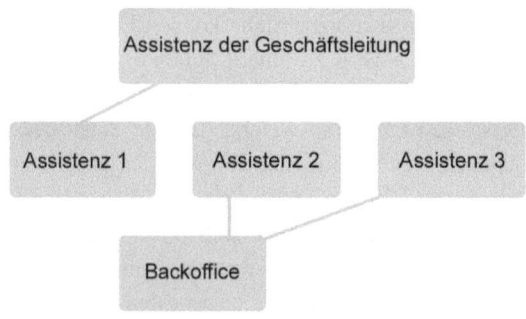

Abb. 13.1 Herkömmliche Unternehmensstruktur

13.2   Motivation

13.2.1   Vorgeschichte – wie alles begann

Vor vielen Jahren – ich war noch nicht lange als Projektassistentin in dem Unternehmen beschäftigt, in dem ich heute noch arbeite – hatte ich die Idee, die anderen Sekretärinnen und Assistentinnen zu einem gemeinsamen Treffen einzuladen, mit dem Ziel, uns kennenzulernen und auszutauschen. Damals wussten wir noch nichts von Sozialen Medien und auch die Digitalisierung steckte eher noch in den Kinderschuhen. Der Austausch erfolgte noch überwiegend analog, abgesehen von E-Mails. Ich reservierte einen Besprechungs-raum kurz vor Feierabend und lud die Kolleginnen zu einem ersten informellen Treffen ein.

Es kam...genau eine Kollegin. Wir unterhielten uns nett, und da sie neu im Unter-nehmen war, konnte ich ihr viele Informationen liefern und Fragen beantworten. Leider verließ sie nach ein paar Monaten das Unternehmen wieder, und die ganze Idee der Assis-tenzvernetzung verlief mangels Interesse wieder im Sand. Die Zeit war wohl noch nicht reif dafür.

Danach war ich mit Arbeit, Abteilungswechsel und Erziehungspause zu sehr beschäf-tigt und vergaß die ganze Sache wieder...bis ich vor ein paar Monaten eher zufällig im Gespräch mit meinem Vorgesetzten erwähnte, dass die Assistentinnen der unterschied-lichen Geschäftsbereiche nur sehr wenig mit einander zu tun haben und sich teilweise gar nicht kennen. Abgesehen von sporadischem Informationsaustausch zwischen den Assis-tentinnen, die sich zufällig oder arbeitsbedingt kennen, bewegen sich die einzelnen Assis-tenzbereiche abgezirkelt in ihren Abteilungen und bekommen von den jeweils anderen Bereichen wenig bis gar nichts mit. Ganz zu schweigen von den Kolleginnen in anderen Niederlassungen und im Ausland – hier sind die Assistentinnen, bedingt durch die gerin-gere Mitarbeiterzahl, zum großen Teil als Einzelkämpferinnen unterwegs.

Inspiriert durch die agile Transformation in meinem Unternehmen wollte ich versu-chen, einige der agilen Prinzipien auf die Assistenzbereiche zu übertragen. Ich legte mei-nem Vorgesetzten dar, dass es doch sicher gut und für unsere Arbeit gewinnbringend wäre, die Ist-Situation zu ändern und Synergien zu schaffen. Mein Vorgesetzter unterstütze diese Idee und übertrug mir anschließend die Aufgabe, ein Konzept dafür zu entwickeln und das Ganze ins Rollen zu bringen.

13.2.2 Berufsbild Assistenz

Die Assistentin von heute hat nicht mehr viel mit dem Bild der klassischen Sekretärin, das viele Menschen immer noch mit diesem Berufszweig verbinden, gemein. Natürlich gehören zu ihrem Aufgabengebiet nach wie vor das Schreiben von Briefen oder ande-ren Schriftstücken (evtl. nach Diktat), Telefonieren, Terminkoordination, Reiseplanung für den Vorgesetzten oder das Team, Gästebetreuung, und, ja, vielleicht sogar auch noch Kaffeekochen und das Organisieren von privaten Anliegen des Vorgesetzten (Anzug aus der Reinigung holen, u. ä.). Man denkt hier unwillkürlich an Filme wie „Der Teufel trägt Prada".

Mit der Realität hat dieses Klischee aber nur noch teilweise zu tun. Neben den klas-sischen Sekretariatsaufgaben hat sich die moderne Assistentin zur veritablen Office-Ma-nagerin entwickelt, mit Schnittstellenaufgaben, die in Vertrieb, Controlling/Buchhaltung, technische Redaktion, Übersetzung, Eventmanagement, Recherche und Projektmanage-ment hineinreichen. Sie beherrscht die gängigen Office-Programme und arbeitet sich nach

Bedarf in neue Software-Tools ein. Je nach Qualifikation und Aufgabengebiet arbeitet die Assistentin aktiv in Projekten mit, bearbeitet einzelne Arbeitspakete und als Vertretung des Vorgesetzten übernimmt sie (Personal-)Management-Aufgaben mit viel Verantwortung. In den Assistenzbereichen finden sich heute Mitarbeiter mit vielfältigen Hintergründen, Ausbildungen und Berufserfahrungen. Es gibt dabei ebenso die erfahrene Sekretärin mit Stenographie-Kenntnissen und schnellem Anschlag wie Quereinsteiger und Akademiker aus ganz unterschiedlichen Bereichen.

Assistentinnen müssen schnell und flexibel sein, den Überblick behalten, bei aller Hektik freundlich bleiben und dürfen dabei auch die Fürsorge für ihr Team bzw. ihren Vorgesetzten nicht vergessen. Das zwischenmenschliche Gefüge, Freizeitunternehmungen wie Ausflüge, gemeinsame Abendessen, Weihnachtsfeiern, Geburtstage usw. gehören genauso zum Repertoire der Assistentin wie die gesamten organisatorischen Belange ihrer Abteilung. Sie ist zentrale Anlaufstelle für Anliegen aller Art, sei es die Suche nach einem Briefumschlag oder dem Bedürfnis, sich auszusprechen.

Dabei ist es auch wichtig, neutral zu bleiben, keine Kollegen den anderen vorzuziehen, loyal dem Vorgesetzten gegenüber zu bleiben und ggf. Mobbing frühzeitig zu erkennen und zu stoppen oder Hilfe hinzuzuziehen. Die Assistentin übernimmt also durchaus auch die Rolle der „Team-Mediatorin". Sie muss ihren Bereich nach innen und außen repräsentieren, diplomatisch und stressresistent sein. Und dabei darf natürlich auch die Selbstfürsorge nicht vernachlässigt werden.

Es existiert in diesem Bereich also eine Vielfalt an Wissen und Können, die häufig nicht ausreichend bekannt ist und wertgeschätzt wird. Dieses Wissen zusammenzuführen kann immense Synergien freisetzen, die sowohl den Assistentinnen als auch den Vorgesetzten und letztendlich dem ganzen Unternehmen zugutekommen.

Heutzutage ist die Assistentin auch nicht mehr unbedingt an ihren Arbeitsplatz (im Vorzimmer des Chefs oder in einem Empfangsbereich) gebunden. In Zeiten von Coworking, virtueller Assistenz, Homeoffice etc. kann die Assistentin von überall dem Vorgesetzten oder dem Team zuarbeiten und muss nicht mehr ausschließlich vor Ort sein. Natürlich ist dabei regelmäßiger persönlicher Kontakt unerlässlich, dies muss jedoch nicht täglich von 8 bis 17 Uhr gewährleistet sein. Dadurch eröffnen sich neue Möglichkeiten und eine größere Flexibilität für die Assistentin, zumal wenn sie teilzeitbeschäftigt ist und zu betreuende Kinder oder pflegebedürftige Angehörige hat. Hier ist jedoch darauf zu achten, dass Arbeit und Freizeit/Familienzeit nicht zu sehr ineinander übergehen und die Grenzen gewahrt bleiben.

13.2.3 Kurzer Exkurs: Agilität

„Agilität ist ein Merkmal des Managements einer Organisation (Wirtschaftsunternehmen, Non-Profit-Organisation oder Behörde), flexibel und darüber hinaus proaktiv, antizipativ und initiativ zu agieren, um notwendige Veränderungen einzuführen." [78]

Über Agilität, agile Transformation, Design Thinking [79], Scrum etc. wurde in den Medien, auf Webseiten und in der Fachliteratur bereits umfassend berichtet und geschrieben. Daher sollen hier nur kurz die wichtigsten Grundsätze und Prinzipien erwähnt und erläutert werden. Weiterführende Literatur zu diesen Themen findet sich im Literaturverzeichnis am Ende dieses Kapitels.

2001 taten sich Softwareentwickler in den USA zusammen und formulierten das „Agile Manifest" [56], in dem sie Ziel und Prinzipien einer agilen Softwareentwicklung formulierten. Im Wesentlichen besagt das Agile Manifest, dass
– Menschen wichtiger sind als Prozesse,
– das Produkt oder Arbeitsergebnis wichtiger ist als die dazugehörige Dokumentation,
– die Zusammenarbeit mit Kunden/Kollegen wichtiger ist als Formalitäten und
– Flexibilität wichtiger ist als das strikte Befolgen eines Plans

Dies bedeutet jedoch nicht, dass Prozesse, Dokumentationen, Formalitäten und Pläne völlig vernachlässigt werden können, aber sie können flexibler und durchlässiger gehandhabt und von den Beteiligten nach ihren Bedürfnissen gestaltet werden. So werden Methoden wie Design Thinking [79], Scrum und Team-Feedback in agilen Teams angewandt, um kreative Lösungen zu erarbeiten, große Aufgaben in flexibel zuteilbare kleinere Teilaufgaben zu unterteilen und durch gegenseitiges wertschätzendes Feedback die ständige Weiterentwicklung und Motivation der einzelnen Teammitglieder zu ermöglichen.

13.2.4 Agilität im Office Management

Wie kann denn nun das Prinzip der Agilität auf Assistenzen und andere Backoffice-Bereiche, allgemein bezeichnet als „Office Management" angewandt werden? Eigentlich arbeiten Assistentinnen in ihrer Arbeit schon immer sehr agil, da sie sich vielfältigen Aufgaben widmen, mit unterschiedlichen Vorgesetzten und Abteilungen zusammenarbeiten und sich in viele Themengebiete und Tools einarbeiten, um ihrem Chef bzw. Team zuzuarbeiten.

Einige der Methoden, die vor allem in der Softwareentwicklung umgesetzt werden, passen vielleicht nicht unbedingt in den Assistenzbereich. Und doch kann man sich aus der Schatzkiste der agilen Methoden bedienen und einiges herauspicken, das auch im Assistenzbereich zu mehr Effizienz und Flexibilität führt. Selbst Scrum und Methoden aus dem Design Thinking können für größere Projekte und Aufgaben, die über die Routinearbeiten hinausgehen, hilfreich sein.

Einer der Grundsätze im agilen Umfeld lautet: über den Tellerrand schauen. Das bedeutet, interdisziplinär zusammenzuarbeiten, und das gelingt ziemlich einfach durch die Gründung eines Assistenznetzwerks. Hier können sich die Mitglieder aus unterschiedlichen Unternehmensbereichen austauschen und unterstützen. Ein Wissenstransfer und interne Weiterbildung wird somit gewährleistet.

Dabei entstehen Synergien und neue Ideen für Verbesserungen in den Office-Management-Prozessen. Der Aufwand ist zunächst relativ gering. Für den Start genügen eine Wissensplattform mit einer verantwortlichen Person als Moderator sowie gelegentliche persönliche Treffen. Durch den Austausch und das Lernen voneinander wird die Arbeit schon deutlich agiler als bisher in getrennten Strukturen, die weitgehend ohne viel Austausch nebeneinander her existierten.

In weiteren Schritten können temporäre Teams gebildet werden, die sich zu definierten Themen oder Problemstellungen zusammenfinden und Vorschläge bzw. Lösungen erarbeiten. Dies kann mit Unterstützung eines Agile Coaches geschehen, soweit vorhanden. Dabei können Methoden aus dem Design Thinking zum Einsatz kommen. Die Vorschläge werden anschließend der Geschäftsleitung bzw. den Vorgesetzten vorgestellt und weiterentwickelt. Ergebnisse der Arbeit können in öffentlichen Reviews präsentiert werden.

Und auch die Assistentinnen können ihrerseits die agilen Teams als externe Beraterinnen oder „nicht-technische" Fragestellerinnen in ihrer Arbeit unterstützen.

Natürlich bedarf es für all diese Neuerungen (Abb. 13.2) im Office Management der Bereitschaft der Assistentinnen, sich darauf einzulassen – ein „agiles Mindset" ist also Voraussetzung. Möglicherweise ist nicht jede Assistentin dazu bereit. Daher muss das Ganze auf freiwilliger Basis entstehen. Wer lieber wie bisher arbeitet und das Assistenznetzwerk als reine Wissens-Bibliothek nutzen möchte, sollte dies tun können. Es werden sich ausreichend Freiwillige finden, die offen und motiviert Neues ausprobieren und ihre Komfortzone verlassen wollen. Bei der Ausgestaltung der Assistenz zum agilen Baustein des Unternehmens sollte darauf geachtet werden, dass beide Arbeitsarten gemeinsam existieren können.

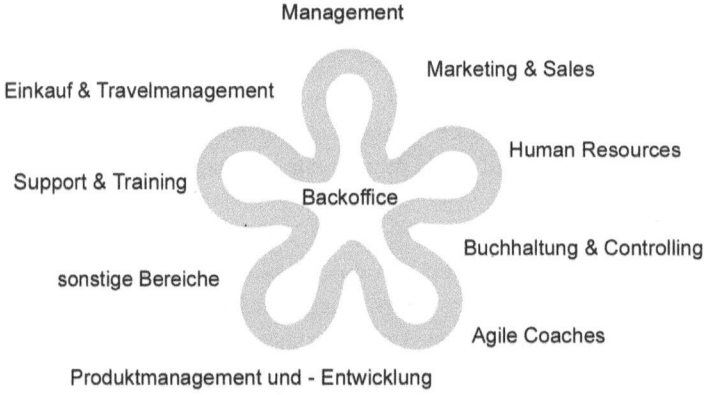

Abb. 13.2 Agilität im Office Management

13.3 Beispiele aus der Praxis

Assistenznetzwerke gibt es bereits in vielen Unternehmen, in unterschiedlichen Formen und Stufen. Informationen darüber werden zumeist in übergreifenden Netzwerken und Foren ausgetauscht. Nachfolgend werden einige nationale und internationale Netzwerke vorgestellt, auf die zum Teil frei oder kostenpflichtig online zugegriffen werden kann.

13.3.1 Assistenznetzwerk in Deutschland (ANID) auf XING [57]

Das Assistenznetzwerk in Deutschland auf XING, kurz ANID, ist eines der bekanntesten professionellen Netzwerke mit Regionalgruppen, die sich regelmäßig treffen. Die Basismitgliedschaft in XING ist kostenlos, kann aber auch durch eine kostenpflichtige Premiummitgliedschaft erweitert werden. ANID wird von einer Gruppe von Moderatorinnen geleitet und bietet zahlreiche Informationen zu nahezu allem, was man als Assistentin wissen muss. Fragen, die man an die Gruppe stellt, werden schnell beantwortet und führen mitunter zu regen Diskussionen. Man unterstützt sich gegenseitig in allen Berufs- und Lebenslagen. Hier findet man u.a.
- Interessante Links zu Weiterbildung, Berufsbild etc.
- Diskussionsforen zu relevanten Themen und Veröffentlichungen
- Stellengesuche und -anzeigen
- Seminare und Webinare
- Regionaltreffen
- Weitere relevante Veranstaltungen

Das ANID bietet eine vielfältige und informative Plattform für den Austausch über das eigene Unternehmen hinweg und ermöglicht die deutschlandweite Kontaktaufnahme mit anderen Assistentinnen. Regionaltreffen ermöglichen es, Assistentinnen aus anderen Unternehmen und Branchen kennenzulernen.

13.3.2 Bundesverband Sekretariat und Büromanagement e. V. (BSB)

Der Bundesverband Sekretariat und Büromanagement e.V. (BSB) besteht seit 1956. Die Mitgliedschaft ist kostenpflichtig, allerdings sind Informationen zu Veranstaltungen, Weiterbildung etc. auf der Homepage des Verbands auch ohne Mitgliedschaft zugänglich. Es gibt einen frei zugänglichen Newsletter und eine eigene BSB-Akademie mit zertifizierten Lehrgängen und Fortbildungen im Office-Management-Bereich (siehe auch Abschn. 3.8).

13.3.3 Netzwerke an Hochschulen und Universitäten

Im Hochschul- und Universitätsbereich ist die Bildung von Assistenznetzwerken sehr verbreitet und etabliert. Dies liegt sicherlich an den ähnlich gearteten Aufgaben und eingesetzten Softwaretools in den Hochschulverwaltungen. Da die Administration der Lehrstühle und Institute durchaus komplex ist, liegt in der Vernetzung der Sekretariate ein großer Mehrwert. Zumal erleichtert eine Vernetzung auch die Fluktuation innerhalb der Hochschule. In einigen Hochschulen werden die Verwaltungsstellen in regelmäßigen Zyklen durchrotiert. Dadurch wird einerseits der Wissenstransfer und Abwechslung in der Arbeit andererseits gewährleistet.

Beispiele für Assistenznetzwerke an Hochschulen sind u.a. das Office Network des Karlsruher Institut für Technologie (KIT) [67], das Sekretariate-Netzwerk der TU Kaiserslautern [75], das SekretariaNet der TU Darmstadt [74] und das Sekretärinnen-Netzwerk der Universität Trier [77] mit jeweils eigener Website, Weiterbildungsangeboten und regelmäßigen Treffen. Auf der Netzwerkseite der TU Darmstadt findet sich zudem eine Liste der bundesweiten Sekretariats-Netzwerke an Hochschulen.

13.3.4 Internationale Netzwerke

Weltweit gibt es zahlreiche Assistenznetzwerke und -foren. Eine umfangreiche Übersicht findet sich beispielsweise auf der Internetseite des „Executive Secretary Magazine" [61], das auch einen Blog mit interessanten Informationen für Assistentinnen führt.

In Großbritannien bietet u.a. die „Excecutive & Personal Assistants Association (EPAA)" [60], Informationen, Veranstaltungen und Weiterbildungsmöglichkeiten für Assistentinnen. Die EPAA hat außerdem eine Kampagne ins Leben gerufen, die sich dafür einsetzt, den Assistenzberuf auch für Männer attraktiver zu gestalten. Die Mitgliedschaft bei EPAA ist nach Berufsjahren gestaffelt und beträgt aktuell zwischen 35,- und 70,- GBP/Jahr.

In den USA bietet die „American Society of Administrative Professionals (ASAP)" [56] bei kostenfreier Mitgliedschaft Vernetzung, Information und Veranstaltungen, sowie Weiterbildungsmöglichkeiten für Assistentinnen.

Die Organisation „International Management Assistants (IMA)" ist ein weltweit vertretenes Netzwerk mit nationalen Gruppen in mehr als 25 Ländern, u.a. Deutschland. Auf der Homepage von IMA finden sich auch für Nichtmitglieder interessante Informationen und Beiträge. Eine Einzelmitgliedschaft kostet derzeit 110,- Euro/Jahr (siehe auch Abschn. 3.9).

13.4 Entwicklungsprozess

13.4.1 Vorbereitung

Am Anfang steht die Recherche – was gibt es bereits, wie machen es die anderen, worauf muss man achten? Welche Erfahrungen, positive wie negative, wurden bei der Gründung von Assistenznetzwerken gemacht? Bei meiner Suche in Internet und Literatur entdeckte ich u.a., dass die Vernetzung der Sekretariate im Hochschulbereich schon sehr weit entwickelt ist und es außerdem im In- und Ausland zahlreiche kleinere und größere Assistenznetzwerke gibt. Eines der bekannteren ist das ANID in XING. Hier fand ich wertvolle Kontakte und Inspiration zum Thema „Vernetzung im Unternehmen". Da bei ANID bereits ein sehr fruchtbarer Austausch zu allen Themen der Assistenzarbeit stattfand, fühlte ich mich bestärkt, etwas Vergleichbares in meinem Unternehmen zu entwickeln. Auf dieser Plattform kommt deutschlandweit ein großes Wissen aus den unterschiedlichsten Bereichen, und die Mitglieder sind hochmotiviert und hilfsbereit in allen Fragen.

Im Zusammenhang mit der Gründung eines Assistenznetzwerks wird immer wieder empfohlen, die Geschäftsleitung des Unternehmens hinzuzuziehen und ein grundsätzliches Einverständnis einzuholen, um vielleicht sogar ein eigenes Budget für Weiterbildung etc. erhalten zu können. Das war auch mein Plan, wofür ich zunächst eine kurze Power-Point-Präsentation mit vielen Bildern und meinen Hauptanliegen und Zielen erstellte.

Diese könnte ich in einem Probevortrag im Rahmen eines Präsentationstrainings vorstellen, wobei die anderen Teilnehmer die Rolle der Geschäftsleitung übernahmen. Dabei kamen viele zum Teil kritische Rückfragen, die ich noch nicht beantworten konnte. Außerdem war den Zuhörern nicht ganz klar, was ich eigentlich erreichen wollte und vor allem, was ich von ihnen als „Geschäftsleitung" im Besonderen erwartete.

Ging es um Geld? Nein, eigentlich erst einmal nicht, vielleicht später. Ja, was denn dann? In der anschließenden Diskussion konnten einige Fragen schnell geklärt werden, aber eines wurde ganz klar: So lange für mein Vorhaben kein Budget eingestellt werden sollte und die einzelnen Assistentinnen nicht übermäßig von ihrer Arbeit ferngehalten würden, war es für die Geschäftsleitung noch nicht relevant, was ich im Detail plante. Die Folien waren fürs Erste überflüssig. Nach dem Präsentationstraining überdachte ich das Konzept erneut und kam zu dem Schluss, dass ich mir zuerst ein paar Mitstreiterinnen suchen sollte, die die Idee unterstützten. In Anlehnung an die agile Transformation in der Software-Entwicklung holte ich mir außerdem Rat von einem unserer Agile Coaches und beschloss, die erste nicht-technische „Community of Practice" zu gründen. Diese Communities sollen ausdrücklich in Eigeninitiative ohne Genehmigungsprozess entstehen und dem Austausch von Personen dienen, die ähnliche Aufgaben bzw. Interessen im Unternehmen haben. Ein Genehmigungsprozess war also für die ersten Schritte nicht erforderlich.

Eine Umfrage bei einigen meiner persönlichen Kontakten in den Assistenzbereichen zeigte, dass durchaus Interesse an einer engeren Vernetzung bestand. Allerdings wurde auch erwähnt, dass meist die Zeit fehlte, um sich aktiv zu beteiligen. Eine Austauschplattform sei wünschenswert, gelegentliche Treffen ebenfalls, aber ohne übertriebenen Aufwand. Das alles galt es bei der Planung zu bedenken.

Für Kolleginnen aus anderen Standorten ist es natürlich schwierig, physisch bei Treffen anwesend zu sein. Zudem ist die Aufgabenverteilung in Backoffice-Bereichen zumeist so gestaltet, dass die (evtl. teilzeitarbeitende) Assistentin dem Vorgesetzten oder Team zuarbeitet und im Rahmen der Kernarbeitszeit eingeplant wird und nicht frei über ihre Zeit verfügen kann. Wenn die Arbeitszeiten zudem noch abhängig von Kinderbetreuung o.ä. sind, gerät ein 4-Stunden-Arbeitstag schon einmal zu purem Stress, weil alles in dieser kurzen Zeitspanne erledigt werden muss. Also muss es für diese Fälle eine Form der Vernetzung geben, die auch den Assistentinnen, die nicht direkt vor Ort arbeiten, die Teilnahme ermöglicht.

Eine Mail-Einladung mit Abstimmungsschaltflächen für die Rückmeldung ging an alle relevanten Kolleginnen mit der Bitte, sich bis zum Ende einer ca. vierwöchigen Frist zurückzumelden. Es kamen ausreichend positive Rückmeldungen aus verschiedenen Bereichen des Unternehmens, um das Projekt zu starten.

Anschließend musste noch ein Termin für ein Kick-off-Treffen vereinbart werden, um sich kennenzulernen und erste Themen/Ideen/Verbesserungsvorschläge zu sammeln.

Gestartet wurde zunächst im nationalen Umfang, aber durchaus mit dem längerfristigen Ziel, das Ganze auf die internationalen Niederlassungen auszuweiten, sobald sich das Netzwerk etabliert und bewährt hat.

Je nach Unternehmens- und Führungskultur sollte vorab entschieden werden, ob man bei der Entwicklung eines Assistenznetzwerks besser von unten nach oben (bottom-up) oder umgekehrt (top-down) vorgeht, das heißt eigeninitiativ oder mit vorheriger Genehmigung der Geschäftsleitung bzw. Vorgesetzten.

13.4.2 Kick-off Meeting

Für ein Kick-off Meeting bedarf es nicht viel an Vorbereitung. Ein Termin muss gefunden werden, entweder durch Einladung über Outlook, mit Hilfe von Doodle oder per Aufruf im Unternehmensintranet. In einem kleinen Unternehmen mit wenigen Assistentinnen genügt möglicherweise auch das Telefon oder direkte Rücksprache. Falls die Infrastruktur des Unternehmens es zulässt, kann ein Besprechungsraum gebucht werden. Oder man verlegt das Ganze zum Mittagessen in die Kantine oder besser noch in ein nahegelegenes Restaurant.

Der Zeitrahmen kann variieren, sollte aber eine Stunde nicht übersteigen. Sind die organisatorischen Rahmenbedingungen geklärt, kann das Kick-off Meeting starten. Eine Agenda ist nicht zwingend erforderlich, zu Beginn genügt es, sich gegenseitig vorzustellen (falls man sich nicht schon kennt) und die Aufgabengebiete kurz darzulegen. Anschließend können Themen und Probleme im freien Brainstorming gesammelt und gemeinsam überlegt werden, wie künftige Treffen ablaufen können und welche Projekte und Initiativen in Angriff genommen werden sollten. Ein kurzes Protokoll ist sicher auch für die Kolleginnen, die nicht anwesend sein können, sinnvoll.

Themen für ein Kick-off könnten beispielsweise folgende sein:
– Welche Kompetenzen existieren in den Assistenzbereichen?
– Wo gibt es Synergien in den Assistenzbereichen?
– Welche Tools und Plattformen über MS Office hinaus werden genutzt?
– Welche Probleme in der täglichen Arbeit gibt es?
– Welche Prozesse existieren bereits? Welche fehlen bzw. sollten verbessert werden?
– Gibt es konkrete Wünsche und Verbesserungsvorschläge?

Für den Fall, dass sich Kolleginnen aus anderen Niederlassungen des Unternehmens zuschalten möchten, sollte eine Skype-Session o.ä. eingerichtet werden. Hierfür kann der technische Support zur Unterstützung hinzugezogen werden.

Um gleich die Aufmerksamkeit der Mitarbeiter für das neu geschaffene Assistenznetzwerk zu schärfen, kann im Nachgang ein kleiner Bericht darüber im Unternehmens-Wiki oder -Newsletter veröffentlicht werden, am besten mit Fotos und kurzer Ankündigung der weiteren Termine und Pläne.

13.4.3 Wissensplattform

Für den Austausch von Know-how etc. ist eine Online-Wissensplattform für das Assistenznetzwerk unerlässlich. Diese kann im Rahmen eines Firmen-Wikis entwickelt werden, oder in kleinen Unternehmen, die ein solches Wiki nicht haben, als eigener Ordner im Firmenlaufwerk, oder einem gemeinsam zugänglichen Online-Verzeichnis (Basecamp, OneDrive o.ä.). Wichtig ist, dass die Informationen allen Mitarbeitern zugänglich gemacht werden und alle Mitglieder des Assistenznetzwerks Bearbeitungszugriff darauf haben.

Die Informationen, die hier gesammelt und geteilt werden, können so vielfältig sein wie die Kolleginnen, die sie zur Verfügung stellen. Zunächst sollten die Mitglieder, Kontaktdaten und ihr Aufgabenbereich in einem Kurzprofil vorgestellt werden. Auf Wunsch kann auch auf Interessen und Hobbies hingewiesen werden.

Anschließend gilt es, das geballte Wissen der Mitglieder zu sammeln und zu kategorisieren. Sinnvoll wären hier zum Beispiel
– Profile der Mitglieder mit Kompetenzen
– Relevante Internetlinks
– Tipps und Tricks
– Gastronomie/Hoteladressen
– Vorlagen
– Kostenlose Softwaretools etc.
– FAQs
– Termine und Events
– Links zu Weiterbildungsangeboten

13.4.4 Handbuch

Ergänzend zur Wissensplattform oder falls die Einrichtung einer solchen nicht möglich sein sollte, kann ein Handbuch in Word oder einem anderen Format erstellt werden, in dem alle relevanten Informationen gesammelt werden. Zu Beginn wird eine Grundstruktur wie in der Wissensplattform beschrieben festgelegt, dann darf jedes Mitglied das Dokument editieren. Denkbar ist auch der Einsatz von MS OneNote (siehe auch Kap. 6). Es ist empfehlenswert, eine Hauptredakteurin bzw. ein Redaktionsteam zu wählen, die das Dokument regelmäßig prüft und Wildwuchs verhindert. Das Handbuch wird dauerhaft fortgeschrieben und regelmäßig aktualisiert. Es wird auf der Wissensplattform verlinkt und auf einem für alle zugänglichen Speicherort abgelegt. Im Handbuch werden alle Informationen und Arbeitsprozesse dokumentiert, die für die Assistenzarbeit erforderlich sind. Dadurch können sich neue Assistentinnen und Wiedereinsteigerinnen leichter einarbeiten und erfahrene Assistentinnen können es als Nachschlagewerk verwenden. Dokumentierte Prozesse können regelmäßig überprüft und ggf. überarbeitet werden.

Das Handbuch wird so zum echten Nachschlagewerk, das bei Abwesenheit einer Assistentin oder zur Einarbeitung neuer Kolleginnen auch für Mitarbeiter außerhalb des Assistenznetzwerks unentbehrlich ist.

13.4.5 Marketing

Tue Gutes und rede darüber – das gilt auch für ein gut funktionierendes Assistenznetzwerk. Es ist wichtig, die anderen Mitarbeiter zu informieren und sie an den Informationen teilhaben zu lassen, denn auch sie profitieren davon. Und schließlich sollen auch Vorgesetze und Geschäftsleitung das Engagement und die Ergebnisse der Netzwerkarbeit erfahren und würdigen. Daher ist es sinnvoll, einen regelmäßigen Newsletter oder einen Flyer zu erstellen, in dem über die Netzwerkarbeit berichtet wird.

Aber nicht nur unternehmensintern kann die Werbetrommel für das Assistenznetzwerk gerührt werden – auch in den sozialen Medien, auf der Internetseite, in Unternehmensblogs, Pressemitteilungen und anderen Marketinginstrumenten kann über die Initiative berichtet werden. Schließlich trägt auch ein Assistenznetzwerk wesentlich zur positiven Außenwahrnehmung des Unternehmens bei.

13.4.6 Public Reviews

In agilen Softwareentwicklungsteams ist es üblich, die Ergebnisse und Arbeitsschritte in öffentlichen Reviews interessierten Kollegen zu präsentieren. Ein solches Format ist auch für das Assistenznetzwerk denkbar. In regelmäßigen Kurzvorträgen kann über Ziele, Inhalte der Arbeit und Veränderungen der Prozesse usw. berichtet werden. Dabei können weitere Ideen und Verbesserungsvorschläge gesammelt und weiterentwickelt werden. Je nach Räumlichkeiten kann ein Review in einem großen Besprechungsraum, im offenen Aufenthaltsbereich oder in der Kantine abgehalten werden. Entweder berichten die Organisatorinnen gemeinsam im Team oder einzeln, in lockerer Atmosphäre über ihr Tun und die Fortschritte. Welche Art der Präsentationstechnik verwendet wird, ist den Vortragenden überlassen, PowerPoint beispielsweise kann, muss aber nicht eingesetzt werden. So lernen und üben die Assistentinnen auch, vor Publikum zu sprechen und zu präsentieren, denn dies ist normalerweise etwas, das eher die anderen tun, während die Assistentinnen lediglich bei der Erstellung der Präsentation und bei der Vorbereitung helfen.

13.4.7 Team-Feedback

Ein weiteres Prinzip im agilen Umfeld ist das Team-Feedback. Dabei spiegeln die Mitglieder in wertschätzender Art, in der Gruppe oder in Zweierteams (Speed-Dating) ihre Arbeit und geben sich gegenseitig Impulse zur Weiterentwicklung. Im Gegensatz zu den Feedback-Gesprächen, die man üblicherweise ein- bis zweimal im Jahr mit dem direkten Personalvorgesetzten hat, der aber möglicherweise nur Teilaspekte der täglichen Arbeit der Assistentinnen kennt, kann durch das Team-Feedback das ganze Umfeld der Assistenzarbeit abgedeckt und weiterentwickelt werden. Hierbei können auch negative Dinge angesprochen werden, aber natürlich stets auf freundliche und wertschätzende Art und Weise.

Im Rahmen des Team-Feedbacks können auch Elemente wie Kudocards [63] oder ein Punktesystem verknüpft mit Bonussystemen eingesetzt werden. Kudocards sind kleine Karten mit Titeln wie „Danke", „Toll gemacht", etc., mit denen sich die Mitarbeiter gegenseitig für Unterstützung bedanken, Feedback geben und ihre Wertschätzung zeigen können. Die Backoffice-Bereiche profitieren in der Regel nicht von ergebnisabhängigen Bonusregelungen, da die Tätigkeiten nicht wie zum Beispiel bei Vertriebspersonal mit Umsatzergebnissen bewertet werden kann. Durch den Einsatz eines Punktesystems wird eine Bewertung der Backoffice-Tätigkeiten ermöglicht und kann mit Bonuszahlungen oder anderen Sonderleistungen wie zum Beispiel der Teilnahme an Seminaren und Workshops verbunden werden.

13.4.8 Weiterbildung

Neben den Vorgesetzten und evtl. der Geschäftsleitung sollte das Assistenznetzwerk die Personalabteilung mit ins Boot holen, um beispielsweise die Weiterbildung in den Assistenzbereichen abzustimmen. Meist gibt es für Assistentinnen fast ausschließlich Fortbildungsangebote im Bereich Zeitmanagement, Office-Programme, Englisch-Training, Work-Life-Balance etc. Dabei sind auch oder gerade für die Assistenzen zugeschnittene Weiterbildungsprogramme denkbar, die die Arbeit erleichtern und der Weiterentwicklung dienen, zum Beispiel
– Produktschulungen des Unternehmens
– Kreative Methoden/Visualisierung
– Marketing-Tools
– Content Management-Tools
– Social Media
– Grafik-Programme
– Projektmanagement
– Buchhaltung/Controlling
– Grundlagen des Personalwesens
– Mediation
– Sprachkurse (für weitere Sprachen außer Englisch)
– Grundlagen in BWL

Durch breitgefächerte Weiterbildungsangebote wird den Assistentinnen eine konstante und nachhaltige Weiterentwicklung ermöglicht. In Absprache mit der Personalabteilung und den Vorgesetzten kann über neue und sinnvolle Trainings nachgedacht werden. Denkbar ist auch, dass einzelne Assistentinnen ausgewählte Seminare besuchen und dann die anderen Assistenzbereiche entsprechend coachen. So müssen nicht alle Assistentinnen gesammelt zur Schulung und fehlen nicht zu sehr an ihrem Arbeitsplatz. Sie übernehmen so Multiplikatorfunktionen für ihre Kolleginnen.

Zusätzlich sind Webinare und Online-Kurse zum Selbsttraining eine gute Weiterbildungsmöglichkeit, die die Assistentinnen selbständig und individuell einsetzen können.

13.4.9 Arbeitsgruppen

Durch die Bildung von (temporären) Arbeitsgruppen können größere Aufgaben und Themen bearbeitet und Verbesserungsvorschläge erarbeitet werden. Prozesse werden so optimiert und Probleme gemeinsam bewältigt. Genau hier können agile Methoden wie Design
Thinking, Scrum etc. zum Einsatz kommen.

Die Arbeitsgruppen können sich beispielsweise mit folgenden Themen befassen:
- Formulierung eines Leitbilds für das Assistenznetzwerk
- Aktualisierung und Vereinheitlichung der Arbeitsplatzbeschreibungen
- Prozessentwicklung für wiederkehrende Aufgaben, die alle Assistentinnen betreffen
- Schaffung eines gemeinsamen Verzeichnisses für zum Beispiel Ausschreibungsunter-
  lagen und Formalia
- Überprüfung des Gehaltsgefüges in den Assistenzbereichen
- Entwicklung eines Weiterbildungs- und Entwicklungskonzepts für Assistentinnen
  (gemeinsam mit der Personalabteilung)
- Entwicklung eines gemeinsamen Marketingkonzepts (intern und extern)
- Planung von regelmäßigen Informationsveranstaltungen im Unternehmen

13.4.10 Business Lunches und mehr

Kein motiviertes Arbeiten ohne sozialen Austausch – daher darf auch die Entspannung
nicht zu kurz kommen. Monatliche Business Lunches oder gemeinsame Kaffeepausen
können dazu beitragen, sich auch privat besser kennenzulernen und die gemeinsame
Arbeit zu erleichtern. Dies kann in der Gesamtheit oder in Kleingruppen geschehen, die
sich geplant oder nach Zufallsprinzip zusammenfinden.

Zu diesen kurzen informellen Treffen kann das Assistenznetzwerk auch Kolleginnen
und Kollegen aus anderen Bereichen einladen, um sich auszutauschen, Anregungen zu
holen und nicht zuletzt von der Arbeit des Netzwerks zu berichten.

13.4.11 Vorträge

Vortragsreihen, TechTalks etc. gibt es in den meisten Unternehmen zuhauf, nur leider
beziehen sich diese meist auf fachspezifische Themen und lassen nichttechnisches Personal außen vor. Gerade für die Assistentinnen ist es aber wichtig, auch einen zumindest
oberflächlichen Einblick in Inhalte und Produkte ihres Unternehmens zu gewinnen. Daher
sollten regelmäßige Produktpräsentationen und Vorträge für nichttechnisches Personal
organisiert werden. Im Gegenzug können die Assistentinnen natürlich auch ihre Arbeit
und relevante Themen den anderen Mitarbeitern präsentieren (Abschn. 13.4.6) und zum
Beispiel kurze Schulungen zu Office Tools (Tipps und Tricks), Eventplanung, Prozessen
und Formalitäten etc. anbieten.

Außerdem können externe Referenten zu Themen eingeladen werden, die auch für die Assistenzbereiche interessant sind, beispielsweise Zeitmanagement, Work-Life-Balance, neue Präsentationstechniken etc. Und nicht immer muss das Vortragsthema unmittelbar mit der täglichen Arbeit zu tun haben – wieso nicht einmal eine Lesung organisieren oder einen Dokumentarfilm mit anschließender Diskussion zeigen? Das „Über-den-Teller-rand-schauen" muss sich schließlich nicht nur auf die Produkte und Themen des Unternehmens beschränken.

13.4.12 Austausch mit anderen Unternehmen

Ein weiterer Schritt der Vernetzung kann durch den Austausch mit anderen Unternehmen im gleichen Sektor oder in der Nachbarschaft getan werden. Dadurch wird das Netzwerk auf eine neue Ebene gehoben und kann auch von anderen Unternehmen lernen. Beispielsweise können, ähnlich wie bei unternehmensübergreifenden Events wie zum Beispiel dem „Entwicklerfrühstück", Treffen der Assistenzbereiche verschiedener Unternehmen in einem der Unternehmen organisiert werden, um sich über Themen auszutauschen, gemeinsame Fortbildungen und Vorträge zu organisieren und sich gegenseitig und die Arbeit der Anderen kennenzulernen.

13.5 Nutzen

13.5.1 Informationsaustausch

Geteiltes Wissen ist vielfaches Wissen – in diesem Sinne kann ein Wissenstransfer einen wahren Multiplikationseffekt in den Assistenzbereichen erzielen. Die Assistentinnen können sich gegenseitig mit ihren Qualifikationen und Kenntnissen ergänzen und bereichern. Durch die Installation einer Wissensplattform haben nicht nur die Assistentinnen, sondern alle Mitarbeiter Zugriff auf eine stetig wachsende Bibliothek und können von dem geballten Wissen profitieren.

13.5.2 Weiterbildung

Durch die Möglichkeit, sich gezielter und auch gegenseitig weiterzubilden und -zu entwickeln, passen sich die Assistentinnen optimal den stetig neuen Anforderungen und Aufgaben an und sind bestens für neue Methoden und Tools gewappnet. Julia Schmidt verweist in ihrem Artikel "Why we need agile Excecutive Assistants" im Executive Secretary Magazine [72] darauf, dass gerade die Assistenzbereiche sich in Zeiten der Digitalisierung und Arbeit 4.0 stetig weiterentwickeln, weiterbilden und vor allem agil und vernetzt arbeiten müssen, um auch in der Arbeitswelt der Zukunft zu bestehen.

Und nicht zuletzt hilft eine permanente Weiterbildung der Assistentin dabei, ihren Horizont zu erweitern, über den Tellerrand zu schauen und sich durch Spezialisierung in einem Bereich eine Expertenrolle im Unternehmen zu erarbeiten, von der auch die Kolleginnen und Vorgesetzten profitieren. Durch eine stetige Weiterentwicklung wird auch das Qualitätsmanagement in den Assistenzbereichen verbessert und gewährleistet.

13.5.3 Vertretung und Einarbeitung

Neue Assistentinnen im Unternehmen können sich dank der Vernetzung und der Wissensplattform leichter und schneller einarbeiten und zurechtfinden. Sie werden von Anfang an intensiv betreut und finden die notwendigen Informationen zentral auf der Wissensplattform vor. In der Urlaubszeit, bei temporärer hoher Arbeitslast in einzelnen Assistenzbereichen oder in Krankheitsfällen erlaubt ein Assistenznetzwerk schnelle, unbürokratische und adäquate Hilfe und Entlastung. Dringende Aufgaben können von anderen Assistentinnen übernommen werden, vielleicht kann sogar eine Assistentin temporär in einem anderen Bereich einspringen und aushelfen. Je nach eigener Arbeitslast kann dies vollständig oder partiell geschehen.

Bei längerem Ausstieg aus der Berufstätigkeit zum Beispiel durch Elternzeit oder ein Sabbatical erleichtert die Organisation des Assistenznetzwerks die Rückkehr in den Beruf und gewährleistet auch während der Pause den Kontakt zu Kolleginnnen und Arbeitsinhalten. Dadurch wird verhindert, dass längere Abwesenheit vom Arbeitsplatz zu Beeinträchtigungen und Karriereknicks führen.

Auch das Älterwerden im Beruf kann durch ein Netzwerk erheblich erleichtert werden. Wenn in den Assistenzbereichen generationsübergreifend gearbeitet wird, d.h. wenn erfahrene Assistentin und Berufsanfängerinnen gemeinsam arbeiten (siehe auch Kap. 2), oder diese in verschiedenen Assistenzbereichen tätig sind, können beide Seiten voneinander profitieren. Die erfahrene Assistentin kann aus ihrem großen Erfahrungsschatz schöpfen, während die junge Berufsanfängerin neue Tools, moderne Methoden, neue Kenntnisse und Ideen mitbringt. So kann auch ein Übergang in den Ruhestand angenehm gestaltet werden, mit schrittweiser Übergabe der Aufgaben an die Nachfolgerin und gegenseitiger Unterstützung. Auch die teilweise verbreitete Angst vor der „Digitalisierung", dem „Arbeitsplatz 4.0" und neuen unbekannten Software-Tools wird so minimiert.

13.5.4 Effizienz

Wer nicht mehr alles immer wieder neu suchen muss, arbeitet schneller und effizienter. Der Wissenspool und die kurzen unbürokratischen Wege zu den anderen Assistentinnen erleichtern die Arbeit und ermöglichen ein flexibleres Reagieren auf immer wieder neue Anforderungen. Neue Aufgaben und Software-Tools können so viel schneller beherrscht werden. Komplizierte Formalitäten oder gar umständliche Prozesse werden gemeinsam schneller bewältigt oder können überprüft und ggf. vereinfacht werden. Die Schwarmintelligenz des Assistentennetzwerks bietet auch in heiklen und hektischen Situationen schnelle und pragmatische Hilfe.

13.5.5 Transparenz

Durch Einblicke in andere Bereiche des Unternehmens ist eine größere Transparenz gewährleistet, und dies wiederum erleichtert das Sich-Zurechtfinden in anderen Aufgabengebieten und ein besseres Verständnis für das, was die anderen tun. Eine durchlässige Organisationsstruktur im Unternehmen erleichtert allen die Arbeit – insbesondere den Assistentinnen, die oft darauf angewiesen sind, den Überblick über alle Bereiche zu behalten und genau zu wissen, wo bestimmte Informationen, Unterlagen und Fachleute zu finden sind. Transparenz führt zu einer engeren Bindung zwischen den Assistentinnen und wirkt vertrauensbildend. Sie erleichtert den Umgang mit Vorgesetzten und der Geschäftsleitung auf Augenhöhe und verleiht den Assistentinnen somit eine angemessenere Stellung im Unternehmen.

13.5.6 Motivation

Assistentinnen, die im regen Austausch mit anderen stehen, ihre Arbeit weitgehend selbständig planen und organisieren, sich weiterbilden und weiterentwickeln können, den Wert ihrer Arbeit selbst erkennen und auch von ihrem Kollegium wertgeschätzt werden, sind weitaus motivierter als Assistentinnen, die in ihrem eigenen eng umgrenzten Bereich isoliert arbeiten und sich womöglich noch vor ihren Vorgesetzten und ihrem Team beständig für ihre Arbeit rechtfertigen müssen. Ein Assistenznetzwerk führt dazu, dass sich jede Assistentin aufgehoben und richtig an ihrem Platz fühlt – oder sich leichter einen anderen Platz im Unternehmen suchen kann. Die Vorgesetzten und Teams werden davon profitieren, von Assistentinnen betreut zu werden, die sich ihrer Stärken bewusst sind, gemeinsam an Lösungen für Probleme arbeiten und die Organisationsprozesse im Unternehmen mitgestalten wollen.

13.5.7 Außenwirkung

Ein Assistenznetzwerk trägt dazu bei, die positive Außenwirkung des Unternehmens zu verstärken. Durch Publikation der Aktionen und Ergebnisse im Internet, in den sozialen Netzwerken und Firmenbroschüren kann das Assistenznetzwerk zu einem weiteren Alleinstellungsmerkmal des Unternehmens werden und dadurch die Attraktivität des Unternehmens für Bewerber, Kunden und Partner steigern. Wenn eine Vernetzung über die Unternehmensgrenzen hinweg stattfindet, wird auch die Kontaktaufnahme zu anderen Unternehmen durch das Netzwerk erleichtert.

13.5.8 Wertschätzung und Bekanntheitsgrad

Assistentinnen, die in einem Netzwerk organisiert sind, erreichen eine größere Wertschätzung im Kollegium und bei der Geschäftsleitung, da ihr Wirken und Tun viel deutlicher wahrgenommen werden. Durch internes Marketing, Veranstaltungen und Prozessoptimierung im Office Management werden die positiven Auswirkungen für alle spürbar. Und da Assistentinnen auch immer die Botschafterinnen ihres Teams und ihrer Vorgesetzten sind, tragen sie dazu bei, dass die Arbeit ihres Bereichs in anderen Teilen des Unternehmens stärker wahrgenommen und verstanden wird. Sie können die Kontaktaufnahme von Kolleginnen in die Wege leiten, die bisher keine Berührungspunkte hatten und den Informationsfluss zwischen den Bereichen steuern (Abb. 13.3).

Abb. 13.3 Nutzen eines Assistenznetzwerks

13.6 Kosten

„Was kostet mich das Ganze?", fragt der Vorgesetzte oder die Geschäftsleitung verständlicherweise. In einem ersten Schritt gar nichts, außer vielleicht ein wenig Zeit, die die Assistentin in die Kontaktpflege und das Sammeln der Informationen für die Wissensplattform investiert. Nach einer gewissen Anlaufzeit funktioniert das System von ganz alleine und spart garantiert Zeit, Geld und Nerven. Wenn in der weiteren Entwicklung des Assistenznetzwerks spezielle Weiterbildungsprogramme und Events geplant sowie Marketing-Werkzeuge eingesetzt werden, wird hierfür eventuell ein eigenes Budget benötigt. Höhe und Umfang sind Abwägungs- und Verhandlungssache. Wie viel ist der Geschäftsleitung ein vernetztes, hocheffizientes und super motiviertes Assistenzteam mit großer positiver Außenwirkung wert? Auf jeden Fall handelt es sich um eine lohnende Investition mit relativ geringem Einsatz und garantiert großer Wirkung. Man kann mit einem kleineren Budget beginnen und jedes Jahr neu planen und verhandeln, wie viel benötigt wird.

Und ja, ab und an wird die Assistentin nicht an ihrem üblichen Arbeitsplatz anzutreffen sein, weil sie jetzt auch an Meetings, Vorträgen und Fortbildungen teilnimmt. Dafür aber arbeitet sie in der restlichen Zeit mit doppeltem Motivation und vielfacher Effizienz!

13.7 Hindernisse und Stolpersteine

Nicht in jedem Unternehmen wird es möglich sein, ein Assistenznetzwerk zu gründen, sei es aufgrund der zu geringen Anzahl von Assistentinnen oder weil die Geschäftsleitung es nicht genehmigt. Vielleicht finden sich auch zu wenige Mitstreiterinnen für eine Vernetzung. In solchen Fällen darf die enthusiastische Initiatorin nicht verzagen, denn manche Dinge brauchen einfach mehr Zeit, um zu reifen. Hier gilt es dann, im kleinen Umfang zu beginnen. Schließlich wird niemand etwas dagegen einwenden, wenn sich die Assistentinnen beim Mittagessen austauschen oder unbürokratisch gegenseitig bei der Arbeit unterstützen. Und eine Assistentin, die alleine in einem kleinen Unternehmen tätig ist, kann sich beispielsweise über das Assistenznetzwerk ANID auf Xing oder andere Netzwerke austauschen und Unterstützung bekommen.

Ein weiteres Hindernis kann auftreten, wenn einige Assistentinnen über Zeitarbeit oder Fremdfirmen im Unternehmen beschäftigt sind und nicht in alle Prozesse und Daten des Unternehmens einbezogen werden können. Je nach Struktur des Unternehmens kann dann wenigstens ein persönlicher Kontakt aufgebaut und offen zugängliche Informationen können ausgetauscht werden.

Und was geschieht, wenn es zwischen den Assistenten oder den einzelnen Assistenzbereichen Missstimmungen gibt, wenn man sich nicht gut versteht und sich daher nicht auch noch eng vernetzen möchte? Nicht selten bestehen in Doppelsekretariaten oder Assistenzteams Befindlichkeiten, die ein agiles engeres Zusammenarbeiten erschweren bis unmöglich machen. Hier hilft vielleicht ein klärendes Gespräch, eine Mediation über die Personalabteilung, den Vorgesetzten oder eine externe Mediationsstelle. Auch hier kann das Assistenznetzwerk helfen, Konflikte frühzeitig zu lösen und in Zukunft zu vermeiden. Wie in Abschn. 13.2.4 bereits erwähnt, soll niemand zu agilem Arbeiten gezwungen werden. Vielmehr müssen Lösungen dafür gefunden werden, wie verschiedene Einstellungen und Arbeitsweisen gemeinsam existieren können, damit jede Assistentin sich in ihrem Aufgabenbereich wohlfühlen und entfalten kann.

13.8   Blick in die Zukunft

Ein Assistenznetzwerk ist nicht in Stein gemeißelt, sondern ein organisches Konstrukt, das immer weiter verbessert und weiterentwickelt werden kann und soll. Beispielsweise kann innerhalb eines Unternehmens mit Niederlassungen im In- und Ausland ein reger virtueller und persönlicher Austausch zwischen den Assistentinnen stattfinden. Denkbar wäre ein Austauschprogramm für die Assistentinnen, um ihnen die Möglichkeit zu eröffnen, die Niederlassungen kennen zu lernen und interkulturell zusammenzuarbeiten. Dies kann je nach räumlicher Entfernung für einen kurzen oder längeren Zeitraum geschehen, abhängig auch von den Möglichkeiten und Wünschen der Assistentin. Eine Mutter mit zu betreuenden Kinder kann sich vielleicht einen mehrtägigen Aufenthalt in einer Niederlassung in der Nähe einrichten, wogegen eine Kollegin ohne oder mit größeren Kindern an einem längeren Aufenthalt im Ausland Interesse hat. Durch ein solches Austauschprogramm wäre die Aneignung interkultureller Kompetenz gewährleistet, ein besseres Verständnis der Prozesse und Formalitäten in anderen Ländern und es eröffnet den Assistentinnen die Gelegenheit, Land und Leute kennen zu lernen. Nicht zuletzt wächst durch ein solches Austauschprogramm das Unternehmen als Ganzes näher zusammen.

Den agilen Prinzipien folgend kann die Assistentin auch temporär in anderen Abteilungen mitarbeiten und so in einen aktiven Austausch gehen. Dadurch können beide Seiten dazu lernen und neue Anregungen für Prozessoptimierung, Einsatz von Software-Tools, neue Methoden, etc. erhalten.

Denkbar wäre auch ein Arbeitsplatztausch mit einer anderen Assistentin, kurz,- mittel- oder auch langfristig. Oder alle Assistentinnen wechseln jährlich im Rotationsprinzip oder in einem anderen Turnus die Arbeitsplätze.

Tandems mit Assistentinnen oder Kollegen aus anderen Bereichen ermöglichen es, sich bestimmten Themen, Aufgaben, Prozessen im Detail zu widmen und hierfür Vorschläge oder Verbesserungsvorschläge zu erarbeiten. Die Ergebnisse werden in Public Reviews zur Diskussion gestellt. Anschließend wird ein Ranking der Vorschläge erstellt, und der Vorschlag mit der meisten Zustimmung wird zunächst testweise umgesetzt, um nach einem festgelegten Zeitraum geprüft und ggf. dauerhaft etabliert zu werden.

Eine weitere Möglichkeit der interdisziplinären Zusammenarbeit ist die Hospitation einzelner Assistentinnen in einer Abteilung ihrer Wahl. Dadurch gewinnen sie Einblick in die technischen Bereiche, in Vertrieb, Marketing, Buchhaltung, Einkauf, Poststelle etc. und erweitern ihr Verständnis der Betriebsprozesse.

13.9   Fazit

Gemeinsam sind wir stark!

Ein Assistenznetzwerk ermöglicht mit kleinem Aufwand eine große Wirkung für die Assistentinnen und das gesamte Unternehmen. Durch Wissensaustausch und maßgeschneiderte Weiterbildung erhöht sich die Arbeitseffizienz in den Assistenzbereichen und damit die Zufriedenheit aller – der Assistentinnen, der Teams sowie der Vorgesetzten. Defizite und Probleme können durch ein Netzwerk erkannt, bearbeitet und eliminiert bzw. verbessert werden, Prozesse werden gemeinsam in Arbeitsgruppen optimiert. Durch das gemeinsame Erarbeiten von Lösungen wächst die Motivation, und Motivation führt zu noch effizienterem Arbeiten. Die Möglichkeiten, Arbeitsplatz und -inhalt weitgehend selbständig und agil zu gestalten, ermöglicht ein hohes Maß an Weiterentwicklung und Weiterbildung und erleichtert es insbesondere Teilzeitbeschäftigten und Wiedereinsteigerinnen, flexibel und stressfrei zu arbeiten. Durch das Arbeiten in vernetzten und interdisziplinären Teams wird enorme kreative Energie freigesetzt. Assistentinnen in den Niederlassungen werden besser integriert und müssen sich nicht mehr als „Einzelkämpferinnen" fühlen.

Durch die Vernetzung und das gemeinsame Auftreten wird der Bekanntheitsgrad der Assistenzbereiche innerhalb des Unternehmens und auch außerhalb verstärkt und die Wertschätzung der Assistenzarbeit wird gleichzeitig verbessert. Die vernetzten Assistentinnen bündeln ihr Wissen, ihre Kompetenzen und Kräfte und entwickeln so eine echte „Superpower". Und davon profitiert nicht zuletzt das gesamte Unternehmen.

Regelmäßiges Feedback untereinander und von den Teammitgliedern und nicht mehr nur vom Vorgesetzten verstärkt das Zugehörigkeitsgefühl der Assistentinnen zum Unternehmen und führt zu einem beständigen Wachsen der Kompetenzen und einer Steigerung der Arbeitsqualität. Wenn die Vorgesetzten und die Geschäftsleitung die Entwicklung eines Assistenznetzwerks unterstützen, schaffen sie so die Grundlage für ein hocheffizientes Assistenzteam, das allen Herausforderungen der Zukunft gewachsen ist und diese mit Motivation und Kompetenz angeht.

Wie ging es nun bei mir selbst mit meinem Vorhaben weiter? Inzwischen hat sich eine kleine Gruppe von interessierten Assistentinnen zusammengefunden. Wir haben unser Kick-off-Meeting organisiert und bereits erste Ideen für die Verbesserung einiger Prozesse gesammelt. Die Wissensplattform steht bereit und wird nach und nach mit Inhalten gefüllt. Ein Anfang ist gemacht und ich bin optimistisch, dass wir uns in Zukunft durch Wissenstransfer und gemeinsame Projekte zu einem tollen, hocheffizienten Assistenznetzwerk entwickeln werden.

In diesem Zusammenhang gilt mein besonderer Dank meinen beiden Vorgesetzten, Herrn Dr. Christoph Walther und Frank Felten, die die Idee eines Assistenznetzwerks von Anfang an unterstützt haben und mir in meiner täglichen Arbeit einen großen Freiraum zur Entfaltung meines Potentials und zur Entwicklung neuer Ideen gewähren.

Der Arbeitsplatz der Zukunft ist agil und vernetzt – auch oder gerade für Assistentinnen und Backoffice-Personal!

13.10 Über die Autorin

Clarissa Strasser wuchs gut vernetzt mit drei älteren Schwestern in der Südpfalz auf und studierte nach dem Abitur angewandte Sprach- und Kulturwissenschaften an der Johannes-Gutenberg-Universität Mainz (FASK Germersheim, Sprachen F/Sp). Hierauf folgten Auslandsaufenthalte in der französischen Schweiz und Großbritannien mit Tätigkeiten im Assistenzbereich und in der Gastronomie. Seit 1999 ist sie bei der PTV Planung Transport Verkehr AG als Teamassistentin im Bereich Global Research tätig. Neben ihren vielfältigen Aufgaben in der Bereichsorganisation sowie in der Administration von nationalen und europäischen Forschungsprojekten, widmet sie sich seit einigen Jahren dem Erteilen von Deutschunterricht für ausländische Kolleginnen und Kollegen. Sie ist Mutter zweier Teenager und steht sowohl in der Familie als auch im Beruf vor zahlreichen organisatorischen Herausforderungen, welche sie nicht zuletzt mit Hilfe von privaten und beruflichen Netzwerken meistert. In ihrer Freizeit reist sie gerne, praktiziert Yoga und entspannt beim Lesen. Aktuell beschäftigt sie sich mit den Themen „Nachhaltiger Konsum" und „Visualisierung".

Literaturverzeichnis

[56] American Society of Administrative Professionals. https://www.asaporg.com/. Zugegriffen: 22. März 2018.

[57] Assistenznetzwerk in Deutschland (ANID) in XING. https://www.xing.com/communities/groups/assistenz-netzwerk-in-deutschland-fa33-1069497. Zugegriffen: 22. März 2018.

[58] Mike Beedle et al. Das Agile Manifest, 2001. http://agilemanifesto.org/iso/de/manifesto.html und https://agilemanifesto.org/iso/de/principles.html. Zugegriffen:13. März 2018. Marc Bleß, 2016. Werte, Prinzipien und Praktiken. http://agilecoach.de/themen/werte-prinzipien-und-praktiken/. Zugegriffen: 14. März 2018.

[59] EPAA Executive and Personal Assistant Association. https://epaa.org.uk/. Zugegriffen: 22. März 2018.

[60] Executive Secretary Magazine, Online-Magazine. http://executivesecretary.com/. Zugegriffen: 22. März 2018.

[61] Prof. Dr. Stephan Fischer, 2016. Definition: Agilität als höchste Form der Anpassungsfähigkeit. https://www.haufe.de/personal/hr-management/agilitaet/definition-agilitaet-als-hoechste-form-der-anpassungsfaehigkeit_80_378520.html. Zugegriffen: 14. März 2018.

[62] Chad Geran et al. Management 3.0. https://management30.com/. Zugegriffen: 14. März 2018.

[63] Dorothea Grass, 2014. Wahl zur besten Sekretärin Deutschlands -Mehr Wertschätzung wäre schön. http://www.sueddeutsche.de/karriere/wahl-zur-besten-sekretaerin-deutschlands-mehr-wertschaetzung-waere-schoen-1.2185836. Zugegriffen 26. Februar 2018

[64] André Häusling, 2017. Agile Organisationen. Transformationen erfolgreich gestalten – Beispiele agiler Pioniere. Haufe Lexware, ISBN 978-3648105986.

[65] Sabine Igler. Blog "Teams at Work". https://teamsatwork.de/. Zugegriffen: 14. März 2018.

[66] Karlsruher Institut für Technologie Office Network, 2016. Flyer. http://kit-on.net.kit.edu/downloads/KIT%20Office-Network-Flyer.pdf. Zugegriffen: 22. März 2018.

[67] Kassandra Knebel und Oliver Grätsch, 2017. Agilität im Unternehmen- Was macht ein agiles Unternehmen aus? http://www.berlinerteam.de/magazin/agilitaet-im-unternehmen-was-macht-ein-agiles-unternehmen-aus/. Zugegriffen: 01. März 2018

[68] Dominic Lindner, 2016. Was ist agil und evolutionär im Kontext von Unternehmen? https://agile-unternehmen.de/was-ist-agil-definition/. Zugegriffen: 12. März 2018

[69] Marcus Raitner et al., 2013. Open PM. https://www.openpm.info/display/openPM/Zitate+rund+um+ Projekte+und+Projektmanagement. Informationen zu Emi Kolawole: https://www.emikolawole.com/. Zugegriffen am 14. März 2018

[70] Lisa Reuter, 2017. Ein Unternehmen baut sich um: Auf dem Weg zur selbstorganisierten (Zusammen-)Arbeit. https://www.zukunftderarbeit.de/2017/07/05/db-systel-ein-unternehmen-baut-sich-um/. Zugegriffen: 3. März 2018

[71] Julia Schmidt, 2018. Why we need agile Excecutive Assistants. Executive Secretary Magazine http://executivesecretary.com/why-we-need-agile-executive-assistants/. Zugegriffen: 22. März 2018.

[72] Sekada – Kompetenz für Sekretärinnen. Studie Sekretariat: Von der Schreibkraft zur Teamplayerin. https://www.sekada.de/organisation/bueroorganisation/artikel/studie-sekretariat-von-der-schreibkraft-zur-teamplayerin/. Zugegriffen 2. März 2018

[73] Technische Universität Darmstadt. Sekretariats-Netzwerke bundesweit. http://www.sekretarianet.tu-darmstadt.de/ueber_uns_sek/vernetzung_bundesweit/netzwerke_bundesweit/inhalt_mit_marginalienspalte_206.de.jsp. Zugegriffen: 14. März 2018.

[74] Technische Universität Kaiserslautern. Sekretariate-Netzwerk. https://www.uni-kl.de/snw/startseite/. Zugegriffen: 14. März 2018.

[75] Universität Augsburg. Sekretariatsnetzwerk S-Net. https://www.uni-augsburg.de/projekte/s-net/. Zugegriffen: 14. März 2018.

[76] Universität Trier. Sekretärinnen Netzwerk. https://www.uni-trier.de/index.php?id=22087. Zugegriffen: 14. März 2018.

[77] Gabler Wirtschaftslexikon. Agile Managementmethoden. https://wirtschaftslexikon.gabler.de/definition/agile-managementmethoden-54468. Zugegriffen: 19. Juli 2018.

[78] Gabler Wirtschaftslexikon. Design Thinking. https://wirtschaftslexikon.gabler.de/definition/design- thinking-54120. Zugegriffen: 19. Juli 2018.

Mit Werten und Haltung zum Spitzenteam

Bringen Sie Ihr Zusammenspiel auf ein höheres Niveau

14

Benedikt Weis

Zusammenfassung

Entscheider brauchen Zeit für die wichtigen und wesentlichen Aufgaben. Wie wird die wertvollste Ressource eines Managers effizient gehoben? Benedikt Weis behauptet: Indem aus Chef und Assistenz eine Funktionseinheit wird. Werte und Haltung führen in einer digitalen Welt das Gespann auch in Zukunft zu überdurchschnittlichem Erfolg. Praxisnah berichtet er von den tragenden Säulen und wie beide Seiten zum Spitzenteam werden.

14.1 Einleitung

Es mag Chefs geben, die als Assistenz nur eine Schreibkraft mit Talent zum Kaffeekochen brauchen. In der heutigen Zeit dürften das aber Ausnahmen sein. Ab einer gewissen Hierarchie im Betrieb oder Größe des Unternehmens ist die Wirkung einer echten Chef-Entlastung nachweislich einfach zu groß, um sie auf „gut aussehen" oder den berühmten Kaffee zu reduzieren.

Trotzdem schwinden diese Klischees nur langsam. Viele Führungskräfte und Manager erkennen das Potential einer gut funktionierenden Chef-Assistenz-Beziehung nicht. Wie gelingt sie? Welche Faktoren spielen dafür eine Rolle?

Als ich 2002 als Bankkaufmann bei MLP startete, hatte ich schon Erfahrung mit verschiedenen Führungskräften gesammelt. In den Folgejahren sind, in unterschiedlichen Positionen bei MLP, weitere Chef-Erfahrungen hinzugekommen. Bei meinen Aufgaben haben Kundenzentrierung, Serviceorientierung und Qualität immer eine Rolle gespielt. 2012 habe ich beschlossen, meine Leidenschaft als Dienstleister künftig auf eine Person zu konzentrieren. Ich bin Assistent der ersten Führungsebene (Bereichsleitung) geworden. Die Prüfung zum Management Assistenten (bSb) mit dem Schwerpunkt Kommunikation

© Springer Fachmedien Wiesbaden GmbH, ein Teil von Springer Nature 2019
D. Schenk, *Chefsache Assistenz*, Chefsache,
https://doi.org/10.1007/978-3-658-23490-4_14

absolvierte ich ein Jahr später mit Bestnote. Für eine Managerin und zwei Manager durfte ich mich seither in intensiven Jahren einsetzen.

Dabei habe ich erkannt, dass es in diesem Miteinander Erfolgsfaktoren abseits des Faktenwissens gibt. Durch sie verbessert sich die Zusammenarbeit, egal auf welchem Niveau Sie sich derzeit befinden. Wer zu einem Spitzenteam werden möchte, braucht Werte und Haltung. Diesen Weg muss man gemeinsam beschreiten!

▶   Vertrauen bildet das Fundament für ein effektives Gespann und entsteht durch Verständnis.

▶   Ein wertschätzender Umgang ist der Treibstoff, der den Motor auf Drehzahl hält.

▶   In einem Umfeld, das fördert und fordert – und sich fordern lässt – entstehen herausragende Leistungen.

▶   Durch menschorientiertes und achtsames Handeln wird die Effizienz enorm gesteigert.

Dazu finden Sie auf den folgenden Seiten Einblicke und Ideen aus der Praxis. Es lohnt sich! Denn ein funktionierendes Team kann sehr erfolgreich werden.

14.2   Was ist Assistenz?

Manager klagen, wie schwer es ist, die passende Assistenz zu finden. Bewerberinnen und Bewerber wüssten nicht, was es bedeutet, die Stelle als „rechte Hand" des Chefs auszufüllen! Oft sollen die Tätigkeiten vorab präzise abgesteckt werden. Kleine private Dienste werden in Erstgesprächen von den Bewerbern regelmäßig ausgeschlossen. Die Auffassungen sind unterschiedlich. Was ist Assistenz?

Die Aufgaben einer Assistenz gehen heute weit über die eines Sekretariats im oben erwähnten Klischee hinaus: Wer assistiert, ist für den Chef da. Was entlastet, wird getan. Viele meiner Kolleginnen und mich eingeschlossen, erledigen auch Aufgaben unserer Vorgesetzten, soweit die Möglichkeit besteht. Die Themen sind vielfältig: Personalangelegenheiten, Budgetthemen, Projektorganisation, um einige Beispiele zu nennen. Eine Stellentypbeschreibung in unserem Unternehmen ergab diese Bandbreite. Neben einheitlichen (Sekretariats-)Aufgaben werden deshalb in jedem Bereich spezifische Assistenzfunktionen ergänzt.

Beispiel

Auf die Frage eines Freundes, was meine Aufgaben sind, fiel mir keine kurze Antwort ein. Es gibt Tage, an denen von mir über 100 E-Mails versendet werden. Alle vier Minuten ein anderer Vorgang, ein anderes Thema und darin sind die Arbeiten außerhalb der EDV nicht eingerechnet. Wie soll ich da meine Tätigkeit in einem Satz beschreiben?

Der Freund hörte sich meine Ausführungen an und fasste zusammen: Du bist Sekretärin! Dass er dabei absichtlich die weibliche Form wählte, nahm ich ihm nicht übel. Aber es zeigt natürlich, dass es die Ausnahme ist, als Mann diesen Beruf auszuüben.

Mein Chef mag das Wort Sekretär. Es sei ein professioneller Begriff, der eine Vertrauensstellung ausdrückt. Ich teile seine Ansicht, bezeichne mich aber überwiegend als Assistent.

Die Arbeit einer Assistenz ist abhängig vom Arbeitgeber, von der Abteilung und auch vom Chef selbst. Zudem wächst das Aufgabengebiet der Assistenz meist mit der Erfahrung im Betrieb und dem Vertrauen des Vorgesetzten. Assistenz ist eine Dienstleistung mit hohen Ansprüchen an die Flexibilität und Serviceorientierung. Fachwissen allein ist kein Garant für eine gute Besetzung der Stelle. Suchen Sie jemanden aus, der grundsätzlich Freude an der Dienstleistung hat. Ich erinnere mich an die Aussage einer Geschäftsführerin, die ihrer Erfahrung nach der Meinung ist, eine Art „Butler" im besten Wortsinne sei dafür perfekt. Ein Butler hat die Einstellung, sich vollkommen in den Dienst zu stellen. Eine wesentliche Voraussetzung für überdurchschnittlichen Erfolg.

14.3   Wann ist die Chef-Assistenz-Beziehung ein Erfolg?

"Time is the scarcest resource and unless it is managed nothing else can be managed." (Peter Drucker)

Vor meinem Quereinstieg als Assistent hatte ich wenig Einblick in die Arbeit einer Bereichsleiterin oder eines Bereichsleiters in unserem Unternehmen. Obwohl flache Hierarchien gepflegt werden und zum Beispiel mit der Du-Anrede eine offene Kultur gelebt wird, hatte ich im Alltag nur wenige Berührungspunkte. Bereichsleiter sind neben dem Tagesgeschäft mit vielen Themen beschäftigt. Sie rufen Projekte ins Leben und werden mit zukunftsweisenden Aufgaben vom Vorstand betraut. Von den oft über Monaten getriebenen Ausarbeitungen hängt viel ab. Am Ende steht dann die Präsentation bei der Geschäftsleitung. Wenn dort genehmigt, erfolgt die operative Umsetzung. Freie Zeit ist bei den Managern selten!

Vor diesem Hintergrund ist es schwer zu glauben, dass es Führungskräfte geben soll, die bis 23 Uhr „Troubleshooting" in ihrem Büro betreiben und beispielsweise eigenhändig ihren E-Mail-Eingang sortieren. Und doch stimmt es, dass die Manager keineswegs durch und durch homogene Effizienzmaschinen sind. Das kann Christiane Walker sogar für international agierende Großkonzerne bestätigen. Die Speakerin und Firmenchefin leiht mit ihrem Unternehmen „PLU – tuning für den Chef" (www.plu.de) professionelle Assistenzen an (Top-)Manager aus.

Entscheider brauchen Zeit für die wichtigen und wesentlichen Aufgaben. Der Pionier der modernen Managementlehre, Peter Drucker, betont, dass die Zeit des Managers zuallererst zu managen ist. Die Zusammenarbeit Chef und Assistenz ist ein Erfolg, wenn sich dieses wertvolle Gut für ihn mehrt. Wenn der Manager spürbar entlastet wird!

Eine dienstleistungsorientierte Person in der Assistenzfunktion wird Sie wahnsinnig bereichern. Neben der direkt delegierten Arbeit, wird sie sich für Sie ganzheitlich interessieren. Sie wird Felder für Zeitersparnis und Entlastung erkennen und Aufgaben selbstständig übernehmen. Zur Optimierung Ihrer Arbeitstage, wird sie alle vorhandenen Informationen berücksichtigen und vorausschauend agieren.

▶ Das Gespann Chef-Assistenz wird optimiert, wenn beide Seiten etwas beitragen: Der Manager muss delegieren, loslassen und sich in vielen Angelegenheiten anvertrauen. Die Assistenz muss wachsam bleiben, wo sie sich wirkungsvoll einbringen kann.

Beide müssen das Notwendige im Blick behalten. Denn neue Anforderungen oder Aufgaben des Managers, Umstrukturierungen und Projekte, verändern die Rolle der Assistenz. Der regelmäßige Austausch ist der Schmierstoff einer erfolgreichen, entlastenden Zusammenarbeit. Er ist erforderlich, denn in der Chef-Assistenz-Beziehung gibt es nur gemeinsame Ziele. Im Austausch kann die Zielausrichtung justiert werden. Wenn dieses Verständnis existiert, ist das der Turbo Richtung Spitzenteam!

14.4   Mit Vertrauen zu besseren Resultaten

Das Maß an zu erlangender Entlastung ist davon abhängig, ob Chef und Assistenz als Einheit erfolgreich sind. Chef und Assistenz sind eine Funktionseinheit. Das erfordert ein Vertrauensverhältnis. Der Weg zum Spitzenteam führt über Vertrauen!

▶ Grundlage ist: Vertrauen entsteht durch Verstehen. Wer seinen Gegenüber versteht, seine Ziele, Motive, Ängste, Stärken und auch Unzulänglichkeiten, dem fällt es leichter, dessen Handlungen und Reaktionen nachzuvollziehen. Das setzt einen offenen Umgang miteinander voraus. Als Manager müssen Sie dafür etwas von sich preisgeben. Ein beidseitiger Vertrauensvorschuss macht Sinn.

Die tragende Säule im Themenfeld „Vertrauen" ist für Chef und Assistenz das Beziehungsvertrauen. Fehler sollten keinen Einfluss auf die Beziehung zwischen den Personen haben! In diesem Vertrauensverhältnis muss die Frage erlaubt sein, wie ein Fehler künftig vermieden werden kann. Unabhängig von einer Leistungsbeurteilung darf er aber nicht die Beziehung in Frage stellen. Dann können in dieser vertrauensvollen Atmosphäre bessere Resultate entstehen.

> **Beispiel**
>
> **Beispiele aus meiner beruflichen Praxis**
> Der Chef betritt den großen Besprechungsraum, um die jährliche Bereichsrunde abzuhalten. Alle 60 Mitarbeiter sitzen bereits. Der große Bildschirm zeigt allen das erste Bild seiner Präsentation. Kurz zuvor hatte eine Abteilungsleiterin mit mir noch letzte Änderungen an der Präsentation vorgenommen. Drei Minuten vor Beginn fragt der Chef, ob er eine bestimmte Folie, die erst im späteren Verlauf der Präsentation gezeigt werden wird, am Moderatorenplatz aufrufen könne. Ich der angespannten Situation verneine ich, denn ich befürchte, dass die Folie für alle sichtbar auf dem großen Bildschirm erscheinen könnte. Er antwortet souverän: „Gut, ich schaffe das auch ohne sie nochmals zu sehen".
> Seine Reaktion beinhaltet Vertrauen in drei Punkten:
> 1. Er vertraut darauf, dass die Folie nicht unbemerkt aufgerufen werden kann und fügt sich.
> 2. Er vertraut darauf, dass alle Beteiligten im Vorfeld ihr Bestes gegeben haben und macht in Folge dessen keine Vorwürfe.
> 3. Ohne es auszusprechen vertraut er darauf, dass sich jemand aktiv nach einer Lösung für künftige Situationen erkundigen wird (im Nachgang habe ich tatsächlich dieses technische Detail im entsprechenden Besprechungsraum für künftige Ereignisse in Erfahrung gebracht).
>
> Sein souveränes Verhalten wirkt ohne Dominanz vertrauensfördernd und fair!
> In einer anderen Situation sage ich ihm leider erst drei Minuten vor einem Telefontermin, dass er diesen nicht von seinem Büro aus, sondern in einem Nachbargebäude wahrnehmen muss. In der aufkommenden Hektik entscheidet er, lieber mit unvollständigen Unterlagen als zu spät zu erscheinen. „Wie lässt du mich denn aussehen?" sind seine Worte, während er davon eilt. Der Vorfall kam später nicht mehr zur Sprache. Anstatt sich mit einer Zurechtweisung oder Maßregelung aufzuhalten, vertraut er darauf, dass ich mich am meisten über mein Versäumnis ärgere. Ich habe mich am Abend trotzdem dafür entschuldigt.

Zweifellos wächst das Vertrauen zwischen Assistenz und Manager, wenn sich die Zusammenarbeit Tag für Tag bewährt, gute und schlechte Tage gemeinsam durchgestanden werden. Wenn Fehler selten sind, fällt es dem Vorgesetzten leichter zu vertrauen. Diskretion, Verlässlichkeit und Loyalität als Kernelemente der Arbeit als Assistenz, helfen ebenso.

Assistenzen haben oft Kenntnis über höchst vertrauensvolle Dinge. Vertrauen entsteht, wenn sicher ist, dass diese Informationen bis aufs Äußerste diskret behandelt werden. Das mag obligatorisch klingen, in der Praxis habe ich aber zum Beispiel bei Terminanfragen schon oft ungefragt Zusatzinformationen als Rechtfertigung erhalten. Die hätte mir die Assistenz gar nicht geben müssen, um mir einen Termin bei ihrem Chef zu versagen.

Helfen Sie Ihrer Assistenz, indem Sie ihr differenziert aufzeigen, was vertraulich und wichtig ist. Welchem Personenkreis sie bei Terminanfragen Rechenschaft ablegen muss und welchem nicht.

Das lohnt sich und wird das Profil Ihrer Assistenz schärfen: Über mehrere Monate hatte ich zusätzlich ein Sekretariat übernommen und erfolgreich neben meiner hauptsächlichen Tätigkeit geführt. Am Ende dieser Zeit hatte mich die dortige Managerin angesprochen, wie professionell ich alles auseinander gehalten hätte: Niemals wäre mir eine Information den anderen Bereich betreffend über die Lippen gekommen. Sie hat daraus geschlossen, dass ihre Themen und Termine bei mir in besten Händen sind. Diskretion sollte der jeweiligen Stelle gelten, die ausgefüllt wird. Das aus Geheimdienstkreisen stammende „Need-to-know-Prinzip" hilft dabei: Es besagt, dass nur über Dinge gesprochen wird, die ein Gegenüber in diesem Moment braucht. Dieses Grundprinzip sollte auch von Assistenzen angewendet werden.

Wer sich Zeit nimmt, erweckt Vertrauen. Freie Zeit ist bei Führungskräften selten. Oft ringt die Assistenz im Tagesgeschäft um einen Moment für ein Gespräch mit dem Chef. Nehmen Sie sich Zeit, um offene Punkte Ihrer Assistenz zu besprechen. Fünf Minuten können enorm weiterhelfen. Wenn Sie aber regelmäßig ablehnen, sollte Ihre Assistenz mutiger werden: Dann sollte sie einmal gleich die doppelte Zeit bei Ihnen einbuchen! Und zwar, um die offenen Punkte zu besprechen und um im Anschluss ihre Einstellung zueinander zu klären. Das ist die Basis für Vertrauen.

Als ich in den ersten Tagen der Zusammenarbeit mit einigen Aufgaben in der Hand meinen Chef um ein Gespräch bat, war seine Reaktion dazu: „Hast du die Themen priorisiert?". Er stand im Büro in Vorbereitung auf seinen nächsten Termin. Ich hatte Verständnis für seine Nachfrage. Er wollte in diesem Moment sicherstellen, seine Zeit nur in die dringendsten Dinge zu investieren. Meine Themen waren wichtig und der Moment der einzig mögliche an diesem Tag. Zum Glück konnte ich seine Frage mit einem „ja" beantworten. Ich achtete seitdem immer auf die Vorsortierung meiner Themen. Darum geht er davon aus, dass ich mit seiner Zeit gewissenhaft umgehe, wenn ich ihn um fünf Minuten bitte. Wenn ich den Augenblick günstig auswähle und vorbereitet bin, lehnt er praktisch nie ab. Seine Haltung ist „du erledigst Aufgaben für mich, also ist die erbetene Zeit sehr wichtig!".

Beispiel

Noch ein Praxisbeispiel zum Thema Vertrauen

Meine Vorgesetzten wollten bisher sehr selten einen Einblick in meinen Tagesablauf. Die Manager interessiert das Ergebnis. Der Weg zum Ziel bleibt mir überlassen. Mein Chef hat keinen Grund zu fragen, was ich tue, denn er hat das Vertrauen gewonnen, dass „es läuft". Er vertraut darauf, dass ich mich proaktiv Aufgaben annehme, auch wenn ich nicht immer seine Weisung dafür erhalte. Er traut mir zu, abwägen zu können, wo meine Ressource gut aufgehoben ist und lässt mir freie Hand.

Gelegentlich ergeben sich Situationen, die diese Position festigen:

Auf dem Weg in einen längeren Termin fragte er etwas salopp, was ich den Rest des Tages denn so vorhabe. Ich nahm ihm das nicht übel und reagiere grundsätzlich sachlich: Schon eine kleine Aufzählung meiner kleinteiligen Arbeiten für den Nachmittag genügte, um bei ihm ein Schaudern hervorzurufen. Ich bin sicher, dass er froh war, sich in den langen Termin verabschieden zu dürfen. In einer anderen Situation hatte ich

Gelegenheit ihm von meiner Mitarbeit bei einem Projekt zu berichten. Er war nur am Rande involviert und hatte keinen Einblick, wie viel Engagement ich einsetzte. Er erwiderte überzeugend, dass er mich ernst nimmt, wenn ich ihm von viel Arbeit berichte. Er gab mir das gute Gefühl, dass er meine Arbeitsweise schätzt und sich jeder Zeit meines großen Engagements bewusst ist. Wenn die Assistenz dem Manager vertrauen kann, dass er um ihre Leistung weiß und sie anerkennt, ist das sehr wertvoll.

Praxistipps Vertrauen
- Kontrollieren Sie Leistungsträger nicht zu sehr – das kann demotivieren. Vertrauen Sie darauf, dass Ihre Assistenz für Ihre Entlastung sorgen wird.
- Halten Sie mit Blick auf die Gesamtleistung Ihre Kritik im Rahmen. Wer Fehler sucht und (natürlich) auch findet, macht seine Assistenz kleiner als sie ist.
- Nehmen Sie sich Zeit, wenn Ihre Assistenz offene Punkte mit Ihnen besprechen will.
- Nehmen Sie Ihre Assistenz ernst, bevor ihre Probleme zu Ihren eigenen Problemen werden.
- Benennen Sie Ihrer Assistenz, was vertraulich und was Ihnen wichtig ist.

14.5 Wertschätzung als Treibstoff der Zusammenarbeit

„Tadeln ist leicht; deshalb versuchen sich so viele darin. Mit Verstand loben ist schwer; darum tun es so wenige." (Anselm Feuerbach)

Wertschätzung ist der Treibstoff, der zu Höchstleistung führen kann. Warum wird sie oft vernachlässigt?

Im Alltag kann Wertschätzung durch Lob kultiviert und praktiziert werden. Das birgt viele Vorteile: Ehrliches Lob motiviert die Menschen. Der Ausdruck spontaner Wertschätzung verbessert das Arbeitsverhältnis enorm. In einem Umfeld des Lobens werden Fehler besser verkraftet. Es fällt leichter angstfrei (über alles) sprechen zu können. Das Beziehungs-Vertrauen wird gestärkt.

Die vielen direkten Begegnungen zwischen Assistenz und Chef eröffnen Chancen, die Beziehung zu festigen – nutzen Sie sie! Einer engagierten Assistenz wird die eigene Rolle durch häufiges Lob nicht zu Kopf steigen.

Manager und Assistenz geben und nehmen permanent. E-Mails werden bearbeitet, Termine organisiert, Meetings protokolliert, Anrufer vertröstet, Informationen ausgetauscht, Präsentationen Korrektur gelesen, Tagesabläufe optimiert. Soll aufgrund der Häufigkeit das „Danke" und „gern geschehen" auf der Strecke bleiben? Hoffentlich nicht. Ein „Danke" ist auch im Vorübergehen leicht gesagt und ein Smiley per E-Mail oder Kurznachricht schnell verschickt.

Glücklicherweise habe ich es bisher nur so erlebt, dass sich meine Vorgesetzten oft bedankt haben.

Eine besondere Art des Lobs ist es, wenn mein Chef mir sagt, dass er mein Selbstverständnis, mit dem ich meinen Beruf ausübe, bewundert. Humorvoll ist es, wenn ich als „Mann für alle Fälle" in einen Termin meines Chefs gerufen werde. Beides empfinde ich als sehr wertschätzend.

Wechseln wir die Schwierigkeitsstufe: Angenommen, Ihre Assistenz hat für Sie den diesjährigen Ausflug mit all Ihren 80 Mitarbeitern organisiert: Terminfindung, Einladung und Informationen für die Mitarbeiter, Suche des Busunternehmens, Buchung einer Schifffahrt und sogar eine Probewanderung und die Restaurantsuche – all das wurde im Vorfeld erledigt.

Der Tag verläuft hervorragend und Sie sitzen in der Gaststätte gemütlich zusammen. Sie stehen auf und halten vor dem Abendessen eine kurze Ansprache zu den Kolleginnen und Kollegen. Wenn Sie darin Ihrer anwesenden Assistenz für die gelungene Organisation danken, ist das eine sehr gute Sache. Wenn Sie dann noch ehrlich und aufrichtig zusätzlich erwähnen, dass die Mitarbeiter heute selbst einmal erfahren haben, wie wohl organisiert und perfekt betreut Sie durch Ihre Assistenz an jedem einzelnen Ihrer Arbeitstage sind, dann haben Sie die erste Liga in der gelebten Wertschätzung erreicht. Mein Chef hat es tatsächlich so gemacht und das hat mich sehr gefreut.

Ab und zu bekomme ich verblüffte Blicke, wenn ich nach dem gemeinsamen Jour fixe mit beiden Händen voller Arbeit sein Büro verlasse und mich für die erhaltene Arbeit und Informationen bedanke.

Warum sollte sich die Assistenz bei ihrem Chef nicht auch bedanken? Sie ist für ihn da und kann auf diese Art zum Ausdruck bringen, dass sie gerne für ihn arbeitet.

Ich erlaube mir für wichtige Termine „Daumen zu drücken". Ich wünsche „viel Erfolg" für Workshops und bedanke mich für eindeutig formulierte Arbeitsaufträge. Wenn ich kurzfristig Termine umplane, zeigt sich mein Chef immer flexibel. Er fragt selten nach den Gründen einer Terminverschiebung. Er schätzt es wert, dass ich seinen Tag manage. Darum bedanke ich mich regelmäßig für seine Flexibilität.

Ungeteilte Aufmerksamkeit ist ebenfalls Wertschätzung. Vielleicht ist es Ihnen nicht immer möglich, hinter dem Computer hervorzukommen, wenn Ihre Assistenz Ihr Büro für ein Gespräch betritt. Im Alltag werden viele Dinge im Vorübergehen besprochen. Umso besonders sind die Momente, wenn Sie sich für die Besprechung mit voller Aufmerksamkeit gemeinsam an einen separaten Tisch setzen.

Praxistipps Wertschätzung
- Danken Sie Ihrer Assistenz und loben Sie sie. Es macht Freude gebraucht zu werden.
- Gönnen Sie ihr aufrichtig die Urlaubstage und den Überstundenabbau, damit sie Ihnen bald wieder erholt zur Seite steht.
- Wenn Sie Zweifel an der Leistung Ihrer Assistenz haben, arbeiten Sie in einem ehrlichen Gespräch ihr Arbeitsumfeld und ihre Befähigungen auf.
- Machen Sie sich bewusst, dass es die Motivation engagierter Menschen erodiert, wenn Sie sie dauerhaft für selbstverständlich ansehen.

14.6 Fördern

„Durch Zutrauen entsteht Leistung." (Johannes Grützke)

Der Manager darf seiner Assistenz gerne etwas zutrauen. Verteilen Sie aber nicht blind viele neue Aufgaben – das überfordert. Was in der Chef-Assistenz-Beziehung zu überdurchschnittlichem Erfolg führt, ist die Kombination aus der Befähigung für neue Aufgaben und das Zutrauen in die Umsetzung. Letztendlich bedeutet das Fördern und Fordern!

Wenn Sie die Kompetenzen Ihrer Assistenz regelmäßig erweitern und sie neue Erfahrungen machen lassen, wird sie daran wachsen. Sie wird souveräner und das kommt Ihnen selbst zu Gute. Außerdem schafft das kultivierte Fördern und Fordern Vertrauen: Denn dort wo man gefördert wird, lässt man sich gerne fordern und nirgends fällt die Leistung leichter. Das ist ein wichtiger Schritt auf das nächste Niveau zum Spitzenteam.

Fördern Sie alle Ihre engagierten Mitarbeiter auf individuelle Weise – denken Sie an Ihre Assistenz! Ein Messer müssen Sie von Zeit zu Zeit auch schleifen, damit es scharf bleibt.

Die vielfältigen und wechselhaften Aufgaben des Managers wirken sich permanent auf sie aus. Werte, Haltungen und Agilität helfen ihr durch turbulente Tage. Um dauerhaft wirkungsvoll zu bleiben, braucht es aber initiierte Befähigungen darüber hinaus.

Bedienung einer neuen Telefonanlage, Erlernen neuer Software, Beachtung neuer Richtlinien, Organisation eines Smartphone-Wechsels vom Chef – das kann sich alles innerhalb weniger Tage neben dem Tagesgeschäft abspielen. Machen Sie es sich nicht so einfach, Ihre Assistenz einmal im Jahr zu einer Powerpoint-Schulung zu schicken. Sie wird dadurch auf Dauer nicht konkurrenzfähig bleiben. Wenn Sie effiziente Hilfe aus dem Vorzimmer haben möchten, sorgen Sie dafür, dass dort das entsprechende Wissen und Methoden vorhanden sind, mit denen Sie unterstützt werden können. Fördern Sie Ihre Assistenz!

Leben Sie einen offenen Austausch mit dem Grundgedanken, dass beide Seiten einen Nutzen der Förderung haben sollen. Sprechen Sie darüber was interessant, nötig und möglich ist.

Wie viel Potential durch mangelnde Kommunikation in diesem Bereich verloren gehen kann, zeigt dieses Erlebnis: Während einer mehrmonatigen Fortbildung lernte ich eine Mitarbeiterin eines großen DAX-Konzerns kennen. Ihre Führungskraft wusste weder, dass sie diese Fortbildung macht, noch hatte sie gefragt, ob ihr Arbeitgeber einen Teil der Kosten übernimmt. Sie brachte sich damit um die Möglichkeit, von ihrem Arbeitgeber unterstützt zu werden. Sie brachte sich darum, Anerkennung für ihr Engagement und ihre Leistung zu erhalten. Und ihre Führungskraft brachte sie um die Chance, einen Einblick in ihr Engagement und ihre neuen Kompetenzen zu erhalten.

▶   Wertschätzende Einigungen können sehr einfach sein. Und wenn sich beide Seiten offen begegnen, sind die Gestaltungsmöglichkeiten vielfältig.

Meinem Chef hatte ich zwei Fortbildungsangebote vorgelegt. Ich signalisierte, dass es mir mit meinem Weiterkommen so ernst war, dass ich diese Zusatzqualifizierung nicht von der Unterstützung meines Arbeitgebers abhängig machen würde. Ich wollte wissen, welche der beiden Inhalte er für sinnvoller erachtet und war ergebnisoffen. Mein Chef nahm sich die Zeit, denn er erkannte die Chance für sich Einfluss zu nehmen und Wertschätzung zu zeigen. Er bot mir Unterstützung an und kümmerte sich um die Ausgestaltung der Rahmenbedingungen. Die offene Haltung beider Seiten sorgte für eine Win-win-Situation!

Fördern geht weit über die bezahlte Fortbildung bei einem externen Dienstleister hinaus: Nutzen Sie Chancen Ihrer Assistenz Einblicke zu geben! Sie ist die Erfüllungshilfe für Ihre Ziele. Um Sie optimal unterstützen zu können braucht sie diese Kenntnisse. Sie könnten beispielsweise Ihre Entscheidungsfindung in bestimmten Fällen aufzeigen. Oder erklären, warum Sie gerade dieses strategische Ziel in den Fokus rücken. Welche Aufträge treiben Sie? Wo lauern „politische" Probleme? Wann präsentieren Sie auf der nächsten Analystenkonferenz? Dieses Wissen wird sie auf den eigenen Alltag transferieren. Die Assistenz lernt Sie und Ihre Arbeitsweise besser kennen. Ihre Vorausschau und die Qualität ihrer Entscheidungen wird sich verbessern, ihr Blick wird sich weiten.

Beispiel

Ein Beispiel aus meiner persönlichen Erfahrung: Ich trat die Stelle als Assistent in einem großen Bereich mit 80 Angestellten und 6 verschiedenen Teams an. Um die Themen, die Zusammenhänge und die Kolleginnen und Kollegen kennen zu lernen, schlug ich vor, ein Praktikum in jedem Team zu absolvieren. Ich empfand es als Förderung, dass mein Chef pro Team einen halben Tag auf mich verzichtete, um mir diese Einblicke zu gewähren.

Wenn Sie sich um die Weiterentwicklung Ihrer Assistenz kümmern, dann denken Sie über Ihren eigenen Bereich und Ihre persönlichen Vorteile hinaus. Natürlich möchten Sie möglichst lange im Genuss Ihres Organisationstalents bleiben. Wenn sich aber abzeichnet, dass der Weg Ihrer „rechten Hand" bei Ihnen nicht zu Ende sein wird, seien Sie nicht der Bremsklotz und signalisieren Sie das auch.

Was ist für Ihre Assistenz der nächste Schritt, wo kann sie noch wachsen? Würden Sie Ihre Assistenz ermuntern, sich auf die Position der Vorstandsassistenz zu bewerben und sie dabei unterstützen?

Das verlangt selbstloses Handeln zum Wohle des Unternehmens, aber vor allem zum Wohle der Person, die Ihnen bisher zur Seite gestanden ist. Genau das habe ich schon wiederholt bei meinem Arbeitgeber MLP erlebt. Uneigennützig wurde zugestimmt, dass die eigene Assistenz zur Vorstandsassistenz wird. Oder in einem anderen Beispiel der Weg für eine fachliche Karriere geebnet.

Auch für den abgebenden Manager bietet das Vorteile: Es gibt keinen besseren Weg, seinen Mitarbeitern und dem Unternehmen Wohlwollen und Integrität zu beweisen.

Praxistipps Fördern
- Sorgen Sie dafür, dass Ihre Assistenz über entsprechende Qualifikationen auf der Höhe der Zeit verfügt und ihre Kompetenzen erweitert.
- Sprechen Sie offen über Entwicklungspotentiale und Entwicklungswünsche und fordern Sie Ihre Mitarbeiter auf, sich Gedanken über ihre Entwicklung zu machen.
- Fördern Sie uneigennützig den Wunsch nach Entwicklung zum Wohle aller Beteiligten.
- Denken Sie immer über die sich ergebenden Vorteile für beide Seiten nach und überlegen Sie, welche Möglichkeiten es gibt sie umzusetzen und sich zu einigen.

14.7 Fordern

Fördern darf nicht immer angenehm sein. Wenn Sie Ihre Assistenz aus der Komfortzone drängen, wird sie viele Kompetenzen und Erfahrungen erlangen. Fordern Sie sie und nutzen Sie Lern- und Wachstumsfelder von nicht alltäglichen Situationen aus! „Job Enrichment" fördert Ihre Assistenz ganzheitlich.

Als Frau oder Mann der zweiten Reihe sind wir Assistenzen es in den meisten Fällen nicht gewohnt im Rampenlicht zu stehen. Wir arbeiten im Hintergrund. Die Bühne gehört den Managern. Doch gerade das Unangenehme bringt die Entwicklung voran.

Dazu ein Beispiel aus meinem Werdegang, das mich vielfältig bereichert hat: Ich absolvierte die Fortbildung beim Bundesverband für Sekretariat und Büromanagement zum geprüften Management-Assistenten (bSb) mit Bestnote. Man lud mich zu einer Preisübergabe auf eine überregionale Veranstaltung ein und wollte mir sogar einen Platz in der ersten Reihe reservieren. Im ersten Moment sah ich mich als „Mann hinter den Kulissen" nicht zu dieser Veranstaltung fahren. Mein Chef erkannte meine Zurückhaltung als Chance für Wachstum. Er forderte mich auf, den Preis entgegenzunehmen und entsandte mich einen ganzen Tag auf dieses Event. „Weiterentwicklung findest du dort, wo du schwitzige

Hände bekommst", sind seine Worte dazu. Sein Auftrag hielt viel für mich bereit. Vor Ort sagte ich spontan einem Interview durch die Verbandsvorsitzende auf der Bühne zu. Ich konnte mein Lampenfieber vor 80 bundesweit angereisten Assistentinnen und weiteren Personen der Verbandswerbepartner überwinden. Ich konnte mein Unternehmen wohlwollend bei der Unterstützung meiner Fortbildung erwähnen. Und letztendlich war das der Beginn meiner Mitgliedschaft im „bSb", die mich weiter professionalisiert und mein Profil schärft.

Meine Entwicklung wiegt die eingesetzte Zeit und die Kosten um ein Vielfaches auf. Ich bin meinem Chef sehr dankbar, dass er mich durch sein „Fordern" gefördert hat.

Bei vielen Arbeitgebern bietet sich den Mitarbeitern die Chance, Engagement über die eigene Stellenbeschreibung hinaus zu zeigen. Es gibt Ersthelfer, Brandschutzhelfer, Helfer für öffentliche Veranstaltungen und viele weitere Aufgaben, für die verantwortungsvolle Kollegen gesucht werden. Sehen Sie das als Möglichkeit Ihre Mitarbeiter zu fördern! Bestärken Sie, wenn es darum geht, sich etwas zu zutrauen und sich einzusetzen. Das Engagement verbreitert das Netzwerk der Mitarbeiter. Sie verwurzeln sich im Unternehmen und lernen neben dem Alltag etwas Neues. Für den Betrieb ist es wichtig, dass zentrale Rollen von gewissenhaften Menschen übernommen werden. Im Ernstfall kann es schließlich um Menschenleben gehen.

Ich selbst mache als Helfer in verschiedenen Rollen bei der Hauptversammlung unseres Konzerns MLP SE jedes Jahr neue Erfahrungen. Das ist nur möglich, weil mein Chef es nicht als verschwendete Zeit, sondern als wertvoll erachtet. Es fordert mich und ist gleichzeitig dem Unternehmen von Vorteil.

Beispiel

Für Sie als Führungskraft sind Auftritte und Ansprachen vor der Belegschaft sicherlich gewohnte Situationen. Für mich sind sie nicht alltäglich. So war meine Megaphon-Durchsage an 100 Kolleginnen und Kollegen, die nach einem Feueralarm frierend auf dem hauseigenen Parkplatz auf Instruktionen warteten, eine dieser „Wachstums-Situationen".

Ursprünglich animierte mich mein Vorgesetzter dazu bei der unternehmensweiten Suche nach Räumungshelfern zuzusagen, und die erforderlichen Schulungen zu absolvieren. Durch einige Probealarme gehöre ich mittlerweile schon zu den erfahreneren Kollegen. So kam es, dass an diesem Freitagabend auch die Gebäudeverantwortung bei mir lag. Nach Gesprächen mit der Sicherheitsleitstelle kam ich in die Verlegenheit eine Durchsage an die Kollegen auf dem Sammelplatz zu machen. Es war an diesem Tag glücklicherweise kein Brand, der den Alarm auslöste. Meine erworbenen Kompetenzen und meine Initiative sorgten für einen besseren und kürzeren Ablauf, was allen Mitarbeiterinnen und Mitarbeitern zu Gute kam.

Es ist nicht immer einfach die Zeit für dieses Engagement aufzubringen. Es ist nicht immer einfach den Komfortkreis zu verlassen. Es ist die Mühe aber einfach wert!

Praxistipps Fordern
- Bieten Sie Ihrer Assistenz Freiraum, um sich engagieren zu können.
- Sorgen Sie dafür, dass Ihre Assistenz ab und zu ihr Gewohntes verlassen muss. Sie wird an den Erfahrungen wachsen.
- Vergeben Sie regelmäßig Aufgaben, die neu sind und bei denen es etwas zu lernen gibt, das erweitert ihre Kompetenzen.
- Geben Sie ihr neue Rollen, beispielsweise als künftiges Mitglied und Themenverantwortliche in Ihrer Führungskräfte-Runde.
- Animieren Sie sie zur Teilnahme an Projekt-Workshops oder Pilotphasen, wenn Ihr Unternehmen freiwillige Mitarbeiter sucht.

14.8 Assistenz in der digitalen Welt: Menschorientiert und achtsam!

In der digitalen Welt dringt die Automatisierung von Dienstleistungen und Prozessen in alle Bereiche des menschlichen Lebens vor. In dieser Welt werden Werte und Haltung trotzdem in Mode bleiben, wenn es um die erfolgreiche Zusammenarbeit von Chef und Assistenz geht. Der Assistenz bieten sie sogar ein Alleinstellungsmerkmal (USP) in der Konkurrenz zu „Alexa" und Co.

Denn der Mensch im Vorzimmer meistert unberechenbare Situationen. Geht mit Kunden, Geschäftspartnern und Mitarbeitern um. Kooperiert, ist kreativ, agiert statt zu reagieren. Schafft Probleme aus dem Weg, bevor sie entstehen. Und stellt sich jeden Tag neu auf den Chef ein:

Eine Assistenz rückt den Manager als Mensch in den Fokus ihrer Aufmerksamkeit. Sie muss seine Eigenheiten und Schwächen akzeptieren und darf dabei seine Autorität nicht in Frage stellen. Sie achtet auf kleine Details, ohne dabei das große Ganze aus den Augen zu verlieren. Oft kommen Dinge in der Arbeit mit dem Manager anders, dann muss sie flexibel sein und die richtige Einstellung behalten. Diese menschlichen Fähigkeiten besitzt sie in besonderem Maße. Und diese Leistung ist nicht berechen- und bezifferbar.

Als Vorgesetzter sollten Sie sich bewusst sein, vor welche Herausforderungen das Ihre Assistenz Tag für Tag stellt. Ihre Assistenz arbeitet in einem dynamischen Umfeld. Sie meistert die vielschichtige Zusammenarbeit mit Ihnen. Das ist eine große mentale Leistung. Helfen Sie ihr im Umgang mit den Unwägbarkeiten: Gestehen Sie Ihrer Assistenz zu, in ihrer Abwesenheit Entscheidungen zu treffen. Ermutigen Sie sie proaktiv zu handeln und vorbeugende Maßnahmen zu ergreifen. Das wird Ihnen Arbeit abnehmen. Ihre Assistenz wird sich mit dieser Einstellung nicht als Opfer der Umstände (oder von Ihnen) sehen, sondern die Rolle als Ihre „rechte Hand" begreifen und souverän ausfüllen. Behalten Sie aber einen realistischen Blick, was sie leisten kann und was nicht. Überfordern Sie sie nicht mit unrealistischen Erwartungen.

Beispiele für mentale Herausforderungen der Assistenz in der Praxis:
1. Sie nehmen nun doch Urlaub an dem Tag des zuvor schwerlich vereinbarten Termins mit den vielen Teilnehmern, den Ihre Assistenz zuvor schon zweimal verschoben hat.
2. Sie hatten „keine Zeit" auf der heutigen Anfahrt ins Büro Ihre Assistenz anzurufen. Nach Ihrer Ankunft verabschieden Sie sich direkt in den ersten Termin und
   Themen bleiben unbesprochen.
3. Am letzten Tag vor dem Urlaub Ihrer Assistenz kommen Sie eine Stunde zu spät
   aus dem letzten Projekttermin. Sie erwartet „auf glühenden Kohlen" die Urlaubs-
   übergabe, kassiert dann aber stattdessen die letzten Aufgaben für den Tag von
   Ihnen.

In diesen Situationen besteht die Gefahr, dass unterschwellige Spannungen entstehen.
Vielleicht gibt Ihnen die Assistenz das nicht sofort zu erkennen. Mit Selbstmotivation,
einem definierten Selbstverständnis und der entsprechenden Haltung schafft sie es jeden
Tag, Ihnen trotzdem gewogen zu bleiben. Es wird den Zusammenhalt aber stärken, wenn
Sie ein Bewusstsein für diese Situationen haben und bei aller Hektik respektvoll bleiben.
Auch die Chef-Assistenz-Beziehung hat Grenzen. Wer permanent gedankenlos und selbst-
bezogen ohne Rücksicht agiert, überstrapaziert die Loyalität seiner Assistenz. Das vergif-
tet auf Dauer die Zusammenarbeit. Danken Sie Ihrer Assistenz stattdessen für Ihre Leistungsbereitschaft – gerade dann, wenn Sie anstrengende Situationen verursacht haben.

Die zahlreichen persönlichen Begegnungen mit dem Chef bieten der Assistenz Möglichkeiten sich abzuheben und den persönlichen „USP" auszubauen. Als Dienstleister
akzeptiert sie, dass die Priorität des Vorgesetzten vorrangig ist und bewahrt Haltung. Wer
reflektiert, wird auch in schwierigen Situationen Anreize zur Optimierung finden. Um bei
den Beispielen oben zu bleiben:
1. Sie haben das letzte Wort und wenn der Termin zum dritten Mal geschoben wird,
   tragen Sie die Verantwortung dafür. Möglicherweise muss die Assistenz Sie auf
   die Wirkung bei den Teilnehmern oder auf andere Konsequenzen hinweisen.
   Ansonsten ist es aber der Auftrag der Assistenz das Meeting zu verschieben und
   den Urlaubstag zu beantragen.
2. Sie setzten Ihre Prioritäten selbst. Sicher gab es einen Grund, warum andere Telefonate auf der Anfahrt wichtiger waren. Selbstkritisch könnte sich die Assistenz
   fragen, ob sie die Dringlichkeit der Punkte mit einem ausreichend guten Stichwort platziert hat. Es könnte auch bedeuten, dass Sie der Assistenz zutrauen,
   ohne Ihren Anruf mit den offenen Punkten umzugehen.
3. Ein Termin kann auch einmal länger dauern. Es ist Aufgabe der Assistenz die
   Tage vorausschauend zu planen und Unvorhergesehenes einzukalkulieren.

Bei alledem gilt es eine Haltung einzunehmen, die es ermöglicht, anders erwartete Entscheidungen akzeptieren zu können. Trotzdem motiviert zu bleiben und sich für das Beein-
flussbare weiter einzusetzen. Die Verantwortung dort zu lassen wo sie hingehört. Sich dem
eigenen Verantwortungsbereich aber bewusst zu bleiben. Jens Corssen bietet in seinem

Buch „der Selbstentwickler" (vgl. Corssen 2006) [80] hervorragende Methoden und beste Beispiele aus der Praxis, wie Haltung für persönlichen und beruflichen Erfolg entwickelt und eingesetzt werden kann.

Enorm hilfreich auf dem Weg zum Spitzenteam ist das Bild vom „Rennfahrer-Chef" (vgl. Walker, 2015 [81]): Der Chef steuert den Rennwagen, er konzentriert sich auf das Fahren. Sein Team (die Assistenz in besonderem Maße) kümmert sich um den Rest. Der Rennfahrer-Chef hält sich nicht mit Dingen auf wie PC hochfahren, Unterlagen für den Tag herauskramen, Termincheck, stundenlanges E-Mail-Lesen. Er zieht den Helm auf, setzt sich in den Rennwagen und drückt aufs Gas. Und haftet mit seinem eigenen Leben!

Dies in meiner beruflichen Praxis: Der Chef betritt sein einsatzfähiges Büro, hat alles für den kommenden Tag auf dem Tisch und im Vorübergehen rufe ich ihm die wichtigsten neuen E-Mails zu und in welchen Besprechungsraum er zuerst gehen muss. Ich bin offen, wann er in die Box fahren möchte, um von Trockenreifen auf Regenreifen zu wechseln, oder wann er den Tankstopp durchführen möchte. Das kann auf jeder Rennstrecke ein anderer Zeitpunkt sein. Schließlich ist er auf dem Kurs unterwegs, kann und muss die Gegebenheiten selbst kennen und verantworten. Die Boxencrew tut ihr Bestes, um den Fahrer dabei zu unterstützen. Und ganz wichtig: Was tut er während das Auto beim Stopp betankt und mit neuen Reifen bestückt wird? Genau. Nichts! Er steigt also nicht aus, um sich vom Reifendruck persönlich zu überzeugen oder Ähnlichem.

Ich persönlich versuche es dem Rennfahrer – pardon, meinem Chef – immer so einfach wie möglich zu machen. Manager werden effektiver und wissen es sehr zu schätzen, wenn auf sie eingegangen wird.

Beispiel

Einige Beispiele aus der Praxis
- Mein Chef kommt aus einem Termin und hetzt mit dem nächsten Gesprächspartner in sein Büro. Er übergibt mir dabei fliegend mit den Worten „nimmst du das auf Wiedervorlage?" eine Unterlage. Ich stelle in solchen Situationen keine Fragen, sondern strecke möglichst Ruhe ausstrahlend und freundlich meine Hand aus. Alles Weitere kann ich nach dem „Rennen" mit ihm klären, nicht, wenn gerade Hektik herrscht.
- Ich halte die Augen offen und gehe auf die bevorzugte Arbeitsweise meiner Chefs ein: Wenn ich merke, dass er eher visuell orientiert ist, bekommt er fortan eine Kopie meiner offenen Punkteliste zu Beginn unseres Termins. Wenn ich merke, dass er gerne spricht, schlage ich ein obligatorisches Telefonat auf der Anfahrt zum Büro vor, um Punkte zu besprechen. Antwortet er von unterwegs gerne auf E-Mails, platziere ich kurze Fragen auf diesem Weg. Es gibt hier unbegrenzte Möglichkeiten.
- Es gelingt mir auch ohne Absprache einzuschätzen, wann er sich zur Erledigung von erteilten Weisungen erkundigt. Ich werde somit alles erledigt haben, wenn er mich anspricht. Weil ich achtsam bin und über die Zeit der Zusammenarbeit gelernt habe mich auf Ihn einzustellen.

Praxistipps menschorientiert und achtsam!
- Begegnen Sie Ihrer Assistenz auf Augenhöhe: Reflektieren Sie Ihre Zusammenarbeit und Verhaltensweisen.
- Schätzen Sie auch die Teile der Arbeit, die nicht offensichtlich sind, zum Beispiel, wie sie sich jeden Tag aufs Neue auf Sie einstellt.
- Respektieren Sie sich und vermeiden Sie unterschwellige Vorwürfe. Räumen Sie Defizite in gemeinsamen Gesprächen aus.
- Probieren Sie gemeinsam Neues aus und bleiben Sie bei Arbeitsweisen, die sich bewähren. Beenden Sie die untauglichen.
- Bemerken Sie es, wenn Ihre Assistenz vor Ihnen im Büro ist oder länger bleibt. Erkundigen Sie sich nach ihren Überstunden.

14.9 Schlusswort – Was hat mich auf meinem persönlichen Weg erfolgreich gemacht?

Die bisherigen Zeilen beschreiben wichtige Werte und Haltungen, die durch meine Vorgesetzten glücklicherweise immer gelebt wurden. Mein Erfolg ist davon maßgeblich beeinflusst. All diesen Vorgesetzten und dem Unternehmen MLP bin ich dankbar, dass Sie mich immer wieder gefördert haben.

Es gibt viele Werte darüber hinaus, die die Zusammenarbeit bereichern. Zum Beispiel der Mut für Neues: wie der des Managers, der mir die Chance gab, als Quereinsteiger sein männlicher Assistent zu werden.

▶ Die Rolle als Assistent ist umfangreich. Wichtige Erfolgsfaktoren sind für mich eine konsequente Serviceorientierung, Kundenzentrierung, Reflektion und permanenter Lernwille.

Als Vollblutdienstleister macht es mir Freude, wenn ich meinem Chef eine Hilfe bin. Sein Tag hat 24 Stunden und es ist mein Job, ihn effektiv zu machen. Damit er sich im Unternehmen bestmöglich einsetzen kann. Damit er seine Ziele erreicht.

Dabei kann die Rolle der Assistenz durchaus so ausgelebt werden, nicht immer das zu tun, was der Chef konkret sagt, sondern das, was zu seiner Entlastung führt.

Peter Sawtschenko sagt: „Wer keine Probleme löst, darf sich nicht wundern, dass sich keiner für das Angebot interessiert". Mich treibt täglich der Gedanke, was ich meinem Manager und meinem Unternehmen anzubieten habe. Was den Tag durch mich besser und erfolgreicher macht. Meine Fortbildung zum geprüften Management Assistenten (bSb) und meine Mitgliedschaft beim Bundesverband für Sekretariat und Büromanagement (www.bsboffice.de) sind eine logische Konsequenz daraus.

Auf Managementebene hörte ich schon oft das Wort „Aushängeschild" im Zusammenhang mit dem Thema Assistenz. Im übertragenen Sinne handelt es sich um eine Person, die vorbildlich für etwas stehen soll. Mit dieser Definition heißt das für mein Selbstverständnis: Ich stehe mit meinem Auftreten nach innen und außen für meinen Chef, für seinen Bereich und für das Unternehmen MLP. Es bedeutet für mich Initiative zu zeigen, die über den Arbeitsvertrag hinausgeht. Verantwortung zu übernehmen, auch wenn es unangenehm sein kann. In solchen Situationen sage ich mir: „Ich bin Assistent und muss das jetzt tun". Ich hebe das verschmutze Taschentuch vom Flur auf. Mit Anstand bringe ich meine Meinung vor, wenn es erforderlich wird. Und ich greife beherzt zu, sollte die Krawatte unter dem Kragen meines Chefs hervorschauen.

Bei meiner Arbeit innerhalb meines Arbeitgebers MLP und dem Kontakt mit Geschäftspartnern erlebe ich so viel Wertschätzung, dass ich mich in meiner Rolle sehr wohlfühle. Ich sehe mich dabei nicht wichtiger oder unwichtiger als alle anderen Mitarbeiter unseres Bereichs. Ich bin ein Angestellter, der genauso für seine Führungskraft arbeitet, wie alle anderen Kolleginnen oder Kollegen auch. Unser Ziel aus Unternehmenssicht ist dasselbe!

Natürlich fällt einem die Arbeit für einen Vorgesetzten um vieles leichter, wenn man dessen Themen und Arbeitsweise selbst befürwortet. Man ist gerne für einen Vorgesetzten tätig, der das Unternehmen und die Menschen aufrichtig weiterbringen will. Einem, der die Arbeit seiner Angestellten schätzt und hinter ihnen steht – sie fördert, anstatt sie klein zu machen. Dann brauche ich weder blind gehorsam sein, noch muss ich kritiklos alles dulden. Denn dann herrscht zwischen meinem Chef und mir eine faire, wertschätzende Chef-Assistenz-Beziehung auf Augenhöhe. Dann sind wir ein Spitzenteam! Und ich hoffe, der Leserin und dem Leser mit meinen Zeilen genau dafür Ideen gegeben zu haben.

14.10 Über den Autor

Benedikt Weis ist seit 2012 Assistent der ersten Führungsebene bei der MLP Finanzberatung SE. Für seine Fortbildung zum geprüften Management-Assistenten mit dem Schwerpunkt Kommunikation erhielt er 2013 die Auszeichnung bester bundesweiter Absolvent. Im gleichen Jahr qualifizierte er sich bei der IHK als Ausbilder. Zuvor erwarb er umfangreiche Kenntnisse zum Kerngeschäft von MLP, der ganzheitlichen Kundenberatung, als Mitarbeiter und Schulungsreferent. Für diese Aufgabe wurde er 2011 zum Trainer der MLP Corporate University ausgebildet. Er startete 2002 bei MLP in der hauseigenen Bank, wo er schnell Führungsverantwortung übernahm und bis 2010 verschiedene Positionen ausfüllte. In der Vergangenheit war er Kundenberater und Verantwortlicher für das junge Klientel im Filialbetrieb der Sparkasse Heidelberg. Dort schloss er im Jahr 2000 seine Ausbildung zum Bankkaufmann ab. Begeisterung für die Sache und Disziplin helfen dem sportlichen Assistenten seine ambitionierten Ziele zu erreichen – auch privat: 2010 erfüllte er sich nach mehreren Jahren Marathonerfahrung einen Traum und absolvierte den berühmten 100-Km-Lauf von Biel (Schweiz). Benedikt Weis wurde 1981 in Heidelberg geboren.

Literaturverzeichnis

[79] Corssen, Als Selbst-Entwickler zu privatem und beruflichem Erfolg, Campfire Audio (November 2006)

[80] Walker, Die 10 „goldenen" Regeln für Rennfahrer Chefs (Handout zum Vortrag 2015), www.plu.de

Über den Initiator der Chefsache-Reihe

Peter Buchenau gilt als der Indianer in der deutschen Redner-, Berater- und Coaching-Szene. Als ehemaliger Top-Manager in französischen, Schweizer und US-amerikanischen Konzernen kennt er die Erfolgsfaktoren bei Führungsthemen bestens. Er versteht es wie kaum ein anderer auf sein Gegenüber einzugehen, zu analysieren, zu verstehen und zu fühlen. Er liest Fährten, entdeckt Wege und Zugänge und bringt Zuhörer und Klienten auf den richtigen Weg.

Peter Buchenau ist Ihr Gefährte, er begleitet Sie bei der Umsetzung Ihres Weges, damit Sie Spuren hinterlassen – Spuren, an die man sich noch lange erinnern wird. Der mehrfach ausgezeichnete Chefsache-Ratgeber und Geradeausdenker (denn der effizienteste Weg zwischen zwei Punkten ist immer noch eine Gerade) ist ein Mann von der Praxis für die Praxis, gibt Tipps vom Profi für Profis. Heute ist er auf der einen Seite Vollblutunternehmer und Geschäftsführer, auf der anderen Seite Sparringspartner, Mentor, Autor, Kabarettist und Dozent an Hochschulen. In seinen Büchern, Coachings und Vorträgen verblüfft er die Teilnehmer mit seinen einfachen und schnell nachvollziehbaren Praxisbeispielen. Er versteht es vorbildhaft und effizient ernste und kritische Sachverhalte so unterhaltsam und kabarettistisch zu präsentieren, dass die emotionalen Highlights und Pointen zum Erlebnis werden.

Die von ihm initiierte Chefsache Serie beschreibt wichtige Führungsthemen der sogenannten Ebene 2. Dies sind hauptsächlich die weichen zusätzlichen Erfolgsfaktoren abseits von Umsatz, Finanzen und rechtlichen Gegebenheiten. Als Zielgruppe sind hier Kleinunternehmer, Vorgesetzte und Inhaber in mittelständischen Unternehmungen sowie Führungskräfte in Konzernen angesprochen.

Mehr zu Peter Buchenau unter www.peterbuchenau.de

© Springer Fachmedien Wiesbaden GmbH, ein Teil von Springer Nature 2019
D. Schenk, *Chefsache Assistenz*, Chefsache,
https://doi.org/10.1007/978-3-658-23490-4

Ihr Bonus als Käufer dieses Buches

Als Käufer dieses Buches können Sie kostenlos das eBook zum Buch nutzen.
Sie können es dauerhaft in Ihrem persönlichen, digitalen Bücherregal
auf **springer.com** speichern oder auf Ihren PC/Tablet/eReader downloaden.

Gehen Sie bitte wie folgt vor:
1. Gehen Sie zu **springer.com/shop** und suchen Sie das vorliegende Buch
   (am schnellsten über die Eingabe der eISBN).
2. Legen Sie es in den Warenkorb und klicken Sie dann auf:
   zum Einkaufswagen / zur Kasse.
3. Geben Sie den untenstehenden Coupon ein. In der Bestellübersicht wird
   damit das eBook mit 0 Euro ausgewiesen, ist also kostenlos für Sie.
4. Gehen Sie weiter **zur Kasse** und schließen den Vorgang ab.
5. Sie können das eBook nun downloaden und auf einem Gerät Ihrer Wahl lesen.
   Das eBook bleibt dauerhaft in Ihrem digitalen Bücherregal gespeichert.

EBOOK INSIDE

eISBN
Ihr persönlicher Coupon

Sollte der Coupon fehlen oder nicht funktionieren, senden Sie uns bitte
eine E-Mail mit dem Betreff: **eBook inside** an **customerservice@springer.com**.

Zeitfracht Medien GmbH
Ferdinand-Jühlke-Straße 7
99095 Erfurt, Deutschland
produktsicherheit@kolibri360.de